HISTOIRE GÉNÉRALE
DE LA GUERRE
FRANCO-ALLEMANDE

Tous droits de traduction et de reproduction réservés pour tous pays, y compris la Suède et la Norvège.

ARMÉE FRANÇAISE. — Spahis.

V. 1

OUVRAGE COURONNÉ PAR L'ACADÉMIE FRANÇAISE

HISTOIRE GÉNÉRALE
DE
LA GUERRE
FRANCO-ALLEMANDE
(1870-71)

PAR

Le Lt-Colonel ROUSSET

DE L'ÉCOLE SUPÉRIEURE DE GUERRE

TOME CINQUIÈME
LES ARMÉES DE PROVINCE
★★

Nouvelle édition, revue et corrigée

PARIS
LIBRAIRIE ILLUSTRÉE, J. TALLANDIER, ÉDITEUR
8, RUE SAINT-JOSEPH, 8 (2ᵉ ARRᵗ)

Tous droits réservés.

LA SECONDE CAMPAGNE DE FRANCE

HISTOIRE GÉNÉRALE
DE LA GUERRE
FRANCO-ALLEMANDE
(1870-1871)

LES ARMÉES DE PROVINCE **

LIVRE TROISIÈME
CAMPAGNE DU NORD

CHAPITRE PREMIER
AMIENS

I. — LA DÉFENSE LOCALE.

Organisation des forces dans la région du Nord-Ouest et du Nord. — Une des conséquences les plus immédiates et aussi les plus fâcheuses de la révolution du 4 septembre avait été sans contredit la perturbation subitement apportée à la constitution des forces qui étaient appelées à remplacer notre armée de première ligne anéantie. La loi militaire de 1868 ayant, par une antinomie bizarre et que peut seule expliquer la prédominance exagérée des préoccupations politiques, confié aux autorités administratives le soin de convoquer, d'armer, d'équiper et même de solder la garde nationale mobile, l'immense hécatombe de préfets qui suivit le changement de régime produisit dans la mobilisation de cette garde un véritable désarroi. Déjà on avait pu constater les inconvénients que présentait l'immixtion exagérée, dans une opération essentiellement militaire et d'intérêt national, de personnalités civiles, la plupart animées d'un beau zèle, mais agissant presque toujours dans un esprit particulariste, et aussi dépourvues de compétence que d'autorité dans la matière. Ce fut bien pis quand il s'agit de régulariser quelque peu l'éclosion spontanée des corps francs et de procéder à la levée des compagnies de marche de la garde nationale ; on vit alors des commissaires du gouvernement, conseillers d'Etat ou autres, se répandre dans les provinces, gourmander généraux et chefs de corps, et substituer à des responsabilités établies une action diffuse dont aucun contrôle ne modérait plus les écarts. Ce fut bien pis surtout, quand l'Empire une fois tombé, le gouvernement de la Défense nationale, encore plus accessible que son prédécesseur aux suggestions de la politique, et ne disposant au surplus que d'un personnel improvisé, s'avisa de créer dans chaque département des comités dits de *défense*, d'*initiative* ou de *vigilance*, où des gens complètement étrangers aux choses de la guerre, mais qui se prenaient pour les héritiers directs des hommes de 1792 et croyaient encore à l'invention des armées, s'arrogèrent le droit d'imposer des plans de campagne, de diriger des mouvements de troupes, de qualifier de suspect tel ou tel général entaché de modérantisme, et de rompre souvent au profit de leurs intérêts de terroir l'unité si nécessaire de la défense.

Avec de tels stratégistes, a écrit un des historiens de la guerre, nos provinces de l'Ouest se trouvaient condamnées à l'isolement. Elles étaient presque complètement dépourvues de troupes régulières[1] ; mais, sous l'imminence du danger, il s'était produit chez elles un grand mouvement patriotique ; les volontaires se multipliaient, chacun voulait se défendre et chacun voulait un fusil.

[1]. On sait que presque toutes les unités formées dans les dépôts de l'armée active étaient immédiatement dirigées sur le centre de la France, où les appelait la délégation de Tours.

mais, par malheur, les armes faisaient défaut, et plus encore que les armes, les *institutions militaires, qui forment à l'avance le bras capable de les manier, et qui sont le plus sûr boulevard de l'indépendance d'une nation*[1].

Il y eut donc à cette époque, cela est indéniable, une dépense inconsidérée de bonnes volontés et de dévouements qu'il eût été facile de mieux utiliser ; erreur dont il faut chercher les causes, à la fois dans l'insuffisance de notre organisation première et dans le désordre résultant du bouleversement subit de tous les rouages gouvernementaux. Si stériles qu'aient été cependant les diverses tentatives de défense locale, et nous avons déjà exprimé notre pensée à cet égard[2], il s'en trouve un grand nombre qui furent sincères et absolument désintéressées ; les passer sciemment sous silence serait donc un véritable déni de justice. D'ailleurs, l'histoire de nos armées de province est indissolublement liée à celle de la défense locale, qui, d'une façon générale, en est comme l'introduction, et sans laquelle l'exposition des faits demeurerait incomplète, souvent même obscure. Nous ferons donc, pour la région qui va nous occuper désormais, ce que nous avons fait précédemment pour celle de la Loire, c'est-à-dire que nous résumerons rapidement les événements militaires assez diffus qui, pendant les mois de septembre et d'octobre, se sont déroulés depuis l'Eure jusqu'à l'Oise.

Quelle douloureuse époque c'était alors ! Quelle confusion et quel affolement déplorables ! De pouvoir, il n'y en avait plus, à proprement parler, entre le gouvernement enfermé dans Paris et la délégation sénile qui le représentait à Tours. Des agents, le plus souvent sans qualité, bombardés (suivant l'expression alors consacrée) dans des fonctions auxquelles ils n'étaient préparés par rien, et où ils apportaient généralement plus de suffisance que de savoir ; un chassé-croisé constant de proconsuls et de préfets, qui, dans leur passage

---

1. L. ROLIN, *La Guerre dans l'Ouest*. Paris, Plon, 1874, page 43.
2. Voir IIIe partie, livre Ier.

éphémère à la tête d'un département ou d'une région, agissaient à leur guise, sans mesure et sans frein; une quantité de généraux tirés de la retraite qui, élevés à l'école passive d'une centralisation outrancière et habitués à la réglementation hiérarchique et régulière des affaires, n'osaient pas affirmer leur initiative, et attendaient toujours un ordre ministériel qui ne venait jamais, pour engager une responsabilité d'autant plus lourde qu'ils la savaient étroitement contrôlée; telle était la direction morale de celles de nos provinces que n'avait pas encore foulées la lourde botte de l'envahisseur! Les jours s'écoulaient, sans profit aucun pour la défense nationale, et en dépit de constantes escarmouches livrées avec des francs-tireurs qui agissaient au hasard, les Allemands pouvaient croire que le siège de Paris serait la dernière étape de leur campagne déjà si meurtrière. Il n'en a rien été heureusement, grâce à Gambetta, qui, en abandonnant la capitale, vint à temps arrêter l'intolérable anarchie militaire dont la province souffrait. A force de volonté et d'énergie, il réussit à canaliser la plus grande partie des ressources locales, achevant ainsi l'œuvre commencée par l'amiral Fourichon, et donna à la résistance un peu de cette impulsion d'ensemble sans laquelle elle était condamnée à rester une vaine démonstration. Nous l'avons dit déjà: tout dans l'œuvre du dictateur n'échappe point à la critique; sans lui cependant, il est probable que les efforts du patriotisme français auraient fini par aboutir à un aveu d'impuissance définitif.

Les départements du nord et du nord-ouest étaient à cette époque répartis entre deux commandements supérieurs, dont les sièges se trouvaient à Rouen et à Lille. Le premier avait à sa tête le général Gudin [1], soldat encore vigoureux malgré son âge avancé, qui « jugeait la situation froidement, sans illusions, comme

---

1. Fils de l'illustre général de division tué à Valoutina, ancien page de l'empereur Napoléon à Waterloo, le général Gudin, qui avait longtemps commandé à Rouen la 2ᵉ division militaire, était sorti de la réserve pour reprendre son ancien poste.

sans faiblesse[1] », et considérait la dissémination des forces comme le plus mauvais de tous les systèmes. Celles dont il disposait étaient d'ailleurs aussi peu nombreuses que médiocres en qualité : débris de deux régiments de cavalerie (12º chasseurs et 3º hussards) échappés de Sedan, deux bataillons de marche en formation dans les dépôts, et constitués avec des hommes de la classe 1870 tout récemment incorporés et nullement instruits ; onze bataillons de mobiles à peine vêtus et armés de fusils à tabatière, en tout 12 ou 13,000 hommes, sans artillerie, telle était la faible armée à laquelle incombait le soin de défendre la Normandie, y compris le Havre, son point d'appui et son réduit[2].

Le plan du général Gudin était d'occuper la vallée de l'Andelle, la forêt de Lyons et le pays accidenté qui s'étend depuis Gournay jusqu'à Neufchâtel, en portant successivement sur cette ligne les bataillons organisés au fur et à mesure qu'ils lui arriveraient. Ce terrain couvert, coupé, boisé, était un champ de bataille très favorable pour former des débutants, les Allemands ne pouvant y déployer les deux armes qui leur donnaient la supériorité, la cavalerie et l'artillerie. Là on pouvait, non point les provoquer, mais les attendre, aguerrir nos jeunes troupes en leur faisant surprendre les reconnaissances ou les partis ennemis qui se présenteraient à leur portée, et, en cas d'attaque par des forces supérieures, se retirer, selon les circonstances, sur le Havre par la rive droite de la Seine, ou par la rive gauche au moyen de ponts conservés intacts[3].

Plus au sud, à Evreux, était le général Delarue, qui, avec 4,000 hommes d'infanterie environ[4], devait défendre le département de l'Eure et en particulier le point de Serquigny. « Le département de l'Eure faisant

---

1. L. ROLIN, *loc. cit.*, page 44.
2. Il faut ajouter à ces forces les gardes nationales de la Seine-Inférieure, de la Manche et du Calvados, dont le commandement supérieur avait été confié à M. Estancelin, député au Corps législatif. Les deux villes de Rouen et d'Elbeuf étaient les seules qui en possédassent sous l'Empire ; partout ailleurs il fallait les lever, les organiser, les armer et les instruire. Par suite, elles ne constituaient nullement, du moins au début, et abstraction faite de toute considération de valeur militaire, un appoint sur lequel on pût compter.
3. L. ROLIN, *loc. cit.*, page 47.
4. 39º mobiles (Eure) et le 1ᵉʳ régiment des *Eclaireurs de la Seine*.

partie de la 2ᵉ division militaire, le général Delarue se trouvait sous les ordres du général Gudin ; mais il était en réalité dans la dépendance des comités de défense de son département, lesquels, comme on sait, prétendaient ne dépendre de personne[1]. » De ce côté donc, l'action des deux généraux ne pouvait être commune, et, de fait, leurs opérations ne concordèrent absolument en rien[2].

Enfin, à Lille, le commandement de la 3ᵉ division militaire avait été confié d'abord au général Fririon, puis au général Espivent de la Villeboisnet, lesquels, ayant peu foi en la résistance, comme beaucoup d'ailleurs d'anciens officiers habitués à l'ordre et à la méthode, laissèrent d'abord passer le mois de septembre sans s'occuper d'autre chose que d'acheminer vers Bourges et Nevers les quelques éléments qu'ils parvenaient à grouper. Le 30 septembre cependant, le docteur Testelin, nommé préfet du Nord depuis le 6 du même mois, était investi des fonctions de *commissaire de la défense dans les départements de l'Aisne, du Nord, du Pas-de-Calais et de la Somme*, et commençait, grâce à l'élasticité d'une mission que le décret d'investiture ne définissait que d'une façon très vague[3], à imprimer à l'organisation militaire une activité inconnue jusque-là. « M. Testelin, médecin très distingué de Lille, était fort peu compétent en la matière, lui-même le proclamait ; mais c'était un cœur chaud, un ardent patriote, un caractère résolu. Il demanda aux hommes du métier d'agir, de faire tout ce qui serait possible ; s'en rapportant complètement à eux, et prêt à leur procurer tous les moyens d'exécution, comme à

---

1. L. Rolin, *loc. cit.*, page 50.
2. Nous avons déjà exposé succinctement quelques-unes des petites opérations auxquelles prirent part les troupes du général Delarue. (Voir tome IV, pages 21 et suivantes.) Le détail en est donné d'ailleurs d'une façon beaucoup plus complète que nous ne pouvons le faire ici dans le remarquable ouvrage déjà cité de M. Rolin, *La Guerre dans l'Ouest*.
3. « *S'entendre avec le général commandant la 3ᵉ division militaire et les préfets des quatre départements pour les mesures à prendre dans l'intérêt de la défense nationale.* »

les couvrir de sa responsabilité[1]. » Il ne trouva pas tout d'abord un concours bien décidé ; car à une lettre écrite, dans le sens qui vient d'être indiqué, il reçut comme réponse, du général Espivent, que la seule chose à tenter était « de former des compagnies d'éclaireurs volontaires pour inquiéter les communications de l'ennemi ». Ce n'était point là, à coup sûr, ce à quoi entendaient se borner ni M. Testelin, ni Gambetta, le dernier surtout, qui, juste à cette date, venait de débarquer à Epineuse, pour mener la guerre, comme il l'a écrit plus tard, « suivant la tradition révolutionnaire[2] », et dont la voix vibrante avait aussitôt jeté à la foule cette apostrophe inoubliable : « Si nous ne pouvons faire un pacte avec la victoire, faisons du moins un pacte avec la mort[3] ! » Tous deux tournèrent donc leurs vues ailleurs ; aussi bien le temps pressait, car déjà les coureurs allemands se répandaient dans la campagne et menaçaient une région que personne ne pouvait encore sérieusement protéger.

Premiers combats de septembre et d'octobre. — Nous avons indiqué précédemment le rôle affecté aux divisions de cavalerie allemande pendant le blocus de Paris, et comment leur action extérieure avait pour but de protéger ce blocus dans la mesure du possible, de disperser les francs-tireurs, de désarmer les habitants, et surtout de protéger les réquisitions au moyen desquelles l'intendance allemande faisait vivre les troupes accumulées autour de la capitale. Or, au nord de Paris, ces réquisitions ne s'opéraient pas sans quelque difficulté, et, depuis dix jours, les coureurs occupés à réunir les denrées, ainsi que les détachements préposés à la garde des magasins que l'armée de la Meuse avait établis à Chantilly, dès son arrivée, se trouvaient constamment en butte aux entreprises des groupes francs qui battaient la campagne[4].

1. *La Ligne de la Somme pendant la campagne de* 1870-71, par M. H. Daussy, avocat (depuis premier président) à la cour d'appel d'Amiens. Paris, J. Dumaine, 1875, page 27.
2. Lettre de Gambetta à J. Favre, en date du 16 janvier 1871.
3. Discours prononcé à Rouen le 8 octobre.
4. Le 15 septembre, la 6ᵉ division de cavalerie, alors à Senlis, avait

Le 17 septembre, une réquisition avait été chassée de Crouy (près Chantilly) ; le 23, une autre était débusquée de l'Isle-Adam par les francs-tireurs de Parmain[1]. Le 25, une troisième, refoulée de Laigneville par les habitants de Liancourt qui s'étaient armés de fusils de chasse, entraînait dans sa retraite le poste d'occupation de Creil. Enfin, le lendemain, une quatrième, partie de ce même point, qui avait été réoccupé par des forces plus importantes, se heurtait, sur la route de Clermont, à une troupe de gardes nationaux et au 3ᵉ bataillon de mobiles de la Marne[2], était rejetée sur Creil et laissait cinq hommes entre les mains de ses vainqueurs. Le prince royal de Saxe voulut mettre un terme à ces escarmouches irritantes, et, le 26 septembre, il donna l'ordre à la division de cavalerie saxonne, appuyée par un bataillon de fusiliers de la Garde, de se porter sur Creil et Chantilly, afin de « s'assurer de cette partie du pays et de préparer de suite le service des lignes ferrées qui se réunissent à Creil[3] ».

Dès le lendemain, un détachement fort de 1 bataillon, 6 escadrons et 4 pièces, sous les ordres du géné-

---

fait occuper Creil et Chantilly. La prise de possession de la gare de Creil fut signalée par un épisode significatif qui montre bien à quel point les Allemands font fi de toute délicatesse ; celui qui guidait les uhlans, dans leurs opérations, n'était autre qu'un ancien employé de la gare, nommé Glaser, sujet prussien, qui, congédié peu de temps avant la guerre, avait dit en ricanant « *qu'il venait de travailler pour le roi de Prusse* ». Ce Glaser fut depuis employé à Reims par la direction allemande des chemins de fer de campagne. (Voir l'*Histoire des chemins de fer français pendant la guerre franco-allemande*, par le baron Ernouf.) — Quant aux francs-tireurs qui occupaient à cette époque la région de l'Oise, c'étaient pour la plupart des bandes indépendantes et peu disciplinées qui, s'il faut en croire les récits locaux (Lemas, *L'Invasion dans l'Oise*. — Ramon, *L'Invasion en Picardie*, etc.), inspiraient encore plus d'effroi aux populations par leurs rapines qu'aux Prussiens par leurs embuscades. Au surplus, les habitants les redoutaient d'autant plus que l'ennemi se vengeait toujours de leurs attaques avec la plus grande rigueur, en prenant des otages, en fusillant des innocents, en levant de lourdes amendes, souvent même en incendiant les villages où ces irréguliers avaient trouvé asile. (Voir à cet égard *La Guerre dans l'Ouest*, passim.)

1. Nous avons déjà parlé des affaires de l'Isle-Adam et de Parmain, livrées entre nos francs-tireurs et un détachement de l'armée de la Meuse. (Voir tome III, page 106.)
2. Arrivé la veille en chemin de fer d'Abbeville à Clermont.
3. *La Guerre franco-allemande*, 2ᵉ partie, page 247.

ral Krugg de Nidda[1], était jeté par le comte de Lippe sur Clermont. Il dispersa sans grand effort les bandes de gardes nationaux, de pompiers, de gardes-chasse qui, un instant, en avant de Rantigny, avaient tenté de lui barrer le chemin, et poursuivit sa route, non sans s'être livré sur tout son passage à des excès absolument odieux[2]. Les gardes mobiles de la Marne avaient reculé sur Breteuil, à la nouvelle de l'approche des forces allemandes[3] ; la majeure partie des gens armés qui, la veille, s'étaient réunis à Clermont, avaient fui à la débandade ; la ville fut occupée sans difficulté. Il en fut de même de Beauvais, qui, le 30 septembre, reçut une garnison saxonne. Le détachement du comte de Lippe, installé à Creil, Chantilly, Clermont et Beauvais, fut renforcé dans les premiers jours d'octobre par deux bataillons de grenadiers de la Garde et une batterie à cheval ; il put alors rayonner le long de l'Oise, sur toute la longueur du cours moyen de la rivière, et lancer au loin des patrouilles et des reconnaissances. D'autre part, un corps de l'armée de la Meuse, fort de 1 régiment de uhlans, 1 bataillon d'infanterie, une compagnie de pionniers et 2 pièces, avait marché en plusieurs colonnes sur Beaumont, qu'il occupa le 30[4]. Sa mission était de surveiller les abords de la basse Epte, conjointement avec la division de cavalerie saxonne[5] ; renforcé quelques jours après, là aussi, d'un régiment de uhlans, il fut placé sous les ordres du prince Albert de Prusse (fils)[6].

Ainsi, au commencement d'octobre, le blocus de

1. Commandant la 1re brigade de cavalerie saxonne.
2. « Des maisons sont incendiées à la main et des habitants inoffensifs lardés à coups de baïonnette... Des habitants d'Angy ne sont relâchés qu'après avoir reçu une ample volée de bois vert... Sur les hauteurs d'Auvillers, où ils ont essuyé un coup de feu, les éclaireurs incendient une ferme et ses dépendances. » (L. ROLIN, *loc. cit.*, pages 30 et 31.)
3. *Ibid.*, page 28.
4. C'est le corps qui eut affaire, devant l'Isle-Adam, aux francs-tireurs de Parmain.
5. *La Guerre franco-allemande*, 2e partie, page 248.
6. Le prince Albert fils, général-major, commandait la brigade de uhlans de la Garde.

Paris était couvert, du côté du nord et du nord-ouest, par des forces suffisantes pour obliger les habitants, comme le dit la *Relation allemande*, à prendre une attitude plus calme[1]. Cependant, en dehors des régions directement occupées, l'agitation persistait ; le 1er octobre, on apprenait que près de 2,000 hommes étaient campés au sud de Breteuil[2] ; il est vrai qu'un seul escadron de dragons saxons réussissait à les en déloger par un subterfuge assez anodin[3]. Le 2, une reconnaissance envoyée sur Gournay par le prince Albert, se heurtait, devant la ville, à deux escadrons du 3e hussards qu'appuyaient en arrière deux bataillons de mobiles, et était obligée de rétrograder ; enfin diverses escarmouches, prétextes aux plus abominables violences[4], avaient pour théâtre les abords de Gournay et d'Héricourt. Fatigué de ces incidents qui enlevaient toute sécurité à ses derrières, le prince royal de Saxe ordonna un mouvement général en avant de toutes les troupes stationnées sur l'Oise[5]. Le corps du prince Albert se porta, en conséquence, le 9, à Magny et Gisors, où il entra après avoir dispersé à coups de canon une poignée de gens armés qui avaient fait mine de

---

1. « La remise en exploitation, vers le milieu d'octobre, des lignes ferrées de Gonesse à Clermont et à Beauvais, par Chantilly et Creil, ainsi que *l'installation de marchés réguliers sur lesquels des achats considérables étaient effectués pour le compte de l'armée*, contribuaient aussi à améliorer la situation. » (*La Guerre franco-allemande*, 2e partie, page 248.)
2. Quatre bataillons de mobiles.
3. Le capitaine commandant l'escadron fit préparer à Saint-Just le logement pour 5,000 hommes et deux batteries qui, disait-il, devaient arriver le lendemain. Il n'en fallut pas davantage pour décider à la retraite les troupes campées à Breteuil, qui s'empressèrent de regagner Amiens, et firent même sauter derrière elles le viaduc de Courcelles, abandonnant dans leur précipitation tout le matériel qui se trouvait dans cette gare.
4. Un garde-barrière, que les Prussiens trouvèrent caché dans sa cave, fut passé par les armes sous les yeux de sa femme, et sa maison brûlée. Un paysan fut massacré ; les trois hameaux d'Héricourt, d'Armentières et de la Frenoye incendiés, et plusieurs habitants passés par les verges. (L. ROLIN, *loc. cit.*, page 64.) Ces infamies, aussi atroces qu'inutiles, ont été commises par ordre du colonel de Standfest, du 3e régiment de cavalerie saxonne, et du major de Gœrne, du 2e régiment à pied de la garde prussienne.
5. *La Guerre franco-allemande*, 2e partie, page 247.

défendre la ville[1], et réduisit sans grande difficulté l'héroïque, mais vaine résistance, que tentèrent au nord de l'Epte une trentaine de gardes nationaux de Bazincourt[2]. De son côté, la division de cavalerie saxonne poussa, le 10, jusqu'à Gournay, que nos troupes évacuèrent à son approche; mais, trouvant la position trop en flèche, elle se borna à réquisitionner dans la ville et se retira sur Beauvais, d'où ses patrouilles inondèrent le pays.

Sur ces entrefaites, les Allemands apprirent que Breteuil avait été réoccupé par des troupes françaises, en nombre assez respectable[3], dont la présence rapprochée pouvait constituer un danger. Aussitôt le général de Lippe lança contre elles, le 12 octobre, deux colonnes, parties respectivement de Clermont et de Beauvais[4]; après un combat de plusieurs heures, nos mobiles furent refoulés sur la route d'Amiens et se réfugièrent à Ailly-sur-Noye; nous perdions environ 70 hommes, parmi lesquels 54 prisonniers, ces derniers appartenant pour la plupart à des gardes nationaux ou volontaires des environs qui avaient été enveloppés, au moment où ils essayaient de rejoindre, à Breteuil, les mobiles de la Somme, par un escadron saxon jeté sur la rive gauche de la Noye, à l'est du bourg[5]. Quelques jours plus tard, le 17 octobre, une expédition analogue était faite par une colonne saxonne de trois escadrons, une compagnie et quatre pièces, contre Montdidier, où se trouvait, depuis le 12, outre la garde nationale, un

---

1. Environ 500 mobiles du 1er bataillon des Landes et une section des francs-tireurs des Andelys; ces troupes avaient été envoyées à Gisors par le sous-préfet des Andelys, agissant de sa propre autorité et contrairement aux vues du général Gudin.
2. Cinq de ces malheureux, faits prisonniers, furent passés par les armes le lendemain; trois autres en furent quittes pour une *bastonnade*, châtiment bien connu des soldats allemands.
3. Le 4e bataillon des mobiles de la Somme, soit 1,200 hommes environ.
4. La première comprenait un régiment de cavalerie, deux compagnies et quatre pièces; la seconde, un bataillon, cinq escadrons et une batterie.
5. Il est probable que nos pertes, surtout en prisonniers, eussent été beaucoup plus fortes, si les deux colonnes allemandes, si supérieures en cavalerie, n'avaient pas agi d'une façon indépendante, par suite de l'absence d'un chef désigné de l'opération.

détachement de 350 mobiles du Gard. Partie de Clermont à six heures du matin, cette colonne, dont l'infanterie était montée sur des voitures réquisitionnées, se présenta vers midi devant Montdidier, qu'elle canonna ; les mobiles, qui étaient postés dans les rues même de la ville, lâchèrent pied incontinent et refluèrent sur la route d'Amiens, où la cavalerie allemande courut leur prendre 171 hommes et 4 officiers[1]. Le commandant prussien pénétra alors dans Montdidier, se saisit de six otages, exigea une somme de 50,000 francs, puis se retira, emportant les armes de la garde nationale[2].

Ainsi, pour l'instant, la résistance locale, favorisée par les comités civils, ne produisait d'autres résultats que la dispersion des forces, l'exaspération de l'ennemi et la mort d'un certain nombre de braves gens dont le dévouement eût pu être beaucoup mieux employé ailleurs. Pour être efficace, la guerre de guérillas a besoin d'une direction et d'un but ; or, l'un et l'autre manquaient à nos corps francs ; cependant, malgré tant d'exemples cruels et décisifs, cette stérile campagne d'escarmouches continuait, sans autre résultat que d'attirer sur les populations des représailles nouvelles. A Ecouis, le 14, un peloton de hussards français qui, cerné par un escadron de uhlans, avait courageusement tenté de se faire jour, était presque entièrement détruit[3]. Une réquisition ayant, le 19, été reçue à coups de fusil, aux environs d'Etrépagny, par un détachement des *tirailleurs havrais*, le prince Albert arrivait le lendemain avec des forces imposantes, canonnait le château de la Brosse, où s'étaient réfugiés les francs-tireurs, et frappait le bourg d'Etrépagny d'une amende de 4,000 francs. Le 22, Vernon recevait une cinquan-

---

1. Trois habitants étaient tués ; deux autres étaient blessés, ainsi que trois mobiles.
2. L'anarchie la plus complète régnait au sein de la municipalité. Le sous-préfet avait destitué le maire et s'était substitué à lui. On comprend qu'au milieu de semblables tiraillements, la défense ait été à peu près nulle.
3. Cette aventure jeta l'alarme parmi les comités locaux. A Rouen, on commença la construction de barricades, et le général Gudin envoya sur l'Andelle le dernier bataillon de mobiles qu'il avait sous la main. (L. ROLIN, *loc. cit.*, page 82.)

taine d'obus lancés par une reconnaissance allemande, venue pour établir la liaison avec la 5ᵉ division de cavalerie[1], et sur qui *un coup de feu* avait été tiré. Deux jours après, l'ennemi venait piller et frapper de lourdes réquisitions le village de Longchamps, en représailles d'une embuscade dressée la veille par les francs-tireurs contre des uhlans. Ces rencontres diverses coûtaient, il est vrai, pas mal d'hommes à la cavalerie ennemie, harcelée dans les bois qui couvrent la région[2] ; mais elles n'avançaient nullement nos affaires, car, en définitive, il ne restait à l'est de la ligne formée par l'Andelle et la forêt de Vernon que quelques groupes français isolés.

Exposer, par le menu, tous les petits combats qui furent livrés, à cette époque, entre les patrouilles allemandes et les troupes dispersées de la défense locale, serait absolument sans intérêt et demanderait un volume entier. Afin cependant de mettre un peu de clarté dans ces opérations décousues, et de permettre au lecteur de se rendre compte de la disposition générale des forces en présence, nous allons résumer brièvement les emplacements occupés, vers la mi-octobre, par les troupes improvisées, mobiles et francs-tireurs, dont nous pouvions disposer.

Nouveau groupement des forces en octobre. — Au point de vue du commandement, tout d'abord, la Délégation venait de prendre une série de mesures qui, si elles n'étaient pas toujours efficaces, ni toujours justifiées, indiquaient du moins une compréhension un peu plus nette des nécessités de la défense. Par décret du 17 octobre, la France était divisée, au point de vue militaire, en un certain nombre de grands commandements, dont la création devait apporter plus d'unité dans la constitution des forces et dans la résistance. Celui du Nord, comprenant la 3ᵉ division, le département de la Seine-Inférieure et l'arrondissement des Andelys, était dévolu au général Bourbaki, récemment

---

[1]. Cette division était entrée à Mantes le 18.
[2]. *La Guerre franco-allemande*, 2ᵉ partie, page 250.

arrivé d'Hastings; celui de l'Ouest, auquel ressortissaient l'Eure et tout le pays jusqu'à la Loire, était confié au général d'Aurelle de Paladines, bientôt remplacé par le général Fiéreck. On voit que la Seine formait entre les deux une séparation bien nette et que, par suite, la défense de l'Eure et celle de la Seine-Inférieure allaient continuer, chose regrettable, à n'avoir entre elles aucune liaison. Quant à la place du Havre, dont on reconnaissait l'importance, elle était mise sous les ordres du capitaine de vaisseau Mouchez, commandant supérieur des forces de terre et de mer. Malheureusement, en même temps que ces mesures qui, somme toute, apportaient quelque amélioration à l'état de choses existant, le gouvernement en prenait une autre absolument injustifiable, et sacrifiait aux rancunes des comités locaux le général Gudin, coupable de trop de raideur dans l'accomplissement de sa mission. Le 18, il était remplacé à Rouen par le général Briand, et envoyé à Montpellier, pour n'y rien faire, ou à peu près.

A ce moment, dans le Nord, M. Testelin, secondé par le général Farre[1] qui lui avait été adjoint vers le 15 octobre, s'occupait de grouper autour d'Amiens toutes les forces disponibles de la région, celles que l'ennemi avait refoulées de Breteuil et de Montdidier, et celles que pouvaient fournir les dépôts du territoire. Dans l'Eure, où le général de Kersalaun avait remplacé le général Delarue, une force de 8,000 hommes environ, sans cavalerie ni artillerie, qui, sous les ordres du colonel Mocquard, formait entre Vernon et Ivry-la-Bataille le *corps d'observation de la vallée de l'Eure*, se reliait par sa droite à un groupe de 6,000 hommes, lequel, sous les ordres du colonel de Beaurepaire, occupait Dreux. Le colonel Mocquard livra le 22 octobre, à Villegats, un combat assez heureux aux escadrons de la brigade Redern (5ᵉ division de cavalerie), venus de Mantes avec un bataillon bavarois, et leur tua 10 cava-

---

[1]. M. Farre était colonel du génie et directeur des fortifications à Lille, quand M. Testelin fut nommé préfet. Promu général peu de temps après, il contribua puissamment à la formation de ce qui devait être plus tard l'armée du Nord.

liers, dont un officier. Sur la rive droite de la Seine, deux groupes distincts protégeaient, l'un Rouen, l'autre le pays de Bray. Le premier, placé sous les ordres du lieutenant-colonel Laigneau, du 12ᵉ chasseurs, était réparti de Fleury-sur-Andelle à Pont-de-l'Arche ; le second, commandé par le colonel d'Espeuilles, s'étendait entre Forges et Argueil. Chacun de ces groupes avait un des régiments de cavalerie échappés de Sedan[1] et deux ou trois pièces de 12. Enfin, en avant d'eux se mouvaient, avec une indépendance souvent fâcheuse, de nombreux corps francs nominalement rattachés aux forces régulières par un décret du 25 septembre, mais continuant malgré tout à agir suivant leur bon plaisir, et livrant journellement aux patrouilles ennemies des escarmouches inutiles[2]. Ils avaient avec eux quelques cavaliers irréguliers, entre autres des *guides à cheval de la Seine-Inférieure*, à la tête desquels se trouvait le duc de Chartres, caché sous le nom de Robert Lefort[3]. Au total, les forces échelonnées sur l'Andelle présentaient un effectif de 14,000 hommes environ, avec six pièces de canon[4]. Il y avait certes là de quoi gêner singulièrement les réquisitions et les incursions de la cavalerie allemande ; l'absence complète de direction et d'entente condamnait malheureusement tout ce monde à l'inertie ou à des luttes sans portée comme sans résultat.

Combat de Formerie. — Cependant la nomination du général Bourbaki au commandement supérieur des forces du Nord, bientôt connue de la division saxonne, semblait aux Allemands comme le symptôme d'une reprise prochaine de notre activité ; leurs reconnaissances devinrent donc plus nombreuses, et leurs précautions plus sévères aussi, en ce sens qu'ils cherchèrent à disperser aussi loin que possible les rassemblements de

---

1. 12ᵉ chasseurs à Fleury-sur-Andelle, 3ᵉ hussards à Forges. Ces régiments ne comptaient pas plus de 300 sabres chacun.
2. *La Guerre franco-allemande* (2ᵉ partie, page 251) les mentionne, sans même prendre la peine de les détailler ; nous agirons de même, étant donné leur peu d'intérêt.
3. L. Rolin, *loc. cit.*, page 107.
4. *Ibid.*, page 108.

troupes françaises qui leur étaient signalés. Le 27 octobre, un détachement fort de trois compagnies, cinq escadrons et six pièces[1], qui, sous les ordres du général Senfft de Pilsach, était allé réquisitionner à Marseille-le-Petit, fut avisé qu'à quelques lieues plus loin, à Formerie, se trouvaient un grand nombre de gardes mobiles et de hussards[2]. C'était en réalité une sorte de grand'garde, jetée là depuis la veille par le colonel d'Espeuilles, et comprenant en tout une compagnie d'infanterie (du 19ᵉ de marche) avec quelques cavaliers placés en vedettes. Le général Senfft se porta le lendemain contre elle pour la débusquer.

Tout naturellement, nos cavaliers furent refoulés par les uhlans saxons, qui, en nombre très supérieur, poussèrent jusqu'à Formerie, suivis bientôt par une compagnie d'infanterie. Celle-ci, grâce à l'appui du canon, put s'emparer des premières maisons du village, et gagner la place du Marché; mais là elle fut contenue par nos fantassins, qui, répartis par petits paquets à l'entrée de chaque rue, lui opposèrent une résistance énergique et lui interdirent tout nouveau progrès. Sur ces entrefaites arriva aux Français un premier renfort (1ᵉʳ bataillon de mobiles de l'Oise), que le colonel d'Espeuilles avait expédié de Gaillefontaine sur le lieu de l'action; son entrée en ligne obligea les soldats prussiens à se retirer, et à laisser la place à l'artillerie, qui, seule, continua à tirer sur Formerie et ses abords[3]. La lutte se prolongeait ainsi, sans grand résultat d'aucun côté, quand tout à coup des secours importants se présentèrent de notre côté, qui changèrent la face des choses; ce furent d'abord les autres compagnies du bataillon du 19ᵉ, une compagnie d'infanterie de marine[4],

---

1. Les trois compagnies appartenaient au 2ᵉ régiment à pied de la garde prussienne et les escadrons au 18ᵉ régiment de uhlans (saxons).
2. *La Guerre franco-allemande*, 2ᵉ partie, page 252.
3. « Les obus dirigés sur Formerie n'y causèrent que des dégâts matériels; les autres tombant dans des terres détrempées, n'éclataient pas, et nos soldats n'eurent pas à en souffrir. » (L. ROLIN, *loc. cit.*, page 116.)
4. Elle appartenait à un bataillon dirigé de Rouen sur Amiens par voies ferrées, et arrivait à la gare.

puis un second bataillon des mobiles de l'Oise (le 4ᵉ), amené d'Argueil par le colonel d'Espeuilles avec deux escadrons et deux pièces. Enfin, vers une heure de l'après-midi, débouchait de Bouvresse, au nord-est de Formerie, une troupe d'infanterie que l'on pouvait évaluer à près de 1,000 hommes, tandis que presque derrière l'ennemi, à Mureaumont, 500 hommes, appuyés par deux pièces d'artillerie, prenaient position. C'était le 1ᵉʳ bataillon de mobiles du Nord, qui avait été envoyé, par chemin de fer, la veille, d'Amiens sur Marseille pour en chasser le détachement du général Senfft. Arrivé dans la soirée à Poix, où, par suite d'une erreur, le train qui l'amenait avait rétrogradé sur son point de départ, il s'était dirigé sur Grandvilliers, ralliant à Equennes deux compagnies du Gard qui s'y trouvaient, puis de là par Feuquières sur Formerie, où tonnait le canon. Chemin faisant, son chef, le commandant de Lalène-Laprade, avait eu l'heureuse idée de détacher une partie de ses forces sur Mureaumont, en sorte que la ligne de retraite du détachement allemand se trouvait très sérieusement menacée.

Celui-ci ripostait déjà à l'attaque venant de Bouvresse, quand le général Senfft s'aperçut du danger qu'il allait courir, et donna l'ordre de rompre le combat au plus vite ; l'infanterie prussienne rétrograda d'abord sur Campeaux, protégée par l'artillerie et les uhlans, qui l'un et l'autre empêchèrent nos troupes de déboucher de Mureaumont. De là elle gagna Songeons et enfin Beauvais, où le détachement rentra à neuf heures et demie du soir[1]. Il avait perdu 10 tués et 12 blessés ; de notre côté, nous comptions 6 tués et 20 blessés.

Défense de Saint-Quentin (8 octobre). — Le combat de Formerie, bien qu'il n'ait été complété par aucune poursuite, pouvait passer pour un succès ; en tous cas, il causa aux Allemands de sérieuses inquiétudes,

---

1 « Bon nombre de fantassins de la Garde, forcés de changer de direction et de se jeter à la traverse, passèrent dans des terrains détrempés par la pluie, et y laissèrent leurs bottes, que les habitants ébahis trouvèrent le lendemain dans les champs. » (L. ROLIN, *loc. cit.*, page 119.)

« Cette rencontre, dit à ce sujet la *Relation allemande*[1], dans laquelle les Français avaient opéré méthodiquement avec les trois armes, permettait de mesurer tous les progrès accomplis dans la réorganisation de leurs forces. » Nos troupes, encouragées par son heureuse issue, devenaient aussi plus entreprenantes, et faisaient mine de pousser de l'avant. Celles d'Amiens prenaient du large vers le sud; celles de l'Andelle réoccupaient Gournay, faisaient tenir les Andelys et patrouillaient entre Écouis et Etrépagny; en avant, les francs-tireurs, agissant toujours en enfants perdus, harcelaient les reconnaissances et les réquisitions allemandes, et attiraient sur les malheureux villages de la contrée les horreurs de la répression la plus sanglante[2]. Ces manifestations d'ordres divers pouvaient cacher la menace d'une attaque sérieuse, que les Allemands semblent avoir redoutée[3]. A cette époque, il est facile de s'en rendre compte, la sécurité de leur ligne d'opérations était douteuse. Soissons venait à peine d'ouvrir ses portes (15 octobre) au grand-duc de Mecklembourg[4], et la seule voie encore disponible pour les transports était la grande ligne de l'Est, interrompue, comme on sait, au tunnel de Nanteuil. L'ennemi n'avait pour le protéger que des troupes d'étapes réparties sur le territoire du gouvernement général de Reims, obligées à la fois de surveiller tout le pays entre l'Oise et la Marne et de se garder contre des groupes de francs-tireurs dont la présence était relevée vers Saint-Quentin et Vervins. Vainement l'autorité militaire allemande prodiguait-elle ses menaces, mises toujours d'ailleurs à exécution, et déclarait-elle que tout individu ne faisant pas partie de l'armée régulière, pris les armes à la main, serait jugé « *comme traître et pendu ou fusillé sans autre forme*

---

1. Page 253.
2. Voir tous les détails de ces diverses embuscades et de leurs déplorables conséquences dans le chapitre VI de *La Guerre dans l'Ouest*.
3. *La Guerre franco-allemande*, 2ᵉ partie, page 253.
4. Le grand-duc de Mecklembourg était alors gouverneur général de Reims; il quitta cette situation le 24 octobre pour aller prendre le commandement de l'*Armée-Abtheilung*.

*de procès*¹ » ; vainement élevait-elle le taux des contributions levées sur les pays envahis². Si certaines municipalités donnaient parfois l'exemple de l'abaissement et du servilisme, d'autres au contraire, telle celle de Gisors, encourageaient la résistance, et demandaient qu'on leur envoyât des troupes pour tenir tête à l'ennemi. Une ville même, Saint-Quentin, venait de donner le plus noble exemple, en luttant avec ses seules ressources contre un corps venu de Laon pour la réduire et pour la désarmer.

Devenue, par la force des événements, le refuge de toutes les autorités de l'Aisne, en tête desquelles le préfet, M. Anatole de la Forge, se distinguait par son ardeur patriotique et son activité, elle renfermait une nombreuse population ouvrière, facilement excitable, qui pouvait d'un jour à l'autre se rendre redoutable, et constituait en tous cas un danger pour la garnison de Laon. Or celle-ci, déjà assez exposée par suite de la proximité de la place de La Fère que, faute de monde, les Allemands n'avaient pas encore investie, constituait le seul appui des troupes d'étapes de la région ; il importait donc de la dégager au plus tôt. Le 8 octobre, une petite colonne d'une compagnie et demie de landwehr, avec trois escadrons de dragons, se présentait devant Saint-Quentin par le faubourg d'Isle³, qu'elle trouvait barricadé. Accueillie à coups de fusil, elle chercha néanmoins à atteindre le pont du canal ; mais là, le feu dirigé sur elle d'une barricade établie en travers de la grande rue, à l'ouest de la Somme⁴, et occupée par des gardes nationaux, des pompiers, des francs-tireurs, à la tête desquels se trouvait le préfet lui-même, devint tel-

---

1. Ordre du gouverneur prussien de Soissons en date du 19 octobre.
2. La ville de Soissons fut frappée d'une contribution de 40,000 fr., à la suite d'une attaque dirigée contre une sentinelle allemande, attaque à l'occasion de laquelle la municipalité de la ville n'avait pas craint cependant de protester publiquement de ses *sentiments de loyauté*.
3. Cette colonne était envoyée par le commandant prussien de la place de Laon.
4. La Somme et le canal, très rapprochés l'un de l'autre, séparent la ville de Saint-Quentin du faubourg d'Isle qui s'étend à l'est.

lement vif qu'elle se mit en retraite, laissant sur le terrain quinze des siens tués ou blessés, plus six prisonniers. Les pertes des défenseurs de la ville se montaient à trois morts et douze blessés, dont M. de la Forge[1].

Au point de vue du résultat matériel, il est certain que cette petite affaire, bien que l'enthousiasme populaire l'ait depuis démesurément grossie, n'avait aucune importance[2]. Mais elle dénotait parmi certaines de nos populations une détermination et un état d'esprit qui n'étaient pas pour rassurer l'état-major allemand. Bientôt suivie des affaires de Formerie et de l'Andelle, elle inspira à l'ennemi des craintes telles, sur la menace non pas de la continuation de ces escarmouches qui n'aboutissaient à rien, mais d'une attaque générale, qu'il se hâta de couper les ponts de l'Epte, prépara la destruction de ceux de l'Oise entre Creil et Beaumont, et tint désormais constamment en alerte les détachements du comte de Lippe et ceux du prince Albert[3]. Quelques jours plus tard, d'ailleurs, une nouvelle indiscrétion de la presse lui permettait de s'emparer de Saint-Quentin.

---

1. Il paraîtrait qu'au moment même où l'ennemi se retirait, la commission municipale demandait au préfet, par crainte de représailles, d'arrêter la défense. (P. LEHAUTCOURT, *Campagne du Nord*, page 41.)
2. Elle offre cependant un bel exemple, trop rare, hélas! de défense locale, telle que celle-ci peut et doit être entendue. La résistance des villes ouvertes, comme Saint-Quentin et Châteaudun, peut être utile, et est toujours glorieuse. Quant aux régions elles-mêmes, elles ne peuvent être protégées utilement que par des troupes agissant par masses et manœuvrant ou combattant en groupes compacts, non par des petits paquets jetés çà et là, sans direction et sans but.
3. *La Guerre franco-allemande*, 2ᵉ partie, page 253. — Il n'est peut-être pas inutile de rappeler ici, d'après l'ouvrage officiel prussien, la situation générale des forces de blocus vers la fin d'octobre. « Le 1ᵉʳ corps bavarois et la 2ᵉ division de cavalerie, en position auprès d'Orléans, couvraient actuellement l'armée d'investissement contre le 15ᵉ corps refoulé en Sologne et contre le 16ᵉ qui se réunissait à Blois et à Gien. Sur l'Eure moyenne, la 22ᵉ division d'infanterie et la 4ᵉ de cavalerie étaient aux alentours de Chartres, la 6ᵉ division de cavalerie à Maintenon, toutes face à l'ouest. Plus vers la droite, la 5ᵉ division de cavalerie gardait le pays jusqu'à la Seine et le maintenait en communication, par Mantes, avec les contingents du IVᵉ corps, du XIIᵉ et de la Garde jetés vers l'Oise et l'Epte. Depuis quelque temps, ces dernières troupes se trouvaient en contact permanent avec les forces ennemies qui se rassemblaient autour de Rouen et d'Amiens. »

Après le 8 octobre, l'autorité militaire française avait envoyé là quelques troupes que le général Bourbaki, tout à d'autres projets[1], ne jugea pas à propos d'y laisser. Averti de leur retraite par un article du *Mémorial de Lille*[2], le commandant de la place de Laon dirigea contre la ville une nouvelle expédition qui, après avoir traversé l'Oise à Vendeuil sur un pont reconstruit de force par les habitants, vint, le 20 octobre, la canonner. Anatole de la Forge n'était plus là cette fois, et la ville ne se défendit pas. Quant à l'ennemi, qui n'avait agi que dans un but d'intimidation, il regagna Laon peu de jours après, non sans avoir exigé toutefois de la municipalité la somme énorme de 950,000 francs.

Formation du 22e corps. — Cependant l'organisation des forces du Nord, malgré les difficultés de tout genre et une extrême pénurie de ressources, était poussée par le général Farre avec une remarquable vigueur qui restera, comme on l'a dit très justement, son meilleur titre de gloire[3]; car ce n'était point chose aisée de communiquer une force d'activité quelconque aux éléments aussi disparates qu'insuffisants dont on disposait au début d'octobre[4].

L'infanterie de ligne, représentée par les dépôts de sept régiments et de quatre bataillons de chasseurs, atteignait un effectif de 15 à 20,000 hommes à peu près, recrues sans instruction, engagés pour la durée

---

1. Voir plus loin, page 24.
2. Le journal fut, pour ce fait, suspendu par M. Testelin.
3. P. Lehautcourt, *loc. cit.*, page 45.
4. Il n'est que juste de signaler ici la part qui revient au commissaire de la défense dans cette organisation. Sans doute, la nomination de M. Testelin avait été vis-à-vis de l'autorité militaire un acte de défiance d'autant plus grave que son incompétence était plus absolue et plus notoire. Il sut cependant, dans l'exercice des pouvoirs presque illimités qu'il s'était attribués, apporter certaines réserves, et laisser carte blanche à ceux de ses collaborateurs qui, comme le général Farre, assumaient la lourde tâche de faire quelque chose avec presque rien. Grâce à la confiance qu'il inspirait au gouvernement, la constitution de l'armée du Nord, ainsi que la direction des opérations militaires, échappèrent presque complètement à l'ingérence trop souvent excessive et parfois si funeste de M. de Freycinet, et les généraux conservèrent leur indépendance. C'est là un résultat qui doit faire oublier tout ce qu'avait d'anormal la mission révolutionnaire dont la Délégation avait cru devoir l'investir.

de la guerre, rappelés ou échappés de Sedan, et résidus pour ainsi dire des contingents déjà envoyés à Bourges, ou à Nevers. Avec les bataillons de mobiles de la région, dont la majeure partie y était restée, cela pouvait donner de 40 à 45,000 soldats, si tant est qu'il soit permis de désigner ainsi des hommes ignorant jusqu'à la tenue dans le rang[1]. Aucune ressource ou à peu près pour l'habillement et l'équipement des mobiles et surtout des mobilisés; un armement extrêmement varié, allant du fusil modèle 1866 (dont on possédait 1,587, en tout) au simple fusil à piston (qui n'était même que l'ancien fusil à silex transformé), en passant par le Remington, le Snider et le fusil à tabatière; des cadres absolument nuls et qui fussent même restés à peu près vides, sans l'arrivée fortuite de nombreux officiers et sous-officiers évadés de Metz[2]; voilà quelle était la situation de l'infanterie.

En fait de cavalerie il ne restait que quatre dépôts de dragons, les autres ayant servi à créer les escadrons appelés sur la Loire; on en forma deux escadrons qui, avec deux autres de gendarmes, constituèrent tout ce que l'armée du Nord eut d'abord de troupes à cheval.

L'artillerie fut un peu mieux partagée; grâce à une batterie venue de Mézières, à celles que fournirent les départements, à deux autres restées jusque-là à Douai et à Lille, enfin à des achats de canons faits en Angle-

---

1. Il y avait dans la région du Nord 25 bataillons de mobiles, y compris deux de la Marne et deux du Gard qui devaient primitivement se rendre au camp de Châlons, mais n'avaient pu l'atteindre. Aucun d'eux n'avait la moindre instruction militaire et ne possédait le nécessaire, soit comme équipement, soit comme vêtement. La plupart de leurs officiers n'avaient jamais servi, pas même en temps de paix.

2. « Plusieurs des officiers qui reprirent ainsi du service ont été condamnés par les conseils de guerre (plus exactement par les conseils d'enquête), pour avoir violé l'engagement qu'ils avaient pris lors de la capitulation de Metz. Il convient de dire que la plupart d'entre eux n'avaient fait qu'obéir à un arrêté de M. Testelin. La commission de la défense, sur l'avis, inexact du reste, de la violation par les Prussiens de certaines conditions de la capitulation de Metz, avait pris sous sa responsabilité de déclarer nos officiers relevés de leur engagement, les sommant de regagner le sol de la patrie qui les appelait à sa défense. » (H. DAUSSY, loc. cit., page 34.)

terre[1], on put mettre sur pied successivement jusqu'à cent pièces, dont chevaux et harnais furent réquisitionnés. Dans ce nombre se trouvaient une certaine quantité de batteries de 12, servies par des marins, et qui, ainsi qu'on le verra par la suite, rendirent les plus grands services.

Ce sont ces maigres éléments qu'il s'agissait d'amalgamer et de fondre en unités de guerre. Le général Farre y employa toute son activité. Il commença par former un bataillon de marche avec chaque dépôt d'infanterie, puis ramena uniformément à 800 hommes les bataillons de mobiles, dont certains en comptaient jusqu'à 1,500. Cela fait, il réunit en régiments les uns et les autres, puis constitua des brigades comprenant un régiment de chaque sorte avec un bataillon de chasseurs, ce qui était une manière d'encadrer le mieux possible les éléments sur lesquels on pouvait le moins compter. Une de ces brigades était déjà formée, sous les ordres du général Lecointe[2]; une autre allait l'être, ainsi que quatre batteries, quand, le 22 octobre, le général Bourbaki vint prendre le commandement du futur 22e corps.

Le général Bourbaki était sans contredit un des chefs les plus braves et les plus brillants que nous ait légués l'armée d'Afrique. D'une prestance remarquable, d'un admirable entrain au feu, d'une ardeur jamais chancelante, il exerçait sur le soldat un prestige absolu. Mais rien dans sa carrière, faite toute de triomphes et de succès, rien non plus, il faut bien le dire, dans son caractère, ne l'avait préparé à la mission redoutable qui allait lui échoir. Passer du commandement de la Garde impériale, troupe d'élite s'il en fut jamais, à celui d'une bande de conscrits déguenillés, qui ne savaient ni marcher, ni tirer, ni combattre, était une transition trop

---

1. « Ces canons ne rendirent pas tous les services qu'on en attendait. Une batterie de pièces Armstrong, qui combattit à Pont-Noyelles, se détériora très promptement et dut être remplacée avant la fin de la journée. » (H. Daussy, *loc. cit.*, page 37.)

2. Ancien colonel d'un régiment de grenadiers de la Garde impériale, le général Lecointe s'était évadé de Metz.

brutale pour un général habitué à toujours et partout être suivi par des troupiers aguerris. Il vit les soldats qu'on lui donnait et fut épouvanté de leur misère. Impuissant à les organiser, il se mit en défiance et perdit bien vite le peu de foi que la soudaineté des désastres lui avait laissée en l'avenir. Lui qui n'avait jamais hésité devant une batterie ennemie, se sentit tout à coup envahi par un découragement qui tua instantanément en son esprit toute hardiesse, et le conduisit bientôt jusqu'aux limites du désespoir. Au surplus, l'accueil qu'il reçut était bien fait pour troubler profondément son âme encore ulcérée au souvenir de la mystification d'Hastings. Sa loyauté souffrait d'autant plus des allusions inconvenantes faites par la presse à son rôle dans l'affaire Régnier qu'il devait regretter davantage de s'être laissé si aisément prendre pour dupe, et son patriotisme s'irritait des commentaires blessants avec lesquels était rappelée la fidélité de ses affections au souverain détrôné qui avait fait sa fortune. Une inqualifiable manifestation, dirigée contre lui, à son passage à Douai, acheva de lui montrer à quel degré de malveillance étaient montés certains énergumènes, et dès lors il comprit que l'épithète de traître serait probablement la seule récompense d'efforts que déjà il jugeait inutiles et vains. Aussi, quand, à son arrivée à Lille, il entendit M. Testelin parler d'offensive et de marche contre les troupes du blocus de Paris, fit-il à ce projet une opposition catégorique. Il voulait d'abord et avant tout discipliner et militariser l'armée, qui en avait grand besoin [1]; il formerait ensuite un noyau relativement solide d'une quinzaine de mille hommes, avec lesquels il protégerait les places du Nord; quant à attaquer, comme le demandaient et le Comité de défense et le ministre lui-même, les troupes jetées par les Allemands sur l'Oise et l'Epte, il jugeait que c'était là courir à une défaite

---

1. Des actes d'indiscipline assez graves s'étaient produits, entre autres à la citadelle d'Amiens que gardaient des compagnies du 43°; la plupart des nouvelles levées semblaient ignorer, d'ailleurs, les premiers principes de la subordination.

certaine, qu'on ne manquerait pas plus tard de lui reprocher amèrement.

Le dissentiment, né ainsi entre le général Bourbaki et M. Testelin, ne fit que s'aggraver bientôt quand, ce dernier ayant eu vent de l'arrivée d'une nouvelle armée allemande et demandant impérieusement, le 18 novembre, qu'au moins la brigade Lecointe défendît Amiens, le général s'y refusa, disant qu'elle ne pouvait sans danger être ainsi exposée aux coups de toute l'armée de Manteuffel. Certes, cette brigade était bien faible pour subir un pareil choc; mais pourquoi ne lui joignait-on pas les forces de la défense locale, réduites dans la Seine-Inférieure et l'Eure au rôle infécond que l'on connaît? Il ne paraît pas que personne ait songé à cette solution, la seule logique cependant. On en était plutôt, en ce moment, au grand projet de sortie par la basse Seine, que le général Ducrot se flattait de mener à bien, et après la réussite duquel on comptait réunir en Normandie les trois armées de Paris, de la Loire et du Nord, pour opposer à l'ennemi, une masse de 200,000 hommes. Le général Bourbaki devait donc, dans l'esprit de Gambetta, combiner son offensive avec celle du général Ducrot, et c'était dans ce sens que le ministre, appelé à départager les deux chefs de nos forces du Nord, venait de donner ses instructions. Sans insister de nouveau sur l'impraticabilité complète du plan dont il est question, nous ferons seulement remarquer que pour l'exécuter, en ce qui la concernait, l'armée du Nord était, avant toute chose, dans l'obligation de mettre hors de cause celle que le général de Manteuffel amenait déjà contre elle. L'étude des faits qui vont suivre prouvera surabondamment qu'elle en était incapable, absolument.

Quoi qu'il en soit, le général Bourbaki, après avoir jeté quelques troupes au sud et à l'est d'Amiens, s'en tint là. Bientôt fatigué d'ailleurs de la lutte ouverte qu'il était obligé de soutenir avec les représentants du gouvernement, il demanda à être relevé de son commandement, et on pense que Gambetta ne fut pas long à lui donner satisfaction. Le 19 novembre, il était envoyé à Nevers et remplacé par le général Faidherbe[1] ; mais en attendant l'arrivée de ce dernier, le commandement restait au général Farre, que Bourbaki avait conservé comme chef d'état-major. Le général Farre prit lui-même, pour chef d'état-major, le colonel du génie Cosseron de Villenoisy[2]. A ce moment, l'armée du Nord comptait trois brigades, fortes en tout de 26 bataillons (dont 15 de mobiles), et ayant avec elles 42 pièces. L'effectif général se montait à 23,000 hommes environ[3]. La garnison d'Amiens, aux ordres du général Paulze d'Ivoy, était formée de 6 bataillons de mobiles et de deux bataillons de marche.

II. — Marche de la Ire armée allemande sur l'Oise et la Somme.

Au milieu de tous ces tiraillements, de nouvelles forces ennemies s'étaient avancées jusqu'à l'Oise et menaçaient directement déjà la ligne de défense formée par le cours de la Somme. C'était une grosse fraction de la Ire armée, que la capitulation de Metz avait rendue disponible, et qui accourait, en conformité des instructions que M. de Molke lui avait adressées quelques jours, on s'en souvient, avant la fatale reddition[4].

Placée sous les ordres du général de la cavalerie baron de Manteuffel, qui succédait au général de Steinmetz tout en conservant provisoirement le commandement

---

1. Le général Faidherbe, connu déjà par sa remarquable administration de notre colonie du Sénégal, était alors commandant de la subdivision de Bône, en Algérie. Il sortait de l'arme du génie.
2. L'état-major du général Bourbaki l'ayant suivi tout entier, le général Farre dut s'en constituer un très rapidement, car l'armée de Manteuffel s'avançait à grands pas. Il le composa en grande partie des officiers du génie employés dans les places du Nord.
3. 1re brigade, général Lecointe, 4 bataillons de troupes, 3 de mobiles, 2 batteries.
   2e brigade, général Derroja, 4 bataillons de troupes, 3 de mobiles, 2 batteries.
   3e brigade, colonel Dufaure du Bessol, 3 bataillons de troupes, 3 de mobiles, 3 batteries et 2 compagnies du génie. (Voir à l'appendice la pièce n° 1.)
4. Voir tome IV, page 113

de son corps d'armée, la 1ʳᵉ armée devait se diriger sur l'Oise, entre Compiègne et Saint-Quentin[1] ; mais, avant de se mettre en route, il lui avait fallu faire des détachements nombreux. Tout d'abord, elle laissait en arrière le VIIᵉ corps et la 3ᵉ division de réserve, pour assiéger Thionville et Montmédy, occuper Metz et procéder à l'évacuation des prisonniers[2]. Puis, sur l'ordre du grand quartier général, elle avait envoyé un régiment et un bataillon de chasseurs renforcer, le 24 octobre, le corps de siège de Verdun ; le 2 novembre, elle dirigeait sur Mézières la 1ʳᵉ division d'infanterie tout entière, afin de soutenir les troupes de landwehr, appartenant au gouvernement général de Reims, qui investissaient cette place[3]. Le 5, la 4ᵉ brigade d'infanterie s'embarquait en chemin de fer à Pont-à-Mousson, avec un escadron et une batterie, et se rendait à Soissons, d'où elle allait assiéger La Fère, afin d'assurer aux troupes allemandes la possession de l'importante gare de Tergnier. Enfin la 3ᵉ division de cavalerie, accompagnée d'un régiment d'infanterie et de deux batteries,

1. Le général de Manteuffel était l'ancien commandant de l'armée de Mein pendant la guerre de 1866. Il est devenu feld-maréchal, statthalter d'Alsace-Lorraine et est mort en 1885. C'était un homme d'une énergie infatigable, malgré ses 62 ans (il était né en 1809). — « Quelques jours après la bataille de Noisseville, il avait fait une chute de cheval et il s'était fracturé le pied. Il fallait lui renouveler le bandage tous les jours ; il était obligé de s'appuyer sur un bâton pour marcher et ne pouvait monter à cheval sans aide. C'est dans ces conditions qu'il fit cette pénible campagne d'hiver. » (H. Daussy, *loc. cit.*, page 7.)
2. La 3ᵉ division de réserve était disloquée. Les troupes de landwehr qui en faisaient partie restèrent exclusivement chargées dorénavant de conduire en Allemagne et d'y garder les prisonniers de Metz. Le reste, c'est-à-dire la brigade de ligne, la brigade de cavalerie et les trois batteries, sous les ordres du général Schuler de Senden, dut aller, aussitôt que le départ des prisonniers le rendit disponible, faire le siège de Mézières.
3. Le grand état-major avait décidé de faire partout remplacer par des troupes actives les contingents de landwehr encore employés directement devant l'ennemi, et de ne plus employer ceux-ci qu'au service des étapes et des garnisons. Quant à la 1ʳᵉ division d'infanterie, elle ne devait rester devant Mézières que jusqu'au moment où les troupes du général de Senden viendraient l'y relever. Celles-ci arrivèrent devant la place le 22 novembre et la 1ʳᵉ division fut alors acheminée sur l'Oise par voies ferrées. Mais l'exploitation des chemins de fer était encore si précaire que ses derniers éléments ne purent atteindre l'Oise, entre La Fère et Noyon, avant le 27.

avait été lancée en avant, dès le 28 octobre, pour purger l'Argonne des francs-tireurs qui s'y trouvaient. Il ne restait donc au général de Manteuffel, au moment où, le 7 novembre, il se mit en route, que cinq brigades d'infanterie, deux régiments de cavalerie[1] et 23 batteries. Le commandant de la Ire armée comptait cependant que ses nombreux détachements le rejoindraient au plus tard à son arrivée sur l'Oise, et qu'il aurait alors sous la main la totalité des Ier, VIIIe corps et 3e division de cavalerie, le VIIe corps étant laissé à sa mission spéciale. L'effectif de ces forces devait se monter, en ne comptant que les combattants, au chiffre de 38,244 fantassins et 4,433 cavaliers, avec 180 bouches à feu[2].

La marche de la Ire armée allemande débuta dans des conditions d'aisance et de facilité réelles. Déployées sur un front très large, entre la route de Briey à Laon par Rethel, et celle d'Etain à Reims par Clermont-en-Argonne, les troupes étaient spacieusement cantonnées et recevaient chez l'habitant une nourriture abondante[3]. Sûres de ne point rencontrer de résistance, elles accomplissaient de véritables étapes du temps de paix, réparant ainsi les fatigues et les souffrances que les dernières semaines du blocus de Metz leur avaient imposées. Le 15 novembre, après avoir rallié les divers détachements envoyés devant Verdun[4] et en Argonne, elles atteignirent la ligne Reims-Rethel[5]; mais en l'absence de sa 1re division, toujours devant Mézières, le général de Manteuffel crut devoir aborder l'Oise sur un front plus étroit, et, au lieu de s'étendre jusqu'à Saint-Quentin au nord, ne pas dépasser Guiscard. En con-

---

1. Moins un escadron.
2. Colonel H. DE WARTENSLEBEN, chef d'état-major général, *Opérations de la Ire armée, sous les ordres du général de Manteuffel*.
3. Il est à remarquer que, pendant cette marche, ordre avait été donné de s'abstenir de réquisitions et de ne faire que des achats payés comptant. C'était un procédé assez adroit pour éviter une résistance que les Allemands cherchaient d'autre part à empêcher par les menaces les plus sévères et le désarmement progressif des populations.
4. Verdun avait capitulé le 9 novembre.
5. 3e brigade et artillerie du Ier corps, Rethel; VIIIe corps, Reims; 3e division de cavalerie formant liaison entre les deux, à Tagnon.

séquence, la 3ᵉ division de cavalerie, renforcée d'un bataillon de chasseurs et d'une batterie[1], reçut l'ordre de se porter, le 20, sur cette ville, pour y couvrir l'aile droite, et explorer le pays vers Amiens et Saint-Quentin. Pendant ce temps, la 3ᵉ brigade arriverait à Noyon, qu'elle devait atteindre le lendemain, et le VIIIᵉ corps gagnerait Compiègne, d'où il jetterait des avant-gardes à la fois sur les routes de Beauvais et de Montdidier, en donnant la main, par Senlis, à l'armée de la Meuse[2]. Enfin, la 1ʳᵉ division était rappelée à l'armée, aussitôt que le général de Senden l'aurait relevée.

Le général de Manteuffel avait reçu, sur ces entrefaites, un ordre du grand quartier général, parvenu à Soissons dans la nuit du 20 au 21, et prescrivant à la Iʳᵉ armée de prolonger son mouvement jusqu'à Rouen, mais en occupant Amiens au préalable. En présence du mouvement national qui se manifestait partout et menaçait de lancer bientôt sur les troupes du blocus de Paris des armées importantes, M. de Moltke voulait en effet élargir la zone de protection de ce blocus. Il s'agissait pour lui d'établir, à grande distance de la ligne d'investissement, une deuxième ligne de troupes disposée en sens inverse et analogue à ce que, dans les anciens sièges, on appelait une *ligne de circonvallation*, de façon à tenir en respect, et loin des derrières de l'assiégeant, les armées de secours qui pourraient être lancées sur la capitale[3]. Les forces considérables que la capitulation de Metz venait de rendre disponibles lui en donnaient les moyens, que, sans cette catastrophe, il eût difficilement trouvés. De même donc

---

1. Le 1ᵉʳ bataillon de chasseurs fut même dirigé par voies ferrées de Mézières, où il se trouvait avec la 1ʳᵉ division, sur Guiscard pour renforcer encore ce détachement.
2. *La Guerre franco-allemande*, 2ᵉ partie, page 558.
3. Les *lignes de circonvallation* étaient autrefois constituées par une suite de retranchements, disposés concentriquement aux travaux de siège, mais tournés du côté de la campagne. On comprend que, dans l'attaque des places modernes à forts détachés, la création d'une pareille circonférence d'ouvrages soit devenue impossible; mais le principe subsiste, et le rôle qui leur était affecté incombe maintenant à des troupes manœuvrant et combattant pour empêcher la place investie de recevoir des secours.

qu'au sud la II⁰ armée s'avançait à marches forcées pour reprendre Orléans, refouler l'armée de la Loire, et donner la main au grand-duc de Mecklembourg en position à l'ouest de Paris, de même le général de Manteuffel allait étendre ses forces en arc de cercle au nord et au nord-ouest, afin de couvrir de ce côté la grande entreprise sur laquelle les Allemands comptaient avec raison pour réduire la France, afin aussi de prendre possession de la longue voie ferrée qui, partant de Reims, passe par Laon, Tergnier et Amiens pour aboutir à Rouen, et forme, en raison de sa distance à la capitale, comme le tracé même de la ligne à occuper. Mais, d'autre part, les renseignements parvenus au commandant de la I⁰ armée faisaient connaître qu'avec une surprenante promptitude[1], les Français avaient déjà constitué trois groupes de forces, dont on évaluait le chiffre moyen à 30,000 hommes chacun, et qui se trouvaient répartis entre Lille, Rouen et Amiens. Il s'agissait tout d'abord de les empêcher de se réunir, et pour cela il semblait assez naturel de chercher à en finir d'abord avec le plus rapproché, qui était celui d'Amiens, en marchant contre lui sans délai[2]. Cependant Manteuffel demeurait indécis ; il voulait connaître la situation plus exactement avant de se décider à prendre pour premier objectif, soit Amiens, soit Rouen. Jusque-là, les reconnaissances de cavalerie n'avaient rencontré de troupes françaises que du côté de Ham, où se trouvaient 1,500 gardes mobiles avec deux pièces de canon, qui, à la vue des Allemands, se hâtèrent de regagner Amiens par le chemin de fer[3]. Partout ailleurs on ne voyait que quelques francs-tireurs isolés. Le pays entre Noye et Somme était donc libre. Mais, en s'approchant d'Amiens[4], les patrouilles

---

1. *La Guerre franco-allemande*, 2⁰ partie, page 360.
2. On sait que, malheureusement, il n'était nullement question, de notre côté, d'opérer une concentration quelconque.
3. Ces mobiles avaient fait, le 19, sans succès d'ailleurs, une tentative, à Vouel, contre la 4⁰ brigade allemande occupée au blocus de La Fère.
4. Le 22, une patrouille poussa jusqu'au bois de Gentelles, à 12 kilomètres sud-est d'Amiens.

apprirent qu'autour de la ville étaient campés 15,000 hommes, commandés, disait-on, par le général Bourbaki; au même moment, le prince royal de Saxe avisait Manteuffel que, d'après les nouvelles qu'il avait reçues, il lui paraissait que chaque jour des troupes venues de Rouen et Lille par chemin de fer affluaient sur Amiens[1].

Ces deux renseignements, dont le premier était d'ailleurs à peu près exact, fixèrent le commandant de la Ire armée. Tout d'abord, il y vit les indices probables d'une concentration à laquelle il fallait mettre obstacle; il crut en outre tenir l'occasion de riposter par un succès facile à l'échec de Coulmiers et de réfréner dans la population française les élans d'une confiance qui devenait inquiétante; enfin il voulut répondre à certaines accusations de lenteur que lui adressait la presse allemande[2]. Le 23 donc, il donna des ordres en vertu desquels l'armée, marchant contre Amiens, devrait avoir atteint, deux jours après, la ligne Roye-Montdidier, le Ier corps (ou du moins les fractions déjà arrivées sur l'Oise) à droite, le VIIIe corps à gauche[3]. Ce dernier se relierait, vers Breteuil, aux détachements de l'armée de la Meuse en position à Clermont. Le mouvement serait couvert par la 3e division de cavalerie, qui, à la même date, atteindrait Moreuil, laissant à Ham un fort détachement destiné à protéger l'aile droite et envoyant des patrouilles pour continuer à observer Amiens. Telles étaient les dispositions qui allaient mettre aux prises les forces allemandes avec celles que, presque au même moment, le général

---

1. *La Guerre franco-allemande*, 2e partie, page 559.
2. P. LEHAUTCOURT, *loc. cit.*, page 52.
3. A cette date, le premier échelon de la 1re division était seul arrivé à Compiègne. Il comprenait 4 bataillons, un escadron, une batterie et un détachement sanitaire. Le reste, comme il a été déjà dit, débarqua seulement le 27. Ce retard causait certaines préoccupations au général de Manteuffel, qui ne croyait pas avoir trop de toutes ses forces pour remplir sa tâche. La preuve en est qu'il avait demandé au général de Zastrow de se charger avec le seul VIIe corps du siège de Mézières, et de lui envoyer les troupes du général de Senden. (WARTENSLEBEN, *loc. cit.*)

Farre dirigeait vers Amiens, pour couvrir cette grande ville.

Les organisateurs de la défense dans le Nord étaient informés de l'arrivée sur l'Oise d'un groupe important de troupes ennemies; mais ils ignoraient absolument, cela se comprend, la direction qu'il allait prendre. D'ailleurs, pour l'instant, ils ne se préoccupaient que d'une chose : défendre Amiens; ils y portèrent donc tout ce qu'ils avaient d'éléments disponibles, laissant au général Briand, qui avait un commandement indépendant de celui du général Farre, le soin de défendre Rouen de son côté[1]. La conception n'était pas heureuse et exposait chaque général à se faire battre en détail ; c'est ce qui arriva.

Le 22 novembre, les trois brigades du 22° corps, qui seules étaient constituées, furent donc dirigées sur Amiens et s'établirent soit dans la ville, soit dans les villages environnants, mais sur une étendue assurément démesurée. Ainsi, tandis que la brigade Lecointe renforçait dans Amiens même les mobiles du général Paulze d'Ivoy, le général Derroja s'installait sur une longue ligne brisée allant de Fouencamps, sur la Noye, à Pont-Noyelles, sur l'Hallue, en passant par Camon et Blangy, sur la Somme; et, en avant de lui, le colonel du Bessol s'étendait de Corbie à Gentelles, par Villers-Bretonneux et Cachy[2]. Il y avait bien à un développement aussi anormal quelques motifs plausibles, résumés par le général Faidherbe ainsi qu'il suit : « Il était important de garder soigneusement la Somme, entre Péronne et Corbie, pour protéger la ligne de retraite et la voie ferrée du Nord... Quant à la position de combat, elle ne pouvait se borner à la rive droite de la Somme, très forte en raison des hauteurs qui dominent la vallée marécageuse de cette rivière ; sur cette ligne exclusivement défensive, notre petite armée eût été immobilisée, et la protection donnée à Amiens se fût réduite à la défense directe des retranchements construits autour de

---

1. H. Daussy, *loc. cit.*, page 43.
2. *Ibid.*, page 45.

cette ville par les autorités locales[1]. Or, ces retranchements, établis dans de bonnes positions, étaient incomplets; leur profil était faible, leur développement énorme. Pour y tenir avec quelque chance de succès et lutter contre l'artillerie beaucoup plus nombreuse de l'ennemi, il aurait fallu joindre aux 12 pièces imparfaitement pourvues que la ville était parvenue à y établir, les 42 pièces du 22ᵉ corps; mais cette disposition aurait compromis Corbie, clef de la voie ferrée d'Amiens à Arras. Le général Farre se décida en conséquence à s'établir sur les hauteurs de la rive gauche comprises entre la Somme et l'Avre, dont le point culminant était à la petite ville de Villers-Bretonneux et dont l'arête est occupée par les bois de Blangy et de Cachy. Dans cette situation, où les deux brigades cantonnées en dehors d'Amiens pouvaient être rapidement réunies, on faisait face au corps principal de l'ennemi signalé à l'est, en s'établissant le long d'une ligne transversale de Cachy à Gentelles, la droite appuyée à la vallée de l'Avre. A Villers-Bretonneux comme pivot commençait une seconde ligne défensive suivant l'arête qui descend de cette petite ville à Longueau, arête couverte de bois et qui prend en flanc les approches d'Amiens. La retraite vers la rive droite de la Somme pouvait s'opérer par les pentes douces qui descendent vers la rivière et les ponts nombreux conservés dans cette partie de son cours[2]. » Il n'en est pas moins vrai que trois brigades, d'un effectif de moins de 24,000 hommes, allaient combattre sur une étendue de 25 kilomètres, c'est-à-dire que l'armée française était condamnée à rester faible partout. Assurément la situation était difficile; il eût été préférable néanmoins d'attendre

---

1. Cette ligne consistait en une suite de tranchées-abris dans les intervalles desquelles se trouvaient, de distance en distance, des épaulements de batterie. Elle partait des hauteurs de la Celle vers Pont-de-Metz, passait un peu en deçà du cimetière de Dury, puis courait de l'ouest à l'est sur les hauteurs de Saint-Fuscien et de Cagny, pour de là se replier, vers le nord, sur celles de Saint-Acheul, d'où elle couvrait la bifurcation de Longueau.
2. Général Faidherbe, *Campagne de l'armée du Nord, en* 1870-1871. Paris, E. Dentu, 1872, page 15.

l'ennemi derrière la Luce, qui forme une bonne ligne de défense, quitte à laisser Amiens livré à ses propres ressources[1], et à s'assurer, en cas de retraite, les débouchés de Camon et de Corbie. Quoi qu'il en soit, certaines rectifications furent faites, le 24, dans le placement des troupes, mais sans que leur éparpillement fût pour cela corrigé. La brigade Derroja s'établit tout entière à Camon, Longueau et Cagny, avec des avant-postes à Boves et Fouencamps; la brigade du Bessol occupa le plateau de Villers-Bretonneux, avec ses avant-postes aux bois de Domart et de Hangard jusqu'à Marcelcave. La brigade Lecointe fut conservée en réserve à Amiens. Quant aux forces du général Paulze d'Ivoy, elles reçurent la mission de défendre les retranchements élevés au sud de la ville.

Cependant le général de Manteuffel continuait sa marche vers la Somme, derrière le rideau formé par la 3ᵉ division de cavalerie. Le 23, une forte reconnaissance lancée par celle-ci vers la Luce se heurta, devant le Quesnel à quelques francs-tireurs qu'elle refoula sur Caix à coups de canon[2]. Le lendemain, ce même détachement allemand ayant poussé vers Hourges, rencontra là une reconnaissance envoyée par le colonel du Bessol et forte de 4 bataillons avec une batterie et quelques cavaliers. L'avant-garde ennemie fut refoulée sur son gros qui occupait Mézières; là, les Allemands tinrent quelque temps, mais, bientôt débordés sur leurs ailes par le 20ᵉ bataillon de chasseurs et un bataillon du 43ᵉ, ils durent rétrograder sur Bouchoir, où des troupes envoyées de Roye par le général von der Grœben vinrent les recueillir. Nos soldats les avaient poursuivis jusqu'au Quesnel et ne s'étaient arrêtés là que parce qu'ils

---

1. Il y avait à Amiens, sous les ordres du général Paulze d'Ivoy, deux bataillons de marche du 43ᵉ, cinq de gardes mobiles, un de mobilisés de la Somme et deux de gardes nationaux d'Amiens, en tout onze bataillons de troupes médiocres à la vérité.

2. Cette reconnaissance se composait d'un régiment de cavalerie, d'une compagnie de chasseurs et de deux pièces. — « Les compagnies de francs-tireurs, chassées par le feu de l'artillerie prussienne, s'enfuirent sur Caix, poursuivies par l'ennemi, et jetant armes et bagages. » (H. Daussy, loc. cit., page 48.)

se trouvaient en butte à un feu assez sérieux d'artillerie.

Ce petit succès avait exercé sur nos jeunes troupes une action salutaire, et tellement impressionné la cavalerie allemande que, le lendemain 25, celle-ci ne dépassa pas le Quesnel, bien qu'elle eût dû pousser jusqu'à Moreuil[1]. Le reste de l'armée avait bien atteint ce jour-là la ligne Roye-Breteuil, mais Manteuffel, à qui une dépêche erronée, reçue dans la nuit du grand quartier général, signalait la présence devant Amiens d'une armée française forte de 46,000 hommes, hésitait de nouveau à s'engager plus avant sans avoir été rejoint par la totalité de la 1re division. Les patrouilles de cavalerie signalaient la présence de forces importantes sur tout le plateau de Villers-Bretonneux; l'une d'elles, qui avait franchi la Somme au pont du moulin de Sailly, le seul laissé intact, et s'était avancée dans la direction d'Albert pour y détruire la voie ferrée, rendait compte que les villages étant tous occupés, elle avait dû rétrograder sans remplir sa mission, pour ne pas se faire couper elle-même; la vérité est qu'elle n'avait rencontré que la garde nationale d'Albert, laquelle, à la nouvelle de l'approche des Prussiens, s'était courageusement portée à leur rencontre et les avait fait reculer au seul bruit de ses batteries de tambours[2]. Au surplus, on disait partout que des renforts considérables arrivaient par voies ferrées aux troupes françaises d'Amiens. Dans ces conditions, Manteuffel crut devoir consulter ses généraux, et ceux-ci furent d'avis qu'il fallait attaquer quand même; si l'on attendait la concentration de la 1re division, pensaient-ils, on favorisait celle des Français; d'ailleurs, jusqu'ici, une offensive hardie avait toujours réussi aux armées prussiennes, et, malgré la grande supériorité numérique qu'on attribuait à l'ennemi, tout portait à croire, en raison de la qualité respective des troupes, qu'elle

---

1. *La Guerre franco-allemande*, 2e partie, page 560.
2. H. Daussy, *loc. cit.*, page 52.

réussirait encore. Il fut donc décidé que le mouvement en avant serait continué.

En conséquence, ordre fut donné au VIII⁰ corps d'aller se cantonner, le lendemain 26, entre Moreuil et Essertaux, aux fractions du I⁰ʳ, échelonnées entre Roye et Noyon, de serrer sur leur tête, et à la 3⁰ brigade, qui était à Roye, de se porter au Quesnel pour y appuyer la division de cavalerie[1]. On voit que, chez le général de Manteuffel, l'esprit d'offensive n'excluait pas la prudence. Le mouvement s'exécuta sans difficulté, nos troupes avancées s'étant retirées derrière la Luce. Toutefois, comme le général de Gœben voulait pousser jusqu'à la rivière sa 30⁰ brigade, celle-ci eut à soutenir, de ce fait, quelques petits combats. Entre Thézy et Gentelles, sa gauche rencontra une partie du 20⁰ bataillon de chasseurs, envoyée en reconnaissance, et la refoula sur Boves; mais, en essayant de poursuivre, une compagnie du 61⁰ prussien vint se heurter, près de ce point, à un bataillon du 24⁰ de marche (de la brigade Derroja), qui, aidé par quatre compagnies du 1⁰ʳ bataillon de chasseurs, la rejeta violemment sur la route de Moreuil; malgré le concours de deux autres compagnies, les Allemands durent rester derrière la Luce. En même temps, au centre de la 30⁰ brigade, deux compagnies allemandes avaient essayé de prendre pied dans le bois de Domart, occupé par les grand'gardes de la brigade du Bessol; repoussées sur la rivière par le reste du 20⁰ bataillon de chasseurs et trois compagnies du 43⁰, accourus au secours de leurs avant-postes, elles avaient dû également se replier dans la vallée[2].

Ainsi, le 26 au soir, les forces allemandes étaient disséminées depuis Essertaux, à gauche, jusqu'au Quesnel et Rozières, à droite, sur un front encore plus étendu que celui des Français[3]; elles n'avaient pas

---

1. La division de cavalerie avait pour mission de détruire les voies ferrées autour d'Amiens, *en tant que cela serait possible*, disait l'ordre du général de Manteuffel.
2. Dans ces diverses rencontres, les Allemands avaient perdu 68 hommes tués ou blessés, nous un peu plus d'une trentaine.
3. P. LEHAUTCOURT, *loc. cit.*, page 58.

réussi à s'assurer les débouchés de la Luce[1]. Quant à la 1re division, elle venait de recevoir, à Roye, un nouvel échelon (3 bataillons, 1 escadron, 1 batterie), mais n'était pas encore au complet, tant s'en faut. Manteuffel, assez mal renseigné par sa cavalerie, et voyant que nos postes avancés n'atteignaient pas la Luce, pensait que le général Farre voulait défendre Amiens sur ses abords mêmes et que, par suite, il avait encore une journée devant lui pour achever sa concentration, sur une ligne plus rapprochée de l'adversaire. La dispersion de ses forces ne laissait pas de l'inquiéter. Il ordonna donc que, le 27, le Ier corps viendrait sur la Luce avec toutes ses forces disponibles, éclairé en avant de cette rivière par la 3e division de cavalerie; pendant ce temps, le VIIIe corps prendrait position entre Celle et Noye, de Fouencamps à Hébécourt, surveillant l'adversaire et assurant son flanc gauche. Ces dispositions devaient amener une rencontre générale le lendemain même, les troupes françaises se trouvant beaucoup plus éloignées d'Amiens que le général allemand ne le supposait.

De son côté, le général Farre recevait, grâce au concours patriotique des populations, une série de renseignements assez exacts sur les mouvements de l'ennemi[2]. Voyant que la route de Moreuil devenait dangereuse

---

1. Positions occupées par la Ire armée allemande, le 26 novembre, au soir :

3e division de cavalerie, à Rozières, avec ses avant-postes à Caix et des partis vers Braye et Corbie.

Ier corps.
- 3e brigade, en avant du Quesnel, sur la Luce. Elle avait poussé jusque-là par ordre de Manteuffel.
- 1re division, partie à Roye, partie en route pour y arriver.

VIIIe corps.
- 15e division, une brigade (la 29e) à Moreuil, avec les troupes non endivisionnées; l'autre (la 30e) sur la Luce, entre Thennes et Hangard.
- 16e division, à Essertaux (3 bataillons et 3 escadrons) et Ailly.

2. H. Daussy, *loc. cit.*, pages 43 et 56. — P. Lehautcourt, *loc. cit.*, page 59.

(le combat de Domart eût suffi pour le prouver), il s'était hâté d'appeler entre Boves et Gentelles une partie de la brigade Lecointe, donnant l'autre (moitié du 2ᵉ bataillon de chasseurs, un bataillon du 75ᵉ et du 65ᵉ) au colonel du Bessol qui, en présence du déploiement sur la Luce des avant-postes ennemis, avait demandé du renfort. La mesure prise ainsi par le général Farre, si elle comblait une trouée existant jusque-là dans sa ligne de bataille, présentait un double et grave inconvénient : elle rompait les liens tactiques, et jetait sur le champ de bataille, dès le début de l'action, la seule réserve que nous eussions. Quoi qu'il en soit, voici quelles étaient les dispositions de troupes définitivement adoptées : à gauche, la 3ᵉ brigade (du Bessol), dont les avant-postes allaient des bois de Domart à la route de Péronne, par Marcelcave, avait le gros de ses forces à Villers-Bretonneux, détachant à Gentelles le 20ᵉ bataillon de chasseurs, à Cachy un bataillon du 43ᵉ, au sud-est de Villers-Bretonneux un bataillon d'infanterie de marine. Entre Villers et Marcelcave, une butte formée par le déblai du chemin de fer avait été organisée pour la défense, et un retranchement construit à la croisée des chemins de Villers à Aubercourt et de Marcelcave à Cachy protégeait le bataillon d'infanterie de marine. Malgré ces précautions, l'espace tenu par cette brigade, qui comptait en tout 8 bataillons et demi, y compris les renforts amenés par le général Lecointe, et ne disposait que de 18 pièces (1 batterie de 12 et 2 de 4), était visiblement excessif.

A droite, la 2ᵉ brigade (Derroja) s'étendait depuis la route de Montdidier, occupée par deux bataillons (24ᵉ de marche et mobiles du Nord) aux ordres du lieutenant-colonel Pittié, jusqu'à Saint-Fuscien. Entre ce point et Boves étaient un bataillon du 33ᵉ et un des mobiles du Nord. La position même de Boves, où sur un mamelon dominant s'élèvent les ruines d'un château féodal, était gardée par deux compagnies, l'une du 33ᵉ, l'autre du 24ᵉ. Le général Derroja disposait de deux batteries, dont une de 12. On voit que lui aussi avait un espace énorme de terrain à couvrir pour se relier par sa droite aux retranchements d'Amiens, comme il lui était prescrit, et qu'en outre il était assez fortement en retrait par rapport aux positions du colonel du Bessol. Ce dernier inconvénient était un peu atténué par l'arrivée entre Boves et Gentelles de cinq bataillons du général Lecointe, mais tous les autres n'en subsistaient pas moins avec leurs fâcheuses conséquences.

Quant aux retranchements d'Amiens, ils étaient défendus, ainsi qu'il a été dit déjà, par la garnison de la ville, renforcée en hâte par une batterie de 12 venue d'Arras et que servaient des canonniers marins. Enfin, les passages de la Somme étaient protégés en arrière, à Corbie, par deux escadrons de dragons et une compagnie du génie; entre ce point et Péronne, par le 18e bataillon de chasseurs et deux bataillons de ligne (du 75e et du 91e), envoyés là par une brigade alors en formation.

III. — Bataille d'Amiens

Attaque de la 3e brigade prussienne. — Le 27, dans la matinée, le Ier corps d'armée prussien, placé sous les ordres du général de Bentheim, quittait ses cantonnements de Roye pour venir, comme il en avait l'ordre, s'établir sur la Luce, entre son confluent et Démuin. Son avant-garde, formée par la 3e brigade, devait franchir la rivière, qu'elle bordait depuis la veille, et couvrir le mouvement en prenant position entre Gentelles et Marcelcave; elle avait, à dix heures du matin, deux bataillons et une batterie à Hangard, détachant deux compagnies à la garde de chacun des ponts de Démuin et de Domart, et le reste de ses troupes à Domart. Trois escadrons de dragons qui patrouillaient depuis le matin devant elle avaient rendu compte que la route d'Amiens à Roye était libre, mais que Gentelles et Cachy étaient fortement occupés par les Français. Le brouillard, jusque-là très épais, s'étant en partie dissipé, le général de Pritzelwitz donna l'ordre à sa brigade de déboucher à la fois sur le bois de Domart et sur Cachy. Celle-ci forma donc trois colonnes qui s'ébranlèrent simultanément[1].

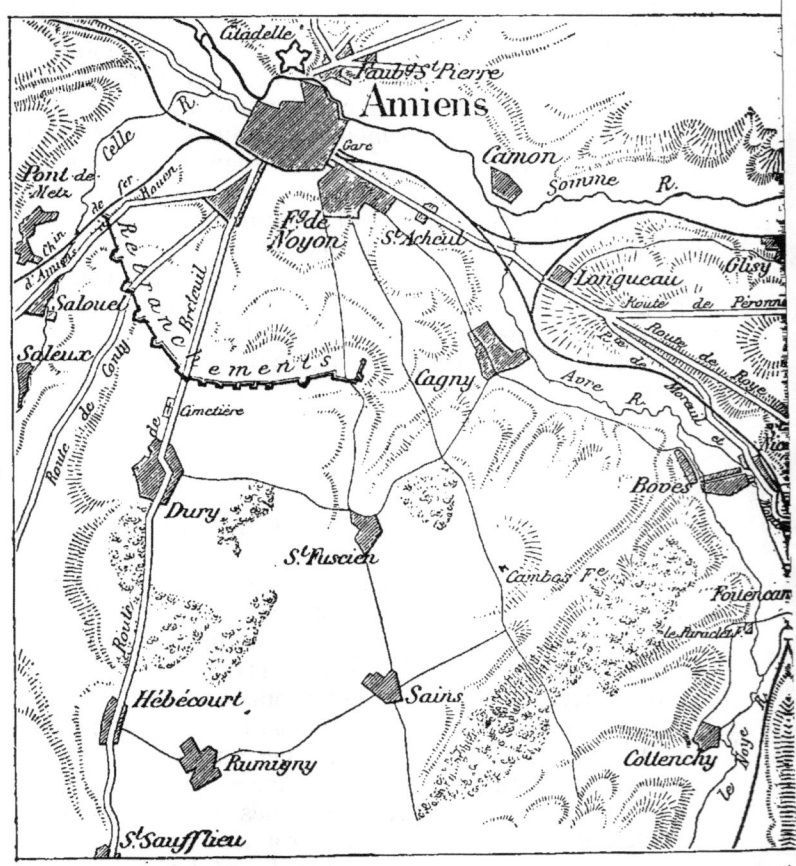

Carte servant à l'intelligence b

La colonne de gauche[2], qui se dirigeait de Domart

1. Les deux premières se dirigeant de Domart sur Gentelles et Cachy ; la troisième partant de Hangard pour marcher sur ce dernier point.
2. Elle comprenait six compagnies du régiment n° 4 (grenadiers de la Prusse orientale), un escadron de dragons et une batterie.

sur Gentelles, traversa le bois de Domart sans éprouver de résistance, nos maigres avant-postes s'étant repliés

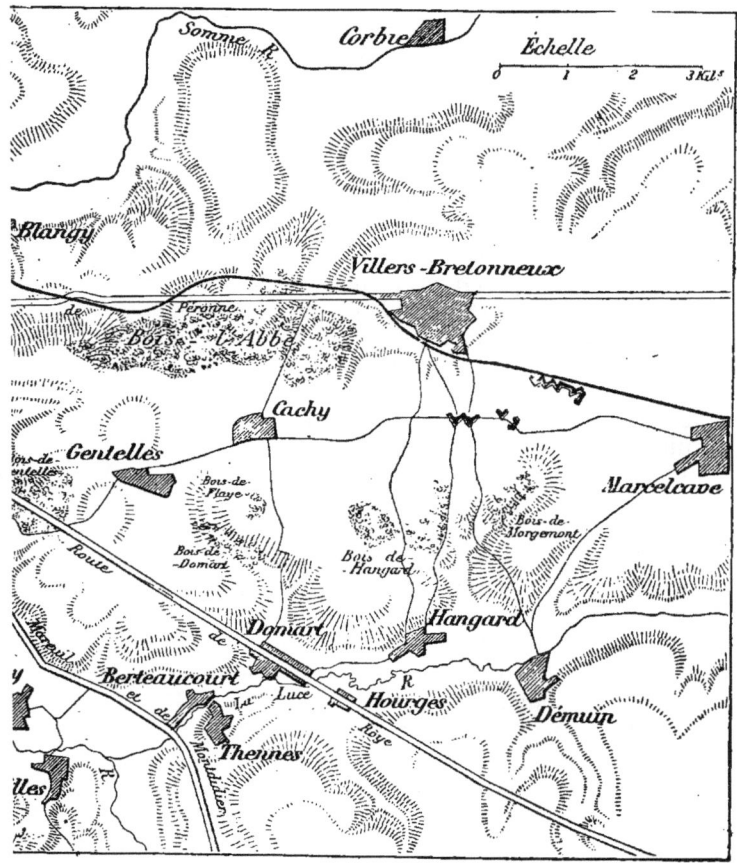

aux environs d'Amiens.

aussitôt. Mais, quand elle voulut en sortir, elle fut accueillie par une violente fusillade, dirigée sur elle par le 20ᵉ bataillon de chasseurs ; sa batterie, prenant position dans un terrain défriché, ouvrit alors le feu sur Gentelles, tandis qu'un bataillon tout entier menaçait le flanc de nos chasseurs. Ceux-ci durent se replier sur Cachy et les Prussiens s'établirent dans Gentelles, continuant de pied ferme un combat de tirailleurs avec nos troupes de Cachy. L'escadron fut lancé sur la route d'Amiens, et une compagnie, envoyée dans le bois du Fleye, opéra la jonction avec la colonne du centre [1].

Celle-ci avait poussé une compagnie jusqu'à l'angle nord-ouest du bois de Hangard [2]; une autre, avec la batterie, avait appuyé vers Gentelles, pour soutenir la colonne de gauche; mais devant la résistance opposée par nos troupes de Cachy, dont une partie opérait en avant du village une énergique contre-attaque, les Allemands durent s'arrêter et même appeler en ligne une autre compagnie, tandis que la batterie, placée entre les bois de Hangard et du Fleye, arrêtait le mouvement offensif du 43° français. Le combat, là aussi, dégénéra en une longue fusillade, sans progrès d'aucun côté [3]; mais les Allemands avaient encore en réserve deux compagnies, postées à l'intérieur du bois de Hangard, tandis qu'en face d'eux nous n'en avions aucune [4].

Quant à la colonne de droite [5], elle avait jeté deux compagnies entre les bois de Hangard et de Morgemont, également abandonnés par nous. Quand celles-ci voulurent déboucher, elles furent reçues par une telle fusillade partie du retranchement situé en avant de Villers-Bretonneux, qu'elles durent chercher précipitamment un refuge dans le bois de Hangard. Mais, à ce moment, le 44° prussien débouchait tout entier du bois de Morgemont, et dirigeait un bataillon sur Cachy; arrêté par le feu de notre infanterie, ce dernier oblique alors vers la voie ferrée afin de déborder notre gauche; deux de ses compagnies préparent l'attaque directe des buttes,

---

1. *La Guerre franco-allemande*, 2° partie, page 565.
2. Elle comptait quatre compagnies du régiment n° 4, une compagnie de pionniers, un escadron et une batterie.
3. « Cachy fut incendié par les obus prussiens; le commandant Roslin (du 43°) y trouva la mort, mais les Français s'y maintinrent toute la journée. » (H. Daussy, *loc. cit.*, page 63.)
4. L'escadron de dragons servait à maintenir la liaison avec les colonnes voisines.
5. Deux compagnies du régiment n° 4, le 44° tout entier, un escadron et une batterie.

deux se déploient à l'est, quatre autres, d'un second bataillon, viennent prolonger la gauche de cette ligne jusqu'au bois de Morgemont, tandis qu'une batterie postée près de ce même bois engage la lutte avec les trois batteries du colonel du Bessol, en position à l'ouest du petit ouvrage construit sur la route de Marcelcave à Cachy[1]. Les buttes du chemin de fer étaient occupées primitivement par deux compagnies des mobiles du Nord, qui, ayant plié à la première attaque, avaient été remplacées par un demi-bataillon d'infanterie de marine (l'autre demi-bataillon occupant le retranchement du sud); l'ennemi s'en approcha par bonds successifs jusqu'à 300 mètres, puis, après un feu rapide très nourri, donna l'assaut. Il y eut alors un instant de mêlée furieuse[2], après laquelle les buttes tombèrent au pouvoir des Prussiens, et l'infanterie de marine recula sur les mobiles du Nord, tous massés maintenant à la sortie sud-est de Villers-Bretonneux. Ceux-ci paraissaient ébranlés; l'ennemi gagnait du terrain, et il fallait le feu nourri d'une troupe de francs-tireurs, postée sur le pont même, pour arrêter une de ses compagnies qui se glissait par la tranchée du chemin de fer. Heureusement, l'énergie du colonel du Bessol rétablit les affaires; l'infanterie de marine se rallia devant Villers, et les Prussiens furent tenus en respect, bien que leur batterie se fût rapprochée jusqu'aux abords orientaux des ouvrages. Mais, malgré tout, notre gauche avait subi un échec grave et qui, ce semble, aurait pu être évité. L'assaut du 44° prussien a été donné en terrain absolument découvert et avec l'appui d'une seule batterie; ce n'eût pas été trop demander à deux bataillons postés derrière des retranchements, et protégés par 18 pièces, de l'arrêter; mais pour cela il eût fallu pouvoir imposer aux mobiles du Nord un rôle plus actif.

---

1. Le colonel du Bessol reçut un peu plus tard une quatrième batterie (de 8). Il n'en eut jamais davantage et ne put donc pas, au moment dont nous parlons, déployer entre Cachy et Villers-Bretonneux les 36 pièces dont parle, dans son ouvrage, le colonel de Wartensleben.
2. *La Guerre franco-allemande*, 2° partie, page 568.

Il était une heure de l'après-midi. Sur la rive droite de l'Avre, la 3ᵉ brigade prussienne, déployée sur l'énorme front de 9 kilomètres, avait conquis les hauteurs septentrionales de la Luce, sans prendre pied toutefois dans les villages que nous occupions ; derrière elle, le reste du Iᵉʳ corps, toujours incomplet, se massait le long de la rivière, s'apprêtant à soutenir son avant-garde. Mais, pour cela faire, il fallait qu'il s'établît, lui aussi, entre Gentelles et Marcelcave, en sorte que le vide déjà existant entre la droite allemande et le VIIIᵉ corps opérant sur la rive gauche allait subsister. Le général de Manteuffel, venu de Thennes au sud de Gentelles, se rendait compte des conséquences que pouvait produire un pareil état de choses ; n'ayant sous la main que l'escadron d'escorte, il le jeta entre Fouencamps et Gentelles, sur les routes de Roye et de Montdidier, en attendant que le bataillon de garde au quartier général, en marche sur cette dernière, eût rejoint [1]. Puis il expédia au général de Gœben l'ordre d'étendre sa droite vers Fouencamps, de façon à se rapprocher autant que possible des troupes du Iᵉʳ corps ; on verra bientôt ce qu'il en résulta.

Entrée en ligne du gros du Iᵉʳ corps. — Cependant les renforts envoyés par le général Lecointe au colonel du Bessol commençaient maintenant à déboucher de Villers-Bretonneux. Ce dernier tenta aussitôt de reconquérir les buttes en se mettant lui-même à la tête de ses deux bataillons précédemment refoulés (infanterie de marine et mobiles du Nord), auxquels s'étaient jointes les trois compagnies du 2ᵉ bataillon de chasseurs ; il les lança contre le 44ᵉ, qui, un moment, fut rejeté hors de l'ouvrage et n'y rentra que grâce à l'appui de quatre batteries de l'artillerie de corps, accourues de la Luce à l'est du bois de Morgemont. Pendant ce temps, les deux bataillons du 65ᵉ et du 75ᵉ s'étaient déployés au sud de Villers, leur gauche vers le chemin d'Aubercourt, et s'opposaient à toutes les tentatives faites par les compagnies prussiennes du 4ᵉ pour déboucher du bois de

---

[1]. Il venait de Plessier, où Manteuffel avait couché la veille.

Hangard[1]. En vain une batterie amenée au saillant nord-ouest de ce bois par le général commandant l'artillerie du Ier corps dirigeait-elle contre eux un feu meurtrier. Deux compagnies du 75e se jetèrent dans le retranchement sur le chemin de Marcelcave, et le reste du bataillon s'élança très bravement contre le bois, tandis que le 65e et les mobiles du Nord s'avançaient à droite, débordant Cachy. Les deux compagnies allemandes, qui avaient perdu tous leurs officiers, moins un sous-lieutenant[2], reculèrent en désordre presque jusqu'à Démuin. Mais personne en arrière ne soutenait notre offensive; les trois compagnies du 75e, entrées seules dans le bois de Hangard, furent tout à coup assaillies de front par trois compagnies prussiennes venues de la Luce et en même temps prises de flanc sur le côté droit par un peloton que l'artillerie de corps, en accourant vers la rivière, avait amené sur ses coffres[3]; elles durent se replier dans le retranchement du chemin de Marcelcave, d'où elles continuèrent à combattre de pied ferme, tandis que les deux batteries du général Lecointe s'établissaient à l'est de Villers, en travers de la voie ferrée.

Du côté des buttes, le colonel du Bessol luttait toujours avec acharnement. Se dépensant dans un dévouement sans bornes, tantôt il ramenait au feu ses mobiles hésitants, tantôt il jetait sur l'ouvrage si vigoureusement disputé tout ce qu'il pouvait réunir de troupes, mobiles, infanterie de marine et chasseurs. Déjà son cheval avait été tué sous lui; bientôt lui-même tomba, atteint d'un coup de feu, et à côté de lui le commandant du 2e bataillon de chasseurs[4]. C'en était fait des retours offensifs; nos troupes se replièrent sur Villers-Bretonneux, et l'ennemi garda le retranchement des buttes,

---

1. C'étaient les deux compagnies qui, avec le 44e, formaient la colonne de droite.
2. *La Guerre franco-allemande*, 2e partie, page 568.
3. Ces troupes appartenaient à un régiment de la 1re brigade (grenadiers du Prince royal).
4. Le commandant Giovaninelli, aujourd'hui général de division et commandant de corps d'armée.

dont le feu de nos tirailleurs l'empêcha toutefois de déboucher.

Pendant qu'à notre extrême gauche se déroulaient ces divers épisodes, l'artillerie du Ier corps prussien gravissait les hauteurs septentrionales de la Luce. Trois nouvelles batteries accouraient renforcer celles déjà en position, dont deux, qui avaient voulu s'avancer jusqu'au saillant nord du bois, venaient d'être refoulées par des tirailleurs sortis du petit retranchement; un instant après, 10 pièces de la 3e division de cavalerie prolongeaient cette ligne déjà formidable, et 64 pièces ennemies écrasaient de projectiles les 24 canons de la brigade du Bessol [1]. Sous cette masse de fer, nos batteries, d'ailleurs à bout de munitions, durent abandonner la position qu'elles occupaient près du retranchement et se replier au galop; leur retraite détermina dans les rangs des mobiles une véritable débandade et, bientôt, vers quatre heures, toute l'infanterie, sauf deux compagnies du 75e et quelques hommes courageux qui tenaient encore l'ouvrage, reflua en masse vers Villers-Bretonneux. Or, ce recul était d'autant plus décisif que, juste au même moment, l'ennemi mettait en ligne de nouvelles troupes. Cinq compagnies prussiennes [2] débouchaient du bois de Morgemont, débusquaient d'abord du petit bouquet d'arbres situé au nord de ce bois les quelques soldats français qui s'y tenaient encore; puis toute la ligne allemande, sortant à la fois du bois de Hangard et de celui de Morgemont, se portait à l'attaque, accompagnée par une batterie. Les défenseurs du retranchement, réduits à une poignée d'hommes, furent aisément chassés; ils n'étaient plus soutenus par personne et nos batteries avaient cessé

---

1. La 3e division de cavalerie, moins deux escadrons, deux pièces et une compagnie de chasseurs laissés à Ham pour établir la liaison avec les troupes du blocus de La Fère, avait patrouillé toute la matinée sur le flanc droit de l'armée. Trouvant partout les ponts de la Somme ou détruits, ou occupés par nous, elle vint, vers trois heures du soir, se masser à l'ouest de Marcelcave, tandis que son artillerie entrait en action devant le bois de Morgemont.
2. Trois du régiment Prince royal, venues de la Luce, et deux du 44e, qui jusque-là étaient restées en soutien de l'artillerie.

de tirer. A la nuit tombante, les Prussiens entraient dans Villers-Bretonneux, où ils n'éprouvèrent qu'une faible résistance, car cette chaude journée de lutte avait épuisé la majeure partie de nos troupes, et les mobiles du Nord étaient entièrement débandés. La retraite, compliquée encore par une série d'ordres mal donnés, par l'obscurité et l'absence de toute mesure protectrice, s'effectua partie sur Amiens, partie sur Corbie[1]. Elle ne tarda pas à dégénérer en débandade, sans que les Prussiens, arrêtés par l'obscurité, aient rien pu faire pour l'inquiéter. Ils nous avaient capturé, autour de Villers-Bretonneux, 180 prisonniers[2].

La prise de notre point d'appui d'extrême gauche était du reste le seul avantage que, sur la rive droite de l'Avre, l'ennemi eût remporté. Cachy et Gentelles nous restaient. Devant Cachy, la lutte s'était prolongée tout le jour, à travers une succession ininterrompue d'attaques et de contre-attaques, et, bien qu'appuyé par trois batteries[3], le bataillon prussien qui assaillait le village n'avait pu en débusquer les soldats du 43°. De Gentelles, l'ennemi n'avait pas débouché. Tout à coup, vers quatre heures, le général Lecointe apparut au nord-ouest de ce dernier village avec le bataillon du 91° et deux bataillons des mobiles du Nord; ceux-ci se déployèrent aussitôt vers le bois de Gentelles, d'où ils

---

1. Les gardes mobiles en particulier devaient tous, d'après les ordres du général Farre, être dirigés sur Amiens. Une grande quantité d'entre eux, égarés et en plein désordre, s'étant présentés à Corbie, on refusa de les laisser entrer en ville et on les renvoya sur Amiens, augmentant ainsi leur fatigue, déterminant sur les routes des croisements fâcheux, et provoquant à la maraude des hommes qui, depuis douze heures, n'avaient rien mangé. L'ennemi, il est vrai, ne se doutait pas de cette situation; car, jugeant toute notre armée sur la résistance que certaines troupes mieux commandées lui avaient opposée, il lui attribuait, dans son ensemble, une valeur qu'elle n'avait malheureusement pas. (Colonel DE WARTENSLEBEN, *loc. cit.* — H. DAUSSY, *loc. cit.*, page 67.)

2. Appartenant au 2° bataillon de chasseurs et à la compagnie du génie, séparés du reste de la colonne. La compagnie du génie était restée trop tard dans un moulin situé au nord de la voie ferrée, tout près des buttes, moulin dont la garde lui avait été confiée.

3. Celle qui accompagnait primitivement la colonne du centre de la 3° brigade, et deux batteries à cheval de l'artillerie de corps, appelées vers trois heures du bois de Morgemont par le général de Bentheim.

fusillèrent les troupes prussiennes du VIII° corps, marchant, ainsi qu'on le verra tout à l'heure, sur Saint-Nicolas, par la vallée de l'Avre ; quant au 91°, il se joignit à deux bataillons de la brigade Derroja qui, amenés des environs de Boves par le lieutenant-colonel Pittié, se disposaient à attaquer Gentelles. Le village n'était occupé que par deux compagnies prussiennes, le reste de ce qui avait formé, au début, la colonne de gauche de la 3° brigade ayant été jeté vers le bois du Fleye pour tenir tête aux défenseurs de Cachy ; elles furent chassées sans grande difficulté par nos troupes fraîches et se replièrent rapidement, laissant entre nos mains 1 officier et 16 hommes prisonniers. De Gentelles, le général Lecointe déboucha sur Domart, menaçant de se glisser entre les deux ailes de l'armée ennemie ; le général de Pritzelwitz n'eut que le temps de parer au danger en jetant devant Domart un bataillon et deux batteries, et d'envoyer à la garde du pont de Thennes le bataillon de garde au quartier général, qui, depuis qu'il avait atteint le champ de bataille, tiraillait aux abords du bois de Gentelles. D'ailleurs la nuit était arrivée ; les soldats du général Lecointe, interrompant leur offensive, n'essayèrent malheureusement point de pousser jusqu'aux ponts de la Luce, en sorte que l'ennemi put continuer à les occuper, pendant que le gros du Ier corps s'établissait au bivouac plus en arrière et lançait ses avant-postes sur la rive droite. En résumé, les résultats obtenus par lui étaient médiocres ; il n'avait pris pied que dans un seul village, s'était laissé chasser d'un autre et avait même failli, un moment, être coupé du corps voisin. Pour des troupes aussi anciennes et aussi aguerries, c'était peu. Il est vrai que les jeunes levées auxquelles elles avaient eu affaire s'étaient, à part les rares défaillances que nous avons signalées, comportées très vaillamment.

Engagements de Boves et de Saint-Nicolas. — Pendant que le général de Bentheim livrait sur la rive droite de l'Avre les combats dont il vient d'être question, une action en partie complètement distincte mettait aux prises, sur sa gauche, le VIII° corps avec la bri-

Les Francs-tireurs à l'assaut du château de la Rocherie...able.

gade Derroja et la garnison d'Amiens. Conformément aux instructions de Manteuffel, le général de Gœben avait donné l'ordre à la 15º division de venir s'établir moitié à Fouencamps, moitié à Sains, en poussant ses avant-postes jusqu'à Saint-Fuscien et Dury ; à la 16º division de gagner Hébécourt, et d'envoyer un détachement de flanc sur la Celle[1]. Le 27, de très bonne heure, la 30º brigade (Strubberg), à laquelle étaient rattachés deux escadrons de hussards et deux batteries, se mit donc en marche de la Luce sur la Noye[2] ; mais, en arrivant près de Fouencamps, son avant-garde trouva la ferme du Paraclet occupée par le 1ᵉʳ bataillon de chasseurs français. Le général de Strubberg fit déloger ce bataillon à coups de canon et jeta dans la ferme deux compagnies. Puis, pour répondre à l'invitation pressante du général en chef[3], il ordonna, vers une heure, à toute sa brigade de marcher sur Boves et Saint-Nicolas. Deux bataillons du 28ᵉ, rejoignant alors sur la rive droite de l'Avre le bataillon du 68ᵉ qui s'y trouvait encore, s'avancèrent par cette rive ; les deux compagnies du Paraclet, renforcées par le dernier bataillon du 28ᵉ, suivaient le mouvement sur la rive gauche, tandis qu'à l'est de Fouencamps une batterie préparait l'attaque de nos positions.

Mais, en arrivant à hauteur du bois de Gentelles, la colonne de droite, qui débordait la route de Moreuil, fut brusquement accueillie par une violente fusillade,

---

1. On peut s'étonner que les Allemands aient toujours été si complètement au courant de la topographie des pays qu'ils envahissaient. Le fait s'explique par le grand nombre de cartes dont ils disposaient. Pendant la première partie de la guerre, quand ils opéraient sur un terrain prévu et étudié, ils se servaient de *cartes de mobilisation*, distribuées, comme cela se fait actuellement en France, par la section géographique du grand état-major. Lorsque, plus tard, la prolongation de la lutte les eut amenés dans des pays qu'ils n'avaient certainement jamais songé atteindre, les cartes leur firent défaut. Aussi, dès leur arrivée dans une ville, réquisitionnaient-ils, comme une denrée quelconque, toutes celles dont libraires et habitants pouvaient être détenteurs. Celles de chaque région étaient alors reproduites et distribuées aux officiers ou services qui en avaient besoin.
2. Voir plus haut, page 37.
3. Voir plus haut, page 44.

dirigée sur elle par les deux bataillons de mobiles du Nord amenés sur le champ de bataille par le général Lecointe. Le 68ᵉ dut s'arrêter et faire face à droite, pour couvrir le flanc du 28ᵉ qui continuait à marcher ; à côté de lui, les troupes de l'escorte étaient déployées en travers de la route de Roye à Amiens.

Sur ces entrefaites, une nouvelle brigade allemande, la 29ᵉ, entrait en ligne à son tour. Arrivée à Sains, vers une heure, elle avait tout d'abord jeté en avant d'elle, à Saint-Fuscien, un bataillon et un escadron ; puis, sur les nouvelles qui arrivaient du champ de bataille, le général de Kümmer, commandant la 15ᵉ division, s'était hâté de diriger sur Fouencamps, où la brigade Strubberg paraissait vivement engagée, un bataillon et demi. Enfin, des troupes françaises s'étant tout à coup montrées entre Boves et Saint-Fuscien (c'étaient le 1ᵉʳ bataillon de chasseurs, un bataillon du 33ᵉ et un des mobiles du Nord, que le général Derroja dirigeait vers Dury pour se relier, comme il en avait reçu l'ordre, aux retranchements d'Amiens), le colonel de Bock, commandant la 29ᵉ brigade, conduisit lui-même vers la ferme de Cambos un autre bataillon et une batterie, dont le feu énergique obligea nos soldats à rétrograder sur Boves[1]. Cependant la 30ᵉ brigade gagnait maintenant à droite pas mal de terrain ; le général de Kümmer jugea alors que le meilleur moyen de l'aider dans son offensive était de lancer sur Boves toutes les troupes de la 29ᵉ brigade, celles de Fouencamps, celles de la ferme de Cambos et celles qui occupaient Sains (un bataillon et une batterie)[2]. Vers trois heures, la position de Boves, canonnée par trois batteries en position à 1,600 mètres au sud-ouest, et attaquée de trois côtés à la fois par cette masse de quatorze compagnies, à laquelle se joignaient bientôt les deux bataillons du 28ᵉ (30ᵉ brigade), débouchant de Saint-Nicolas où ils étaient entrés peu de temps auparavant, la position de Boves céda et ses défenseurs se replièrent partie sur Cagny,

---

1. La 29ᵉ brigade avait avec elle deux batteries et un escadron de hussards.
2. Il restait en réserve, au sud de Sains, un bataillon et demi.

partie sur Longueau, poursuivis par l'ennemi. Heureusement, celui-ci ne tarda pas à être arrêté, grâce à un vigoureux retour offensif exécuté à la baïonnette par un bataillon du 33° et une compagnie de mobiles, qu'entraînait le commandant Zédé, et par une batterie de 12 qui, des hauteurs au sud de Saint-Acheul, tint tête un instant à l'artillerie allemande. La nuit tombait; la 15° division prussienne, toujours menacée sur son flanc droit par les troupes du général Lecointe, ne se souciait pas de pousser plus avant. Elle s'établit donc en cantonnements à Boves, Fouencamps (30° brigade) et Sains (29°), tandis que la brigade Derroja se rassemblait à Longueau.

Défense des retranchements d'Amiens. — A notre extrême droite, le général Paulze d'Ivoy avait défendu les retranchements d'Amiens. Tout d'abord, dans la matinée, une reconnaissance envoyée par lui du côté de Saint-Sauflieu, et composée de quelques compagnies de chasseurs (2° bataillon), du dépôt du 43° et du 4° bataillon de mobiles de la Somme, mais sans un cavalier ni un canon, s'était heurtée aux avant-gardes de la 16° division prussienne. Celle-ci, qui s'avançait en deux colonnes vers Saint-Sauflieu et Hébécourt [1], n'eut pas de peine à refouler nos éclaireurs du premier de ces villages sur le second; mais là elle rencontra une résistance très énergique, à laquelle participèrent les habitants [2], et il fallut les efforts combinés de deux bataillons prussiens pour refouler nos soldats sur le bois situé au nord [3]. A son tour, celui-ci fut alors attaqué; une batterie en position près de Rumigny le couvrit d'abord de projectiles, puis neuf compagnies l'abordèrent de front, tandis que deux autres le débordaient par l'ouest. Après

---

1. Pour couvrir son flanc gauche, la 16° division avait dirigé sur Conty un bataillon et un escadron, qui allèrent couper, à Rumaisnil, le chemin de fer d'Amiens à Rouen.
2. H. Daussy, *loc. cit*, page 70. — P. Lehautcourt, *loc. cit.*, page 68.
3. En se retirant, nos soldats perdirent près de 200 hommes, sabrés par les hussards allemands qui avaient tourné le village à l'ouest.

un combat acharné[1], les Français furent complètement rejetés derrière les ouvrages de Dury.

Ceux-ci étaient occupés de la façon suivante : à droite, près de Pont-de-Metz, étaient trois bataillons de mobiles du Gard ; entre ce village et la grande route, un bataillon du 43e, le 19e bataillon de chasseurs et deux compagnies de fusiliers marins ; enfin, de la route à l'extrême gauche, se déployaient quatre bataillons de mobiles (Somme, Marne et Nord). En arrière, la garde nationale d'Amiens formait réserve. Quant à la batterie de 12, venant d'Arras et à peine débarquée, elle occupa l'épaulement qui coupait la route au nord de Dury ; elle fut bientôt renforcée par une batterie de 4 de la garde nationale, restée à Amiens parce qu'il n'y avait personne pour la servir, et que des marins traînèrent comme ils purent jusqu'aux ouvrages.

Cependant la 32e brigade allemande, reformée après l'affaire d'Hébécourt, s'était mise en marche vers une heure dans la direction d'Amiens ; un régiment, le 40e, deux escadrons et la compagnie de pionniers à droite de la route, le reste en arrière, des deux côtés de la chaussée ; un peu plus loin, les autres troupes de la division suivaient. En débouchant de Dury, la tête de colonne, arrêtée tout à coup par une fusillade violente qui partait du cimetière, dut faire appel à l'artillerie ; aussitôt quatre batteries divisionnaires, bientôt suivies de deux batteries à cheval de l'artillerie de corps, s'établirent à l'est du village, et couvrirent les retranchements de projectiles ; cependant, malgré leur incontestable supériorité, les Allemands ne parvinrent pas à faire taire le feu de nos canons, servis avec une bravoure admirable par les marins[2]. Le seul résultat obtenu par eux fut la prise du cimetière de Dury, où une de leurs compagnies parvint à entrer. Quant aux ouvrages, ils renoncèrent à les attaquer sérieusement, devant la

---

1. *La Guerre franco-allemande*, 2e partie, page 575.
2. « Le lieutenant de vaisseau Meusnier, qui commandait la batterie de 12 venue d'Arras, trouva à Dury une mort glorieuse. Il avait déjà reçu trois blessures lorsqu'il fut coupé en deux par un obus. » (H. Daussy, *loc. cit.*, page 71.)

ferme contenance de leurs défenseurs[1]. A la nuit, la 32º brigade bivouaqua au sud de Dury, la 31º cantonna à Hébécourt ; le détachement de gauche était arrivé auprès de Saloüel.

Évacuation d'Amiens. Prise de la citadelle. — Ainsi prit fin la bataille d'Amiens, ou plutôt la série de luttes décousues qu'on réunit d'ordinaire sous cette dénomination concrète ; elle était loin, on le voit, de constituer pour les Allemands un succès décisif, car malgré le taux assez élevé de leurs pertes, 1,300 hommes environ[2], ils ne pouvaient se considérer, ni à droite, ni à gauche, comme maîtres de la situation. Du moulin de Thennes où, raconte Wartensleben, le général de Manteuffel déchiffrait, à la lueur d'allumettes, les dépêches du champ de bataille, l'état-major de la Iʳᵉ armée était même aux premières loges pour se rendre compte du vide toujours existant entre les deux corps allemands, et du danger qui pourrait résulter de l'offensive, incomplète à la vérité, mais toujours menaçante, du général Lecointe à Gentelles. Aussi le général en chef, assez inquiet de la tournure des affaires, et comptant pour le lendemain sur de nouvelles difficultés, s'empressa-t-il d'ordonner une concentration de ses deux corps ; en même temps, il prenait ses dispositions pour faire entrer en ligne aussi vite que possible toutes les fractions du Iᵉʳ corps encore en arrière et rappeler à lui la 4ᵉ brigade, que la chute de La Fère rendait disponible[3]. Il commençait à se rendre compte, en présence du résultat médiocre obtenu par ses 40,000 hommes de vieilles troupes contre 25,000 soldats à peine, aussi incomplètement équipés qu'insuffisamment instruits, de la faute qu'il avait commise en attaquant à la fois sur

---

1. « Comme l'attitude de l'adversaire faisait présager une résistance tenace, les troupes allemandes rompaient le combat vers quatre heures. » (*La Guerre franco-allemande*, 2ᵉ partie, page 576.)
2. 230 tués, dont 19 officiers ; 1,040 blessés, dont 56 officiers ; 22 disparus, dont 10 officiers. Le lieutenant-colonel de Borkenhagen, commandant l'artillerie à cheval du VIIIᵉ corps, était blessé mortellement.
3. Un télégramme reçu pendant la bataille avait annoncé cette capitulation.

toute l'étendue d'un front démesuré, droit devant lui, au hasard des positions, et dans un éparpillement tel, que lui, commandant en chef, ne disposant d'aucune réserve, avait dû abdiquer la direction des opérations.

Malheureusement, les précautions qu'il croyait devoir prendre, un peu tardivement, étaient rendues déjà inutiles par la retraite générale de nos troupes. Celles-ci, on l'a vu, avaient à peu près partout vaillamment combattu, surtout dans les terrains couverts, les villages et les ouvrages de fortifications, et le chiffre de leurs pertes témoignaient de la vigueur presque inespérée de leur résistance [1]; mais elles étaient pour le moins aussi disséminées que leur adversaire, et ne possédaient pas, pour remédier à leur dissolution, la ferme cohésion de celui-ci. La brigade du Bessol s'était, comme il a été dit, repliée sur Amiens et Corbie, et la brigade Derroja sur Longueau; le général Lecointe, voyant ses deux flancs découverts, rejoignit celle-ci pendant la nuit. Immédiatement, les commandants de brigades se réunirent à la Préfecture et délibérèrent sur le parti à prendre; leur avis formel fut que la position n'était pas tenable et qu'il fallait se replier sur Arras. Villers-Bretonneux et Boves étaient perdus; une partie des troupes errait dans un complet désordre et on était menacé de manquer de munitions. Pouvait-on, dans de pareilles conditions, exposer la seule armée disponible, si imparfaite qu'elle fût, à une complète destruction? Aucun ne le pensa, et malgré l'avis du général Paulze d'Ivoy, qui demandait à prolonger la défense de ses retranchements intacts, l'évacuation d'Amiens fut décidée. On donna immédiatement des ordres en conséquence, et le général Farre, qui avait accompagné à Corbie les troupes en retraite de la brigade du Bessol, fut avisé de ce qui se passait. A l'aube, après une distribution de vivres et de cartouches, les troupes fran-

---

1. Nous comptions 266 morts et 1,117 blessés, plus de 1,000 à 1,200 prisonniers, parmi lesquels une partie des combattants de Cachy et de Gentelles (43e et 20e bataillon de chasseurs), oubliés dans le brusque abandon des positions qui suivit.

çaises d'Amiens et de Corbie se retirèrent en plusieurs colonnes, dans la direction de Doullens et d'Arras.

La détermination prise par les chefs de l'armée du Nord était assurément dictée par la prudence ; mais elle entraîna des conséquences qu'à tout prix il eût fallu empêcher. Entamée sans protection aucune, et avec la plus fâcheuse précipitation, la retraite ne tarda pas, surtout chez les mobiles, à dégénérer en débandade. Comme les gardes nationaux, réunis sur les boulevards, déchargeaient leurs armes en l'air avant de les verser, on crut à l'entrée de l'ennemi, et une panique s'ensuivit, au cours de laquelle quantité de caissons furent vidés dans la Somme. Quant aux canons, on les abandonna en partie ; quelques-uns furent emmenés à la citadelle ; des habitants conduisirent jusqu'à Doullens une pièce oubliée dans la ville [1]. Enfin des gens sans aveu allèrent piller les casernes abandonnées, et le maire, M. Dauphin, ne rétablit l'ordre qu'avec beaucoup de difficultés [2].

Fort heureusement pour nous, les Allemands ignoraient absolument cette situation lamentable. Dans le courant de la nuit, Manteuffel avait été informé, à Moreuil, de la prise de Boves, rien de plus. C'est seulement le 28, au matin, que les patrouilles lancées par la 3ᵉ division de cavalerie vers le nord de la Luce rendirent compte de l'évacuation de nos positions de ce côté et de la destruction des ponts de la Somme. De même, devant le VIIIᵉ corps, les reconnaissances purent s'avancer jusqu'aux portes de la ville sans rencontrer autre chose que des canons abandonnés, des caissons et du matériel épars. Vers midi, le général de Gœben, ayant appris du maire d'Amiens, mandé aux avant-postes, que la ville était évacuée, y fit son entrée, musique en tête, et suivi de la 32ᵉ brigade d'infanterie.

Cependant la citadelle tenait encore, et, pour assurer leur conquête, les Allemands étaient obligés de s'en emparer. Placée au nord de la ville, sur un terrain

---

1. P. Lehautcourt, *loc. cit.*, page 71.
2. *Ibid.*

légèrement dominant qui borde la rive droite de la Somme, cette citadelle, dont la construction remonte à Henri IV, constituait, avec ses hautes escarpes et ses fossés profonds, un ouvrage très susceptible de braver une attaque brusquée, si elle eût été pourvue d'une garnison sérieuse. Malheureusement, celle-ci ne comptait que trois compagnies de mobiles du Nord, avec une batterie de la garde mobile d'Amiens, en tout 400 hommes à peu près; quant à l'armement, il se composait de 22 pièces lisses et de quelques canons rayés amenés des retranchements [1]. La position du commandant de la citadelle, le capitaine Vogel, de l'état-major des places [2], était donc extrêmement difficile; elle devenait même critique par le fait que les mobiles désertaient en masse aussitôt qu'ils en trouvaient l'occasion et que les artilleurs, absolument inexpérimentés d'ailleurs, ne pouvaient défendre la place sans tirer sur leur ville natale [3]. En outre, la municipalité l'avait, paraît-il, supplié de ne pas commencer les hostilités [4]. Le 28, le général de Gœben lui adressa une lettre « habile et courtoise [5] », pour l'inviter à capituler; il refusa. Le lendemain, vers onze heures, il recevait une seconde communication, sous forme de sommation cette fois, à laquelle il répondit par un nouveau refus. Aussitôt l'ennemi essaya de l'intimidation; établissant des soldats dans les maisons avoisinantes et en particulier dans le clocher d'une église (Saint-Pierre) qui domine le pa-

---

1. Le commandant de la citadelle n'avait reçu aucune instruction; il serait même resté sans autre troupe que sa batterie de mobiles (les deux bataillons du 43ᵉ qui étaient habituellement dans la citadelle étant partis avec l'armée), si le général Paulze d'Ivoy ne lui avait, sur ses instances, laissé trois compagnies des mobiles du Nord.

2. L'état-major des places était un corps spécial, composé généralement d'officiers ayant dépassé la limite d'âge, et chargé, en paix comme en guerre, de pourvoir au commandement et au service des places fortes. Il a été fort à propos supprimé depuis la guerre.

3. H. Daussy, *loc. cit.*, page 85. — Le conseil d'enquête des capitulations s'est appuyé sur cette circonstance et sur l'abandon de la place sans garnison suffisante, pour faire remonter la responsabilité de la reddition de la citadelle d'Amiens au commandant de l'armée du Nord.

4. P. Lehautcourt, *loc. cit.*, page 73.

5. H. Daussy, *loc. cit.*, page 85.

rapet, il se mit à faire pleuvoir une grêle de balles dans le fort, qui riposta par quelques coups de canon. Au bout d'une heure, ce combat assez ridicule prenait fin[1] ; mais, très malheureusement, il nous coûtait une perte sensible, celle du brave Vogel, atteint mortellement d'une balle au front, derrière une embrasure où il dirigeait le pointage d'un canon[2].

Les Allemands s'impatientaient. Manteuffel, qui, sur ces entrefaites, venait d'entrer en ville, donna l'ordre de recourir au bombardement pour réduire la citadelle, et fit à cet effet jeter à Montières, en aval d'Amiens, un pont de bateaux sur lequel l'artillerie des deux corps franchit la Somme. Le 30 au matin, elle était en position dans la plaine, au nord et à l'ouest, quand la place arbora le drapeau blanc ; le capitaine Woirhaye, commandant de la batterie mobile et successeur de Vogel, venait, sur les instances de son médecin et de son aumônier[3], de se résoudre à capituler. Aux termes de la convention qu'il signa, les mobiles du Nord furent seuls emmenés en Allemagne ; ceux d'Amiens demeurèrent libres moyennant l'engagement de ne plus servir de toute la durée de la guerre, et, comme caution de leur promesse, la ville dut verser aux Allemands, sous quarante-huit heures, la somme d'un million de francs. Quant au matériel, il fut, bien entendu, livré dans son intégrité, et servit, peu de temps après, à un usage qui inspira peut-être quelques regrets à ceux qui avaient eu la faiblesse de ne point le détruire ; les Allemands l'utilisèrent pour bombarder Péronne.

Chute de La Fère. — Maîtres d'Amiens, les Allemands l'étaient aussi de La Fère, qui avait ouvert ses portes le 27, et ils pouvaient, par conséquent, disposer

---

1. A la faveur de cette fusillade, un officier accompagné d'une section d'infanterie avait tenté, sans succès, d'atteindre la porte au moyen d'une échelle et d'y placer un pétard.

2. « Les Prussiens rendirent à Vogel les honneurs militaires ; il fut enterré à la place même où il avait été frappé, et après le discours de Mgr Boudinet, évêque d'Amiens, le général von der Grœben, s'adressant à ses soldats, prit la parole pour leur faire l'éloge de cette victime du devoir. » (H. DAUSSY, *loc. cit.*, page 87.)

3. P. LEHAUTCOURT, *loc. cit.*, page 73. — Général FAIDHERBE, *loc. cit.*, page 28.

entièrement désormais des voies ferrées de Reims à Tergnier, et de Laon à Dammartin par Soissons.

La petite place de La Fère, entourée d'une simple muraille crénelée que renforçaient en certains points quelques bastions et des tours datant du moyen âge, ne tenait de valeur défensive que de l'inondation qui pouvait être tendue à l'ouest et au sud ; elle ne possédait, en 1870, d'autre dehors qu'un retranchement bastionné couvrant la gare et une petite tête de pont construite contre le canal de l'Oise, au débouché ouest du faubourg Saint-Firmin. Point d'abris blindés, un armement de 113 pièces, dont seulement 36 rayées, et une garnison uniquement composée de gardes mobiles et de francs-tireurs, au nombre de 2,700, tels étaient ses éléments de défense quand, le 15 novembre, la 4ᵉ brigade prussienne se présenta pour l'investir.

Malgré son peu d'importance en effet, elle gênait les communications de l'armée de blocus de Paris et commandait la voie ferrée de Reims à Amiens ; aussi avait-on décidé de la faire tomber au plus tôt. A cet effet, un petit parc de siège, comprenant 32 bouches à feu, dont quelques mortiers français, avait été réuni à Soissons, avec une compagnie de pionniers et six compagnies d'artillerie à pied, et acheminé sur La Fère, accompagnant la 4ᵉ brigade, venue, comme il a déjà été dit, de Pont-à-Mousson par chemin de fer. Dès le 16, l'investissement de la place était complet.

La garnison avait bien cherché à l'entraver par une canonnade assez vive et même par quelques sorties, mais sans succès. D'autre part, le 19, la garnison de Ham, 1,400 mobiles et francs-tireurs [1] avec deux pièces, s'était portée contre Tergnier, espérant bousculer les faibles détachements ennemis qui gardaient ce point et étaient séparés des troupes de siège par l'inondation de l'Oise ; elle fut repoussée, à Vouel, où elle s'était aventurée sans prendre de précautions, sur l'assurance donnée par le maire que le village n'était pas occupé [2], et

---

1. Bataillon des volontaires de la Somme, et le bataillon des mobiles du Gard.
2. Voir RAMON, *loc. cit.*, et E. FLEURY, les *Ephémérides de l'Aisne*

perdit un caisson; les mobiles du Gard, qui avaient formé une colonne séparée destinée à prendre l'ennemi à revers, se débandèrent aussitôt, et la petite troupe recula sur Ham dans le plus grand désordre, pour en partir d'ailleurs le lendemain, à l'approche de la 3e division de cavalerie [1].

Les Prussiens avaient choisi comme point d'attaque le front est, où les hauteurs de Danizy commandent la place à une distance de 1,500 mètres. Dans la nuit du 24 au 25, ils construisirent là sept batteries, et le bombardement, ouvert dès sept heures du matin, se continua tout le jour, incendiant un grand nombre de maisons et une partie des casernes. Le tir de la place était absolument insignifiant et d'une incertitude fâcheuse; les servants, tous de la mobile, faisaient preuve de la plus complète inhabileté. Le lendemain, ils ne répondirent même plus au feu de l'assiégeant et abandonnèrent le rempart; ce que voyant, le commandant de la place, capitaine de frégate Planche, fit arborer le drapeau blanc et entra en négociations. La capitulation fut signée le 27, comme toujours, hélas! aux conditions de Sedan; mais on avait heureusement pris ici la précaution préalable de noyer les poudres et de mettre le matériel hors de service. 400 hommes environ purent même s'échapper; le reste fut emmené en captivité. Les Allemands ne tardèrent pas d'ailleurs à remettre le matériel en état, et une partie servit à armer la citadelle d'Amiens [2]. Ils avaient eu, pendant tout le siège, un officier et 5 hommes hors de combat.

Cette défense de La Fère est fort peu brillante, on est bien forcé d'en convenir. Certes, la place n'était pas dans des conditions à opposer une bien longue résistance; cependant il semble qu'elle aurait pu riposter avec plus d'énergie et faire un meilleur usage du matériel numériquement supérieur dont elle disposait.

en 1870-1871. — Le maire de Vouel, traduit pour ce fait devant un conseil de guerre après la paix, invoqua un malentendu et bénéficia d'un verdict d'acquittement.
1. Voir plus haut, page 30.
2. *La Guerre franco-allemande,* 2e partie, page 582.

Somme toute, la garnison n'avait perdu qu'une trentaine d'hommes et la population trois habitants; les approvisionnements étaient intacts, et l'attaque proprement dite ne pouvait se faire que sur un seul côté, les autres étant complètement protégés par l'inondation. On ne peut donc trouver, à une reddition aussi prompte, d'autre excuse, si tant est qu'il y en ait, que la pression exercée sur le commandement, comme presque partout malheureusement, par les habitants de la ville, et surtout la faiblesse morale d'une garnison où l'élément si indispensable des troupes actives faisait absolument défaut.

Le 28 novembre, la 4ᵉ brigade d'infanterie, laissant un bataillon dans La Fère jusqu'à nouvel ordre, partait pour rallier, à Amiens, l'armée de Manteuffel.

CHAPITRE II

ROUEN ET L'HALLUE

I. — Marche des Prussiens sur Rouen.

Situation en Normandie; surprise d'Étrépagny. — En s'emparant d'Amiens, le général de Manteuffel n'avait encore rempli qu'une partie seulement de ses instructions. Il s'agissait maintenant pour lui de pousser jusqu'à Rouen, comme le lui avait prescrit le grand état-major, et d'aller dissiper les rassemblements de troupes françaises qui occupaient la Normandie. L'opération semblait même d'autant plus urgente que ces rassemblements, auxquels les Allemands attribuaient une importance numérique fort exagérée [1], donnaient depuis quelque temps les preuves d'une activité inquiétante, au point que les troupes postées devant eux paraissaient éprouver à les contenir certaines difficultés. Il est donc nécessaire de revenir sur les événements qui s'étaient passés de ce côté et d'exposer brièvement la situation créée par eux.

Les détachements jetés vers le nord-ouest par l'armée de blocus de Paris étaient, depuis le 25 novembre, disposés ainsi qu'il suit : sur la basse Epte, de Gisors

---

1. D'après les renseignements qu'ils avaient reçus, ils évaluaient les forces du général Briand à 43,000 hommes, dont 11,000 soldats de ligne et 27 pièces de canon. On verra plus loin quel en était le chiffre exact.

à Magny, la division de cavalerie saxonne, accompagnée de deux bataillons du 100ᵉ régiment d'infanterie (grenadiers du corps), de deux batteries et d'une compagnie de pionniers, était venue remplacer la brigade de uhlans de la Garde, rappelée sous Paris. A Beauvais se trouvait la brigade de dragons de la Garde, qui, avec un bataillon du 2ᵉ régiment à pied et deux batteries légères, occupait à la fois cette ville, Creil et Clermont [1]. Enfin la 5ᵉ division de cavalerie, appuyée de quelques compagnies de landwehr de la Garde qui avaient, le 6 décembre, remplacé les Bavarois, couvrait, à l'est de Mantes, le flanc gauche de l'*Armee-Abtheilung*, en marche rétrograde de Nogent-le-Rotrou sur Châteaudun ; elle avait chassé d'Évreux, le 21, les contingents du général de Kersalaun [2].

En face de ces forces se trouvaient les corps français de l'Eure et de l'Andelle, réunis sous le commandement du général Briand [3]. Le premier, après sa retraite derrière la Rille, avait été ramené aussitôt en partie vers Conches. Le 21, six compagnies de mobiles de l'Ardèche et une de francs-tireurs, transportées en chemin de fer à Vernon, mettaient en fuite, dans la forêt de Bizy, un détachement mixte, envoyé par la 5ᵉ division de cavalerie pour occuper la ville, et s'installaient dans celle-ci, où elles étaient bientôt renforcées par les autres fractions de leur régiment [4] ; en

---

1. Les troupes d'infanterie ainsi détachées avaient ordre de rallier leurs corps respectifs, aussitôt que l'approche de la Iʳᵉ armée le leur permettrait.
2. Voir tome IV, page 121.
3. Le général Briand avait été, le 29 octobre, mis en disponibilité, sur sa demande, pour *cause de santé*. Il est à croire que le motif véritable de ce départ consistait plutôt dans les difficultés suscitées par les comités locaux, car après quelques jours à peine, le général recevait le commandement de la 1ʳᵉ brigade du 18ᵉ corps, en formation à Nevers. Le 15 novembre, il fut replacé à la tête de la 2ᵉ division militaire, à Rouen.
4. Les mobiles de l'Ardèche, aux ordres du commandant de Montgolfier, eurent 2 hommes tués et 6 blessés ; l'ennemi perdit une douzaine d'hommes et 4 prisonniers, plus quelques voitures de vivres et une douzaine de fourgons. « L'inventaire de cette prise, dressée sur-le-champ, constata dans les bagages prussiens ou bavarois, car il y avait des uns et des autres, l'existence de pendules, montres, bijoux, châles, cachemires, manchons, et d'une foule d'autres

même temps, un bataillon de marche allait occuper la forêt d'Évreux. A ce moment, le corps de l'Eure représentait une force de sept à huit mille hommes, qui suffisaient à repousser les patrouilles envoyées par le général de Bredow. Quant au corps de l'Andelle, toujours réparti en deux groupes [1], il comptait environ 17,000 hommes, disposant de 30 canons de calibre et de système extraordinairement variés (pièces rayées, canons Armstrong, obusiers lisses, etc.). C'est contre les avant-gardes de ce corps de l'Andelle que se heurtaient, dans les derniers jours de novembre, les reconnaissances opérées par la cavalerie saxonne et les dragons de la Garde. Ceux-ci avaient trouvé, en s'avançant vers Gournay, la ligne de l'Epte fortement occupée ; du côté de Gisors, les cavaliers du comte de Lippe avaient rencontré vers Richeville des forces assez sérieuses [2]. Voulant se renseigner plus complètement sur l'importance des troupes qu'il avait devant lui, le général saxon envoya le 29 novembre, sur Ecouis, une reconnaissance de toutes armes qui, après avoir chassé de Saint-Jean-de-Fresnelle à coups de canon un parti de francs-tireurs, revint cantonner, partie aux Thilliers, partie à Etrépagny [3]. Le lendemain, les deux groupes devaient marcher de concert contre la ligne de l'Andelle ; un événement tout à fait imprévu vint, dans la nuit, déranger leurs projets.

La réoccupation de Vernon et d'Évreux venait, en effet, de donner au général Briand l'idée de pousser

---

objets qui n'ont rien de commun avec l'approvisionnement militaire, et qui faisaient ressembler ce convoi d'une troupe en campagne à celui d'un entrepreneur de déménagements. » (*La Guerre dans l'Ouest*, par L. ROLIN, page 195.)

1. Le groupe de Fleury-sur-Andelle était commandé par le colonel de Reiiach, du 12° chasseurs; celui de Forges, par le lieutenant-colonel de Beaumont, du 3° hussards, en remplacement du colonel d'Espeuilles, promu général de brigade, et pourvu d'un commandement à l'armée de la Loire.

2. *La Guerre franco-allemande*. 2° partie, page 583. — Il y avait là les avant-postes du groupe de Fleury.

3. Les troupes cantonnées à Etrépagny se composaient de deux compagnies de grenadiers, un escadron des *reîtres* de la Garde, un escadron du 17° uhlans et une section d'artillerie à cheval. Tous ces contingents étaient saxons.

jusqu'à Gisors et de débusquer la cavalerie saxonne. Une pareille tentative qui, quinze jours ou trois semaines auparavant, aurait présenté certaines chances de succès, devenait maintenant assez aléatoire et sans grande portée, depuis que les forces de Manteuffel avaient atteint la Somme. Mais le général Briand n'était que très imparfaitement au courant de la situation ; au surplus, il ne commandait point les forces de Normandie au moment où leur offensive eût pu donner des résultats appréciables. On comprend donc qu'il ait saisi la seule occasion à lui offerte d'agir avec quelque énergie ; il prépara en tous les cas l'opération avec des précautions extrêmes, dont le seul défaut était d'être méticuleuses à l'excès.

Dans la journée du 29 novembre, le groupe de Fleury-sur-Andelle fut amené à Écouis et fractionné en trois colonnes. L'une, aux ordres du colonel Mocquard et composée de 1,500 francs-tireurs avec 4 pièces de montagne, devait tourner par le nord la position ennemie et venir, à Trie-Château, barrer la route de Gisors à Beauvais ; une seconde, forte de 3,500 hommes d'infanterie[1], avait ordre de marcher sur les Thilliers, pour de là occuper avec une de ses fractions Saint-Clair-sur-Epte, et faire intercepter par l'autre la route de Gisors à Pontoise. Enfin, la troisième, dirigée par le général lui-même, et forte de cinq bataillons, une compagnie de francs-tireurs, deux escadrons et 10 pièces, soit un effectif d'environ 5,000 hommes, se porterait directement sur Gisors[2]. Malheureusement, il avait été décidé que les trois colonnes attaqueraient simultanément Gisors le lendemain à cinq heures, *montres réglées*[3] ; comme si des mouvements aussi longs, exécutés la nuit par des troupes inexpérimentées,

---

1. Le régiment des mobiles de l'Oise et le bataillon des tirailleurs havrais.
2. Cette colonne comprenait : les francs-tireurs des Andelys, un bataillon d'infanterie de marche (venu la veille d'Évreux), un bataillon de mobiles de la Loire-Inférieure, un des Hautes-Pyrénées, un des Landes et un de la Seine-Inférieure, deux escadrons du 12ᵉ chasseurs à cheval, six pièces de 4 et quatre de 12.
3. L. ROLIN, *loc. cit.*, page 207.

avaient quelque chance d'aboutir à la même minute sur un point fixé d'avance ! Comme si des événements quelconques ne pouvaient pas surgir inopinément et déranger l'harmonie trop méthodique d'une semblable combinaison ! Bien plus, malgré la nouvelle, reçue au moment du départ, qu'Etrépagny venait d'être occupé par l'ennemi, la marche fut entamée sans aucune modification aux ordres donnés ; il eût été facile cependant de se rendre compte que la colonne du centre allait se trouver retardée, peut-être arrêtée même, et que la correspondance des mouvements en serait détruite. Quoi qu'il en soit, on partit vers neuf heures du soir, par une nuit noire et un froid glacial. Laissons maintenant la parole à un témoin oculaire, acteur lui-même dans le drame dont il a tracé ce tableau saisissant :

Étrépagny est traversé dans sa longueur par la route de Rouen à Gisors, et coupé perpendiculairement en deux parties à peu près égales par la rivière de la Bonde, sous-affluent de l'Epte. Les Saxons occupaient la grande rue, depuis la rivière de la Bonde jusqu'à l'extrémité ouest de la ville. Ils avaient une compagnie d'infanterie à la mairie, un piquet de cavalerie sous les halles et une section d'artillerie sur la place du Marché. Les officiers étaient logés dans un hôtel situé presque en face de la mairie ; le reste de l'infanterie était réparti au château ; la cavalerie dans les fermes. Le général Briand résolut de traverser rapidement Étrépagny, avec son avant-garde[1] et le bataillon de marche, pour aller s'établir le long du cimetière et couper ainsi à l'ennemi sa ligne de retraite, pendant que les autres bataillons, conduits par des guides, cerneraient la ville et en fouilleraient les maisons ; mais, avant que les ordres pussent être transmis, on était en présence. Il était environ une heure et demie du matin ; déjà les uhlans étaient venus reconnaître notre tête de colonne et s'étaient repliés en silence et sans coup férir. Le général, pour ne pas leur laisser le temps d'annoncer notre approche et d'organiser la résistance, excita son avant-garde à prendre une allure rapide et se porta avec elle à une centaine de mètres de l'entrée d'Étrépagny. Là, le cri d'une vedette et le bruit d'un coup de feu retentirent et furent bientôt suivis d'une violente fusillade.

Il est des moments où, surtout avec de jeunes troupes, les chefs doivent payer de leur personne. Le général Briand donna bravement l'exemple, et, se précipitant dans la ville, il entraîna à sa

---

1. Elle était formée par la compagnie des francs-tireurs des Andelys. En raison de l'obscurité, les deux escadrons marchaient à l'arrière-garde.

suite les francs-tireurs des Andelys et la tête du bataillon de marche. Lorsqu'ils arrivèrent à la hauteur de la mairie, le poste ennemi les accueillit par une vive fusillade. Plusieurs officiers saxons sortaient alors à cheval de leur hôtel ; le général Briand et sa suite, M. Lecouturier[1], le revolver au poing, renversent les premiers qui se présentèrent ; après quoi ils traversent la ville dans toute sa longueur et vont s'établir à l'autre extrémité, sur le côté droit de la route. Il s'engage alors dans les rues un combat général et un feu de mousqueterie non interrompu. Au milieu de la nuit profonde, la lueur des coups de feu éclaire seule fantassins et cavaliers, amis et ennemis confondus dans la mêlée.

La tête du bataillon de marche, entrée à Étrépagny à la suite des francs-tireurs des Andelys, s'était trouvée coupée du reste de la colonne par le feu du poste de la mairie. Le commandant Rousset[2] continua néanmoins sa marche avec ses deux premières compagnies. Il avait déjà franchi le pont et s'apprêtait à rejoindre le général Briand, quand il entendit tout à coup derrière lui le galop de la cavalerie. C'étaient des uhlans qui, ralliés par les officiers de dragons de la Garde saxonne, les seconds lieutenants de Posern et de Stralenheim, tentaient bravement de se faire une trouée : penchés sur le cou de leurs montures, ils se précipitaient vers Gisors en déchargeant leurs pistolets et en dardant leurs lances ; mais, lorsqu'ils traversèrent les rangs de la ligne, ils essuyèrent à bout portant une fusillade qui coucha par terre chevaux et cavaliers : ceux qu'avait épargnés cette décharge terrible allaient tomber plus loin sous les balles des francs-tireurs, et bien peu d'entre eux parvinrent à s'échapper. A la sortie de la ville, le général Briand, à la tête de son état-major et de son escorte, chargeait à son tour les fuyards, et, dans cette mêlée, il eut un cheval tué sous lui ; son guide, déjà blessé au début de l'affaire, fut également démonté, vraisemblablement par les nôtres, car le désordre s'était mis dans nos rangs. Le commandant Rousset fut forcé de revenir sur ses pas pour rallier le reste de son bataillon, qui, appuyé par les mobiles de la Loire-Inférieure (commandant Ginoux), luttait encore en arrière du pont. Dans cette contremarche, nos soldats aperçurent une masse sombre qui se mouvait dans l'obscurité : c'étaient des artilleurs saxons qui essayaient de sauver leurs pièces. Déjà l'une d'elles avait pu s'échapper dans la direction de la gare ; mais la seconde resta entre nos mains, et les conducteurs n'eurent que le temps de couper les traits sous une fusillade qui en blessa grièvement plusieurs. Peu de temps après, le poste de la mairie fut enlevé après une assez vive résistance.

Cependant, ne se voyant pas suivi, et craignant que, par cette nuit épaisse, ses soldats ne tirassent les uns sur les autres, le

---

1. M. Lecouturier, engagé pour la durée de l'expédition dans un régiment de chasseurs à cheval, était de Fleury-sur-Andelle et servait de guide au général Briand.
2. Commandant du bataillon de marche.

général Briand ramassa les quelques combattants qu'il avait sous la main et regagna à pied, par la route de Saint-Martin, la queue de sa colonne ; il était plus de trois heures du matin lorsqu'il la rejoignit, et, à ce moment, le feu avait cessé de toutes parts. Il lança aussitôt sur la route de Gisors les escadrons du colonel Laigneau, et fit fouiller Étrépagny par les troupes qu'il avait sous la main, dirigeant lui-même l'opération. Si la ville avait été complètement cernée dès le début, pas un Saxon ne se serait échappé ; mais un ou deux bataillons de mobiles s'étaient complètement fondus pendant l'action, et c'est une chose dont il ne faut pas s'étonner de la part de jeunes soldats qui n'avaient jamais vu le feu, et qui débutaient par une attaque de nuit, opération hérissée de dangers, féconde en méprises, dans laquelle ne réussissent pas toujours les troupes les plus expérimentées [1].

Les pertes des Allemands, en cette affaire où leur imprévoyance aurait dû leur coûter beaucoup plus cher, se montaient à 150 hommes, dont une centaine de prisonniers non blessés, 80 chevaux, 1 canon, quantité d'armes et de munitions. Nous comptions, nous, 8 tués et 40 blessés [2]. Mais, malgré le succès incontestable, quoique incomplet, de la surprise d'Étrépagny, le général Briand se voyait, comme c'était à prévoir, obligé de renoncer à son expédition sur Gisors, car pas plus à droite qu'au centre la marche concentrique des colonnes ne s'était effectuée dans les conditions qu'il avait trop facilement escomptées. Devant les Thilliers, où les Saxons se gardaient mieux qu'à Étrépagny, mobiles et francs-tireurs, reçus vers deux heures du matin par des coups de fusil, s'étaient repliés en désordre sur Écouis. Seule la colonne du colonel Mocquard put atteindre Trie-Château sans autres incidents que l'échange de quelques coups de feu ; mais, s'apercevant qu'elle était isolée, elle revint le lendemain comme elle était partie. Le coup était donc manqué, faute de conception pratique ; il n'eut d'autres résultats qu'une nouvelle levée de contributions, la capture de plusieurs

---

1. *La Guerre dans l'Ouest*, pages 208 et suivantes. — L'auteur de cet ouvrage, M. L. Rolin, était commandant du 2ᵉ bataillon de mobiles de la Seine-Inférieure, attaché à la colonne Briand.
2. Le bataillon de marche du commandant Rousset comptait à lui seul 6 tués (dont un capitaine en retraite qui avait repris du service) et 27 blessés.

otages et un ensemble de représailles abominables dont, suivant la coutume, le malheureux bourg d'Étrépagny fut la victime. Car, à la nouvelle de l'incident, le général de Lippe dirigea aussitôt sur ce point une colonne mixte (trois escadrons, une compagnie et deux pièces) qui, dans l'après-midi même, vint mettre le feu à une soixantaine d'habitations, maisons ou fermes, maltraita les habitants, éventra les chevaux qu'elle trouva, et ne se retira qu'après avoir, dans un raffinement de cruauté inouïe, brisé les pompes à incendie, afin que le feu ne pût pas être éteint[1].

Départ du général de Manteuffel. — Tels étaient les tristes événements dont la Normandie était le théâtre, au moment même où le général de Manteuffel se préparait à l'envahir. Revenons donc à Amiens et voyons les dispositions prises par les Allemands pour leur expédition nouvelle. Tout d'abord l'occupation du chef-lieu de la Somme avait été assurée de façon solide et confiée à une fraction de la Ire armée, qui, placée sous les ordres du général von der Grœben, comprenait la 3e brigade d'infanterie, deux régiments de cavalerie, trois batteries (dont une à cheval) et une compagnie de pionniers[2]. Ces forces devaient couvrir les flancs et les derrières de l'armée dans sa marche sur Rouen et assurer plus particulièrement la sécurité du chemin de fer d'Amiens à Laon[3]. Elles devaient aussi détruire les lignes ferrées se dirigeant vers le nord, lignes dont les Français pouvaient se servir pour une reprise d'offensive, et enfin surveiller la place de Péronne encore libre. La possession de la citadelle d'Amiens, sérieusement armée, et tenant la ville sous son feu, leur permettait une grande aisance de mouvement ; par suite, il leur était recommandé de battre par de petites colonnes mobiles tout le pays environnant, et d'aller y

---

1. L. ROLIN, *loc. cit.*, page 217.
2. La 3e division de cavalerie, disloquée, cédait un de ses régiments à chacun des Ier et VIIIe corps d'armée ; les deux autres, 7e et 14e uhlans (appartenant à des brigades différentes), étaient laissés à Amiens, sous le commandement du général major de Mirus, l'ancien chef de la 6e brigade de cavalerie.
3. *La Guerre franco-allemande*, 2e partie, page 582.

désarmer les populations. Ajoutons qu'au point de vue administratif, Amiens devenait le siège d'un nouveau gouvernement général, dont le général de Manteuffel était le titulaire, et que la préfecture de la Somme était dévolue à l'intendant de la Ire armée, le *premier lieutenant* Sulzer [1]. Ces dispositions prises, Manteuffel, qui avait donné deux jours de repos à ses troupes, se mit en marche le 1er décembre, dans la direction de Rouen ; la division de cavalerie saxonne, à Gisors, et la brigade de dragons de la Garde, à Beauvais, étaient, par ordre de M. de Moltke, rattachées à la Ire armée pour les opérations qui allaient s'ouvrir.

Les débuts du mouvement furent aisés ; quand, le 3 décembre, les têtes de colonnes prussiennes débouchèrent sur l'Epte, elles trouvèrent le pays évacué et purent s'installer sur une ligne allant de Neufchâtel à Songeons, par Forges, avec la réserve à Pommereux [2]. De leur côté, les troupes du général Briand s'étaient repliées derrière l'Andelle, tant en raison de l'aventure d'Étrépagny que pour se concentrer en vue d'un mouvement général sur Paris. C'était le moment en effet où la Délégation, dans le but de concourir à la grande sortie de la Marne, voulait pousser en avant toutes les troupes de province ; et de même que l'armée de la Loire était jetée si inconsidérément sur Villepion et Loigny, de même le corps de Normandie était péremptoirement invité à marcher sur la capitale. Le général Briand, tout en signalant à M. de Freycinet l'approche de Manteuffel, avait donc commencé ses préparatifs ; car, du 30 novembre au 3 décembre, il fut tenu en suspens, et menacé de se voir condamné, bon gré mal gré, à une opération qu'il savait manifestement inexécutable. Ni

---

1. On voit que tandis que chez nous les divisions avaient comme intendants des fonctionnaires ayant rang de général de brigade, une armée allemande se contentait pour cet office d'un simple lieutenant. — Arrivait également à Amiens, le 3 décembre, l'inspection générale des étapes de l'armée, tandis que la 3e section des chemins de fer de campagne était appelée à Laon.

2. Cette réserve, que Manteuffel avait cru devoir constituer en raison de la proximité de l'ennemi, se composait de la 30e brigade, un régiment de cavalerie et deux batteries.

ses avertissements, ni ceux tout aussi précis du préfet et de M. Estancelin n'avaient pu triompher de l'obstination du délégué à la guerre, qui ne voulait voir dans la marche des Allemands vers l'ouest qu'une pointe sans importance, destinée tout au plus à couvrir l'envoi de la Ire armée devant Paris. Il fallut l'effondrement de tous les projets si témérairement conçus pour que les ordres donnés au général Briand fussent contremandés[1], et le corps de Normandie redevint alors ce qu'il était avant, le défenseur isolé de Rouen et du Havre, tandis que le général Faidherbe agissait pour son compte dans les départements du Nord. De fait, il était, à la date du 3 décembre, disposé comme suit : à Fleury-sur-Andelle et environs se trouvaient réunis 10,000 hommes et 21 canons, sous les ordres du capitaine de frégate Olry[2] ; autour de Buchy cantonnaient 12,000 hommes à peu près, avec 11 pièces[3], sous le commandement du capitaine de vaisseau Mouchez, précédemment chargé de la défense du Havre, puis de la subdivision de Rouen. Ces troupes, malheureusement, ramassées sur tous les points de la Normandie, étaient extrêmement fatiguées et dans le plus complet dénûment ; « les bataillons, appelés à la hâte des points les plus éloignés, ne se connaissant pas entre eux, ne connaissant pas leurs chefs, et placés à la dernière heure sous un commandement improvisé, manquaient forcément de cette cohésion et de cette confiance réciproque qui peuvent seules garantir la solidité[4] ».

Cependant, Manteuffel avait donné à ses troupes l'ordre de gagner, le 4, la ligne Buchy-Lyons-la-Forêt, le VIIIe corps au nord, le Ier au sud, la cavalerie saxonne éclairant à gauche, vers Fleury, les dragons de la

---

1. Voir, à ce sujet, *La Vérité sur les Événements de Rouen*, par V. ESTANCELIN, et les *Procès-verbaux de la Commission d'enquête parlementaire*, rapport Perrot.
2. Dont 1,500 soldats de ligne, 7,000 mobiles et 1,500 francs-tireurs. L'artillerie comptait deux sections actives et une d'artillerie de marine ; tout le reste était servi par des mobilisés ou de la garde nationale. (L. ROLIN, *loc. cit.*, page 225.)
3. Dont 1,300 soldats de ligne, 5,000 mobiles, 5,000 mobilisés et 800 francs-tireurs. (L. ROLIN, *loc. cit.*, page 230.)
4. *Ibid.*

Garde protégeant le flanc droit ; la réserve devait pousser jusqu'à Argueil. Le mouvement commença vers neuf heures ; à l'extrême droite, la 31ᵉ brigade prussienne, renforcée de deux escadrons et de deux batteries, se heurta vers midi, au sud de Saint-Martin-Osmonville, à une reconnaissance envoyée vers Neufchâtel par le commandant Mouchez, et forte de quatre bataillons de mobilisés du Rhône, un bataillon de mobiles des Hautes-Pyrénées, un escadron de hussards et deux pièces ; ces troupes, après un simulacre de combat, rétrogradèrent sur Rocquemont. Plus au sud, la 29ᵉ brigade, accompagnée d'un bataillon de chasseurs, d'un régiment de cavalerie et de trois batteries, avait eu affaire, sur le plateau de Forgettes, à un groupe de 3,000 hommes appuyés de deux canons[1] ; grâce à sa supériorité manifeste, elle n'eut pas de peine à le refouler, et les hussards sabrèrent nos mobilisés qui s'enfuirent à la débandade jusque derrière Buchy. Un détachement du 5ᵉ bataillon de marche et du 3ᵉ hussards essaya de se porter sur Razeran pour contenir l'ennemi ; il fut délogé à coups de canon et perdit 21 hommes d'infanterie (dont 1 officier) faits prisonniers. Pendant ce temps, un détachement de mobilisés du Havre qui, dans la panique, s'était mis en marche à l'aventure, tombait au milieu des lignes prussiennes, entre Beaumont et Roquemont, et se faisait prendre tout entier ; il comptait 8 officiers et 267 hommes.

La situation était telle que le moindre effort de l'ennemi pouvait anéantir nos malheureuses troupes. Par bonheur, la cavalerie du Iᵉʳ corps rendit compte que, vers le sud, l'Andelle était fortement tenue[2] et que la résistance paraissait devoir être vive de ce côté, ce qui décida le général de Bentheim à s'arrêter sur la lisière

---

[1]. Ce groupe comprenait : le régiment des éclaireurs de la Seine (colonel Mocquard), venu la veille de Lyons-la-Forêt ; le 2ᵉ bataillon de mobiles de la Marne, séparé de l'armée du Nord, après la bataille d'Amiens, et arrivé le 3 à Buchy ; le 2ᵉ bataillon de mobilisés du Havre, et la compagnie des *Vengeurs de la Mort* (!)

[2]. Il n'y avait cependant du côté de Vascœuil, où elle se présenta, que quelques compagnies de francs-tireurs et de pompiers.

de la forêt de Lyons[1] ; d'autre part, un incident assez inattendu vint rendre le VIII⁰ corps circonspect. Un détachement[2], envoyé par le général de Gœben pour couvrir son flanc droit et détruire la voie ferrée de Dieppe, se heurta, à Bosc-le-Hard, à un bataillon de mobiles de la Seine-Inférieure, qui lui résista pendant plus d'une heure et ne se retira qu'aux approches de la nuit. Bien que ce bataillon fût isolé, les Allemands ne jugèrent pas prudent de s'aventurer plus loin[3] ; toutefois, dans la soirée, une de leurs compagnies alla couper le chemin de fer à Lœuilly. Quant à la cavalerie saxonne, elle s'était bornée pendant toute la journée à escarmoucher, autour de Lyons-la-Forêt, avec les francs-tireurs de Rouen et des Andelys, qui lui avaient capturé une patrouille d'officiers. Elle cantonna au Thil-en-Vexin[4].

On voit que les divers incidents de cette journée du 4 étaient loin de constituer, de notre part, une défense méthodique ou simplement raisonnée. Aucune direction n'avait présidé aux opérations des Français. A la nuit, le corps de Buchy errait en pleine débandade, et le général Briand, après de vains efforts pour le rassembler, se hâtait de rappeler à Rouen celui de l'Andelle, dont la position en flèche devenait intenable.

Entrée des Prussiens à Rouen. — La défense de la ville, qui eût peut-être pu s'effectuer à distance, dans les terrains coupés du pays de Bray, était désormais impossible, dès l'instant qu'aucune troupe ne restait en avant. Rouen est dominé de tous côtés, et les quelques retranchements ébauchés sur les hauteurs de l'Est, retranchements qui d'ailleurs étaient sans défenseurs,

---

1. *La Guerre franco-allemande*, 2ᵉ partie, page 586.
2. Deux bataillons, un escadron et une batterie de la 31ᵉ brigade.
3. Ce bataillon était tout ce qui subsistait d'un détachement du corps de l'Andelle, envoyé par le général Briand du côté de Buchy où le danger lui paraissait plus grand. Le reste (un bataillon de marche, trois de mobiles, deux batteries et trois bataillons de la garde nationale de Rouen), transporté, comme le bataillon de la Seine-Inférieure, par voie ferrée, avait été essaimé dans toutes les directions par suite d'erreurs de direction, d'encombrement des voies et du désarroi de l'exploitation.
4. Le VIIIᵉ corps occupait Buchy, avec son avant-garde à Saint-André et un détachement à Bosc-le-Hard.

ne pouvaient en aucun cas mettre la cité normande à l'abri d'un bombardement aussi déplorable que décisif. Le général Briand ne crut pas devoir tenter l'aventure, bien qu'il en ait eu d'abord l'intention ; à cinq heures du matin, il donnait à ses troupes, ou plutôt à ce qui lui restait de troupes, l'ordre de se replier sur Honfleur[1]. La retraite, comme c'était malheureusement à prévoir, se fit dans des conditions déplorables ; les groupes épars de mobiles et de mobilisés se précipitèrent en désordre sur la rive gauche de la Seine et prirent la route de Pont-Audemer ; certains restèrent sur la rive droite, errant à l'aventure. Les officiers durent renoncer bien vite à remettre de l'ordre dans ces bandes affamées et démoralisées, en sorte que les débris du malheureux corps de Normandie donnèrent rapidement le spectacle de la plus affreuse déroute[2]. Le 6 enfin, après une marche désordonnée, ils atteignirent Honfleur, où il fut possible de les reconstituer peu à peu et de les embarquer pour le Havre.

Pendant ce temps, l'armée prussienne continuait sa marche sur Rouen, devenu le théâtre de honteuses violences[3], et, vers deux heures de l'après-midi, le général de Gœben y faisait son entrée, à la tête de la 32e brigade, qui n'avait, bien entendu, rencontré aucune résistance. Bientôt c'était le tour de la 29e brigade, qui arrivait le soir, tandis que le reste du VIIIe corps cantonnait au nord et à l'ouest de la ville. Le général de Manteuffel, en arrière avec la réserve, ne se doutait pas encore de toute l'étendue de son facile succès, car à ce moment même il dictait des ordres pour une attaque générale

1. Le préfet et la municipalité, il faut le dire à leur honneur, étaient partisans de la résistance et avaient donné au général Briand carte blanche pour « défendre l'honneur de la ville ». Ils eurent le tort néanmoins d'annoncer à la population la retraite des troupes dans une proclamation dont les termes peu mesurés constituaient pour le général Briand une injure imméritée. Il s'ensuivit des polémiques que la présence de l'ennemi rendait particulièrement regrettables.
2. L. Rolin, *loc. cit.*, page 257.
3. Des énergumènes comme il s'en trouve toujours en pareille circonstance, s'emparèrent des armes abandonnées par la garde nationale et firent feu contre les fenêtres de l'hôtel de ville où siégeait le conseil municipal. (*Ibid.*, page 258.)

des forces françaises, qu'il supposait en position derrière les retranchements. Aussitôt que les nouvelles du VIIIe corps lui parvinrent, il prescrivit au Ier corps de gagner Rouen dès le lendemain, et d'occuper le pays au sud de la ville; le général de Gœben était chargé, trop tard heureusement, de la poursuite.

L'occupation, presque sans coup férir, de « l'antique capitale de la Normandie[1] » était assurément un événement dont les Allemands avaient tout lieu de se féliciter; elle leur assurait la possession entière de la ligne ferrée dont la prise de La Fère avait commencé la conquête, et complétait la réalisation de la tâche confiée par M. de Moltke à la Ire armée. Elle n'allait pas cependant, comme affecte de le dire la *Relation prussienne*, jusqu'à augmenter leur gloire, car ils n'avaient eu à vaincre qu'une résistance incohérente, exercée par des troupes numériquement et matériellement si inférieures, qu'à les refouler il ne pouvait y avoir aucun mérite. Bien plus, leur marche s'était exécutée avec tant d'hésitation qu'ils avaient laissé échapper leur faible adversaire, quand ils pouvaient l'exterminer; certains auteurs, moins solennels que le grand état-major, ne savent pas cacher leur dépit d'une pareille mésaventure, ni leurs regrets d'avoir vu une si belle occasion perdue. La vérité est que Manteuffel s'était uniquement préoccupé, ici comme à Amiens, de ce qui se passait devant lui; que la marche de l'action lui avait encore une fois échappé; que, mal relié avec une de ses ailes, il en avait ignoré jusqu'au dernier moment les progrès; qu'enfin il avait ajouté une foi aveugle aux renseignements d'une cavalerie timorée qui, parce qu'elle perdait quelques hommes abattus par des francs-tireurs, s'imaginait avoir devant elle toute une armée, prête à disputer le terrain pied à pied.

Mais le succès excusait toutes les faiblesses. Maître de Rouen, Manteuffel s'empressa d'y installer un préfet prussien[2]; puis, sur les ordres du grand quartier gé-

---

1. *La Guerre franco-allemande*, 2e partie, page 587.
2. Le capitaine Cramer, attaché à la justice militaire du Ier corps.
— Le général de Manteuffel était entré de sa personne à Rouen, le 6.

néral, il organisa des colonnes mobiles chargées de désarmer les populations et de purger le pays des débris de nos forces; il ignorait que celles-ci étaient déjà loin. Car, d'une part, le corps de l'Andelle avait, comme on l'a vu, gagné le Havre; d'autre part, le corps d'observation de l'Eure, qui jusqu'au 6 avait escarmouché aux abords de Vernon et d'Évreux avec les cavaliers du général de Rheinbaben, s'était senti à la fin trop découvert par la prise de Rouen et avait reculé d'abord sur Serquigny, puis sur Pont-l'Evêque et Lisieux. Les deux départements de l'Eure et de la Seine-Inférieure étaient donc presque entièrement au pouvoir de l'ennemi et les colonnes du général de Manteuffel arrivaient partout, comme certains carabiniers légendaires, trop tard. Un détachement, franchissant la Seine sur un pont jeté aux Andelys, alla ainsi, le 8, occuper Vernon; comme il ne rencontra en tout et pour tout que quelques mobilisés qui rejoignaient sans armes leurs foyers, il put se convaincre, ainsi que la *Relation allemande* le dit assez ingénument, que les troupes du général Briand n'avaient pas fait retraite dans cette direction[1]. Le 9, une autre colonne (la 2⁰ brigade) alla occuper Évreux, où était déjà entré un parti envoyé par la 5⁰ division de cavalerie. Enfin la 29⁰ brigade, renforcée d'artillerie et de cavalerie, marcha sur Pont-Audemer, coupa le chemin de fer à Montfort-sur-Rille et poussa jusque près d'Honfleur des patrouilles de hussards qui apprirent que, depuis quatre jours, nos soldats s'étaient embarqués. Pendant ce temps, à l'extrême gauche, la cavalerie saxonne, après être venue jusqu'à Écouis, s'en était retournée à Gisors, tandis qu'à l'extrême-droite, les dragons de la Garde donnaient, sans succès, la chasse aux quelques malheureux égarés du corps Briand qui gagnaient le Havre par Caudebec ou Yvetot[2].

---

1. En arrivant à Fleury, le commandant de cette colonne avait appris par des journaux de Rouen la part prise à l'affaire d'Étrépagny par M. Lecouturier, dont il a été question ci-dessus. Sa maison fut, par ordre, pillée et brûlée. (L. ROLIN, *loc. cit.*, page 266.)
2. Des patrouilles de ces dragons s'étant aventurées, le 9, en avant

Ces démonstrations à grand fracas, contre un ennemi envolé, ne jettent-elles pas un léger ridicule sur des gens qui, en fait de science et de précision guerrières, accusent toutes les prétentions ? Le seul fait qui, dans tout cela, mérite d'être enregistré, est la marche exécutée sur Dieppe par une colonne forte de deux régiments de cavalerie, deux bataillons et une batterie, qui, le 9, alla enclouer 27 grosses pièces des batteries de côte, détruire les sémaphores et briser les appareils télégraphiques. Cette pointe sur les côtes de la Manche souleva chez les Allemands un enthousiasme qui s'explique, et l'on raconte qu'à la vue de la mer, les cavaliers prussiens se découvrirent en poussant trois hurrahs retentissants[1]. Nous pouvons d'autant mieux comprendre chez nos ennemis une émotion de ce genre, que nos pères autrefois l'ont éprouvée plus souvent.

Cependant les instructions de M. de Moltke indiquaient au général de Manteuffel le Havre comme dernier objectif. A la vérité, il ne devait s'engager de ce côté qu'avec prudence, afin de ne pas perdre de vue les troupes du général Farre, et s'opposer, le cas échéant, à toute reprise d'offensive de leur part. Par suite, il se trouva dans la nécessité de fractionner encore une fois ses forces ; le VIII° corps eut ordre de marcher sur le Havre, pour s'en emparer si ce n'était point chose trop ardue, puis de se rabattre ensuite sur Amiens par Saint-Valery-en-Caux et Abbeville ; quant au Ier, il était chargé, concurremment avec la brigade de dragons de la Garde, d'occuper Rouen et d'observer le cours inférieur de la Seine[2]. On comptait, pour remédier à l'éparpillement résultant d'une pareille situation, sur la prompte réfection du chemin de fer, que le matériel considérable capturé à Amiens et Rouen permettait d'exploiter sans délai, et sur l'achèvement des ponts jetés sur l'Oise, à

---

de Bolbec, furent repoussées par les soldats du général Briand, réunis autour du Havre.
1. L. Rolin, *loc. cit.*, page 268.
2. *La Guerre franco-allemande*, 2° partie, page 589. — La 3° brigade d'infanterie devait faire retour au Ier corps aussitôt que le VIII° aurait atteint Amiens. La 3° division de cavalerie, reconstituée, resterait alors à Amiens avec ce dernier.

Creil et à Beaumont, grâce auxquels on pourrait masser rapidement l'armée sur celui des deux centres où sa présence deviendrait le plus nécessaire[1].

Le général de Bentheim commença donc par rappeler la 4ᵉ brigade de Vernon sur Rouen, d'où un détachement fut envoyé vers Duclair et Yvetot pour soutenir les dragons de la Garde ; la 1ʳᵉ resta à Rouen ; quant à la 2ᵉ, on la dirigea d'Évreux, où elle était depuis le 9, sur la Bouille, afin de surveiller les directions de Pont-Audemer, de Bernay et de Honfleur. Le 11, une colonne envoyée par elle sur la Rille rencontra, à Beaumont-le-Roger, les francs-tireurs de Breteuil et une compagnie de mobiles (Loire-Inférieure), appartenant à l'ancien corps d'observation de l'Eure[2] ; elle les refoula, mais un escadron de dragons, ayant voulu pousser plus loin la poursuite des nôtres, fut entièrement dispersé, laissant sur le terrain 3 morts, 5 blessés et 9 prisonniers[3]. Le lendemain, la même colonne, marchant sur Serquigny, trouva ce point évacué, sauf par une compagnie de francs-tireurs de l'Eure, qui fut rejetée sur Bernay. C'est autour de cette ville que venaient de se replier définitivement les forces de l'Eure, commandées maintenant par le capitaine de vaisseau de Guilhermy[4] ; elles essayèrent, dans l'après-midi du même jour, d'attaquer les avant-postes allemands de la Rille ; mais, quoique ayant, dans divers engagements, causé à l'ennemi des pertes assez sensibles, elles ne purent l'empêcher de détruire les lignes ferrées de Lisieux et

---

1. Rien qu'à Amiens, les Allemands avaient trouvé **sept machines** locomotives et plus de cent wagons.
2. Ce corps était, depuis le 10, disposé ainsi qu'il suit : à Pont-l'Évêque, les mobiles de l'Ardèche et les mobilisés du Calvados formaient l'aile gauche ; à Serquigny était revenue la majeure partie des forces disponibles ; à Beaumont-le-Roger se trouvaient une compagnie de mobiles et une de francs-tireurs, couvrant la droite.
3. La *Relation allemande* dit, au contraire, que cet escadron culbuta nos mobiles. Nous croyons, d'après le témoignage de témoins oculaires et le récit de M. L. Rolin (page 296), que cette version est absolument inexacte.
4. Nous renonçons à énumérer les chefs différents que le corps de l'Eure eut à sa tête, et qui faisaient l'objet de perpétuelles mutations, sur les fâcheux résultats desquelles il est inutile d'insister. Depuis le mois d'octobre, le commandant de Guilhermy était le *septième*.

de Pont-Audemer. Toutefois elles le rendirent circonspect ; car, aussitôt informé de la présence devant Bernay d'une force imposante, le commandant de la 2ᵉ brigade prussienne se hâta de rappeler ses troupes avancées et d'échelonner tout son monde entre Brionne et la Bouille. Pour le moment, les deux adversaires restaient donc face à face ; nous verrons bientôt ce qui s'en suivit.

Quant au VIIIᵉ corps, il avait, le 9, commencé son mouvement vers le Havre. Mais, sur le reçu d'une dépêche qui, dans la nuit du 10 au 11, annonçait la marche, vers la Somme, de forces françaises ayant débouché d'Arras, le général de Gœben donnait déjà à la 15ᵉ division l'ordre de reprendre la route d'Amiens. Puis, le lendemain, ayant connu par les reconnaissances de dragons de la Garde que le Havre paraissait fortement protégé et défendu, il renonçait définitivement à tenter un coup de main qu'il n'avait d'ailleurs que sous réserve mission d'exécuter, et ramenait vers Dieppe la 16ᵉ division déjà arrivée à Bolbec[1]. A Dieppe, où, sans autre excuse que le droit du plus fort, il leva une contribution de 75,000 francs, de nouvelles instructions lui parvinrent, dont il sera question bientôt[2].

---

1. Le 14, le VIIIᵉ corps était ainsi disposé : 16ᵉ division et cavalerie, à Dieppe ; 15ᵉ division et artillerie de corps à la Feuillée et Forges-les-Eaux. Il resta, le 15, dans ces positions.

2. Voici, d'après M. L. Rolin, quelle était la situation du Havre au point de vue défensif. Des fortifications, élevées en partie avec le produit d'une souscription publique qui dépassa deux millions, interceptaient la route de Paris ; l'armement total, y compris celui des forts permanents, se montait à 137 pièces de gros calibre et une flottille de canonnières et de batteries flottantes barrait le chenal. La garnison s'était renforcée des troupes amenées par le général Briand. Le 9 décembre, au moment même où les patrouilles de dragons de la Garde étaient refoulées par la garnison des ouvrages avancés, le général Briand reçut un télégramme ministériel lui prescrivant de gagner par mer Cherbourg avec toute une division destinée à concourir à la formation du 19ᵉ corps ; mais, sur les instances de la municipalité, cet ordre fut bientôt révoqué, en partie, du moins, et, seul, le général Briand quitta le Havre, avec quelques contingents déjà embarqués. Il resta donc dans la place, en fait de forces disponibles : 2 bataillons de marche, 1 régiment de cavalerie, 1 détachement d'infanterie de marine, 2 compagnies de fusiliers marins et les équipages de la flottille, soit 5,000 hommes environ, plus 13,000 gardes mobiles, à peu près autant de mobilisés, 1,500 à 2,000 francs-tireurs, et enfin de la garde nationale sédentaire. Mais

Situation sur la Somme. État de l'armée du Nord.
— Tandis que s'accomplissaient en Normandie ces divers événements, la situation des Allemands sur la Somme semblait s'assombrir peu à peu. A la vérité, l'occupation même d'Amiens ne soulevait point de difficultés, la ville, tenue sous la constante menace des feux de la citadelle, étant condamnée à la résignation[1]; mais les colonnes légères, envoyées suivant la coutume pour désarmer les francs-tireurs et détruire les chemins de fer d'Arras, d'Abbeville et de Maubeuge, se trouvaient depuis quelques jours en butte à des actes d'hostilité constants, que les plus cruelles représailles ne parvenaient pas à empêcher. L'une d'elles, reçue à coups de fusil par les habitants de Saint-Quentin, le 5 décembre, était forcée de recourir au canon pour pénétrer dans la ville, où il n'y avait cependant aucune garnison. D'autre part, la généreuse inertie des populations, qui se refusaient complètement à prêter aux Allemands le moindre concours pour l'exploitation des services publics, semblait indiquer que le retour des forces françaises fût escompté par elles à bref délai[2]. Différents symptômes, ainsi d'ailleurs que les renseignements abondamment fournis, soit par les correspondants des

ces troupes, sauf celles de l'armée régulière, manquaient à la fois de cadres et d'organisation. En outre, l'instabilité du commandement supérieur était déplorable; des mains du colonel du génie Moussu, sacrifié en novembre aux criailleries des comités locaux, il avait passé successivement à celles du commandant Mouchez et du général Briand, pour revenir encore une fois au commandant Mouchez. Quoi qu'il en soit, il y avait au Havre assez de monde, de canons et de remparts pour mettre la place à l'abri d'un coup de main.

1. Par mesure générale, le premier soin de l'administration prussienne avait été d'abolir la conscription et le recrutement des milices nationales. Elle s'occupait surtout de faire rentrer les impôts et les réquisitions, toujours faites sans remboursement dans les pays qui, comme la Somme, n'étaient pas complètement au pouvoir de l'ennemi.

2. « Le général von der Grœben essaya, pour organiser les services de chemins de fer, de faire appel aux mécaniciens et employés de la Compagnie du Nord, leur promettant de gros salaires et leur annonçant que le service allait fonctionner comme en temps normal pour les voyageurs et pour les marchandises. Mais ces braves gens restèrent sourds à son appel. Il établit un service postal qui, pour les habitants, était une dérision. Il n'avait pas et ne put parvenir à trouver de facteurs pour distribuer les lettres en ville. » (H. DAUSSY, *loc. cit.*, page 96.)

journaux anglais accrédités au quartier général ennemi[1], soit par les feuilles locales elles-mêmes, faisaient présager une reprise prochaine de l'activité. Les reconnaissances envoyées par le général von der Grœben pour s'assurer des faits ne tardèrent pas à être fixées à cet égard. Le 6 décembre, un détachement dirigé sur Péronne était reçu par un feu très vif et trouvait les villages environnants garnis de troupes qui semblaient disposées à se défendre ; le 7 et le 8, les uhlans rencontraient entre Doullens et Albert des patrouilles de chasseurs à pied qui les repoussaient ; le 5, on avait constaté qu'Abbeville était occupé par des contingents dont l'attitude, il est vrai, ne paraissait pas très redoutable[2] ; mais un événement grave, survenu à Ham, le 9, causait aux généraux ennemis une émotion des plus vives et une inquiétude justifiée. Avant d'en donner les détails, il est nécessaire de revenir un peu en arrière, et d'exposer les progrès considérables que, pendant ces derniers temps, les forces françaises du Nord venaient d'accomplir.

Le général Faidherbe, arrivé à Arras au commencement de décembre, avait pris immédiatement le commandement de l'armée, et vigoureusement activé sa réorganisation. Tout en s'occupant de la pourvoir abondamment de munitions, dont la pénurie dans la bataille d'Amiens avait été si fâcheuse, et d'augmenter

---

1. Voir, au sujet du rôle étrange joué par ces correspondants, le récit de la campagne, dû au général de Gœben lui-même et publié, en 1873, dans la *Revue militaire* de Darmstadt, sous ce titre : « *Pour l'histoire de la campagne dans le nord-ouest de la France.* » Le général de Gœben les y qualifie de *fidèles alliés*.

2. Abbeville, évacué le 2 décembre, avait été réoccupé le lendemain par le 1er bataillon de mobilisés de la Somme ; il y avait, en outre, dans la ville, dont les rues étaient barricadées, un bataillon local de garde nationale. Le 5, quand les uhlans se présentèrent, l'officier de cette garde qui commandait le poste défendit à ses hommes de faire feu ; ce que voyant, un des cavaliers prussiens mit pied à terre et vint se livrer, contre la barricade, à une manifestation grossière dont l'exacte qualification a été donnée par Racine dans *les Plaideurs*. Inutile d'ajouter que les feuilles allemandes firent gorges chaudes de cet incident, d'un goût pourtant douteux. A sa suite, la garde nationale d'Abbeville, licenciée, fut remplacée, le 6 décembre, par un bataillon du 91e, un des mobiles du Pas-de-Calais, un des mobilisés du Nord et deux pièces

Bataille de Pont-Noyelles

à la fois ses effectifs par la réunion de nouveaux contingents et son artillerie par la constitution de quatre batteries nouvelles, il prenait un soin particulier de son éducation militaire, et lui imposait dès le début une discipline qui devait être inflexible. Malheureusement, en ce qui concerne l'habillement et l'équipement, ses efforts devaient échouer devant la pénurie des approvisionnements et la criminelle impudeur de certains fournisseurs qui ne craignaient pas de s'enrichir aux dépens de nos soldats. C'est surtout à l'armée du Nord que l'on vit ces fameuses semelles de carton dont le souvenir est resté légendaire et a si souvent et si injustement été jeté comme un outrage à la face de Gambetta. Ni lui, ni Faidherbe ne sauraient être rendus responsables de ce fait déplorable ; on doit regretter seulement que les misérables qui osaient alors spéculer sur les malheurs de la patrie agonisante aient pu en être quittes pour un peu de mépris... et beaucoup d'argent.

Quoi qu'il en soit, au point de vue purement numérique, le 22ᵉ corps ne tarda point à devenir une petite armée, forte de 30,000 hommes répartis en trois divisions, et de 66 bouches à feu[1] ; en y ajoutant une petite colonne volante de 3,500 à 4,000 hommes, qui, rassemblée à Vervins par le lieutenant-colonel du génie de la Saussaye avec des éléments de l'armée active venus de Mézières et de Givet, des mobiles, des francs-tireurs et des douaniers, devait opérer pour son compte dans la vallée de l'Oise, on a le total des forces dont le général Faidherbe pouvait disposer vers le 15 décembre. C'est avec elles qu'il allait reprendre cette campagne, où, malgré une santé ruinée par son long séjour au Sénégal, il devait, pendant deux mois du plus terrible hiver,

---

1. Composition du 22ᵉ corps au commencement de décembre :
    1ʳᵉ division, général Lecointe, brigades Derroja et Pittié, 3 batteries.
    2ᵉ — général Paulze d'Ivoy, brigades du Bessol et de Gislain, 3 batteries.
    3ᵉ — contre-amiral Moulac, brigades Payen et de Lagrange, 3 batteries.
    Réserve d'artillerie. — 2 batteries de 12.

donner tant de preuves d'énergie, de dévouement et de vigueur.

S'appuyant sur les petites places dont Vauban avait autrefois si richement doté notre frontière de Flandre, il pouvait se porter, soit directement sur la Somme à la rencontre de l'ennemi, soit vers ses communications, du côté de l'Oise ; l'important pour le moment était de sauver le Havre, que la marche de la Ire armée menaçait très sérieusement, et, par suite, l'urgence d'une diversion s'imposait[1]. Mais l'organisation du 22e corps était encore trop incomplète pour qu'il fût possible de le porter en avant tout entier. Le général Faidherbe eut l'idée de lancer tout d'abord vers la haute Somme, où, en raison de l'appui que lui prêtait la petite place forte de Péronne, il s'était décidé à agir, une sorte d'avant-garde qui, tout en lui ouvrant les voies, commencerait à inquiéter les Allemands, et les obligerait peut-être à se dégarnir du côté de Rouen. Il constitua donc, sous les ordres du général Lecointe, une colonne de 8,000 hommes environ, comprenant 11 bataillons, 2 escadrons et 18 pièces et la dirigea sur Saint-Quentin ; pendant ce temps, le colonel de la Saussaye devait agir entre ce point et Guise, pour tâcher de couper la colonne prussienne qui était venue, le 5, canonner Saint-Quentin. Celle-ci était déjà revenue vers Ham ; le général Lecointe occupa la ville, fit rétablir les ponts et envoya le colonel de la

---

1. La question de savoir si la reprise d'offensive qui a abouti à la bataille de l'Hallue a, oui ou non, sauvé le Havre a été fort controversée. Faidherbe dit oui ; Gœben et Wartensleben disent non. L'étude attentive des faits montre que leur affirmation est également excessive. Certes, le Havre était, on l'a vu plus haut, parfaitement en état de résister à un assaut brusqué ; mais, d'autre part, une attaque de tout le VIIIe corps pouvait devenir redoutable pour les troupes assez médiocres qui occupaient la place. Quand donc le général de Gœben affirme que le Havre n'a jamais couru aucun risque, il oublie qu'il s'y est porté avec toutes ses forces, vraisemblablement dans des intentions hostiles ; s'il n'a pas mis celles-ci à exécution, c'est autant en raison de l'impression produite sur sa cavalerie par les défenses de la place qu'à cause des nouvelles alarmantes reçues de la Somme. Par conséquent, la diversion du général Faidherbe n'a pas été aussi inutile qu'il veut bien le dire ; mais, d'autre part, la pointe du VIIIe corps n'entraînait pas fatalement la chute du Havre, comme le général Faidherbe semble le supposer.

Saussaye tenir celui où la voie ferrée de Tergnier franchit la Somme. Puis, le 9 décembre, il lança sur Ham quatre bataillons et une batterie, aux ordres du lieutenant-colonel de Gislain, pour tenter un coup de main contre le petit poste ennemi qui s'y trouvait[1].

Surprise de Ham et évacuation momentanée d'Amiens. — Les travaux de reconstruction de la voie ferrée avaient amené à Ham, que gardait une compagnie détachée de la garnison allemande de La Fère, un détachement d'ouvriers de chemins de fer de campagne ; c'était en tout 230 hommes environ qui occupaient la ville et sa seule fortification, le château[2]. Partie de Saint-Quentin à onze heures du matin, la colonne de Gislain arriva vers six heures aux portes de Ham. La neige tombait abondamment et il faisait nuit noire ; le poste qui gardait la porte donnant sur la route de Saint-Quentin fut enlevé sans coup férir, puis celui de la gare et ceux des autres issues, en sorte que la ville, envahie par trois côtés à la fois, se trouva très rapidement aux mains des Français. Mais restait le château, où quelques soldats échappés des portes étaient accourus jeter l'alarme ; contre lui, la fusillade était absolument sans effet, notre canon de campagne à peu près impuissant et l'escalade impossible. Fort heureusement, le capitaine prussien, qui avait été fait prisonnier un des premiers, était persuadé que toute l'armée française se trouvait là ; il fit partager sa conviction à ceux de ses subordonnés qui vinrent en parlementaires auprès du commandant Cottin, du 91e, lequel formait l'avant-garde avec son bataillon, et, dans la nuit, après deux ou trois heures de combat, la garnison, 221 officiers ou soldats, se rendit prisonnière[3].

1. La colonne de Gislain se composait du 17e bataillon de chasseurs, de trois bataillons de marche (65e, 75e et 91e) et d'une batterie de 4.
2. Le château de Ham, lourde construction du moyen âge, flanquée de tours rondes et bordée de fossés, n'est nullement en état de résister à la grosse artillerie moderne. Il a longtemps servi de prison politique et a été occupé, entre autres détenus, par les ministres signataires des ordonnances de 1830 et par le prince Louis-Napoléon Bonaparte, depuis Napoléon III, condamné à la détention perpétuelle par la Cour des pairs après l'attentat de Boulogne.
3. Nous comptions 5 tués et 16 blessés ; l'ennemi avait, suivant

Le surlendemain de cet heureux coup de main, le général Lecointe, sur l'ordre du commandant en chef, arrivé à Ham le 10, portait ses troupes dans la direction de La Fère, qu'il espérait enlever peut-être de la même façon, et, le 12, il arrivait devant la place ; mais la garnison de celle-ci était renforcée depuis la veille et une attaque de vive force semblait impossible. Ne pouvant songer à un siège régulier, qui aurait immobilisé sans profit un effectif trop considérable, le général Faidherbe résolut de se porter sur Amiens, pour tâcher de reprendre la ville avant que Manteuffel eût pu y revenir. Là, il concentrerait ses forces et verrait ensuite à tirer parti de la situation.

Cependant, la nouvelle des événements de Ham, nous l'avons dit déjà, causait aux généraux allemands une très pénible surprise. Une armée française, que l'on croyait détruite, reparaissait tout à coup dans une région où sa présence n'avait été signalée par rien, et, pour son début, infligeait aux troupes allemandes un échec, sinon très grave, du moins très mortifiant. Le gouverneur de Reims se hâta, comme on vient de le voir, de renforcer la garnison de La Fère d'un bataillon de landwehr et d'une batterie de réserve[1]. Quant au général von der Grœben, il dirigea d'Amiens sur Ham, avec mission de réoccuper la ville, un détachement mixte (1 bataillon, 1 escadron et 4 pièces), qui vint, le 12, butter à Eppeville contre l'arrière-garde des troupes du général Lecointe, alors en marche de Saint-Quentin vers La Fère, et fut rejeté sur Amiens. L'inquiétude des Allemands allait grandissant ; ils avaient pu se demander un instant si l'affaire de Ham n'était qu'une sortie de la garnison de Péronne, mais maintenant ils ne pouvaient plus douter de la reconstitution des forces françaises du Nord, car dans toutes les directions

---

les relations françaises (DAUSSY, P. LEHAUTCOURT, etc.), 9 tués, 20 blessés et 210 prisonniers; suivant la *Relation allemande*, 3 tués, 3 blessés, 221 disparus.

1. Ce détachement avait, en réalité, l'ordre de se porter de La Fère sur Ham ; l'arrivée des troupes du général Lecointe qui, le 12, investissaient presque la première de ces places, l'obligea à s'y renfermer.

leurs reconnaissances se heurtaient à des troupes qui paraissaient marcher à une concentration. Il fallait donc prendre au plus vite certaines précautions, et surtout des mesures destinées à protéger les communications allemandes, que le gouverneur de Reims pouvait, d'un moment à l'autre, se trouver dans l'impossibilité de conserver intactes[1]. En conséquence, la 3ᵉ division de réserve, occupée alors au siège de Mézières, fut invitée aussitôt à détacher vers Reims une fraction d'elle-même, qui devait être remplacée par des contingents envoyés de Montmédy par la 14ᵉ division (VIIᵉ corps) ; et, pour parer au plus pressé, l'armée de la Meuse reçut l'ordre d'expédier immédiatement à Soissons, par chemin de fer, une colonne mixte, destinée à arrêter les premiers efforts des Français dans la direction de Paris. Enfin, le 13, M. de Moltke, que toutes ces précautions ne rassuraient pas encore complètement, et qui n'aimait pas beaucoup à voir la Iʳᵉ armée toujours éparpillée, ordonna à Manteuffel de grouper celle-ci à Beauvais, en ne laissant à Rouen et à Amiens que de simples détachements. « L'occupation de tout le nord-ouest de la France n'est pas dans nos vues quant à présent, écrivait-il en substance. L'armée, concentrée à Beauvais, sera mieux en mesure, tout en protégeant les deux établissements de la Somme et de la Seine, de disperser les forces ennemies qui, en rase campagne, tenteraient de délivrer Paris *et de nous couper les communications.* » Mais Manteuffel ne se conforma qu'imparfaitement à ces instructions. Déjà il avait ordonné à von der Grœben de reprendre Ham et à la 15ᵉ division de se diriger sur Montdidier[2] ; il maintint ses ordres en ce qui concernait cette dernière, et manda seulement à von der Grœben de la rejoindre vers Roye, en laissant toutefois à Amiens trois bataillons avec un peu d'artillerie et de la cavalerie. Seule la 16ᵉ division, avec l'artillerie de corps du VIIIᵉ corps, devait se porter de Dieppe, où elle était à cette date, à Beauvais. Manteuffel ne voulait évidemment

---

1. *La Guerre franco-allemande*, 2ᵉ partie, page 591.
2. Cet ordre avait été donné le 13, par télégraphe.

pas laisser l'armée du Nord déboucher de la Somme et s'approcher ainsi de Paris, sans que rien eût été fait pour l'arrêter, et il comptait pour cela sur la 15e division, renforcée du détachement von der Grœben.

Dans Amiens, ce dernier n'était pas très rassuré. Ses reconnaissances lui annonçaient le transport de troupes nombreuses par le chemin de fer d'Arras à Bapaume, d'où elles se dirigeaient vers Péronne[1], et il était tellement convaincu du prochain débouché de l'armée française, qu'il y rapportait certains incidents absolument distincts. C'est ainsi qu'un détachement envoyé le 13 sur Foucaucourt pour y exécuter des réquisitions auxquelles la municipalité se refusait à satisfaire, ayant eu affaire à une poignée de francs-tireurs, tous du pays, on s'imagina voir là l'indice d'un mouvement général, et l'inquiétude des Allemands leur montra *plusieurs centaines d'hommes*[2] là où il y en avait certainement beaucoup moins[3]. Ce qui était plus sérieux, c'était la présence constatée vers Roye, le lendemain, de quelques troupes régulières, et celle, à Abbeville, de contingents qui paraissaient moins disposés que l'ancienne garnison à se laisser narguer. Au reçu de toutes ces nouvelles, von der Grœben se crut déjà enveloppé, et, le 16 au matin, il se décida brusquement à abandonner Amiens pour aller rejoindre la 15e division, non pas vers Roye, comme le voulait Manteuffel, mais dans la direction d'Ailly-sur-Noye[4]. Il ne laissait personne dans la ville, et seule la citadelle conservait une petite garnison[5];

---

1. *La Guerre franco-allemande*, 2e partie, page 701.
2. *Ibid.* — Colonel DE WARTENSLEBEN, *loc. cit.*
3. Ces francs-tireurs étaient au nombre de 35, et, après une simple décharge qui coûtait d'ailleurs aux Allemands 1 tué et 6 blessés, ils se replièrent aux premiers obus. (H. DAUSSY, *loc. cit.*, page 108.) — Le major Heinichen, commandant le détachement prussien, fit incendier une partie du village, dont cinq habitants furent massacrés. (*Ibid.* — P. LEHAUTCOURT, *loc. cit.*, page 95.)
4. Wartensleben excuse le général von der Grœben en arguant qu'il n'avait pas reçu, le 16, les ordres de Manteuffel, ce qui est bien invraisemblable. La *Relation allemande*, au contraire, est assez absolue au point de vue de la responsabilité du général, quand elle dit : « Il jugea opportun, eu égard à la situation, de rejoindre la 15e division, etc. » (Page 702.)
5. Deux compagnies d'infanterie, une d'artillerie à pied et une de pionniers.

le préfet prussien se retirait à Rouen, et les troupes d'étapes qui gardaient la voie ferrée d'Amiens à cette ville rétrogradaient sur Breteuil.

C'était bien une évacuation complète, survenant juste au moment où les mesures protectrices prises par l'état-major général commençaient à offrir certaines garanties de sécurité. A cette date du 16, en effet, un détachement fort de quatre bataillons, un escadron et deux batteries, fourni à la fois par l'armée de la Meuse et par la 3ᵉ division de réserve, atteignait Coucy-le-Château, d'où il surveillait la ligne de l'Oise, indiquée par les correspondants anglais comme le premier objectif de nos troupes [1]. Un autre, fort de deux bataillons, huit escadrons et une batterie, arrivait à Compiègne, où l'avait envoyé, de Gisors, la division de cavalerie saxonne [2]. Enfin la 15ᵉ division, en marche vers Montdidier, se trouvait sur la ligne Breteuil-Marseille-le-Petit, et la 16ᵉ quittait Dieppe. On pense que Manteuffel se montra fort peu satisfait d'une précipitation que rien ne semblait justifier et qui portait à l'amour-propre prussien une sérieuse atteinte. Au surplus, la perte d'Amiens, outre qu'elle constituait pour les Français un gros profit moral, pouvait amener des conséquences graves pour la 1ʳᵉ armée, privée à la fois de son point d'appui sur la Somme et de la possession d'une grande ville où viennent se croiser trois lignes de chemin de fer; ce qui rendait ces conséquences encore plus redoutables, c'est que, d'après de nouveaux renseignements, l'armée du Nord semblait maintenant prendre pour objectif Amiens [3]. Manteuffel, prévenu à Rouen de ce qui s'était passé, prit immédiatement ses dispositions pour que la ville fût réoccupée sans délai ; mais dans son irritation contre von der Grœben, il chargea de cette mission, en son lieu et place, un de ses subordonnés immédiats, le général de Mirus [4].

1. H. Daussy, *loc. cit.*, page 109. — Le détachement de Coucy était commandé par le général de Kessel, de la 3ᵉ division de réserve.
2. Il était aux ordres du général saxon Krugg de Nidda.
3. *La Guerre franco-allemande*, 2ᵉ partie, page 702.
4. Le général de Mirus commandait la 6ᵉ brigade de cavalerie (1ʳᵉ de la 3ᵉ division).

Le général von der Grœben arriva le 17 à Montdidier, en même temps que le premier échelon de la 15° division, et le général de Mirus en partit le lendemain avec la 3° brigade, un régiment de uhlans et deux batteries[1]. Pendant ce temps, le VIII° corps se concentrait; à la 15° division, arrivée tout entière le 18, allait bientôt se joindre la 16°, qui avait ordre de renoncer à la marche sur Beauvais et de se porter de Gournay (où elle était le 17) sur Montdidier. On devait, jusqu'à son arrivée, éviter tout contact sérieux avec l'adversaire[2], mais on ne négligeait rien pour parer au danger qui semblait imminent; la 30° brigade, renforcée d'un régiment de cavalerie et d'une batterie, était poussée dès le 18 jusqu'à Davenescourt, d'où, le 19, elle envoyait vers Roye un détachement chargé de protéger le flanc droit de l'armée, et la 3° division de cavalerie, reconstituée sous les ordres de von der Grœben, était jetée en avant du Quesnel. Quant à la 16° division, elle atteignait, le même jour, Breteuil et Conty. La concentration du VIII° corps étant faite, les détachements envoyés sur l'Oise et la Lette par l'armée de la Meuse et la 3° division de réserve devenaient inutiles; on les fit rentrer le 18, par chemin de fer, à leurs corps respectifs. Le 18 également, le général de Mirus réoccupa Amiens sans difficulté[3]. Sur ces entrefaites, les reconnaissances poussées au nord de Noyon par la cavalerie saxonne, ainsi que celles envoyées de Roye et du Quesnel vers le nord-est, avaient fait connaître que Ham était évacué par nous. On savait que des colonnes françaises, venant de Péronne, s'étaient portées vers l'ouest et du côté de La Fère; au nord de Laon, les patrouilles envoyées par la garnison de cette place ne rencontraient plus que quelques francs-tireurs locaux. C'étaient là de nouveaux indices qui,

---

1. Ces troupes, moins un régiment de cavalerie, une batterie et une compagnie de pionniers (celle-ci laissée à la citadelle d'Amiens), étaient précisément celles que ramenait le général von der Grœben.
2. *La Guerre franco-allemande*, 2° partie, page 702.
3. « La population d'Amiens était restée fort calme après le départ des Allemands; devant la citadelle seulement des ouvriers s'étaient rassemblés en groupes menaçants, et la garnison prussienne avait dû les disperser à coups de fusil. » (*Ibid.*, page 703.)

joints aux renseignements déjà possédés par l'ennemi, devaient le fixer sur nos intentions ; selon toute probabilité, l'armée du Nord, renonçant à marcher par la ligne de l'Oise, se portait dans la direction d'Amiens. Du moins, Manteuffel le pensa-t-il, car le 19, il ordonna au général de Gœben de concentrer sous cette ville tout ce que la Ire armée avait de monde sur la Somme, et d'en renforcer la garnison par une brigade entière. La mesure était prudente, ainsi qu'on va le voir.

II. — Mouvements de l'armée du Nord vers l'Hallue

Constitution de l'armée du Nord. — Tandis que la majeure partie de la Ire armée allemande exécutait ainsi, afin de se masser, une série de marches assez compliquées, le général Faidherbe reportait de La Fère vers Amiens les troupes du général Lecointe, et se faisait rejoindre pendant la route par celles des généraux Paulze d'Ivoy et Moulac. Ces dernières transportées par voies ferrées d'Arras, de Doullens et de Douai sur Bapaume, avaient ensuite gagné Péronne, et de là Nesles et Chaulnes. Le 16 décembre, le 22ᵉ corps se trouvait au complet, autour de Corbie, et bien que son organisation fût loin d'être parfaite, la série des marches qu'il venait d'accomplir ne l'avait point trop éprouvé[1]. Il est vrai que la température s'était montrée assez clémente, et que le général Faidherbe, proscrivant absolument la tente-abri, avait partout et toujours fait cantonner ses soldats.

Aux trois divisions qui, nous l'avons vu, composaient son armée, allait s'en ajouter une quatrième, dont il est nécessaire de dire quelques mots. Formée de 14 bataillons de gardes nationaux mobilisés du Nord[2], qui,

---

1. Le 16, le 22ᵉ corps avait deux divisions (Lecointe et Paulze d'Ivoy) à Corbie, Villers-Bretonneux et Foucaucourt, la troisième (Moulac) à Pertain. Le quartier général était à Corbie.
2. On sait que les mobilisés comprenaient les célibataires ou veufs sans enfants de vingt et un à quarante ans. (Décret du 2 novembre 1870.) — La division de mobilisés affectée à l'armée du Nord commença à arriver à Albert le 16 décembre.

pas plus que ceux dont nous avons eu antérieurement à nous occuper, n'étaient convenablement armés, équipés ou instruits, elle avait pour chef un certain général Robin, officier d'infanterie de marine en retrait d'emploi, qui était certainement un des spécimens les plus surprenants de cette *armée auxiliaire*, par laquelle on avait espéré obvier à la disette de commandement. Absolument inférieur à sa situation, sous tous les rapports sans exception, ce général fantaisiste qui entendait la guerre à la façon d'un condottière, ne remplissait habituellement de sa mission que ce qui ne lui coûtait ni peine ni effort, et n'agissait guère qu'au hasard des aventures. Fort mal doublé d'ailleurs, car à part ses deux commandants de brigade, capitaines de l'armée active évadés de Metz, il ne disposait presque que d'officiers nommés à l'élection et généralement dépourvus de toute espèce de titre à cette distinction, il ne se préoccupait nullement de plier ses troupes à une discipline à laquelle il était fort peu rompu lui-même, en sorte que sa division ressemblait beaucoup plus à une bande d'aventuriers indociles qu'à une troupe organisée. Aussi, bien que forte de 13 à 14,000 hommes, et de deux, puis trois batteries de montagne, servies par la garde mobile, fut-elle en général plus gênante qu'utile à l'armée du Nord. Dès son arrivée à Albert, les 16, 17 et 18 décembre, elle se signala par des actes de désordre et de maraude, compliqués de ce fait que beaucoup d'hommes jetèrent leurs cartouches et que d'autres s'enfuirent. Les bataillons ne comptaient déjà plus que 600 hommes, au lieu de 800 qu'ils auraient dû avoir[1]. Cet exemple, ajouté à tant d'autres, montre quelle faute ç'avait été de ne pas verser tout simplement dans les régiments de marche, ou tout au moins dans les grandes unités constituées, les bataillons fournis par la garde

---

1. P. Lehautcourt, *loc. cit.*, page 106. — La division Robin devait se compléter d'un certain nombre de cavaliers, *montés et équipés à leurs frais*. Elle ne réunit, et encore à la fin de la campagne, qu'un demi-escadron ; ce qui s'explique, sans qu'il soit besoin d'insister sur le mode de recrutement singulier qu'on avait cru devoir adopter. (Voir P. Lehautcourt, *loc. cit.*, pages 105 et 107.)

nationale mobilisée. Encadrés dans des corps relativement plus militarisés, ceux-ci auraient peut-être fini par faire comme tout le monde ; réunis par brigades et divisions qui n'avaient point et ne pouvaient avoir de chefs dignes de ce nom, ils aboutissaient à la plus lamentable impuissance, n'apportaient dans les marches ou sur les champs de bataille ni valeur, ni discipline, ni force morale, et, non contents de donner le plus mauvais exemple, compromettaient parfois comme au Mans, le salut de toute une armée.

Fort heureusement, les éléments dont disposait le général Faidherbe, s'ils n'étaient pas tous parfaits, ne méritaient en aucune façon de se trouver accolés à une aussi triste cohorte. A vrai dire, la garde mobile s'était montrée à la bataille d'Amiens sous un jour assez fâcheux ; elle aussi nommait ses officiers à l'élection et avait besoin d'avoir à sa tête des chefs plus qualifiés que ceux qu'elle s'était donnés[1]. Mais, grâce à la présence dans leurs rangs de près de 250 officiers évadés de Metz, les régiments de marche faisaient déjà presque figure de vieilles troupes, et les fusiliers marins de la division Moulac formaient un noyau très solide. Malheureusement, notre artillerie restait numériquement bien faible et la cavalerie presque nulle[2]. Pour ne plus être exposé à manquer de munitions, comme au 27 novembre, on avait doté chaque batterie de neuf caissons et chaque bataillon d'un coffre à munitions ; l'armée disposait en plus d'un petit parc[3]. Les progrès accomplis étaient, en

---

1. Ici, comme ailleurs, les résultats de la mesure incroyable qu'avait cru devoir prendre le gouvernement furent peu avantageux. « Quelques bons officiers qui n'avaient pas été réélus, précisément parce qu'ils prenaient le service au sérieux, furent nommés adjudants-majors. On fut bientôt obligé de révoquer un certain nombre des nouveaux élus ; on les remplaça par des officiers de l'armée et les choses marchèrent assez bien. » (Général FAIDHERBE, *loc. cit.*, note F.)

2. L'artillerie comptait 78 pièces, dont 12 de montagne. — La cavalerie, bien que fort peu nombreuse, rendit quelques services pendant la marche de l'armée ; elle captura même à Querrieux une ambulance prussienne, dont le personnel était armé, contrairement à la convention de Genève. (P. LEHAUTCOURT, *loc. cit.*, page 100. — Général FAIDHERBE, *loc. cit.*, page 33.)

3. P. LEHAUTCOURT, *loc. cit.*, page 103.

somme, considérables, et l'armée du Nord devenait une force avec laquelle il fallait compter. Trouvant avec raison trop lourd le maniement de quatre divisions par une main unique, le général Faidherbe fit décider la scission de l'armée en deux corps, portant les numéros 22 et 23. Le 22ᵉ fut confié au général Lecointe, promu général de division ; il comprenait les divisions Derroja et du Bessol ; le 23ᵉ, qui avait à sa tête le général Paulze d'Ivoy, était formé des divisions Payen et Robin[1]. Le général Farre conservait les fonctions de chef d'état-major général, avec le titre insolite de major général[2], et gardait comme sous-chef le colonel Cosseron de Villenoisy.

Prise de position derrière l'Hallue. — Le projet primitif du général en chef était d'essayer de reprendre Amiens ; mais, le 17 au matin, il apprit que, par une proclamation datée de la veille, le capitaine Habert, commandant la petite garnison de la citadelle, avait prévenu la population qu'à la moindre tentative faite par l'armée française, il bombarderait la ville à outrance. Déjà même ces menaces avaient reçu un commencement d'exécution, car, dans la journée du 16, les sentinelles avaient fusillé une voiture publique où se montrait une femme couverte d'une capeline rouge[3], et cinq ou six obus avaient été lancés sur le faubourg Saint-Roch, en manière d'intimidation. Le général Faidherbe fut pris de scrupules à la pensée qu'une ville française lui devrait peut-être sa destruction. D'ailleurs, maître d'Amiens, il lui faudrait aussi attaquer la citadelle, car il ne pouvait, avec celle-ci à dos, tenir tête aux forces que Manteuffel ne manquerait certainement pas de diriger contre la ville ; or, son artillerie était manifestement insuffisante pour espérer réussir. Après réflexion, il renonça donc à son dessein,

---

1. Voir à l'appendice la pièce n° 2.
2. Ce titre est régulièrement réservé au chef d'état-major d'un groupe d'armées. Sous le second Empire, il avait, il est vrai, été attribué au chef d'état-major de l'armée d'Italie, que le souverain commandait en personne.
3. H. Daussy, *loc. cit.*, page 121. — Général Faidherbe, *loc. cit.*, page 34

malgré la prise de quelques mesures préliminaires[1]; mais, sachant très bien que, s'il n'attaquait pas l'ennemi, celui-ci, qui avait renoncé à sa marche sur le Havre et se rassemblait vers Montdidier et Breteuil, viendrait très certainement lui offrir la bataille, il s'occupa de trouver à ses jeunes troupes une position assez forte pour compenser leur infériorité professionnelle et leur permettre de résister avec quelques chances de succès. Une victoire, même improductive immédiatement, pouvait avoir de trop grandes conséquences, pour que, au lieu de se retirer sans combattre, on n'essayât pas de l'obtenir

Au moment où le général Faidherbe prenait cette détermination, le 17 décembre, son armée était échelonnée sur la route de Péronne, entre Villers-Bretonneux et Foucaucourt[2]. Il la fit passer sur la rive droite de la Somme, par les ponts de Corbie et de Lamotte-Brébière (pont de chemin de fer), qui furent coupés derrière elle, et vint l'établir à l'est de l'Hallue, petit affluent de la Somme, sur des hauteurs qui lui paraissaient favorables à une longue résistance et à un sérieux établissement. Il ne semblait pas cependant renoncer définitivement à toute tentative sur Amiens, car, dans l'après-midi, il alla en personne, accompagné de son chef d'état-major, reconnaître les abords de la ville du côté de Saint-Acheul[3].

La rivière de l'Hallue, large de quatre ou cinq mètres,

---

1. L'armée devait envelopper Amiens par les deux rives de la Somme en franchissant, en amont le pont de Lamotte-Brébière, en aval celui de Montières que le service des ponts et chaussées avait construit le 16 et le 17.

2. Il est à remarquer qu'en même temps, le VIIIe corps prussien exécutait à quelque distance un mouvement exactement en sens inverse de la marche de l'armée du Nord, en se portant de Conty sur Montdidier et Roye. Aucun des deux adversaires ne soupçonnait cette situation. Si cependant le général von der Groeben avait exécuté à la lettre, le 16, les prescriptions de Manteuffel, et marché d'Amiens sur Roye au lieu de se replier sur Ailly, il est probable qu'il serait venu butter dans les têtes de colonnes de l'armée du Nord, arrivées déjà à Villers-Bretonneux, et que, étant donnée son infériorité numérique, il aurait pu courir quelque risque.

3. Il avait même fait préparer à Arras un parc de pièces de 24, dans l'intention d'attaquer la citadelle d'Amiens. Les événements rendirent inutile cette précaution.

descend presque perpendiculairement sur la Somme à travers une vallée assez étroite, en partie très marécageuse, et bordée de hauteurs sensiblement plus élevées sur la rive gauche que sur la rive droite. Traversant de nombreux villages, qui offrent autant de points d'appui, elle présentait donc, pour des troupes établies sur ses berges orientales, une bonne ligne de défense, appuyée à gauche à la Somme, alors infranchissable, puisque tous ses ponts étaient détruits. Faidherbe entendait défendre les hauteurs de l'est; mais il avait au préalable cantonné ses soldats dans les villages mêmes de la vallée, desquels il voulait faire des postes avancés que l'ennemi serait obligé d'enlever avant d'aborder la position principale. Par suite, dès le 19, il installa son armée de la façon suivante : à droite, la 1re division occupait Vadencourt, Bavelincourt, Beaucourt et Béhancourt, gardant ainsi la route d'Arras ; au centre, la 2e division tenait Fréchencourt, Querrieux et Pont-Noyelles, Bussy et Daours-Vecquemont, à cheval sur les deux routes d'Albert et de Corbie. En arrière, à Corbie, se trouvait la 1re brigade de la 3e division, destinée au besoin à renforcer la 2e division ; la 2e brigade de cette même 3e division gardait la Somme, à Corbie et Fouilloy, détachant un régiment à la Houssoye, pour former réserve. La ligne d'avant-postes passait par les bois de Saint-Gratien, de Mai et d'Allonville. C'est dans ces positions que l'armée acheva de s'organiser, se scinda en deux corps d'armée, et reçut la division Robin, qui fut placée en réserve à Corbie. Les forces du général Faidherbe se montaient à 43,000 hommes environ, en supposant les effectifs au complet[1].

Retour de Manteuffel à Amiens. — Sur ces entrefaites, le général de Manteuffel, toujours aussi peu fixé sur la position exacte de l'armée française, s'était empressé d'accourir; parti de Rouen le 17, il arriva à Amiens le 20, en même temps que le général de Gœben, qui y amenait la 32e brigade[2]. Ce jour-là, la 34e brigade

---

[1]. H. Daussy, *loc. cit.*, page 129.
[2]. Manteuffel avait rejoint le 19, à Breteuil, le général de Gœben.

atteignait Sains, l'artillerie de corps Ailly-sur-Noye; la 15ᵉ division s'étendait le long de la Luce; la cavalerie observait entre Rosières et Chaulnes. Le général de Mirus, qui depuis deux jours était à Amiens, dut voir avec satisfaction l'arrivée dans la ville de renforts importants et l'approche de tout le reste du VIIIᵉ corps, car sa position commençait à être peu rassurante; déjà, le 18 au matin, la citadelle avait constaté la présence de troupes françaises vers Rainneville, et envoyé sans résultat, de ce côté, quelques projectiles. Une patrouille, dirigée sur Longueau par le capitaine Habert, avait également trouvé ce point occupé et reçu un coup de fusil en rentrant en ville[1]. En apprenant, dès son arrivée dans la soirée, ces deux incidents, le général de Mirus avait pu croire qu'ils étaient précurseurs d'un investissement prochain; aussi envoya-t-il, le 20, du côté de Querrieux, une reconnaissance chargée de voir ce qui se trouvait là[2]. Celle-ci s'avança jusqu'à la lisière extérieure du bois de la Bergerie et engagea avec nos avant-postes[3] un long combat auquel sa batterie prit part. Mais le général du Bessol ayant tout à coup jeté en avant de Bussy-les-Daours une compagnie du 69ᵉ de marche et deux de mobiles du Gard qui, en s'avançant, menacèrent le flanc droit des Prussiens, ceux-ci durent rétrograder assez vivement, d'abord sur la ferme des Alençons, où ils tinrent quelque temps, puis sur Amiens. Ils avaient perdu 3 officiers et 69 hommes

---

1. Ce coup de fusil, tiré par un ouvrier, faillit amener de graves complications. Le capitaine Habert exigea la livraison immédiate du coupable, sous peine de bombardement du faubourg de Noyon, où s'était passé le fait. L'arrivée du général de Mirus empêcha l'exécution de cette menace, mais la municipalité fut frappée d'une amende de 20,000 francs. Il est vrai que, deux jours après, celle-ci fut remise à la ville par Manteuffel, comme témoignage de gratitude pour les bons traitements dont avaient été l'objet, pendant la durée de l'évacuation, les blessés prussiens abandonnés dans les ambulances par le général von der Grœben. En revanche, après avoir installé un nouveau préfet nommé cette fois par le roi, Manteuffel réquisitionna dans les vingt-quatre heures les approvisionnements et vivres nécessaires à la citadelle pour un siège de six mois. (H. Daussy, loc. cit., page 130.)
2. Un bataillon, un escadron et une batterie.
3. 18ᵉ bataillon de chasseurs et un bataillon du 33ᵉ.

tués ou blessés; nous comptions, nous, 7 morts et 20 blessés.

L'affaire avait donc été assez chaude; elle indiquait, en tous cas, que du côté de l'Hallue les Français se trouvaient en force. D'autre part, le grand quartier général, assez porté à s'exagérer nos ressources, faisait prévenir Manteuffel qu'il avait devant lui 62,000 hommes s'apprêtant à marcher sur Amiens[1]. A toute éventualité, celui-ci fit occuper par le général de Mirus, le 21, les faubourgs qui bordent la citadelle, et disposa ses deux divisions l'une en amont, l'autre en aval de la ville; puis il envoya sa cavalerie reconnaître du côté de Corbie la rive gauche de la Somme. Le soir, il apprenait par elle que, derrière les passages détruits, nos troupes gardaient partout la rivière. Ses derniers doutes, relativement à la présence d'une armée française à quelques kilomètres de là, tombaient donc définitivement; mais il n'était nullement pour cela éclairé sur les intentions d'un adversaire dont l'établissement avait été trop imparfaitement reconnu pour qu'on sût exactement à quoi il voulait en venir. Manteuffel comprenait néanmoins que, du seul fait d'une proximité semblable, résultait pour ses propres troupes un danger à la fois effectif et moral, en ce sens que, d'une part, celles-ci pouvaient ne plus se sentir en sécurité à Amiens, et que, d'autre part, l'apparition de l'armée française relevait singulièrement les espérances des populations, en exerçant sur leur attitude une influence qui se faisait sentir, il s'en était aperçu déjà, jusqu'au delà de Rouen[2]. La nécessité s'imposait donc pour lui d'éloigner nos forces; mais le fâcheux était qu'il n'avait pas encore sous la main des renforts importants annoncés par M. de Moltke et qui consistaient tout d'abord dans la 3ᵉ division de réserve, relevée devant Mézières par la 14ᵉ division, puis dans une brigade de cavalerie de la Garde, amenée par le prince Albert. Ces troupes, demandées depuis le 18, devaient arriver le 24, la première à Saint-Quentin, la

---

1. II. Daussy; Wartensleben, *loc. cit.* — M. de Moltke se trompait de 20,000 hommes.
2. *La Guerre franco-allemande*, 2ᵉ partie, page 704.

seconde à Amiens[1], et Manteuffel ne les jugeait pas encore suffisantes, paraît-il, puisque, le 21, il envoyait au général de Bentheim, à Rouen, l'ordre d'expédier, par voie ferrée, six de ses bataillons sur Amiens[2]. La question était maintenant de savoir si l'on devait attendre, pour agir, l'arrivée de ces divers contingents. Assez perplexe, le commandant de la Ire armée demanda l'avis de ses généraux, qui opinèrent pour une offensive immédiate[3]; lui-même était couvert par des instructions récentes du grand état-major, qui prescrivaient aux Ire et IIe armées de se porter à la rencontre de toute force française qui se présenterait en rase campagne[4]; il comptait d'ailleurs sur la valeur de ses troupes, supérieure incontestablement à celle de nos jeunes levées. Pour toutes ces raisons, il prit donc le parti d'attaquer, avec seulement ce qu'il avait sous la main. Les bataillons arrivant de Rouen resteraient en seconde ligne; quant à la 3e division de réserve, elle se porterait le 24, dès son arrivée à Saint-Quentin, directement vers Péronne, pour menacer la gauche des Français.

Ceci admis, restait à déterminer la direction de l'offensive; question assez délicate, étant donné qu'on ignorait si l'armée du Nord était postée face à l'ouest ou face au sud. Mais comme, en tout état de cause, une marche par la rive gauche de la Somme aurait obligé

---

1. Manteuffel avait même demandé qu'on lui envoyât la 14e division tout entière, en abandonnant momentanément le siège de Mézières. M. de Moltke ne le voulut pas. Il promit cependant de renvoyer à la 3e division de réserve les 8 bataillons de landwehr qui en avaient été précédemment détachés pour la conduite des prisonniers de Metz. Par suite des circonstances, cette promesse resta sans effet.
2. Le général de Bentheim était même autorisé à évacuer Rouen, s'il y était forcé, et à se replier sur le gros de la Ire armée.
3. C'étaient les généraux de Gœben, de Sperling, chef d'état-major, et le colonel de Wartensleben, quartier-maître général (sous-chef d'état-major).
4. Aux termes des instructions du 17 décembre, les Ire et IIe armées devaient « prendre position avec le gros de leurs forces sur des points convenablement choisis, en dégager les abords immédiats de toutes troupes ennemies et *attendre ainsi que l'adversaire apparaisse en rase campagne pour se porter à sa rencontre par une offensive hardie et énergique* ». (La Guerre franco-allemande, 2e partie, page 633 et supplément CVIII.)

l'armée prussienne à franchir la rivière de vive force, et à découvrir Amiens, l'hésitation ne fut pas de longue durée, et il fut décidé qu'on se porterait droit sur l'Hallue, tout simplement. En conséquence, dès le 22, on remit en état les passages de la Somme à la Neuville et à Camon; puis l'ordre fut donné au VIII° corps de porter, le lendemain, dès huit heures du matin, la 15° division sur les routes de Corbie et d'Albert, pour contenir l'ennemi de front, tandis que la 16° chercherait à déborder notre droite, en s'avançant par les chemins au nord de la route d'Arras[1]. Manteuffel, instruit par l'expérience du 27 novembre, conservait cette fois à sa disposition, comme réserve générale, la 3° brigade d'infanterie (moins un bataillon laissé à la garnison d'Amiens)[2], deux batteries et un régiment de la 3° division de cavalerie. Ces troupes, commandées par le général de Mirus, devaient, à quatre heures du matin, se porter d'Amiens sur Querrieux; quant aux bataillons attendus de Rouen, ils étaient chargés de la garde du pont de Lamotte-Brébière, où ils devaient se trouver, dès dix heures, avec un escadron et une batterie[3]. Enfin, la 3° division de cavalerie, réduite à six escadrons avec une batterie à cheval, avait mission de relier les deux fractions du VIII° corps[4]. Avis de ces dispositions était donné au comte de Lippe, commandant à Beauvais la cavalerie saxonne, avec prière de dessiner une pointe du côté de Ham, de façon à arriver sur ce point le 24 au plus tard[5].

Du côté des Français, les cantonnements étaient restés

---

1. *La Guerre franco-allemande*, 2° partie, page 705.
2. Cette garnison comprenait donc un bataillon d'infanterie, une compagnie d'artillerie à pied, une de pionniers, qui gardaient la citadelle. Dans la ville même, il n'y avait que deux compagnies de landwehr des étapes, et un bataillon formé avec tous les éclopés. Mais trois des bataillons venus de Rouen devaient y rester.
3. Par suite de l'insuffisance du matériel de chemin de fer, deux bataillons seulement purent arriver le 22; deux autres débarquèrent le 23 au soir, les deux derniers seulement le 24.
4. Un de ses régiments (5° uhlans) était à la réserve; un autre (7° uhlans) patrouillait depuis le 22 dans la direction d'Abbeville; enfin, deux escadrons du 14° uhlans éclairaient vers Chaulnes.
5. La division de cavalerie saxonne dépendait toujours de l'armée de la Meuse.

à peu près tels que nous les avons indiqués. Pendant les deux journées précédentes, le général Faidherbe, accompagné de ses généraux, avait procédé à une reconnaissance détaillée de la position, et fixé à chacun son rôle; tous étaient en costumes civils et voyageaient dans une charrette de paysan[1]. A la suite de cette inspection détaillée, les positions suivantes furent définitivement assignées aux troupes des 22º et 23º corps. A droite, de Bavelincourt à Pont-Noyelles, devait se tenir la brigade Pittié, avec une batterie, ayant derrière sa droite la brigade Aynès accompagnée de deux batteries; au centre, la brigade de Gislain occuperait Querrieux et Pont-Noyelles, ayant à sa gauche la brigade Fœrster, déployée jusqu'à Bussy; entre les deux brigades se tiendraient les trois batteries divisionnaires du général du Bessol. Voilà pour le 22º corps. Quant au 23º, il devait avoir à Daours la brigade Payen, appuyée à droite par les trois batteries du général Moulac, et à Corbie la brigade de Lagrange. Enfin la division Robin, formant réserve, viendrait se masser derrière Béhencourt, moins un de ses régiments, envoyé à l'est de Corbie pour garder les passages de la Somme.

III. — Bataille de l'Hallue (ou de Pont-Noyelles).

Combat sur le front de la 15º division. — Le 23 décembre, à l'heure dite, le VIIIº corps s'ébranlait, par un temps clair et une assez forte gelée. La 15º division (Kümmer), franchissant la Somme aux ponts de la Neuville et de Camon, s'achemina vers Allonville, suivie de trois batteries à cheval de l'artillerie de corps; la 16º (Barnekow), avec les quatre autres batteries, passa la rivière à Amiens même, et marcha sur Poulainville et Rainneville; entre les deux, la cavalerie, commandée par le général-major de Dohna, se dirigeait vers Car-

---

1. H. Daussy, *loc. cit.*, page 127. — Ce mode de locomotion avait, paraît-il, été choisi par suite de l'insuffisance équestre du contre-amiral Moulac.

donnette. Le général de Kümmer avait ordre de rejeter les troupes françaises derrière l'Hallue, mais *en ayant soin de ne point trop s'aventurer sur la rive gauche avant que le mouvement débordant de la 16ᵉ division se soit fait sentir sur leur aile droite.* On va voir que, comme le fait se produit assez fréquemment dans des manœuvres de ce genre, les événements en disposèrent tout différemment.

Le général de Kümmer s'avança sans rencontrer de résistance jusqu'aux abords de Querrieux ; car, aussitôt son approche éventée, nos avant-postes s'étaient repliés sur l'Hallue, donnant l'alarme aux troupes en arrière, et celles-ci s'étaient immédiatement portées sur leurs positions de combat, en sorte que, quand la 29ᵉ brigade, accompagnée de deux escadrons de hussards et de deux batteries, déboucha par la route d'Albert, qu'elle avait rejointe à la Bergerie, elle trouva le village de Querrieux tenu par le 18ᵉ bataillon de chasseurs et protégé en arrière de Pont-Noyelles par les trois batteries de la division du Bessol[1]. Il était à ce moment onze heures et quart[2] ; les deux batteries prussiennes ouvrirent aussitôt le feu, au sud de la route ; au bout de très peu de temps, elles étaient renforcées par deux autres, venues de la 30ᵉ brigade qui arrivait à ce moment aux Alençons, et la lutte d'artillerie prenait tout de suite un caractère d'extrême violence. Pendant ce temps, la 29ᵉ brigade s'était déployée ; après une heure de canonnade, son chef, le colonel de Bock, lança ses deux bataillons de tête à l'attaque de Querrieux. L'un d'eux (du 33ᵉ), s'empara du village que nos troupes, interprétant trop littéralement une prescription peut-être imprudente du général en chef[3], abandonnèrent très rapidement.

---

1. Cette division avait été obligée de se déployer sur un front exagéré, la brigade Payen qui, à sa gauche, devait occuper Daours, n'ayant pu arriver sur ses emplacements dès le début de l'action, en raison de l'éloignement des cantonnements. La brigade Payen n'occupa ses positions de combat qu'entre midi et une heure.
2. Un incident avait retardé la marche de la 15ᵉ division. Le pont provisoire de la Neuville s'était affaissé pendant le passage de la Somme, et il avait fallu le réparer en hâte.
3. Faidherbe avait prescrit de ne défendre que peu de temps les villages de la vallée, et de concentrer la défense sur les positions

L'autre (du 65ᵉ), poursuivant sur Pont-Noyelles les chasseurs qui se repliaient d'une façon assez désordonnée, y entra à leur suite, malgré la résistance un peu plus sérieuse que, de concert avec deux bataillons du 70ᵉ de

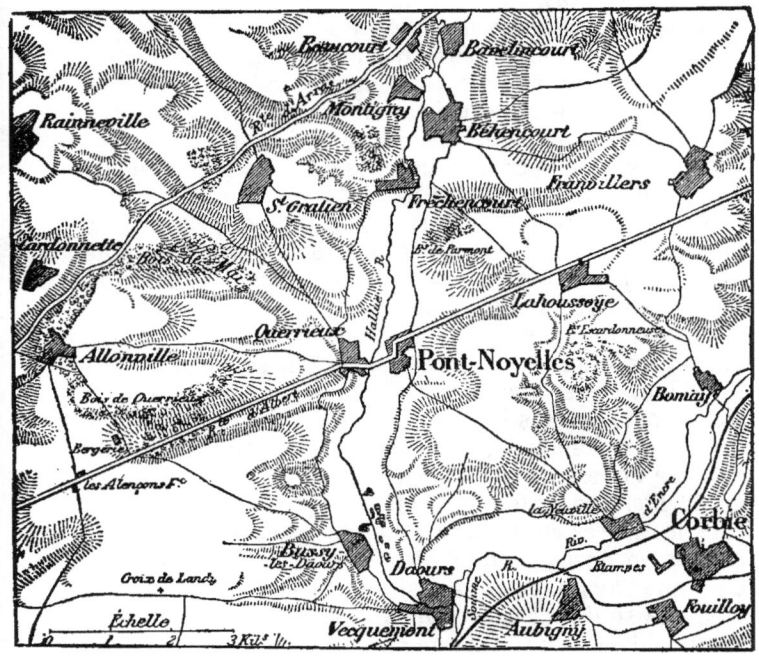

Carte des environs de Pont-Noyelles.

marche, ils opposèrent là, et leur fit environ deux cents prisonniers. Mais, quand les Prussiens voulurent déboucher du village, ils se trouvèrent en prise à un feu violent de mousqueterie et de mitraille[1] dirigé sur eux

en arrière, *sauf à reprendre les villages quand l'ennemi aurait été repoussé des hauteurs*. (Général FAIDHERBE, *loc. cit.*, page 36.) — C'était beaucoup demander vraiment à des troupes aussi inexpérimentées et aussi impressionnables que les siennes.
1. *La Guerre franco-allemande*, 2ᵉ partie, page 708.

des hauteurs de la rive gauche, qu'occupait la brigade de Gislain. En vain le colonel de Bock les fit-il renforcer par deux autres bataillons, ils durent rester sur place, se bornant à riposter tant bien que mal. Mais déjà, à droite, la 29ᵉ brigade venait de remporter un nouveau succès; car le village de Bussy-les-Daours, occupé par le 20ᵉ bataillon de chasseurs, avait, vers une heure, cédé devant une attaque concentrique exécutée à la fois par un bataillon venant directement de la route d'Arras et par deux compagnies d'un autre bataillon qui, accompagné d'un escadron de hussards, avait marché en flanqueurs par la Croix-de-Landy[1].

Sur ces entrefaites, trois des batteries prussiennes postées sur la route d'Albert s'étaient portées du côté de Bussy pour éteindre le feu de l'artillerie de la division Moulac établie sur les hauteurs de Daours. Celle-ci, renforcée par une batterie de 12, soutint la lutte avec une telle énergie que le général de Gœben se vit dans l'obligation, vers une heure et demie, de renforcer la sienne par les trois batteries à cheval de l'artillerie de corps, qui étaient aux Alençons. L'ennemi eut donc alors, à l'ouest de la ligne Querrieux-Bussy, une masse de 42 bouches à feu, à laquelle répondaient de notre côté des pièces en nombre absolument égal, mais inférieures en portée, moins bien servies et n'ayant pour elles que l'avantage de la position. C'est grâce à cela que, bien que souffrant énormément, elles purent tenir tête à leurs adversaires. A ce moment d'ailleurs, la division Moulac entrait en ligne, juste à temps pour subir une nouvelle attaque que les troupes du général du Bessol, trop étendues, eussent été certainement impuissantes à soutenir.

Maîtres de Bussy, les Allemands avaient en effet porté contre Vecquemont la majeure partie des troupes dont ils disposaient de ce côté. Quatre compagnies, venant de Bussy, se joignent à celles que le bataillon de flanqueurs avait, quelques instants auparavant, laissées

1. Les deux autres compagnies, avec le régiment de hussards, vaient pris position face à Vecquemont, et observaient ce village.

devant le village¹, et attaquent ce dernier par l'ouest ; en même temps, le 8ᵉ bataillon de chasseurs rhénans, précédemment envoyé par le général de Kümmer à Villers-Bretonneux pour observer les débouchés de la Somme², et qui venait de revenir par le pont de Lamotte-Brébière, est lancé contre la lisière sud. Mais les Allemands se heurtent à une résistance invincible ; le 19ᵉ bataillon de chasseurs et une partie des fusiliers marins de la brigade Payen se cramponnent au village, tandis qu'à leur droite les batteries de l'amiral Moulac et les soldats de la brigade Fœrster (20ᵉ bataillon de chasseurs et 69ᵉ de marche) font pleuvoir, des hauteurs à l'est de Bussy, une grêle de projectiles sur les assaillants. A trois heures, ceux-ci n'avaient fait aucun progrès appréciable, quand le général en chef leur envoya tout à coup un secours dont ils avaient grand besoin.

Manteuffel, posté depuis midi sur les hauteurs au sud du bois de Querrieux, avait en effet été prévenu, vers deux heures, des difficultés que l'attaque rencontrait à l'extrême droite. D'autre part, il voyait à Pont-Noyelles le reste de la 29ᵉ brigade dans une position fort délicate, à tel point que, pour la dégager, le général de Kümmer venait de jeter la 30ᵉ vers le nord, avec mission de combiner, si c'était possible, contre les hauteurs inexpugnables de la rive gauche, une attaque directe avec une attaque de flanc. Voyant à la tournure des affaires qu'aucun mouvement offensif des Français par la Somme n'était plus à redouter, le général en chef voulut en finir rapidement avec Vecquemont, et envoya chercher les troupes du 1ᵉʳ corps qui gardaient le pont de Lamotte-Brébière. La batterie, devançant aux allures vives l'infanterie, vint d'abord prendre position à l'ouest du village ; puis, vers quatre heures, le bataillon arriva à son tour joindre ses efforts à ceux des troupes déjà engagées. Sous ce flot d'assaillants, les

---

1. Voir la note précédente.
2. Dans leur ignorance de notre position exacte, les Allemands craignaient toujours que des forces françaises, franchissant la Somme, ne vinssent déboucher derrière leur aile droite, et essayer de les couper d'Amiens. C'est pourquoi ils faisaient observer Corbie et garder Lamotte-Brébière.

soldats du commandant Payen finirent par faiblir et par reculer dans Daours; mais quand les Prussiens, maîtres de Vecquemont, voulurent franchir l'Hallue, ils les arrêtèrent tout net par un feu meurtrier. Ici, comme au nord, le lit de la rivière constituait une ligne de démarcation qu'il était impossible de transgresser.

Cependant, du côté de Pont-Noyelles, la lutte se poursuivait fort vive. Vers trois heures et demie, les Prussiens, très gênés par le feu de nos soldats, essayèrent de gravir les pentes de la rive gauche, et cinq ou six de leurs compagnies, vigoureusement enlevées, réussirent à prendre pied un instant sur le plateau après avoir suivi un chemin creux oblique à la grande route. Leur brusque apparition à quelques mètres de nos rangs y produisit une assez vive émotion, accompagnée de quelque désordre; deux pièces furent capturées, et elles allaient être emmenées quand une compagnie du 101ᵉ mobiles (Somme et Marne), commandée par le capitaine d'Hauterive, se jeta à la baïonnette sur les agresseurs, de concert avec un bataillon du 70ᵉ de marche, et les rejeta au bas des pentes, les forçant à abandonner leur conquête. Nos soldats pénétrèrent même un instant dans Pont-Noyelles; mais ils ne réussirent pas plus à s'y maintenir que les Allemands à en déboucher.

La tentative si audacieuse de ces derniers ne constituait qu'une partie de l'attaque combinée que voulait tenter le général de Kümmer, car conjointement avec elle devait se produire celle que la 30ᵉ brigade avait été chargée de faire, comme on l'a vu plus haut, du côté de Fréchencourt. Or, sur ce point, le succès n'était pas plus décisif; tandis que le régiment de tête du général de Strubberg, criblé de feux sur son flanc droit, était obligé de s'arrêter pour y répondre, l'autre régiment avait poussé jusqu'à Fréchencourt, et s'était établi dans le village, au moment même où le 18ᵉ bataillon de chasseurs, suivi d'un bataillon de mobiles, descendait du bois de Parmont pour s'en emparer. Mais tous ses efforts pour déloger des hauteurs la brigade du Bessol étaient restés infructueux.

La situation des troupes de la 15ᵉ division prussienne était donc uniforme sur toute l'étendue de leur front d'attaque ; parvenues, après ces combats sanglants, à prendre pied dans les localités qui bordent l'Hallue, de Vecquemont à Fréchencourt, elles rencontraient partout une résistance si opiniâtre[1] qu'il leur était absolument impossible de franchir la vallée et d'aborder les hauteurs qu'occupaient les Français.

Combats sur le front de la 16ᵉ division. — Pendant ce temps, la 16ᵉ division (de Barnekow) avait exécuté son mouvement, dont le tracé la poussait très au delà de notre extrême droite. La 32ᵉ brigade, avec un régiment de hussards et deux batteries, s'était avancé sur Rainneville ; la 31ᵉ, avec six batteries[2] et une compagnie de pionniers, avait marché plus excentriquement encore sur Poulainville, par la route de Villers-Bocage, en sorte que la matinée s'était écoulée sans que les troupes rencontrassent personne devant elles. Vers une heure, le général de Gœben, voyant l'erreur, envoya précipitamment au général de Barnekow l'ordre de se rabattre à droite, et celui-ci dirigea aussitôt la 32ᵉ brigade sur Beaucourt, la 31ᵉ sur Saint-Gratien[3]. Mais ce fut seulement vers trois heures que cette dernière déboucha devant le front de la division Derroja, laquelle jusqu'alors n'avait eu affaire qu'à la batterie à cheval du général de Dohna, laissée en position tandis que ses six escadrons remontaient, on ne sait trop pourquoi, vers le nord. La 31ᵉ brigade allait donc se déployer, quand elle reçut l'ordre du commandant en chef d'obliquer sur Montigny, afin, dit la *Relation allemande*, de détourner au plus tôt, par un mouvement offensif sur Franvillers, *l'attaque dont l'aile gauche de la 15ᵉ division était menacée par La Houssoye*[4]. Aussitôt

1. *La guerre franco-allemande*, 2ᵉ partie, page 711.
2. Dont quatre de l'artillerie de corps.
3. Il laissait à Rubempré deux compagnies et un peloton de cavalerie pour protéger sa gauche, que couvrait également le régiment de hussards.
4. Il est probable que Manteuffel avait vu, dans le mouvement exécuté pour prendre pied dans Fréchencourt, l'indice d'une offensive prochaine de notre part ; car rien autre dans nos dispositions générales ne pouvait, à ce moment, faire redouter celle-ci.

un de ses bataillons, posté dans le petit bois situé au nord de Fréchencourt, engagea l'action avec les troupes du général Pittié, qui occupaient les hauteurs en face ; un autre vint ensuite s'établir à la gauche du premier, entre le bois et la route de Beaucourt, tandis qu'une batterie, suivie bientôt d'une deuxième, prenait position à l'ouest du bois. Vers trois heures et demie, l'ennemi s'emparait de Montigny et refoulait nos troupes sur Béhencourt, mais sans pouvoir les y suivre, tous les points de passage ayant été détruits[1]. Il fit alors jeter sur l'Hallue une passerelle, et sous un feu meurtrier se lança à l'attaque du village, dont il ne parvint cependant à s'emparer que grâce au concours apporté par un bataillon de renfort et des fractions importantes de la 32e brigade. Celle-ci, en effet, avait débouché sur Beaucourt vers deux heures ; jetant de là un bataillon d'abord sur Montigny, que le 46e mobiles défendit à peine, puis sur Béhencourt, elle occupa avec un bataillon Beaucourt, et avec une seule compagnie Bavelincourt ; la résistance du 91e mobiles dans ces deux villages avait été insignifiante. Le gros de la brigade se massa alors derrière la face ouest de Beaucourt, tandis que ses six batteries, déployées sur une hauteur au nord, canonnaient sans grand succès l'artillerie française trop éloignée et postée sur des positions dominantes[2].

Contre-offensive générale des Français. — Il était quatre heures du soir, et la nuit tombait déjà. Le cours de l'Hallue était au pouvoir des Allemands, mais rien de plus ; quant au mouvement enveloppant sur lequel ceux-ci comptaient pour enfoncer notre droite, il avait complètement échoué par suite de son envergure exagérée, et s'était transformé en une attaque de front,

1. *La Guerre franco-allemande*, 2e partie, page 712.
2. « Les lignes françaises, dit M. Daussy (page 143), avaient été préparées avec beaucoup de soin ; le gros des bataillons était déployé sur les crêtes, autant que possible à l'abri, la réserve un peu en arrière sur le plateau, les batteries sur les points dominants, dans des emplacements bien choisis et bien préparés ; une ligne de tirailleurs à mi-côte, couchés à plat ventre à la crête des rideaux, une seconde ligne au bas du coteau. »

menacée elle-même de se voir bientôt débordée par le nord. Car déjà des forces françaises apparaissaient au sud-ouest de Contay et marchaient directement sur Beaucourt. C'était la brigade Aynès, que le général Derroja venait de pousser contre la gauche allemande; arrêtée un instant par le feu des six batteries de la 32ᵉ brigade, elle ne tarda pas à reprendre le dessus quand l'obscurité eut condamné au silence les canons prussiens[1], et son aile droite s'empara d'abord du petit bois situé au nord de Beaucourt, que l'ennemi ne put réoccuper qu'en y jetant un bataillon et demi. En même temps, son aile gauche, une partie du 91ᵉ mobiles, chassait de Bavelincourt la compagnie allemande qui s'y trouvait, puis, avec le concours de quelques fractions du 46ᵉ mobiles et d'un bataillon de mobilisés, poussait sur Béhencourt. Mais elle était bientôt refoulée par le feu très violent de deux compagnies prussiennes postées au nord du village, et dans la retraite désordonnée à laquelle ils se livraient, les mobilisés laissaient deux cents prisonniers aux mains de l'ennemi. « Ce fut toute la part que la division Robin prit à la bataille[2]. » Encouragés par le succès, les Allemands voulurent alors tenter un coup de main sur Franvillers, et y lancèrent deux compagnies, qui durent se retirer sans avoir même pu aborder les hauteurs[3].

Ainsi, à l'aile droite, l'offensive allemande se trouvait complètement arrêtée; on a vu qu'au centre et à gauche il en était de même depuis longtemps. Le général Faidherbe, dont on sait que la tactique était de reprendre les villages aussitôt que les bataillons allemands lui paraîtraient s'être suffisamment usés contre les hauteurs, jugea le moment opportun et donna l'ordre d'attaquer

---

1. Les lueurs projetées par les villages de l'Hallue en flammes éclairaient les positions prussiennes et permettaient à notre artillerie de distinguer son but. Son tir continuait donc à être très exact et efficace, tandis que nos lignes, complètement dans l'ombre, échappaient aux coups des pièces prussiennes, qui tiraient à peu près au hasard. (*La Guerre franco-allemande*, 2ᵉ partie, page 714. — Colonel DE WARTENSLEBEN, *loc. cit.*, page 220.)
2. P. LEHAUTCOURT, *loc. cit.*, page 118.
3. *La Guerre franco-allemande*, 2ᵉ partie, page 714.

sur toute la ligne. Au centre, le général Lecointe lança donc contre Pont-Noyelles ce qui lui restait dans la main de troupes compactes, le 101° mobiles[1]; ce régiment trouva l'ennemi presque sans munitions[2] et ne put cependant le déloger; il revint même assez en désordre, par suite de la fâcheuse méprise d'un bataillon du 70° qui, le prenant pour une troupe prussienne, fit feu sur lui[3]. Le général Lecointe parvint cependant à le rassembler, et réunissant à lui quelques fractions du 18° chasseurs et du 70°, il revint à l'attaque une deuxième fois. Pont-Noyelles était réoccupé, mais après un combat furieux soutenu par les Allemands à l'arme blanche, nos troupes, émotionnées par l'obscurité, et ne se sentant pas soutenues, se retirèrent en désordre, laissant aux mains de l'ennemi bon nombre de prisonniers. Du mamelon situé au sud-ouest de Querrieux, Manteuffel avait assisté à cette lutte sanglante et envoyé précipitamment dans Pont-Noyelles deux bataillons de sa réserve générale, qui arrivèrent du reste quand l'affaire était déjà terminée.

Dans le même temps, un mouvement offensif de la brigade Fœrster, dont une partie avait franchi l'Hallue entre Querrieux et Bussy, était arrêté net par un autre bataillon de la réserve, également envoyé par Manteuffel. Enfin, à l'extrême gauche, l'attaque avait été dirigée par le général Faidherbe en personne, qui avait jeté contre Daours les soldats de la brigade Payen. Le 19° bataillon de chasseurs et les fusiliers marins attaquèrent énergiquement le village, l'occupèrent, vers cinq heures, et poussèrent même jusque dans Vecquemont. Mais le 48° mobiles, qui devait seconder leurs efforts en tournant le village par le sud, ne se montra point. Les Prussiens (8° bataillon de chasseurs et une compagnie du 65°) parvinrent donc, après une longue fusillade[4], à repousser leurs agresseurs et reprirent pied dans Daours. Cependant, pas plus alors que dans leurs

---

1. Composé d'un bataillon de la Somme et de deux de la Marne.
2. *La Guerre franco-allemande*, 2° partie, page 714.
3. P. LEHAUTCOURT, *loc. cit.*, page 119.
4. *La Guerre franco-allemande*, 2° partie, page 715.

tentatives précédentes, ils ne purent escalader les hauteurs.

Fin de la bataille. — Il était six heures du soir, et dans l'obscurité devenue complète, la lutte cessait partout. Les Allemands s'établirent en cantonnements d'alarme dans les villages, tandis que leur réserve occupait Allonville et Cardonnette, et que la cavalerie du général de Dohna s'installait vers Molliens-le-Vidame, plus au nord. Quant à l'armée française, elle bivouaqua presque tout entière sur ses emplacements[1] ; la nuit était glaciale[2], et nos soldats, auxquels tout manquait, même le pain, gelé dans les voitures[3], supportèrent là des souffrances inouïes. Cependant leur stoïcisme fut à la hauteur du courage qu'ils avaient montré pendant la bataille ; fiers à juste titre d'avoir si bravement tenu tête à des troupes renommées, confiants dans un chef qui donnait l'exemple de la plus noble vaillance et de la plus entière abnégation, ils soutinrent dignement cette dure épreuve, et conservèrent une cohésion que de plus vieilles bandes auraient pu jalouser[4].

Au moment où, sur son ordre, l'armée française prenait, vers cinq heures, une offensive à peu près générale, dont les débuts, malgré qu'elle se fît front contre front, semblaient assez heureux, le général Faidherbe, après avoir lancé sur Daours les soldats de la brigade Payen, avait quitté le champ de bataille pour aller à Corbie s'entretenir de la situation avec M. Testelin. Il laissait ses troupes en bonne posture, et croyait la reprise des villages désormais as-

---

1. Sauf une partie de la division Derroja, à qui sa position permit de garder ses cantonnements de la veille, et la brigade de Lagrange, toujours à Corbie.
2. Le thermomètre marqua — 8°.
3. H. DAUSSY, *loc. cit.*, page 152.
4 Voici en quels termes un Allemand, acteur de la bataille, apprécie les troupes de l'armée du Nord. « Nous devons rendre pleinement hommage à l'attitude de cette armée qui venait à peine d'être organisée, et à la manière dont elle fut dirigée pendant le combat. Nous sommes loin de vouloir considérer cette bataille comme une défaite de l'ennemi, si l'on entend par cette expression une catastrophe suivie d'une désorganisation tactique plus ou moins complète. » (Colonel DE WARTENSLEBEN, *loc. cit.*, page 228.)

surée. Quand il revint, à nuit tout à fait close, devant Pont-Noyelles, les choses avaient malheureusement bien changé; partout les Allemands avaient repoussé notre attaque, et nous étions refoulés sur les hauteurs. En s'aventurant trop près du village, Faidherbe reçut même des coups de feu et faillit être enlevé; il n'eut que le temps de rebrousser chemin, et vint, tout grelottant de froid et de fièvre, coucher sur un peu de paille, à La Houssoye[1].

La nuit se passa sans autres incidents que quelques escarmouches d'avant-postes. Manteuffel et Gœben, après avoir donné leurs ordres, étaient rentrés à Amiens, et ne reparurent que le lendemain 24, à neuf heures du matin. Déjà les Allemands prenaient les dispositions prescrites pour résister énergiquement à une nouvelle attaque des Français, et mettaient en état de défense les villages qu'ils avaient conquis. Une réserve spéciale était constituée pour chaque division, celle de la 15° entre Bussy et Querrieux, celle de la 16° à l'ouest de Montigny, la réserve générale était rapprochée et venait se masser entre Saint-Gratien et Querrieux. Toutes les précautions étaient prises, on le voit, pour rester uniquement sur la défensive. Vers neuf heures et demie du matin, le feu reprit vers la droite, et notre artillerie canonna le village de Béhencourt; quelques instants après, elle prit pour objectif la réserve spéciale de la 16° division, qui se portait vers son poste de Montigny. Tout cela était peu sérieux, et aucun indice ne se faisait encore sentir de l'offensive à laquelle s'attendaient les Allemands. Vers dix heures et demie cependant, croyant voir des colonnes françaises en marche de La Houssoye vers le nord, Manteuffel envoya devant Contay le général de Dohna avec 10 escadrons et une batterie à cheval pour déborder notre flanc droit; mais déjà le mouvement avait cessé d'être perceptible, et le général de Dohna dut se borner à canonner quelque temps Contay, qui était occupé. Dans le même temps, le général de Gœben ayant aperçu quelque acti-

---

1. H. Daussy, *loc. cit.*, page 148.

vité vers notre extrême gauche, se hâtait de rappeler aux Alençons quatre des batteries restées à Saint-Gratien, et ramenait sur Querrieux une partie des troupes qui occupaient Fréchencourt. Manteuffel lui-même rapprochait encore davantage sa réserve. Mais toutes ces précautions devenaient bientôt inutiles, car de notre côté rien ne se produisait, et, seules, les batteries postées face à face échangeaient quelques projectiles. La matinée s'écoula ainsi ; vers deux heures, il sembla aux Allemands que nos troupes exécutaient certains mouvements dont ils ne parvenaient pas à découvrir le sens. Enfin, à trois heures, ils s'aperçurent que, devant eux, les hauteurs de Pont-Noyelle et Daours se dégarnissaient à vue d'œil.

Retraite de l'armée française. — Le général Faidherbe, en effet, reconnaissant l'impossibilité matérielle de rester en position par cette température glaciale, sans pain, sans vêtements et sans feu, et apprenant d'autre part que des renforts importants arrivaient à son adversaire, venait de prendre une résolution pénible, mais dont l'urgence ne pouvait plus être mise en doute. Il avait, dans la matinée même, donné l'ordre d'évacuer les positions si vaillamment défendues la veille, et de se replier en arrière, si l'ennemi n'attaquait pas avant deux heures de l'après-midi. On devait laisser en position, pendant une heure au moins, une ligne de tirailleurs appuyée de deux batteries de 4, et, à la faveur de ce rideau, gagner autour d'Albert des cantonnements précisés. Le mouvement débuta de la manière indiquée, et les Allemands ne l'éventèrent que quand il était déjà en pleine voie d'exécution. Aussi, bien que laissant en arrière beaucoup de traînards exténués par tant de longues heures de fatigues et de souffrances, l'armée du Nord put-elle, sans être poursuivie, se mettre rapidement à l'abri des coups de l'ennemi.

D'ailleurs, Manteuffel, empêché par l'obscurité croissante de se rendre un compte exact de la valeur des indices qui lui étaient signalés, ne songeait pour le moment qu'à une combinaison nouvelle, par laquelle il comptait, le lendemain, obtenir un résultat définitif. Il venait de recevoir un secours assez sérieux dans la brigade de cavalerie du prince Albert, arrivée le 24, et il savait que, ce jour-là même, le général de Senden devait se porter de Saint-Quentin sur Ham[1], en même temps que la division de cavalerie saxonne. Il décida donc qu'au lieu de s'acharner le lendemain contre les hauteurs de l'Hallue, si les Français y tenaient encore, la Ire armée, changeant d'objectif, déborderait leur extrême droite, en marchant sur Corbie. Cette ville, station *terminus* des transports par chemin de fer destinés à l'armée du Nord, constituait pour celle-ci un point dont l'importance n'avait point échappé aux Allemands[2]. Sa perte devait nous obliger sans rémission à un mouvement rétrograde, et bien que pour l'attaquer il fallût découvrir Amiens, considération qui, une première fois, avait fait abandonner l'idée de porter de ce côté la Ire armée, Manteuffel jugea que le résultat à obtenir valait bien qu'on en courût le danger. Vers quatre heures du soir donc, au moment où déjà la majeure partie de nos troupes avaient évacué les plateaux glacés de l'Hallue, il envoya au général de Mirus l'ordre de franchir la Somme avec la réserve et l'artillerie de corps du VIIIe corps, pour prendre par la rive gauche la direction de Péronne. Ces troupes devaient, le jour même, aller cantonner entre Lamotte-Brébière et Villers-Bretonneux, de façon à attaquer Corbie le lendemain dès la pointe du jour[3]. Quant au reste du VIIIe corps, il s'échelonnait le long de l'Hallue (15e division), de Fréchencourt à Vecquemont, ou se massait en arrière, vers Cardonnette (16e). La 16e division devait, le lendemain, passer sur la rive gauche, pour soutenir au besoin le général de Mirus. Quant à la brigade de cavalerie du prince Albert, dont deux escadrons

---

1. Il devait primitivement, on s'en souvient, marcher sur Péronne ; mais, dès le matin du 24, on lui avait envoyé l'ordre de se porter sur Ham, de façon à le rapprocher plus rapidement, et à lui éviter une rencontre isolée avec toute l'armée du Nord, au cas où celle-ci battrait en retraite.
2. Colonel DE WARTENSLEBEN, *loc. cit.*, page 225.
3. *Ibid.*

patrouillaient entre Breteuil et Moreuil, elle se mettait, à Amiens, à la disposition du général de Gœben.

Mais la retraite de l'armée française, laquelle continuait à se retirer vers le nord en semant sur sa route la majeure partie des bataillons de mobilisés et pas mal de gardes mobiles, avait déjà rendu inutiles ces diverses dispositions. La bataille de l'Hallue, bien que tactiquement indécise, constituait donc dès lors pour les Allemands un succès à la fois important et décisif, et la ville d'Amiens, dont les habitants avaient, des toits de leurs maisons, suivi avec une émotion qui s'explique les péripéties de la lutte[1], était définitivement perdue pour nous. Cette tentative avortée nous coûtait cependant 141 tués, 905 blessés, quelques centaines de prisonniers et un millier de disparus, dit le général Faidherbe; un chiffre de pertes assez sensiblement supérieur, dit la *Relation allemande*[2]. Quant à l'ennemi, il comptait 38 officiers et 917 hommes tués, blessés ou disparus[3].

Il est permis de se demander maintenant, avec toute la respectueuse déférence que méritent le caractère, l'énergie et le patriotisme du général Faidherbe, si l'opération entreprise par lui dans les derniers jours de décembre comportait, telle qu'elle était conçue au double point de vue stratégique et tactique, des chances sérieuses de réussite, ou si, dans les conditions où elle a été faite, la tentative de reprise d'Amiens restait fatalement vouée à l'insuccès. Tout d'abord, nous savons, par le général lui-même, que son plan primitif était uniquement de sauver le Havre par une puissante diversion[4]; mais il est clair qu'il a hésité assez longtemps sur la direction à donner à celle-ci. Le mouvement, qui débuta si heureusement par la surprise de Ham, semblait indiquer l'intention de menacer les communica-

---

1. H. DAUSSY, *loc. cit.*, pages 138 et 153.
2. « En déblayant le champ de bataille, les Allemands donnaient la sépulture à 259 cadavres français; dès le 23 au soir, 19 officiers et 953 prisonniers non blessés avaient été conduits à Amiens. » (*La Guerre franco-allemande*, 2ᵉ partie, page 717, *en note*.)
3. Colonel DE WARTENSLEBEN, *loc. cit.*, page 227.
4. Général FAIDHERBE, *loc. cit.*, page 32.

tions allemandes ; il resta malheureusement à l'état d'ébauche, et comme il fut presque immédiatement suivi d'un autre en sens inverse, son seul résultat fut d'avertir prématurément l'ennemi du danger qui allait le menacer vers le nord, et de lui donner ainsi le temps de prendre les précautions nécessaires[1]. Tout autres eussent été probablement les conséquences de la rapide réorganisation de notre armée, si le général Faidherbe prenant délibérément un parti, se fût porté avec toutes ses forces dans la direction de Saint-Quentin et de Tergnier, ou si, préférant aborder de front la ligne de la Somme, il avait inopinément débouché sur Amiens, qui n'était gardé que par le détachement assez faible du général von der Grœben. Car, les Allemands auront beau dire, la situation de la Ire armée, condamnée par les instructions de M. de Moltke à opérer à la fois sur la Somme et sur la basse Seine, était des plus délicates, tant qu'il existait une armée française du Nord. A la vérité, Manteuffel, attribuant à la bataille d'Amiens des résultats qu'elle n'avait nullement produits, croyait nos forces assez ébranlées pour être hors d'état de reprendre de longtemps la campagne; en quoi il se trompait gravement, comme l'événement ne devait pas tarder à le lui prouver. Mais, dans l'état réel des choses, il se voyait contraint, à la première réapparition de son adversaire, de dégarnir ses troupes de Normandie, et d'exécuter ainsi, le long de ce que nous avons appelé la ligne de circonvallation, un mouvement de navette qui pouvait devenir dangereux, et qui, en tous cas, était long et fatigant pour ses soldats. Nous verrons d'ailleurs le fait se reproduire pendant toute la campagne, et c'est ce qui explique que sur des troupes assurément très inférieures en qualité, sinon en nombre, les Allemands n'aient jamais pu obtenir un succès décisif[2]. Il

---

1. Colonel DE WARTENSLEBEN, *loc. cit.*, page 184.
2. Les forces en présence à la bataille de l'Hallue étaient, quoi qu'en dise Wartensleben, à peu près équivalentes. L'armée française comptait, nous l'avons vu, une quarantaine de mille hommes, *sur le papier*. Mais ni la division Robin, dont un seul bataillon avait donné vers Bavelincourt, et comment, on le sait! ni la brigade de Lagrange

semble donc qu'un mouvement rapide et brusqué, exécuté par l'armée du Nord avant que Manteuffel ait eu le temps d'opérer sa concentration, aurait pu avoir des conséquences très heureuses ; il eût probablement sauvé Amiens et Rouen. Nous ne parlons que pour mémoire du Havre, qui pouvait se défendre tout seul. Et si, comme cela aurait dû être, les deux groupes de forces françaises du Nord et de l'Ouest avaient obéi à un chef unique et agi de concert, alors le résultat se fût trouvé encore plus certain. Au lieu de cela, le général Faidherbe, jugeant son armée incapable de soutenir la lutte en rase campagne avec les forces que Manteuffel avait eu le temps de réunir, a été amené à abandonner l'offensive et à chercher des positions pour y attendre le choc. Les rôles ont été intervertis, et, de défenseur, l'ennemi est devenu assaillant. Tel était le premier et plus fâcheux résultat des hésitations du début.

Si maintenant nous examinons la bataille elle-même, nous voyons que, du côté des Prussiens, elle n'a consisté, en somme, qu'en une série d'efforts décousus. Le mouvement excentrique de la 16ᵉ division a complètement manqué son but, en sorte que tout s'est borné à une attaque de front, laquelle avait peu de chances de réussir, étant donnée la force de nos positions ; celles-ci ont été abordées partout directement ; partout elles ont résisté, et il n'est rien resté de la combinaison de laquelle Manteuffel avait espéré le succès. Mais il faut aussi, après avoir rendu à la bravoure de nos soldats l'hommage qu'elle mérite, convenir qu'en général la défense des villages de l'Hallue a été, par suite d'ordres imprudents, trop peu soutenue. Il y avait là une série de postes avancés qui pouvaient et devaient longtemps arrêter l'adversaire, et on a bien vu quelle

---

conservée en réserve à Corbie, n'avaient été engagées. Certains bataillons de mobiles, tenus en seconde ligne, n'avaient pris qu'une part insignifiante à la bataille ; on voit que c'est tout au plus si on peut évaluer à 30,000 le nombre des combattants français. Quant aux Allemands, ils comptaient sur le champ de bataille, d'après leurs situations officielles, 22,622 fantassins, 2,314 chevaux et 108 pièces. On voit que notre légère supériorité numérique ne suffisait pas à compenser tout ce qui nous manquait d'autre part.

était leur valeur quand il s'est agi de les reprendre. On avait tout le temps de les organiser et de les protéger par des ouvrages, et peut-être que, s'ils avaient tenu jusqu'au bout, le général Faidherbe aurait pu tenter sur une des ailes une contre-attaque vigoureuse, qui, exécutée par les troupes intactes du plateau, aurait amené un dénouement probablement très différent de cette retraite par laquelle l'armée du Nord fut reportée si loin de son terrain d'action. « Le froid, et non l'ennemi, nous a chassés des hauteurs inhospitalières de l'Hallue », a écrit un des meilleurs historiens de cette campagne[1]. C'est absolument vrai; mais il ne pouvait en être autrement, dès l'instant que ces hauteurs, complètement dénuées de ressources et d'ailleurs trop étendues pour notre effectif[2], n'étaient pas exclusivement considérées comme un front défensif, destiné à user les efforts de l'ennemi, et à permettre à une forte partie de l'armée, réservée d'avance, de prendre sur un terrain propice l'offensive tactique qui seule pouvait amener une solution.

---

1. H. Daussy, *loc. cit.*, page 152.
2. De Ravelincourt à Daours, il y a exactement 12 kilomètres, *à vol d'oiseau*.

CHAPITRE III

PÉRONNE ET BAPAUME

I. — Opérations jusqu'au 3 janvier.

Poursuite de l'armée du Nord. — Le 25 décembre, au jour naissant, les troupes allemandes, qui s'ébranlaient pour exécuter les ordres donnés la veille par Manteuffel, s'aperçurent qu'elles n'avaient plus personne devant elles. Néanmoins, aucun changement ne fut apporté à leur mission, et, tandis que le général de Mirus atteignait Corbie sans encombre, le VIIIe corps se mettait, assez lentement, à la poursuite de l'armée du Nord[1]. Il atteignit, dans la soirée, les environs d'Albert, où arriva également la 3e division de cavalerie; la brigade du prince Albert s'établit sur la gauche, à Baizieux. Pendant la marche, rendue assez difficile par le mauvais état des routes et le verglas, on n'avait rencontré aucune fraction constituée de l'armée en retraite, et tout s'était borné à la prise de quelques centaines de traînards. Ce jour-là, en effet, nos troupes avaient déjà atteint Arras, et s'étaient cantonnées dans les villages au sud de la place, où se trouvait le quartier général; mais l'ennemi ignorait absolument ces détails, car ni sa cavalerie ni ses espions ne lui avaient

---

1. A Corbie, le général de Mirus se mit en relation avec la 3e division de réserve et une fraction de la division de la cavalerie saxonne, toutes deux arrivées à Ham.

donné le moindre renseignement sur la direction prise par le général Faidherbe, et il ne savait pas si celui-ci s'était replié sur Arras ou sur Cambrai[1].

Réduit ainsi aux conjectures, le général de Manteuffel se trouvait contraint d'envoyer des troupes à la fois des deux côtés ; le 26, il poussa sur Sailly-Saillisel, à mi-route entre Bapaume et Péronne, la brigade du prince Albert, renforcée d'un bataillon et d'une batterie, et sur Bapaume la 15ᵉ division ; la 16ᵉ division et la 3ᵉ division de cavalerie avaient ordre d'atteindre Achiet-le-Grand et Bucquoy, sur la route d'Arras. Pas plus que la veille, ces troupes ne parvinrent à rétablir le contact avec l'armée française, laquelle, selon toute apparence, avait échappé à une poursuite aussi peu énergique. La même incertitude planait toujours sur sa situation, et même, contrairement à la réalité, les reconnaissances de la cavalerie signalaient Cambrai comme point probable de sa concentration. Or, ce jour-là, le général Faidherbe, arrivé à Vitry-en-Artois, installait son armée au cantonnement derrière la Scarpe, en appuyant ses ailes sur les deux places fortes d'Arras et de Douai.

Le peu de succès obtenu jusqu'ici n'était pas fait pour encourager Manteuffel dans une poursuite qui ne pouvait, en tout état de cause, le mener qu'à d'assez médiocres résultats. Si l'armée française avait bien réellement trouvé un refuge dans la région fortifiée du Nord, où les petites places de Vauban formaient comme un quinconce de citadelles hérissées de remparts et de canons, il devenait parfaitement oiseux de s'y engager à sa suite, pour perdre du temps à une série de sièges plus ou moins faciles et fort peu productifs. C'eût été, d'ailleurs, contraire aux instructions de M. de Moltke, qui recommandaient aux armées chargées de la protection du blocus de Paris une attitude plutôt défensive. Il y avait, d'autre part, une opération beaucoup plus urgente, si l'on voulait s'assurer la possession incontestée de la ligne de la Somme ; c'était la prise de Péronne. Cette petite place, située juste au coude de la rivière et

---

1. *La Guerre franco-allemande*, 2ᵉ partie, page 718.

à peu de distance de la voie ferrée de Laon à Amiens, avait déjà par elle-même une certaine importance que grandissaient encore les circonstances. L'obligation où se trouvait la 1re armée de faire face à la fois à nos forces de Normandie et à celles de Flandre, condamnait, en effet, cette armée à s'éparpiller sur une grande étendue, et, par suite, à compter beaucoup sur la valeur intrinsèque des lignes de défense qu'elle choisissait; celle de la Somme, tant par sa direction que par la nature marécageuse de ses abords, était assurément la meilleure que l'on pût opposer à l'offensive du général Faidherbe; mais encore fallait-il que ce dernier n'eût point barre sur elle, précisément en son point le plus dangereux. Cette considération décida Manteuffel, dès le 26 décembre, à mettre le siège devant Péronne, et il chargea de cette mission les troupes du général de Mirus, ainsi que la 3e division de réserve, qui arrivait à Ham [1]; le VIIIe corps, à cheval sur la route de Bapaume, devait couvrir l'opération, sans cesser d'observer les Français [2].

Mais ceux-ci étaient à l'abri de toute atteinte partielle, et déjà le général Faidherbe s'occupait de réorganiser son armée, assez éprouvée par la retraite rapide qu'elle venait d'opérer. Certaines troupes, on l'a vu, en étaient sorties à peu près désorganisées, et, d'ailleurs, la masse était encore trop peu compacte pour pouvoir soutenir un effort prolongé. Il fallait la reconstituer aussi bien moralement que matériellement, et tâcher de compléter, pendant la période de repos, les ressources de toute nature que des services insuffisamment pourvus étaient impuissants à fournir pendant l'action. C'est à quoi le commandant en chef employa, dès son arrivée sur la

---

[1]. Le général de Mirus avait restitué au VIIIe corps l'artillerie que celui-ci lui avait précédemment prêtée pour l'attaque projetée de l'aile droite française par Corbie; il conservait la 3e brigade d'infanterie, 2 batteries et 1 régiment de cavalerie. Quant à la 3e division de réserve, que ses troupes de landwehr avaient, comme on l'a vu plus haut, définitivement abandonnée, elle se composait d'une brigade d'infanterie (2 bataillons des 81e et 19e), d'une brigade de cavalerie de réserve, et de trois batteries de réserve.

[2]. *La Guerre franco-allemande*, 2e partie, page 719.

Scarpe, une activité et une énergie qui ne se démentirent jamais.

Quant aux Allemands, leur attitude expectante ne les empêchait point de battre le pays assez loin en avant de leur front. Dès le 27, la brigade du prince Albert poussa jusqu'à Fins[1], et les reconnaissances du général de Gœben allèrent aux portes mêmes d'Arras. Mais, sur ces entrefaites, le contre-coup des événements survenus en Normandie obligea le VIIIe corps à modifier légèrement ses positions. De Rouen, où il était aux prises avec les troupes françaises de l'Eure et du Havre, dans des conditions dont il sera parlé bientôt, le général de Bentheim avait fait parvenir, en effet, des nouvelles assez peu rassurantes pour que, dès le 25, Manteuffel lui renvoyât par chemin de fer les six bataillons de la 2e brigade qu'il avait sur la Somme[2], et ordonnât le remplacement devant Péronne de la 3e brigade par la 31e, du VIIIe corps. Par suite, cette dernière se mit en route le 29 et fut remplacée à Bucquoy par la 32e, qui ne laissa aux environs d'Achiet-le-Grand que quelques petits détachements[3]. Le général de Gœben n'en envoya pas moins de fortes colonnes, pour explorer du côté du nord et couper les voies ferrées. Le 28, une patrouille de cavalerie de la Garde alla jusqu'à Cambrai et pénétra dans les rues mêmes de la ville, où il n'y avait qu'une petite garnison qui ne sortit pas de la citadelle. Le 29, un escadron du 9e hussards, envoyé avec quelques pionniers d'Aubigny sur Lens pour détruire le chemin de fer, se heurta à des forces françaises qui l'empêchèrent de remplir sa mission; mais, en se retirant, il rencontra auprès de Souchez un bataillon de mobilisés du Pas-de-Calais, lequel ne faisait point partie de l'armée du Nord,

---

1. Elle fut remplacée à Sailly-Saillisel par la 29e brigade d'infanterie.
2. Quatre de ces bataillons (ceux qui avaient pris part à la bataille de l'Halluc) étaient avec le général Mirus devant Péronne. Deux autres formaient garnison à Amiens, où ils durent être remplacés par deux bataillons du VIIIe corps.
3. Le général de Mirus, dont le détachement se trouvait ainsi dissous, rentra à la 3e division de cavalerie, avec le régiment de uhlans qui seul lui restait. — La 3e brigade partit de Péronne le 31 décembre et arriva à Amiens le 1er janvier.

et se trouvait là on ne sait comment, *n'ayant pas même de cartouches*[1]. Naturellement, les hussards prussiens n'eurent pas de peine à le mettre en déroute, et lui prirent 8 officiers et 170 hommes ; il paraît, d'ailleurs, qu'officiers et mobilisés montrèrent une résignation qui touchait de bien près à la lâcheté[2]. Sur la Scarpe, au contraire, les patrouilles allemandes qui avaient affaire à nos avant-postes étaient presque partout repoussées ; l'une d'elles cependant parvint à couper la voie ferrée à Feuchy, entre Arras et Douai. D'autre part, un escadron de hussards de la Garde, qui, le 31, s'était porté de Fins au delà de l'Escaut, réussit dans une opération semblable à Iwuy, au nord de Cambrai ; il avait, dans sa journée, parcouru 83 kilomètres[3].

Pendant que ces faits se passaient devant le front de nos troupes, le pays à l'ouest d'Amiens était battu par une colonne mixte, qui avait mission d'opérer contre les partis français signalés aux environs d'Abbeville, et de couper le chemin de fer de Boulogne[4]. Le lieutenant-colonel de Pestel, qui la commandait, partit de Picquigny le 27 et se porta d'abord sur Flixecourt ; puis, repassant le lendemain la Somme, il dirigea une partie de ses forces (trois compagnies et trois escadrons) contre le débouché ouest de Longpré-les-Corps-Saints, et le reste contre Condé-Folie ; il savait ces deux points occupés[5]. Nos troupes se trouvèrent prises entre deux feux et abandonnèrent les villages après un combat qui, surtout à Longpré où étaient les mobiles, fut, dit la *Relation allemande*, vif et sanglant[6] ; elles avaient perdu une cinquantaine d'hommes et 250 prisonniers.

---

1. P. LEHAUTCOURT, *loc. cit.*, page 135. — Général FAIDHERBE, *loc. cit.*, page 43.
2. *Ibid.* — DE CARDEVACQUE, *Histoire de l'invasion allemande dans le Pas-de-Calais.*
3. *La Guerre franco-allemande*, 2ᵉ partie, page 720.
4. *Ibid.* — Cette colonne se composait du 7ᵉ régiment de uhlans (de la 3ᵉ division de cavalerie), qui, depuis le 22, était à Picquigny, et d'un bataillon d'infanterie.
5. Il y avait là un bataillon de mobiles du Pas-de-Calais et un bataillon des mobilisés du Nord.
6. Page 720. — « Les habitants prirent part à la lutte et plusieurs, une femme même, furent tués ou blessés. » (P. LEHAUTCOURT, *loc. cit.*, page 136.)

Le 30, le colonel de Pestel s'en vint sommer Abbeville, place alors déclassée, mais encore pourvue de quelques fortifications derrière lesquelles les mobiles battus étaient venus chercher un refuge, et où se trouvaient d'ailleurs 3,000 hommes de garnison (mobiles et mobilisés). L'émotion était grande, et le commandant de la place, un lieutenant-colonel de mobilisés, hésitait; il fallut que le préfet de la Somme, M. Lardière, lui rappelât énergiquement ses devoirs[1]. Au surplus, la menace du colonel de Pestel n'était qu'une vaine bravade, car il n'avait pas une pièce de canon pour exécuter le bombardement dont il parlait. Des renforts envoyés de Lille dès la nuit suivante et amenés par le général Baboin[2], qui organisa immédiatement une défense sérieuse, empêchèrent l'aventureux Prussien de la renouveler. Il se contenta d'aller, le 1er janvier, couper à Rue le chemin de fer de Boulogne, et revint, le 2, à Picquigny[3].

A l'autre extrémité de la ligne de la Somme, le général de Lippe avait marché de Ham sur Saint-Quentin et le Catelet, où, le 30, il s'était mis en communication avec la cavalerie de la Garde, alors à Fins. Le 31, il envoya une compagnie et un escadron à Busigny pour y couper la voie ferrée; mais ces troupes rencontrèrent une telle résistance qu'elles revinrent sans avoir rien fait que quelques prisonniers. D'après les ordres de M. de Moltke, la division de cavalerie saxonne devait pousser jusqu'à Vervins, d'où les mobiles et les francs-tireurs inquiétaient continuellement les troupes d'étapes du gouvernement de Reims[4]; mais inquiet du côté de Cambrai, où on lui avait dit que 2,000 hommes étaient venus renforcer la garnison[5], le général de Lippe ne crut pas prudent de dégarnir le Catelet, et se borna à

1. H. Daussy, *loc. cit.*, page 181.
2. De l'armée auxiliaire. — On envoya à Abbeville 26 bouches à feu de 12, 4 et 8.
3. Pour protéger dans une certaine mesure la pointe très hardie du colonel de Pestel, le général de Gœben avait envoyé à l'ouest de Doullens de fortes reconnaissances de cavalerie.
4. Colonel de Wartensleben, *loc. cit.*, page 250.
5. Un peloton de uhlans saxons, venu le 30 devant Cambrai, fut reçu à coups de fusil, et, moins heureux que les hussards de la Garde, dut rétrograder immédiatement. (*Ibid.*)

détacher sur la route de Guise quelques escadrons, qui bientôt d'ailleurs furent rappelés à Saint-Quentin.

Telle était la situation des forces allemandes, quand, le 30 décembre, Manteuffel, sûr maintenant que l'armée du Nord lui avait échappé, revint de Bapaume à Amiens. Péronne était investie depuis le 27, et rien ne semblait à redouter pour les troupes du siège que couvrait, en avant de la rivière, tout le VIIIe corps. Il n'était plus question de la position de Beauvais, précédemment assignée par M. de Moltke au gros de la Ire armée, car, à la demande de Manteuffel, le grand quartier général venait d'autoriser le fractionnement de la Ire armée en deux groupes : l'un, formé du VIIIe corps et de la 3e division de réserve, sur la Somme ; l'autre, comprenant le Ier corps tout entier, sur la basse Seine. Le rétablissement complet des voies ferrées entre Rouen, Amiens et Gonesse permettait, en effet, de concentrer rapidement, le cas échéant, ces forces soit sur leur aile droite, soit sur leur aile gauche, et même de les rappeler sous les murs de Paris, s'il en était besoin. Mais, si le commandant en chef était ainsi rassuré momentanément sur la situation du général de Gœben, il éprouvait, par contre, de vives inquiétudes au sujet du général de Bentheim, lequel, aux prises sur la basse Seine avec des difficultés dont il s'exagérait encore la gravité, envoyait à Amiens des dépêches alarmantes sur l'imminence d'une attaque à laquelle il ne se croyait pas en état de résister[1]. Déjà Manteuffel lui avait renvoyé six batail-

---

[1]. Colonel DE WARTENSLEBEN, *loc. cit.*, page 236. — « Nous ferons observer ici, ajoute l'écrivain allemand, que si l'armée du général Faidherbe eût encore été intacte en face de nous à Amiens, lorsque ces nouvelles arrivèrent de Rouen, nous nous serions vus dans l'alternative, *soit d'affaiblir notre armée avant le moment décisif, soit peut-être d'abandonner Rouen.* » On peut voir dans cet aveu une preuve nouvelle et décisive des avantages qu'aurait donnés la réunion sous un même chef des forces du Nord et de l'Ouest. Une action concordante de ces deux masses était la seule façon de tenir en échec, à la fois sur la Somme et sur la Seine, l'armée de Manteuffel, qui, en présence d'attaques bien combinées, n'aurait certainement pas pu tenir à la fois les deux points sur lesquels elle s'appuyait ; tandis qu'avec le système adopté, il lui était loisible, en raison de la discordance de nos opérations, de les dégarnir successivement au profit l'un de l'autre.

lons, et il ne trouvait pas que ce fût assez. Voulant juger de la situation par lui-même, le commandant en chef quitta Amiens le 31 décembre, et, laissant au général de Gœben le commandement supérieur de toutes les forces réunies sur la Somme, partit pour Rouen en chemin de fer.

Opérations sur la basse Seine dans la deuxième quinzaine de décembre. — Remontons maintenant de quelques jours en arrière, et voyons quels événements avaient pu jeter une alarme aussi chaude dans l'esprit des généraux prussiens. Nous avons laissé les trois brigades du Ier corps rassemblées à l'ouest de Rouen, tandis que, sur la rive droite de la Seine, la brigade de dragons de la Garde, renforcée de quelques bataillons d'infanterie, observait le camp retranché du Havre. Le 16, le général de Bentheim, avec la 1re division, avait poussé jusqu'à Bourgthéroulde et fait explorer la Rille; là se trouvaient les mobiles de l'Ardèche, de l'Eure et de la Loire-Inférieure qui, n'ayant qu'une artillerie insuffisante et ne se sentant pas en force, rétrogradèrent sur Thiberville. Cependant, malgré cette retraite, le général de Bentheim, qui venait de recevoir des nouvelles assez inquiétantes de Caudebec, ne poursuivit point son mouvement, et rentra sous Rouen, ne laissant entre la Bouille et Elbeuf qu'un détachement de la 1re brigade, chargé à la fois de surveiller le pays et de détruire les ponts de la Seine auprès d'Elbeuf. Peu de jours après même, ayant dû, comme on sait, envoyer six bataillons à Amiens, il ramena ce détachement sur Grand-Couronne et Rouen.

Le corps d'observation de la Rille n'avait donc plus, pour l'instant, personne devant lui. Sur l'ordre du général de Lauriston, commandant le département du Calvados, il revint occuper Bernay, Brionne et les hauteurs de la Rille, avec une artillerie un peu plus sérieuse, 18 pièces[1]. Le commandant de Guilhermy, grièvement blessé dans une émeute qui avait éclaté le 17 à Bernay,

---

1. A ses quatre pièces de montagne, on ajouta, le 17, quatre pièces Armstrong et dix pièces de 4 de montagne, toutes servies par des mobiles ou des mobilisés.

était remplacé par le colonel Roy, des mobilisés du Calvados, ancien capitaine d'infanterie que ses blessures de Crimée et d'Italie avaient contraint à une retraite prématurée[1].

Pendant ce temps, les troupes allemandes postées sur la rive droite, c'est-à-dire les dragons de la Garde et quatre bataillons de la 4ᵉ brigade, avaient eu à contenir nos forces du Havre[2]. Le 14, une patrouille de dragons, poussée sur Lillebonne, y avait été cernée et démontée[3]. Le lendemain, une des canonnières de la défense, l'*Étendard*, avait remonté la rivière et fait feu sur une autre patrouille allemande venue à Caudebec. Ces deux événements causèrent une certaine émotion à Rouen, où le général de Bentheim, croyant à une sortie de la garnison du Havre, se hâta, comme on l'a vu plus haut, de masser ses troupes autour de lui, et de couler des navires dans le port afin d'obstruer le chenal[4]. Il n'avait malheureusement pas grand'chose à craindre, car le concert n'était pas plus intime entre nos deux groupes de forces du Havre et de la Rille qu'entre les armées du Nord et de l'Ouest. Il est incontestable cependant que si, au lieu d'agir chacun pour leur compte et dans des conditions d'indépendance absolue, les deux corps que la Seine ne séparait que virtuellement eussent obéi à une impulsion unique, leur inter-

---

1. L. ROLIN, *loc. cit.*, page 302. — La retraite sur Thiberville des troupes de la Rille avait produit à Bernay, où se trouvait le commandant de Guilhermy, une certaine effervescence. Suivant l'habitude, on cria à la trahison, et, quand le commandant monta à cheval pour aller voir ce qui se passait, il fut menacé, insulté et maltraité par des gardes nationaux, dont l'un alla jusqu'à faire feu sur lui. (*Ibid.*, page 301.) — Voilà où aboutissaient la faiblesse des autorités locales et la suspicion maladroite, voire même criminelle, dont il était alors de mode de faire parade vis-à-vis de tous ceux qui avaient appartenu à l'ancienne armée.

2. Ces troupes occupaient une ligne allant de Duclair à Clères, par Pavilly, et y avaient construit des ouvrages défensifs.

3. L. ROLIN, *loc. cit.*, page 304. — Il paraîtrait qu'elle n'eut affaire cependant qu'à des ouvriers qui n'avaient pas d'armes.

4. *La Guerre franco-allemande*, 2ᵉ partie, page 722. — Ces navires étaient anglais ; mais telle était la sympathie du gouvernement britannique pour les vainqueurs de ses anciens alliés de Crimée et de Chine qu'il ne leur demanda d'autre satisfaction qu'un remboursement d'ailleurs consenti.

vention combinée eût pu devenir fatale au général de Bentheim, qui, pendant cette période, ne disposait que d'effectifs restreints. Le fleuve, qui formait un fossé infranchissable entre les deux tronçons du Ier corps, pouvait au contraire, grâce à la flottille du Havre, être pour nous une voie de jonction et un moyen de communication facile, permettant d'opérer tantôt sur une rive, tantôt sur l'autre, sans cesser pour cela de s'appuyer sur le Havre. Mais semblable concert eût été la négation de la défense locale et l'annihilation de ces fameux comités départementaux de défense qui préféraient agir sans but et sans résultat plutôt que d'abdiquer. La situation resta donc jusqu'à la fin ce qu'elle était au début, et aucune amélioration ne fut apportée à un système absurde dont les événements s'étaient cependant déjà chargés de démontrer la stérilité.

Cependant le commandant Mouchez ne restait pas complètement inactif dans ses retranchements. N'ayant à sa disposition que des troupes médiocres, presque sans cadres [1], et sur la résistance desquelles, l'expérience l'avait malheureusement prouvé, il n'était pas autorisé à faire grand état, il ne pouvait songer à tenter une opération de quelque envergure. Il se bornait donc à jeter sur la route de Rouen des patrouilles qui se heurtaient à celles de l'ennemi et les empêchaient de trop s'approcher. L'attitude des Allemands était, pour le moment, purement défensive, car le général de Bentheim, réduit à une douzaine de mille hommes, ne craignait qu'une chose, c'était d'être bientôt contraint à la ressource extrême que Manteuffel lui avait laissé entrevoir, en cas de force majeure, et qui était de se replier sur Beauvais. Néanmoins, l'activité dont le corps du Havre semblait depuis quelques jours donner des preuves, et la nouvelle qu'une fraction de ce corps venait de se porter sur Bolbec, le décida, le 23, à diriger de ce côté deux petites colonnes qui, fortes ensemble d'environ 800 hommes et six pièces, se portèrent, sous

---

1. Il n'y avait au Havre, en dehors des officiers de marine et d'artillerie, que *deux* officiers supérieurs appartenant à l'armée régulière, le lieutenant-colonel de Beaumont et le commandant Rousset.

le commandement du lieutenant-colonel de Plœtz, l'une sur Fauville, l'autre sur la route de Bolbec. Nous avions depuis deux jours, en arrière de cette ville, une force de 7,000 hommes environ, avec deux batteries et deux mitrailleuses, qu'y avait amenée le lieutenant-colonel de Beaumont. Prévenu par le maire de Bolbec de l'approche des Prussiens, cet officier supérieur prescrivit que, le lendemain 24, une reconnaissance serait faite en avant de la ville par les francs-tireurs d'Elbeuf, soutenus par un bataillon de mobilisés du Havre, et qu'une autre, exécutée par les éclaireurs de la Seine (colonel Mocquard) avec quelques fractions d'infanterie, serait dirigée au nord de la route d'Yvetot. Il s'en suivit une double rencontre, où ni la gloire du corps du Havre ni celle des Allemands n'eurent rien à gagner. Tout d'abord, la colonne prussienne du nord, qui voulait couper le chemin de fer de Fécamp, en fut empêchée par les troupes du colonel Mocquard ; mais alors elle se rabattit sur celle du sud et marcha avec elle contre Bolbec, qui fut à peine défendu[1]. Les Allemands entrèrent dans la ville, puis, sous le prétexte qu'ils avaient devant eux des forces trop considérables[2], se replièrent presque immédiatement sur Duclair. La vérité était cependant que le colonel de Beaumont, trompé par quelques affolés qui lui signalaient l'arrivée de masses considérables sur sa gauche, avait ordonné la retraite, et que celle-ci, comme à Buchy le 4 décembre, s'était vite transformée en déroute. Les deux adversaires, également timorés sinon désorganisés au même point, se tournaient donc le dos simultanément. Quelques jours après d'ailleurs, le commandant Mouchez faisait réoccuper la position de Bolbec.

Ces escarmouches n'avaient pas grande portée, et cependant elles suffisaient à inquiéter l'ennemi au point de le décider à renvoyer sans délai à Rouen les six bataillons prêtés par le Ier corps au VIIIe pour la bataille

---

1. Nos troupes comptaient 4 tués et autant de blessés. L'ennemi avait perdu 7 hommes, dont 2 tués. Dans Bolbec, il y eut en outre deux femmes blessées.
2. *La Guerre franco-allemande*, 2e partie, page 723.

de l'Hallue. On voit combien était précaire sa situation sur la basse Seine et avec quelle facilité nous aurions pu le chasser de Rouen en concertant d'une façon rationnelle les opérations indépendantes des trois groupes de forces du Nord, du Havre et de la Rille. A ce moment, cela ressort clairement de la lecture des documents allemands, le général de Bentheim ne savait plus trop de quel côté faire tête. Les bataillons envoyés d'Amiens arrivaient avec des retards prolongés dus aux irrégularités du service des chemins de fer et en particulier au départ soudain des mécaniciens français [1]. Au fur et à mesure de leur débarquement, on les envoyait renforcer les troupes postées au sud de la ville et constamment aux prises avec les groupes avancés du corps de la Rille, auquel le général Roy avait communiqué une activité assez sérieuse [2]. Chaque jour, depuis le 19 décembre, c'étaient des escarmouches où les Allemands laissaient quelques hommes, et dont, s'ils se vengeaient à leur manière accoutumée, ils ne tiraient du moins aucun profit. L'arrivée de ces renforts devenait urgente ; elle allait en tous cas donner à l'ennemi quelque sécurité. Il est permis de dire cependant que si nous avions agi comme il convient, elle eût été trop tardive, et que même nous aurions pu l'empêcher. C'était, nous ne cesserons de le dire, dans la simultanéité des mouvements entre l'armée de Faidherbe et les forces de l'Ouest qu'il eût fallu chercher le salut de Rouen et celui d'Amiens, et non dans des luttes éparses et successives pour lesquelles les Prussiens avaient, grâce au chemin de fer, tout loisir de se renforcer à temps sur le point menacé.

Mais les chefs des troupes françaises ne voyaient alors que juste ce qu'ils avaient devant eux. Depuis qu'il avait été placé à la tête du corps de la Rille, le général Roy, homme actif et entreprenant, était hanté par l'idée de purger le département de l'Eure des Prussiens

---

1. Colonel DE WARTENSLEBEN, *loc. cit.*, page 236. — Un bataillon arriva le 26, trois autres les 28 et 29. Les deux derniers attendaient à Amiens d'être relevés par le VIII° corps.
2. Le colonel Roy venait d'être nommé général au titre auxiliaire.

1. Général Faidherbe. 2. Général Carré de Bellemare.
3. Général Farre. 4. Général Billot.

qui l'occupaient. Il disposait de dix bataillons de mobiles et de mobilisés, d'une quinzaine de corps francs, sans cavalerie[1], et de 14 pièces, en tout 10 à 11,000 hommes à peu près, réunis au nord de Bourgthéroulde; derrière lui, 3,000 mobilisés du Calvados occupaient Pont-Audemer. Son plan était de lancer deux colonnes, l'une à l'est, l'autre à l'ouest de la forêt de la Londe, pour refouler sur Rouen les troupes prussiennes qui barraient la presqu'île du Rouvray et leur interdire la rive gauche de la Seine; il gardait à sa disposition une réserve forte de quatre bataillons et d'une batterie.

Dès le 28, il se porta en avant; le 30, il fit attaquer les avant-postes prussiens, établis entre la Maison-Brûlée et Orival, s'empara sans coup férir du premier de ces points et bouscula les compagnies ennemies occupées à détruire le pont du chemin de fer à Orival. Le château de Robert-le-Diable[2], qui était gardé par un poste, fut également emporté avec assez de facilité, et francs-tireurs et mobiles s'avancèrent jusqu'à Moulineaux; mais, au débouché de ce village, ils furent arrêtés net par le feu d'une batterie ennemie postée auprès de Grand-Couronne, qui leur tua une douzaine d'hommes. De même une attaque tentée vers la droite, pour s'emparer du pont d'Orival abandonné, fut dispersée par les obus de quatre pièces prussiennes établies au nord de Saint-Aubin. Malgré ces deux échecs, nous avions pris pied sur la ligne même occupée le matin par les avant-postes allemands, et le général de Bentheim en était fort inquiet. Télégraphiant à Manteuffel les nouvelles alarmantes qui déterminèrent ce dernier à partir immédiatement pour Rouen, il se hâta de renforcer par deux bataillons et une batterie les troupes de la presqu'île du Rouvray, et envoya dès le lendemain un officier général prendre la direction des opérations contre nous. A huit heures du matin, le 31, trois colonnes prussiennes débouchaient à la fois de la forêt

---

1. Le 12e régiment de chasseurs était à Lisieux, avec le général de Lauriston, commandant le département.
2. Ancien château ruiné des ducs de Normandie. — On le désigne habituellement sous le nom de Château-Robert.

de la Londe. Celle de droite, forte de deux bataillons et appuyée par la batterie de Grand-Couronne, enlevait Moulineaux, où une grand'garde de mobiles de l'Ardèche était complètement surprise, et marchait sur Château-Robert, position escarpée que gardaient une compagnie de mobiles des Landes et les francs-tireurs d'Evreux. Après une résistance assez énergique, à laquelle étaient venus prendre part une soixantaine de francs-tireurs du Puy-de-Dôme et de Saintonge[1], les défenseurs, menacés d'être cernés, durent se retirer, et ceux d'entre eux qui restaient encore sur la plateforme du château, 20 officiers et environ 80 hommes, furent faits prisonniers. A ce moment arrivait, venant de Bourgthéroulde, le général Roy, qui fit immédiatement réoccuper le château par quelques compagnies de mobiles des Landes, de l'Eure et de l'Ardèche. Les Prussiens, dont l'attaque avait ainsi définitivement échoué, se retirèrent dans l'après-midi, emmenant nos prisonniers et leurs blessés. Pendant ce temps, leur colonne du centre avait marché sur la Londe ; elle fut arrêtée avant d'avoir pu y pénétrer. Enfin, du côté d'Orival, la colonne de gauche eut à soutenir un long combat de mousqueterie, à la faveur duquel les pionniers allemands réussirent à faire sauter, dans la soirée, le viaduc d'Orival. Les pertes totales des Prussiens pendant cette journée atteignaient 70 hommes ; les nôtres une soixantaine environ, plus 82 disparus.

Maître des positions qu'il avait convoitées, le général Roy chercha à s'en faire un point d'appui solide ; puis, avant de continuer à marcher, il demanda au général de Lauriston de lui donner les 3,000 mobilisés du Calvados qui étaient sur la Rille. Le général ayant refusé, parce qu'il jugeait téméraire une offensive plus accentuée, fut incontinent remplacé dans le commandement supérieur de l'Eure et du Calvados par le général Roy lui-même[1]. Déjà ce dernier, qui paraît avoir été très entreprenant, avait prié le commandant Mouchez

---

1. L. ROLIN, *loc. cit.*, page 326.
2. L. ROLIN, *loc. cit.*, page 330.

d'appuyer son mouvement par une sortie de la garnison du Havre, et, en effet, une colonne mobile était allée depuis quelques jours s'établir en arrière de Bolbec, d'où elle bataillait avec les avant-postes prussiens d'Yvetot ; le 31 décembre, un bataillon de marche surprit même, dans Bolleville et Lanquetot, un détachement envoyé en réquisition et le refoula sur la route d'Yvetot en lui causant des pertes assez sérieuses. Deux jours avant, le général Peletinjeas était venu prendre le commandement supérieur des troupes du Havre, le commandant Mouchez ne gardant que celui du camp retranché.

Telle était la situation sur la basse Seine quand, le 31 décembre, Manteuffel arriva à Rouen. Il put se rendre compte par lui-même de l'état des affaires, et le jugea assez grave pour ordonner qu'un des régiments de la 3º brigade, à peine arrivé de Péronne à Amiens (le 44º), fût, dès le 1ᵉʳ janvier au soir, expédié à Rouen par le chemin de fer[1]. Il prescrivit au général de Bentheim d'exécuter, aussitôt que ce renfort lui serait arrivé, une pointe sur la rive gauche de la Seine, pour se donner de l'espace[2] ; après quoi il retourna à Amiens, car, là aussi, un nouveau danger allait menacer le général de Gœben. Mais avant de continuer le récit des opérations, tant sur la Seine que sur la Somme, il est nécessaire, pour l'intelligence de ces dernières principalement, de s'arrêter quelque peu sur les événements qui s'étaient déroulés devant Péronne, depuis le moment où Manteuffel avait décidé de l'investir.

Premier bombardement de Péronne. — La petite place de Péronne, célèbre par la captivité de Louis XI et un siège glorieux, soutenu en 1536 contre le duc Henri de Nassau, devait autrefois la plus grande partie

---

1. « Il ressortait donc des reconnaissances exécutées par les troupes allemandes sur la basse Seine pendant les derniers jours de décembre, que, selon toute apparence, l'ennemi se trouvait en forces considérables aussi bien sur le front de la 1ʳᵉ division qu'entre Bolbec et le Havre, et qu'on n'avait à lui opposer pour le moment que trois brigades du Iᵉʳ corps. » (*La Guerre franco-allemande*, 2ᵉ partie, page 724.)
2. *Ibid.*, page 880.

de sa valeur défensive aux marécages dont elle est presque entourée de toutes parts[1]. Quant à ses fortifications, réédifiées et complétées par Vauban, elles étaient, en 1870, pareilles malheureusement à celles de presque toutes nos forteresses, c'est-à-dire impuissantes à protéger la ville contre les effets de l'artillerie moderne, et elles ne comptaient, en dehors de l'enceinte bastionnée, que quelques ouvrages rapprochés dont l'action extérieure était à peu près nulle ; en outre, les hauteurs environnantes les dominaient de toutes parts. Telle quelle néanmoins, et grâce à l'obstacle créé tant par la Somme elle-même, profonde de $1^m,50$ et large de 8 mètres, que par les inondations, la place était en état de résister à un coup de main. Mais, pour se garantir d'un bombardement, il lui eût fallu une garnison capable d'organiser et d'occuper les hauteurs boisées d'où l'artillerie ennemie avait vue sur la place ; or, cette garnison, elle ne la possédait pas et le général Faidherbe ne disposait pas d'assez de monde pour la lui donner. Quand donc Manteuffel, pour les raisons que nous avons indiquées ci-dessus, se décida à la faire attaquer, elle dut immédiatement se résoudre à une de ces défenses passives, dont l'issue n'est jamais qu'une question de jours.

Armée de 49 pièces, dont 14 seulement étaient rayées[2], la place avait une garnison de 3,500 hommes environ, où l'armée active se trouvait naturellement en minorité, et elle était commandée par le chef de bataillon du génie Garnier[3]. Peu d'efforts furent faits pour améliorer les défenses existantes, créer blindages

---

[1]. Péronne, qui n'avait jamais été prise, avait adopté la fière devise : *Urbs nescia vinci*.

[2]. Au commencement de décembre, le général Faidherbe avait envoyé à Péronne deux pièces de 30 de marine.

[3]. Composition de la garnison de Péronne : 1° *armée active* : dépôt (1 compagnie) du 43° de ligne et une compagnie de fusiliers marins; 2° *armée auxiliaire* : 3 dépôts de mobiles de la Somme, variant de 125 à 280 hommes chacun; un bataillon de mobiles du Pas-de-Calais; un bataillon de mobilisés de la Somme ; trois compagnies de gardes nationaux de Péronne; 40 pompiers et une batterie de mobiles de la Somme.

PÉRONNE ET BAPAUME

ou abris et protéger les batteries[1]. Et cependant, dès le 23 novembre, les patrouilles de la 3ᵉ division de cavalerie s'étaient approchées des remparts ; en outre, pendant la marche de la Iʳᵉ armée sur Rouen, des détachements de cette même division avaient, suivant les instructions de Manteuffel, continué à observer la place, en sorte qu'aucune illusion n'était possible sur les intentions de l'ennemi à son égard[2]. Celles-ci reçurent leur pleine exécution aussitôt après la bataille de l'Hallue et à ce moment, on s'en souvient, la 3ᵉ division de réserve, jointe au détachement du général de Mirus, fut chargée de venir investir la ville, avec ordre de la bombarder si elle ne se rendait pas à la première sommation.

Partie des abords de Mézières le 19 décembre, la 3ᵉ division de réserve était arrivée à Saint-Quentin le 24, et de là avait été dirigée sur Péronne, par Ham, où elle resta un jour pour se reposer des dures étapes exécutées dans les derniers jours[3]. Pendant ce temps, le général de Mirus s'avançait par la rive gauche de la Somme sans autres incidents que des escarmouches avec quelques francs-tireurs, et, le 26, il faisait rétablir le pont de Bray. Une brigade de cavalerie saxonne était à Chaulnes. Quant à Manteuffel, arrivé à Bray ce même jour, il donnait les ordres de blocus dont voici la teneur : le général de Mirus, ne laissant sur la rive gauche qu'un détachement, franchirait la rivière à Bray et tiendrait l'investissement depuis Cléry-sur-Somme jusqu'à Roisel inclusivement ; le général de Senden développerait la 3ᵉ division de réserve en arc de cercle à l'est et au sud de la place, en travers des routes de Ham et de Saint-Quentin, se reliant à Roisel avec le

---

1. P. LEHAUTCOURT, *loc. cit.*, page 145.
2. Il paraîtrait que quand, le 4 décembre, on voulut tirer sur les patrouilles ennemies, on ne trouva point de munitions parce qu'on ne les avait pas apportées auprès des pièces. (G. RAMON, *Le Siège de Péronne*, page 54.)
3. Voir plus haut, page 112. — Son passage à Marle suffit pour déterminer le repliement rapide sur Avesnes du détachement qu'avait amené à Vervins le colonel de la Saussaye, et qui était maintenant commandé par le colonel des mobilisés Martin.

général de Mirus. Sa brigade de cavalerie (général de Stranz) avait ordre de donner la main, vers Sailly-Saillisel, à celle du prince Albert, laquelle, avec le reste du VIII° corps, couvrait le blocus au nord, et de surveiller la route de Cambrai. Quant à la brigade saxonne du général de Senfft, il lui était prescrit de s'établir vers Cléry, pour établir la communication entre les deux rives de la Somme [1].

Ces divers mouvements s'exécutèrent le 27, et n'amenèrent que des escarmouches insignifiantes avec les troupes de la garnison qui patrouillaient dans les villages environnants. A la fin de la journée, Péronne était complètement investie, et sur certains points les avant-postes allemands n'étaient pas à plus de 600 mètres du corps de place [2]. Les communications étaient assurées par un pont jeté en aval, entre Feuillères et Ham, et par ceux de Brie et de Saint-Christ, que la garnison avait laissés intacts. Le lendemain, quelques rectifications furent faites pour rendre plus hermétique le blocus dont le général de Senden avait pris la direction, et une sommation adressée au commandant Garnier [3]. Man-

---

1. Colonel DE WARTENSLEBEN, *loc. cit.*, page 238. — On se rappelle qu'avec le reste de sa division, le général de Lippe se porta, le 28, de Ham sur Saint-Quentin. (Voir page 122.)
2. P. LEHAUTCOURT, *loc. cit.*, page 147.
3. La ligne de blocus était partagée en cinq secteurs, auxquels on avait affecté des troupes en quantité variable :

1ᵉʳ secteur, entre la Somme (aval) et la route de Roisel : 4 bataillons, 3 escadrons et demi, 5 batteries, 1 compagnie de pionniers ;
2ᵉ secteur, entre la route de Roisel et celle de Roupy : 3 bataillons, 4 escadrons, 2 batteries ;
3ᵉ secteur, entre la route de Roupy et la Somme (amont) : 2 bataillons, 4 escadrons, 2 batteries ;
4ᵉ secteur, entre la Somme (amont) et la route de Paris : 2 compagnies, 4 escadrons, 2 sections à cheval ;
5ᵉ secteur, entre la route de Paris et la Somme (aval) : 2 compagnies, un demi-escadron, 1 batterie.

Trois compagnies étaient détachées à la garde du quartier général, à Combles.
On remarquera que ces dispositions (données par la *Relation allemande*) avaient en vue de renforcer considérablement la partie nord et nord-est, c'est-à-dire la rive droite, par où l'arrivée de secours était à craindre. Sur la rive gauche, il n'y avait qu'un bataillon, un peu plus d'un régiment de cavalerie et moins de deux batteries.

teuffel, pressé par les nouvelles de Rouen, avait voulu en effet procéder avec rapidité, et venait d'ordonner au corps de siège de se préparer à un bombardement général, avec ses seules pièces de campagne, si l'intimidation ne réussissait pas. Elle ne réussit pas. Aussi, à deux heures de l'après-midi, les 58 canons prussiens, postés sur des hauteurs distantes à peine de 1,600 mètres, ouvrirent sur la malheureuse ville un feu d'une épouvantable violence [1].

L'artillerie de la place répondit, mais avec peu de succès. Les habitants, surpris par ce bombardement dont ils avaient été à peine avertis, se réfugièrent, affolés, les uns dans les caves des maisons, les autres *dans les casemates où rien n'avait été préparé pour les recevoir*, pas même un banc... Les projectiles s'attaquèrent d'abord à l'église, dont le clocher servait de repaire pour régler le tir, puis, aussitôt après, *à l'hôpital, où flottaient trois drapeaux blancs à la croix de Genève, que les Prussiens voyaient parfaitement*. A trois heures, l'hôpital était en flammes ; il fallut, sous une pluie d'obus, en évacuer les malades, les blessés, les infirmes, pour les transporter à la caserne qui était voûtée. *L'ennemi prenait pour but de tir le foyer de l'incendie*, que les obus alimentaient sans cesse. Il y eut là des actes de dévouement admirables, de la part des sœurs de charité et de quelques courageux citoyens. Bientôt après, l'incendie éclata dans les divers quartiers de la ville. La rigueur excessive du froid rendait les secours très difficiles. Les pompes étaient gelées. La position de la malheureuse petite ville était affreuse. La terreur y était au comble. Néanmoins elle tint bon, et le général de Senden constata qu'il ne voyait aucun signe indiquant la pensée de se rendre [2].

Le bombardement continua toute la nuit du 28 au 29 et toute la journée du 29 ; le 30 seulement il se ralentit, et cessa même peu à peu, par crainte du manque de munitions [3]. On venait de tirer 10,000 obus sur la ville [4], qui avait énormément souffert, au point que les

---

1. Le bombardement était réglé sur le taux de 600 coups à l'heure. Quant aux positions d'artillerie, elles se réduisaient à deux principales, l'une au sud-ouest de la route de Cléry, et l'autre sur une hauteur à l'ouest de Doingt. (WARTENSLEBEN, *loc. cit.*, page 244.) — Mais en sus de ces deux groupes principaux de batteries, il y avait des pièces en position tout autour du périmètre de l'investissement.
2. H. DAUSSY, *loc. cit.*, page 170.
3. *La Guerre franco-allemande*, 2ᵉ partie, page 909.
4. P. LEHAUTCOURT, *loc. cit.*, page 149.

habitants insistèrent par deux fois auprès du commandant Garnier pour l'amener à signer une capitulation ; mais celui-ci, qui voyait ses remparts à peu près intacts, s'y refusa énergiquement.

De son côté, l'ennemi commençait à comprendre qu'il n'arriverait à rien avec ses seules pièces de campagne, et regrettait déjà d'avoir, contrairement aux leçons de l'expérience, commencé ce siège sans avoir sous la main tous les moyens d'action nécessaires[1]. Il ne disposait pour le moment d'aucun équipage, toutes les grosses pièces étant actuellement en batterie devant les places de la Meuse et des Ardennes qui n'avaient pas encore succombé. Cependant il pouvait utiliser le matériel capturé à Amiens et à La Fère ; déjà, le 13 décembre, un lieutenant d'artillerie prussien avait constitué, de sa propre initiative, à la citadelle d'Amiens, un petit parc comprenant 10 pièces de siège avec un approvisionnement de 200 coups pour chacune d'elles, et, le 25, Manteuffel avait ordonné de mettre ce parc en route, au moyen de 257 chevaux et 53 voitures de réquisition[2]. Par suite de certaines difficultés d'organisation, il ne quitta Amiens que le 29 et arriva seulement le 30 à Villers-Carbonnel. Pendant ce temps, le général de Senden avait reconnu des positions nouvelles, opposées directement au front sud-ouest de la place, qui paraissait le plus vulnérable ou tout au moins le plus exposé ; en attendant que les batteries fussent construites, le bombardement recommença, beaucoup plus modéré cependant[3].

Dans la nuit du 30 au 31 décembre, la tour de l'église, jusque-là restée debout, prit feu ; un effroyable incendie mit en

---

1. Colonel DE WARTENSLEBEN, *loc. cit.*, page 240.
2. *Ibid.*, page 241.
3. Le matériel, arrivé le 30, comprenait : 6 pièces de 12 (rayées), 2 mortiers et 4 obusiers de 22, venant d'Amiens, plus 2 mortiers venant de La Fère. — A cette date, la composition du corps de siège se modifiait assez sensiblement par le départ de la 3ᵉ brigade, envoyée à Amiens, et son remplacement par la 31ᵉ. En outre, le 1ᵉʳ janvier, la brigade de cavalerie saxonne alla rejoindre, à Saint-Quentin, le général de Lippe. Il resta devant Péronne 10 bataillons, 8 escadrons, 9 batteries et une compagnie de pionniers.

fusion le bronze des cloches, qui coulait en torrents de lave, et par moment s'élançait dans la nuit claire en gerbes d'étincelles multicolores, spectacle étrange et sinistre. La vieille *Bancloque* de 1398, dont la voix, depuis près de cinq siècles, s'était mêlée aux joies et aux douleurs de la ville, s'abîma avec les autres dans la fournaise : il semblait que Péronne fût condamnée à disparaître comme elle dans les flammes... Partout était l'incendie, partout la souffrance. Les habitants, vieillards, femmes, enfants, étaient entassés pêle-mêle dans les casemates. Le manque d'air, parfois le manque de nourriture, la rigueur du froid, les odeurs infectes, en rendaient le séjour intolérable. La mort des uns, les blessures des autres, la ruine de presque tous, consternaient ces malheureux. Le sifflement des projectiles, l'incessant grondement du canon, le craquement des maisons qui s'écroulaient, entretenaient la terreur dans les âmes. Il y en eut qui, loin de se laisser abattre, puisèrent dans l'horreur même de la situation une énergie nouvelle, et donnèrent l'exemple du calme, du sang-froid, du dévouement. Mais on ne peut demander à toute une population un courage exceptionnel [1].

Cependant le commandant Garnier, fidèle aux recommandations pressantes que lors de son passage à Péronne, le 9 décembre, lui avait faites le général Faidherbe, ne voulait point entendre parler de reddition. Il tentait même une fois de sortir de son attitude expectante ; voyant, le 31, le feu des Allemands se ralentir, ce qui pouvait être un indice de l'approche de l'armée française, il lança contre la ligne Halle-Mont-Saint-Quentin, au nord-ouest de la place, cinq compagnies que le bataillon prussien d'avant-postes suffit à refouler en désordre sur les remparts. Garnier se rendit compte que toute nouvelle tentative aurait un sort analogue, et qu'il était condamné, par la mauvaise qualité de ses troupes, à attendre passivement un secours extérieur.

Mouvement offensif de l'armée du Nord. — Le général Faidherbe, dont l'armée, à peu près reconstituée, semblait prête pour de nouvelles opérations, avait appris à Vitry-en-Artois le bombardement de Péronne. Le 30, il mit ses troupes en mouvement pour aller secourir une ville dont la perte devait être si grosse de conséquences, et, le 31, il les établit en cantonnements

---

1. H. Daussy, *loc. cit.*, page 173.

dans les villages situés au sud d'Arras, entre les routes de Cambrai et de Doullens. Puis, le lendemain, réunissant à Beaurains les généraux placés sous ses ordres, il leur exposa la situation et la nécessité qu'il voyait de marcher de l'avant. Mais, à sa grande surprise, il trouva chez ses subordonnés peu d'encouragement. L'armée, lui disait-on, n'était pas capable de tenir tête aux forces allemandes en rase campagne, et l'offensive constituait une imprudence dont les résultats ne pouvaient être que funestes. Faidherbe répliqua qu'à aucun prix il ne laisserait bombarder Péronne sans aller à son aide, et que, quelles que dussent être les conséquences, on se mettrait en marche dès le lendemain [1]. En effet, le soir même, il dictait ses ordres de mouvement. L'armée devait s'avancer sur quatre colonnes, pour aboutir, le 22e corps, à Bucquoy, sur la route d'Amiens, le 23e à Ervillers, sur la route de Bapaume. Si l'on ne rencontrait point d'adversaires, le 22e corps pousserait jusqu'à la ligne Puisieux (division Derroja), Achiet-le-Grand (division du Bessol), et le 23e irait jusqu'à Bapaume. Dans ce dernier corps, la division Payen (ancienne division Moulac) marchait en tête, la division Robin en queue. Il était recommandé aux divisions de se prêter, en toutes circonstances, un mutuel appui, et aux troupes de ménager leurs munitions en prévision d'une lutte de plusieurs jours. Les soldats emportaient avec eux trois journées de vivres.

Quant aux Allemands, leur position était restée sensiblement la même jusqu'au 1er janvier. Devant Péronne, où le général de Barnekow remplaçait le général de Senden, nommé à cette date exacte au commandement de la 14e division (VIIe corps)[2], étaient la 31e brigade, six batteries du VIIIe corps, et la 3e division de réserve. A Amiens se trouvait une petite garnison, tant de troupes actives que de landwehr, couverte sur sa gauche, à Picquigny, par le détachement du colonel de Pestel. Le reste du VIIIe corps, la brigade de cavalerie de la

---

[1]. H. Daussy, *loc. cit.*, page 183.
[2]. Le général de Senden remplaçait à la 14e division le général de Kameke, nommé commandant du génie au siège de Paris.

Garde et la division saxonne du comte de Lippe avaient pris position, en arc de cercle, de Saint-Quentin à Bienvillers-aux-Bois, pour protéger le siège de Péronne[1]. Manteuffel, rentré à Amiens le 1ᵉʳ janvier, aurait bien voulu joindre à ces forces la 14ᵉ division d'infanterie, rendue libre par la capitulation de Mézières ; mais le grand quartier général avait déjà disposé autrement de cette division et la renvoyait rejoindre son corps d'armée qui, à ce moment, était dirigé sur l'Est[2].

---

1. Disposition au 1ᵉʳ janvier des troupes allemandes protégeant le siège de Péronne :

A *Bienvillers-aux-Bois* : deux escadrons et demi et trois compagnies (général de Mirus) ;
A *Bucquoy* : la 7ᵉ brigade de cavalerie (général de Donha) ;
A *Achiet-le-Grand* : la 32ᵉ brigade d'infanterie (quatre bataillons, quatre escadrons, deux batteries et une compagnie de pionniers) ;
A *Bapaume* : la 30ᵉ brigade d'infanterie (cinq bataillons plus une compagnie, trois escadrons, deux batteries et une compagnie de pionniers) ;
A *Bertincourt* : la 29ᵉ brigade d'infanterie (cinq bataillons, un escadron, deux batteries) ;
A *Fins* : la brigade de cavalerie de la Garde (sept escadrons, un bataillon, une batterie à cheval) ;
Au *Catelet* : trois régiments de cavalerie saxonne, avec deux compagnies et une batterie à cheval ;
A *Saint-Quentin* : un régiment de cavalerie saxonne, avec une compagnie et quatre pièces ;
A *Combles*, où était le quartier général de Gœben : le 8ᵉ bataillon de chasseurs et deux batteries à cheval.

En arrière de la Somme, des détachements gardaient les lignes ferrées de Creil à Amiens et d'Amiens à Rouen ; d'autres étaient aux convois, ou établissaient la liaison avec la garnison d'Amiens et le détachement de Pestel. Enfin un bataillon occupait La Fère.

On voit d'après ce tableau, qui n'est que le résumé des indications données par la *Relation allemande* (page 881) quelle était l'extraordinaire dissémination des forces du général de Gœben.

2. Mézières capitula le 1ᵉʳ janvier. — Avant de quitter Mézières, le 5 janvier, le général de Senden avait, sur l'ordre du grand quartier général, envoyé contre Rocroy une petite colonne forte de cinq bataillons, deux escadrons et six batteries. Rocroy n'était qu'une bicoque, mais comme les francs-tireurs y trouvaient un point d'appui avantageux, M. de Moltke voulait la faire tomber et comptait qu'elle ne résisterait pas à un coup de main. Elle supporta cependant sans faiblir un bombardement de quatre heures avec des pièces de campagne, et déjà le détachement ennemi, renonçant à prolonger l'expérience, s'était mis en route pour le retour, quand un lieutenant prussien, officier d'ordonnance du général qui commandait l'expédition, eut l'idée d'aller s'aboucher avec le commandant de place, un vieux capitaine de l'état-major des places, et réussit si complètement

De son côté, le général de Gœben, aussi mal renseigné par ses espions que peu éclairé par sa cavalerie, croyait qu'une grosse partie de l'armée du Nord était réunie à Cambrai, et jugeait son aile droite d'autant plus exposée que, juste à ce moment, la division de cavalerie saxonne avait ordre de se porter du côté de Vervins [1]. Si incomplètement informé qu'il fût de la situation exacte de l'armée du Nord, il avait pu surprendre quelques indices de son activité nouvelle, et s'attendait d'un jour à l'autre à une attaque ; mais comme il ne savait absolument pas, malgré la masse de cavalerie dont il disposait, de quel côté celle-ci était à craindre, il avait été amené à s'étendre sur un front démesurément étendu. Le 2, il recevait la nouvelle, inexacte d'ailleurs, que 15,000 hommes étaient massés autour de Cambrai ; il se hâta alors de renforcer son aile droite par une fraction de la 32° brigade, rattachée jusqu'alors à la 3° division de cavalerie, et il envoya d'Achiet-le-Grand à Nurlu, à quatre kilomètres au sud de Fins, un détachement fort de deux bataillons, un escadron et deux batteries. En même temps, un bataillon et trois escadrons étaient portés de ce même point d'Achiet sur Epehy, entre Fins et le Catelet. Le bataillon restant de la 32° brigade [2] était envoyé à Amiens, où il fallait relever les troupes d'étapes rappelées à Chantilly, et la compagnie de pionniers s'en allait rejoindre le corps de siège de Péronne. Si donc la droite du général de Gœben était renforcée, sa gauche par contre s'affaiblissait sensiblement ; or c'était précisément contre cette gauche qu'allait porter le premier effort de l'armée

---

à l'intimider qu'il emporta une capitulation. Rocroy fut occupé le soir même, dit la *Relation allemande ;* — on y prit 8 officiers et 300 hommes (dépôt et gardes mobiles), 53 canons, rayés pour la plupart, 19 mortiers, beaucoup d'armes de toute espèce et des approvisionnements considérables. Voilà un des beaux résultats du système qui consistait alors à confier le sort des forteresses à de vieux officiers usés, lesquels, pour la plupart, n'avaient plus aucune énergie et ne considéraient leurs fonctions si importantes que comme un retraite anticipée.

1. Voir plus haut, page 122.
2. La 32° brigade, par suite des détachements qu'elle avait dû faire à Amiens, Picquigny, etc., ne comptait que quatre bataillons (40° régiment et un bataillon du 70°). — Voir la note 1 de la page précédente.

française, car c'est vers Bucquoy que le général Faidherbe, dont l'erreur est très compréhensible quand on

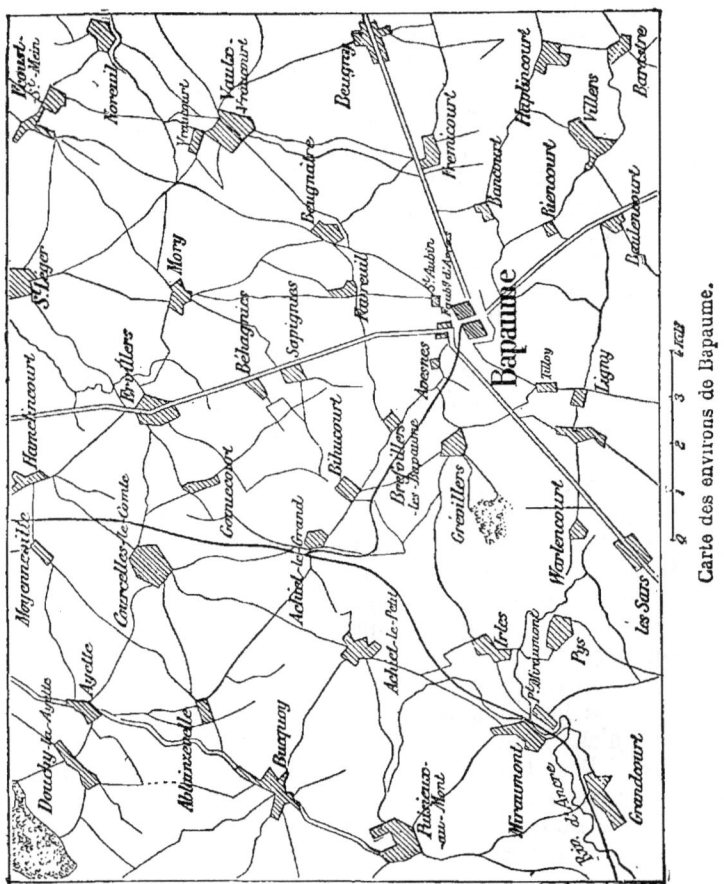

Carte des environs de Bapaume.

réfléchit qu'il n'avait pour ainsi dire aucune cavalerie, croyait trouver les principales forces de l'ennemi[1].

1. H. Daussy, loc. cit., page 189.

Journée du 2 janvier. Combats de Behagnies et d'Achiet-le-Grand. — Tandis que s'exécutaient le 2 janvier, par un temps sombre et froid, les mouvements dont il vient d'être question, l'armée du Nord s'avançait, de son côté, sur la route d'Amiens et de Bapaume. Vers dix heures et demie du matin, la division Derroja débusquait de Bienvillers-aux-Bois les avant-postes de la 3ᵉ division de cavalerie, et entrait à Bucquoy, d'où elle appuyait ensuite sur Achiet-le-Petit, dans un but qui sera indiqué plus loin. Le général von der Grœben massait alors ses escadrons auprès de Miraumont.

A la gauche de la ligne française. la division Payen s'était avancée par la grande route d'Arras jusqu'à Ervillers ; apprenant là que le village de Behagnies était assez faiblement occupé, le commandant Payen lança contre lui, vers midi, son avant-garde, formée par le 19ᵉ bataillon de chasseurs et deux pièces. Mais son mouvement n'avait pas échappé au général de Kümmer, qui, précisément, se trouvait à ce moment sur la ligne des avant-postes, et qui, aussitôt, jeta dans Behagnies un bataillon tout entier, pris au Favreuil[1]. Les chasseurs français furent reçus par une fusillade très vive, qui causa dans leurs rangs, ainsi que dans la section d'artillerie qui les accompagnait, un assez grand désordre. Le commandant Payen déploya alors toute sa première brigade[2], et prononça contre Behagnies une attaque convergente, appuyée par deux batteries en position à travers la route, au sud d'Ervillers. Le village fut enlevé et le bataillon prussien qui l'occupait refoulé sur Sapignies. L'autre bataillon venu du Favreuil, et déployé à l'est de la route, le recueillit ; en même temps, deux batteries accourues de Bapaume prenaient position à droite de ce dernier bataillon, et deux compagnies, avec deux pièces, arrivaient d'Achiet-le-Grand. Enfin, à

---

1. Les troupes prussiennes formant avant-ligne de la 30ᵉ brigade étaient, le 2 au matin, réparties de la façon suivante : au Favreuil, deux bataillons du 28ᵉ, et deux escadrons du 7ᵉ hussards ; à Achiet-le-Grand, le troisième bataillon du 28ᵉ, avec un peloton du 7ᵉ hussards et deux pièces.
2. Commandée par le lieutenant-colonel Michelet.

toute éventualité, le général de Strubberg envoyait l'ordre au 68ᵉ de se porter en entier de Bapaume sur Frémicourt[1].

Maître de Behagnies, le commandant Payen voulut porter la brigade Michelet sur Sapignies, village situé à 500 mètres à peine, mais placé, par rapport à Behagnies et au terrain environnant, dans une position assez sensiblement dominante. L'attaque débuta avec vigueur, et le feu nourri de nos tirailleurs, embusqués à l'est de la route, derrière une ligne de saules qui traverse le vallon situé entre les deux localités, jeta une perturbation profonde dans les rangs ennemis. Une compagnie d'infanterie, qui couvrait l'aile droite des pièces prussiennes établies à côté de Sapignies, fut presque immédiatement refoulée, et celles-ci amenaient déjà leurs avant-trains quand le major qui les commandait les fit remettre en batterie[2]. Très bravement, nos soldats (une partie du 19ᵉ bataillon de chasseurs et un bataillon de fusiliers marins) avaient marché de l'avant pour se jeter sur les pièces; parvenus à moins de 300 mètres d'elles, ils furent reçus par une bordée de mitraille, et chargés sur leur flanc gauche par deux pelotons de hussards qui achevèrent de les culbuter[3]. Ce fut le signal d'une reculade générale dont profitèrent les Allemands; leurs dix compagnies se jetèrent sur Behagnies à notre suite, reprirent le village et y firent 250 prisonniers. Pendant ce temps, la brigade Michelet reculait précipitamment sur Ervillers, où la brigade de Lagrange s'était déployée pour la recueillir. Elle fut efficacement protégée par l'artillerie de la division, qui empêcha les Prussiens de déboucher de Behagnies; les deux adversaires restèrent alors face à face, chacun gardant la défensive, et la 30ᵉ brigade mettant en état de défense le village de Behagnies.

Tandis que ces événements se passaient à notre gauche, la division du Bessol, avec laquelle était le géné-

---

1. *La Guerre franco-allemande*, 2ᵉ partie, page 885.
2. *Ibid.*, page 886.
3. Le lieutenant commandant les hussards prussiens était le comte de Pourtalès.

ral en chef, avait marché par Ablanzevelle sur Achiet-le-Grand, où elle était arrivée un peu après midi. Ce point, occupé primitivement, comme on l'a vu ci-dessus, par un bataillon, deux pelotons de cavalerie et deux pièces, n'était plus tenu que par deux compagnies et deux pelotons de hussards, depuis que le reste avait couru au secours des défenseurs de Behagnies[1]. Le petit détachement prussien, fortement menacé sur sa gauche, dut se replier sur Biefvillers, et une partie de la brigade Fœrster (20° chasseurs et deux bataillons du 69° de marche) occupa Achiet-le-Grand. A ce moment revenaient les deux pièces prussiennes, dont la présence semblait plus utile ici qu'à Behagnies ; mises en batterie au nord-est de Béhencourt, elles ne purent tenir contre l'artillerie du général du Bessol, en sorte qu'après avoir essayé de résister quelque temps dans ce dernier village, le capitaine commandant du détachement allemand, qui avait perdu beaucoup de monde et une cinquantaine de prisonniers, fut obligé de rétrograder définitivement sur Bapaume. Le 20° chasseurs le poursuivit jusqu'à Biefvillers ; mais, en présence de l'occupation de Behagnies par l'ennemi, il ne crut pas devoir se maintenir à Biefvillers et rentra, à la nuit, dans Achiet-le-Grand, où cantonna la division du Bessol, dont les avant-postes occupaient Béhencourt. Il s'était trop hâté, car, comme on le verra plus loin, les Allemands ne devaient rester ni dans Behagnies, ni même dans Sapignies.

A droite de la ligne française, la division Derroja, ne trouvant personne devant elle au sud de Bucquoy, avait, conformément aux ordres donnés, appuyé à l'est pour soutenir le général du Bessol. Vers quatre heures et demie, au moment où le combat d'Achiet-le-Grand pre-

---

1. L'intervention des deux compagnies envoyées sur Behagnies n'avait pas été tout à fait inutile, car si elles ne purent pas concourir à la défense d'Achiet-le-Grand, elles attirèrent sur elles une partie de la brigade Michelet (deux compagnies du 19° chasseurs et un bataillon de fusiliers marins), qui resta à tirailler à l'ouest de Behagnies et ne prit aucune part à l'offensive ultérieure dirigée par cette brigade contre Sapignies.

nait fin, elle arriva à Achiet-le-Petit, où elle n'eut plus qu'à s'installer en cantonnement.

De son côté, la division Robin avait marché à l'est de la route d'Arras, par Saint-Léger et Mory. Elle arriva dans ce dernier village au moment même où les Prussiens nous reprenaient Behagnies, et le général de Strubberg, informé de son approche, dirigea aussitôt contre elle un bataillon du 68°, tandis qu'un escadron du 7° hussards se portait rapidement du côté de Vraucourt. Une compagnie du 68° prussien, jetée contre Mory, fut repoussée sur son bataillon, qui était déployé sur un grand espace au nord de Beugnâtre et de Favreuil[1] ; mais c'est à cela que se borna l'action des mobilisés. A deux ou trois reprises, ils firent mine de tâter la position ennemie et même de déployer de l'artillerie[2], et ce fut tout. Quatre compagnies avaient suffi à les tenir en échec. Le soir, ils cantonnèrent à Mory et Vraucourt.

Cependant le général de Strubberg, voyant les troupes françaises s'installer à Achiet-le-Grand et Bihucourt, ne se croyait pas en sûreté à Behagnies ; à la nuit close, il replia le 68° régiment sur Favreuil, tandis que derrière lui, la 29° brigade, massée auprès de Bertincourt, faisait occuper Beugnâtre, Frémicourt, Avesnes, Biefvillers et Grévillers[3]. Le reste de la 15° division se concentrait à Bapaume ; la 3° division de cavalerie prenait des cantonnements d'alerte le long de la route de Bapaume à Albert[4].

En résumé, la journée du 2 janvier ne donnait que des résultats peu décisifs. A la vérité, les Allemands avaient dû évacuer tous les points attaqués par nous ; mais ils s'étaient concentrés en arrière, et se tenaient prêts à soutenir la lutte dès le lendemain. Nous aurions certainement obtenu davantage, si, par suite d'une erreur de direction qui n'est imputable qu'à son défaut

---

1. *La Guerre franco-allemande*, 2° partie, page 886.
2. *Ibid*.
3. Un bataillon dans chacun des deux premiers villages, un bataillon dans les trois derniers.
4. *La Guerre franco-allemande*, 2° partie, page 887.

de cavalerie, l'armée française avait été disposée en ordre inverse, c'est-à-dire si le 23ᵉ corps, composé de deux divisions relativement bonnes qui n'eurent affaire qu'à des détachements insignifiants, s'était trouvé aux lieu et place du 22ᵉ, dont faisait partie la malheureuse division Robin. Car, malgré sa bravoure incontestable, la seule brigade Strubberg ne serait pas venue à bout aussi facilement des 28 bataillons du général Lecointe, dont beaucoup avaient déjà fait leurs preuves à l'Hallue et à Amiens.

Quant au général Faidherbe, resté avec la division du Bessol, il n'apprit que le soir l'échec de son aile gauche, et connut le lendemain seulement la retraite des Prussiens sur Favreuil. Il croyait même, d'après un faux rapport fait par un capitaine de mobilisés de l'état-major du général Paulze d'Ivoy, qu'Ervillers était au pouvoir de l'ennemi[1]. Cependant, il ne voulait pas renoncer à l'offensive; aussi, malgré les appréhensions de certains de ses officiers[2], donna-t-il des ordres pour le renouvellement de l'attaque. Le 23ᵉ corps devait, dès le lendemain, reprendre son mouvement en avant, la division Payen par la route de Bapaume, la division Robin par l'est de Favreuil. Au 22ᵉ corps, la division du Bessol avait ordre de déborder par l'ouest Sapignies et Behagnies[3] et de marcher ensuite sur Biefvillers; la division Derroja attaquerait Grévillers. Le général en chef entendait ainsi dessiner contre la position de Bapaume un mouvement enveloppant et concentrique, afin de déborder à la fois les deux ailes du général de Gœben.

Le terrain sur lequel allaient opérer nos troupes est une plaine assez accidentée et généralement nue. De nombreux villages, très rapprochés les uns des autres et formant au milieu d'elle des massifs épais, émergent

---

1. H. Daussy, *loc. cit.*, page 197. — Le service d'état-major était tellement défectueux qu'aucune relation n'existait, pour ainsi dire, entre les différentes colonnes et que le général Paulze d'Ivoy avait longtemps ignoré ce qu'était devenue la division Robin. (*Ibid.*)
2. *Ibid.*, page 198.
3. Le général Paulze d'Ivoy avait fait réoccuper pendant la nuit les deux villages, mais Faidherbe l'ignorait. (*Ibid.*, page 197.)

de bouquets de bois très touffus, entourés de haies vives, qui en font des positions défensives d'autant plus formidables qu'elles se commandent réciproquement. En dehors des localités, il n'existe de couverts nulle part; toutefois, les routes sont bordées d'arbres rapprochés et les ravins qui courent entre les ondulations de terrain ont en bordure des saules bas et touffus. Tout cela était peu favorable à l'offensive de l'armée du Nord, et permettait par contre aux Allemands de tirer tout le parti possible de leur artillerie et de leur cavalerie. Le général de Gœben avait résolu de profiter de cet avantage et de tenir dans Bapaume[1]; mais, pour le reste, sa tactique était pareille à celle de Faidherbe, c'est-à-dire que, tout comme le général français, il voulait essayer de déborder son adversaire sur ses deux ailes[2]. Les ordres qu'il donna furent donc les suivants : la 30e brigade, avec le 7e hussards, moins quelques pelotons répartis aux avant-postes, se rassemblerait en avant de Bapaume; Favreuil restait occupé par cinq compagnies de cette brigade. Les bataillons restant de la 29e brigade étaient massés au sud de la ville, avec deux batteries[3]. C'étaient là les troupes chargées de défendre Bapaume. Quant aux mouvements enveloppants, ils devaient être faits : sur notre aile gauche, par une colonne mise aux ordres du prince Albert fils[4]; sur notre aile droite, par la 3e division

[1]. La petite ville de Bapaume, déclassée depuis 1846, ne conservait que quelques vestiges de ses anciennes fortifications, en particulier au sud et au sud-ouest. Dans la nuit du 2 au 3, elle fut mise en état de défense par les pionniers prussiens, qui barrèrent, par des barricades les voies d'accès du nord, et organisèrent les premières maisons de ce même côté.
[2]. *La Guerre franco-allemande,* 2e partie, page 888.
[3]. On sait (voir plus haut, page 145) que cette brigade avait trois bataillons postés dans les villages au nord de Bapaume. Elle en avait un quatrième détaché avec la cavalerie du prince Albert, et qui, le matin du 3, fut renvoyé à son régiment. On verra par la suite ce qu'il devint.
[4]. Cette colonne comprenait : un régiment de uhlans de la Garde, le 40e régiment d'infanterie, le 9e hussards et trois batteries. Le régiment de hussards de la Garde, primitivement sous les ordres du prince Albert, venait d'être morcelé (il avait un escadron à Amiens, un au Catelet, deux en reconnaissance vers Cambrai). — On voit, par cette répartition des forces allemandes, à quel point les événements avaient disjoint les liens tactiques et dispersé les unités.

de cavalerie (10 escadrons et demi), appuyée par un bataillon et une batterie. Enfin, une réserve était gardée par le général de Gœben, qui massait au Transloy[1] le 8e bataillon de chasseurs avec deux batteries à cheval, et invitait le général de Barnekow à envoyer de Péronne à Sailly-Saillisel trois bataillons et deux batteries. Cette dernière mesure, bien qu'elle affaiblît sensiblement le corps de siège de Péronne, était rendue possible par l'attitude purement passive à laquelle les défenseurs de la place avaient dû se résigner.

II. — Bataille de Bapaume.

Le 3 janvier au matin, par un temps brumeux et un froid rigoureux, les troupes allemandes s'installèrent sur leurs positions couvertes de neige. Dès l'aube, le général de Dohna, avec la 7e brigade de cavalerie, avait essayé, du côté d'Achiet-le-Grand, de jeter le désordre dans le 22e corps, et de canonner nos convois. Cette tentative, qui d'ailleurs ne fut point réitérée, demeura absolument stérile, et la colonne du général von der Grœben revint, pour ne plus sortir de son inaction, se masser au sud de Puisieux-aux-Bois. Pendant ce temps, en arrière de notre extrême gauche, deux escadrons de hussards de la Garde, envoyés vers Cambrai, rejetaient dans la ville un détachement de la garnison qui avait tenté de sortir ; il leur avait suffi pour cela de mettre pied à terre et de tirer quelques coups de fusil. Après leur facile succès, ils continuèrent à observer vers le nord et ne prirent point d'autre part à la bataille qui se livrait devant Bapaume.

La lutte s'était, sur ces entrefaites, engagée au centre même des deux lignes adverses. Vers huit heures, les patrouilles de cavalerie rendaient compte au général de Gœben de l'arrivée des Français, et bientôt, en effet, ceux-ci déployaient à l'est de Sapignies la brigade de

1. A six kilomètres au sud de Bapaume.

Lagrange, suivie de la brigade Michelet et appuyée sur son flanc gauche par la division Robin, en marche de Mory sur Favreuil. A l'ouest de la route, la division du Bessol s'avançait de Bihucourt sur Biefvillers[1]. Le général de Gœben fit immédiatement porter entre Favreuil et la grande route deux bataillons (30° brigade) avec deux batteries ; mais, comme les munitions consommées la veille n'avaient pu être encore remplacées et que la pénurie en était inquiétante, ces dernières attendirent, pour ouvrir le feu, que l'artillerie française eût débouché de Sapignies[2] ; à ce moment, elles la criblèrent de projectiles. Une de nos pièces, démontée, resta sur place, et les deux batteries du général de Lagrange durent reculer pour aller prendre position un peu en arrière, à l'est et à l'ouest de Sapignies, tandis que l'infanterie essayait vainement de franchir le village pour se déployer.

Cependant, la brigade Fœrster approchait de Biefvillers, et déjà la compagnie prussienne qui occupait le village en avait été délogée par un bataillon du 69° de marche[3]. Nos troupes s'y installaient, quand elles furent assaillies tout à coup par un bataillon ennemi de la 29° brigade, que le colonel de Bock avait dirigé de Bapaume sur Avesnes, où il avait recueilli la compagnie refoulée. Appuyées par une batterie en position à l'ouest de la ville, près des moulins à vent[4], les cinq compagnies allemandes se jetèrent sur Biefvillers et pénétrèrent dans la grande rue, où un combat violent, à la baïonnette, s'engagea aussitôt[5], qui coucha à terre presque tous les officiers prussiens[6]. L'acharnement était extraordinaire des deux côtés, et nul ne pouvait

---

1. Le général du Bessol, d'abord dirigé sur Behagnies, venait d'apprendre que ce village, ainsi que celui de Sapignies, n'était plus au pouvoir des Prussiens.
2. *La Guerre franco-allemande*, 2° partie, page 890.
3. Ce bataillon s'était avancé en se défilant dans le **chemin creux** qui va de Bihucourt à Biefvillers.
4. Le colonel de Bock disposait, au sud de Bapaume, on s'en souvient, de deux bataillons et deux batteries.
5. *La Guerre franco-allemande*, 2° partie, page 891.
6. « A l'issu du combat, le bataillon (5 compagnies) ne comptait plus que 3 officiers valides. » (*Ibid.*, en note.)

prévoir à qui resterait l'avantage, quand la brigade Aynès, de la division Derroja, arriva fort à propos renforcer les braves soldats du colonel Fœrster. Trois compagnies du 2ᵉ bataillon de chasseurs pénétrèrent dans Biefvillers par l'ouest, et les Allemands, définitivement débordés, durent évacuer le village.

Le général Derroja, en marche sur Grévillers, avait vu, en effet, d'Achiet-le-Grand, le chaud engagement de la brigade Fœrster. Il avait envoyé aussitôt à son secours, sur Biefvillers, les bataillons du colonel Aynès, et dirigé sur Grévillers la seule brigade Pittié. Presque au moment où tombait le premier de ces villages, le colonel Pittié chassait du second la compagnie prussienne qui l'occupait, et les troupes ennemies formant l'avant-ligne de la 29ᵉ brigade étaient ainsi toutes refoulées sur Avesnes, où elles trouvaient, pour les recueillir, outre les contingents occupant primitivement le village, un bataillon envoyé par la 30ᵉ brigade et les deux batteries du colonel de Bock.

Les deux divisions françaises, après avoir pris pied dans les villages conquis, poussèrent immédiatement leur artillerie en avant; les trois batteries de la division Derroja coururent se poster à l'ouest de Biefvillers; deux de celles du général du Bessol s'établirent au nord-est, et ces trente pièces balayèrent avec succès la route d'Arras[1]. Puis, sous leur protection, des lignes épaisses de tirailleurs furent jetées vers Avesnes, s'étendant par leur droite presque jusqu'à la route d'Albert[2]. C'était là une menace très grave pour le général de Kümmer; au lieu de déborder, comme il l'avait espéré, notre aile droite, il se voyait lui-même déjà pris à revers sur sa gauche, et prêt à perdre sa ligne de retraite sur Amiens. Le général von der Grœben, avec ses dix escadrons, continuait à rester immobile, et les renforts attendus de Péronne ne paraissaient point. De notre côté, par contre, la pensée du général Faidherbe avait été complètement exécutée, et le 23ᵉ corps s'était par-

---

1. *La Guerre franco-allemande,* 2ᵉ partie, page 801
2. *Ibid.*

faitement acquitté de la première partie de sa mission. Si les choses se passaient de même à la division Robin, le général de Kümmer devait voir sous peu sa situation fort compromise, et il lui faudrait, ou s'exposer à un désastre, ou battre en retraite sans perdre un instant. Malheureusement la division Robin était de celles sur lesquelles il n'est pas permis à un chef de compter, et elle allait en donner une nouvelle et triste preuve. Lorsqu'il avait été prévenu de son approche, le général de Kümmer s'était hâté de renforcer le bataillon qui occupait Beugnâtre par le dernier bataillon du colonel de Bock; il avait également envoyé de ce côté les deux batteries à cheval conservées jusque-là en réserve au Transloy. Il suffit de quelques coups de canon tirés par ces dernières, en position au nord-est du village, pour rejeter en désordre sur Mory les bandes extraordinaires du général Robin. La déroute de celles-ci était telle que, cessant de s'occuper d'elles, les deux batteries allemandes purent alors prendre d'écharpe les pièces que le commandant Payen avait déployées à hauteur de Sapignies.

Cette aventure déplorable compromettait sensiblement le succès définitif de l'armée du Nord. Néanmoins, la situation des Allemands demeurait grave; leur droite était en l'air, leur centre en butte à un feu violent d'artillerie; leur gauche débordée à chaque instant davantage[1]. Le prince Albert, lancé avec sa colonne à Bertincourt, beaucoup trop loin du champ de bataille[2], attendait là les ordres que le général de Gœben devait lui envoyer, et ne faisait rien encore. La 15ᵉ division se trouvait donc réduite à ses propres forces, sans savoir quand elle serait secourue et si même elle le serait. Heureusement pour elle, le point d'appui très important de Bapaume était intact, et pouvait résister longtemps. Le général de Kümmer n'eut bientôt d'autre parti à prendre que de s'y cramponner et d'attendre les événements.

1. *La Guerre franco-allemande*, 2ᵉ partie, page 892.
2. Bertincourt est à 11 kilomètres à l'est de Bapaume, entre ce point et la route de Péronne à Cambrai.

A ce moment, devant la ville, la brigade Strubberg luttait encore assez vigoureusement devant Favreuil, qu'elle occupait, et sur la route d'Arras. Un de ses bataillons, jeté en face de Biefvillers, tenait tête aux tirailleurs du 23° corps français déployés en avant de ce village ; un autre avait été envoyé comme renfort à la 29° brigade que le général Pittié débordait presque complètement au sud d'Avesnes. Mais le tir de nos batteries devenait plus précis et plus meurtrier à mesure que le brouillard se dissipait[1]. Les trois batteries de la division du Bessol, établies au nord de Biefvillers, celles de la division Derroja, en position, avec une batterie de la réserve, entre ce village et le chemin de fer[2], écrasaient l'artillerie allemande, qui recula peu à peu, soutenant la retraite de l'infanterie, et se replia, cruellement éprouvée, en arrière de Bapaume, près des Moulins[3]. La 29° brigade, abandonnant Avesnes, vint garnir les maisons crénelées, les barricades et les restes de l'enceinte de la ville, qu'elle était chargée de défendre à tout prix. La brigade Strubberg (30°) rassembla ses régiments très diminués au sud de Bapaume, sur la route de Péronne, ne laissant dans Favreuil et Saint-Aubin qu'un bataillon du 68°. Les deux batteries à cheval de la réserve générale rejoignirent le Transloy.

Sur tout leur front, nos troupes avaient suivi l'ennemi dans sa retraite, sans cependant mettre à cette poursuite l'énergie qu'il aurait fallu. La division du Bessol prit pied dans Avesnes et le faubourg d'Arras ; la brigade Fœrster essaya d'aborder la ville par le nord, mais sans y réussir, pas plus que la brigade de Gislain à prendre Saint-Aubin ; à droite, la division Derroja continuait sa marche, la brigade Aynès contre la face ouest de la ville, la brigade Pittié vers le Tilloy. Enfin, la division Payen (brigade de Lagrange), aidée

---

1. H. Daussy, *loc. cit.*, page 204.
2. *Ibid.*
3. Une de ces batteries, qui se retira la dernière, avait perdu 2 officiers, 17 hommes et 36 chevaux. Ses pièces ne roulaient plus que grâce au concours de l'infanterie. (*La Guerre franco-allemande*, 2° partie, page 802.)

d'un bataillon de mobilisés, le seul qui fût resté sur le champ de bataille après la déroute de la division Robin[1], chassait de Favreuil, malgré sa vigoureuse résistance, le bataillon prussien qui y était resté, et amenait du même coup l'évacuation de Saint-Aubin

Mais les renforts si impatiemment attendus par le général de Kümmer arrivaient enfin. A son aile gauche, le 8e bataillon de chasseurs, envoyé du Transloy par le commandant du corps d'armée, venait occuper Tilloy et Ligny, avec deux batteries accourues de Sailly-Saillisel, tandis que plus en arrière, sur des hauteurs dominantes, les quatre batteries de la 15e division se remettaient en action contre les troupes du général Derroja. A son aile droite, le prince Albert, venu de Bertincourt, apparaissait vers Bancourt, où, vers onze heures et demie, il recevait l'ordre de marcher contre le flanc gauche des Français. L'entrée en ligne de ces contingents nouveaux coïncidait justement avec un temps d'arrêt marqué de l'offensive française; car, devant Bapaume, la division du Bessol, en butte aux feux partant des murs, des anciens fossés et des maisons crénelées, ne pouvait plus avancer, et le général Faidherbe par un scrupule honorable, sans doute, mais peut-être excessif, se refusait à faire canonner les murailles où s'abritaient ses tenaces adversaires[2]. Les Allemands eurent donc toute facilité pour secourir les points de leur ligne les plus menacés, et s'opposer au mouvement débordant par lequel le général en chef de l'armée du Nord espérait déterminer la chute de Bapaume, sans

---

1. Ce bataillon, commandant Foutrein, était, dit M. Daussy (page 201), composé de Belges et de soldats échappés de Metz et de Sedan.
2. « Il eût fallu, pour déloger l'ennemi, détruire avec de l'artillerie les abris où il s'était établi, extrémité bien dure quand il s'agit d'une ville française et à laquelle le général en chef ne put se résigner, *ne tenant pas essentiellement à la possession de Bapaume.* » (Général FAIDHERBE, *loc. cit.*, page 46.) — Nous avons déjà vu, à Beaune-la-Rolande, le général Crouzat arrêté par une considération analogue. Nous ne pouvons que nous incliner devant de pareils scrupules; nous persistons cependant à croire que la destruction de quelques maisons, mêmes françaises, n'est rien si la victoire peut être obtenue à ce prix.

s'attaquer directement à la ville qu'il entendait ménager.

Tout d'abord le prince Albert dirigea contre Favreuil, que venait d'occuper une partie de la brigade de Lagrange, deux bataillons, un escadron et deux batteries. Après une assez vive canonnade, l'infanterie allemande aborda le village et pénétra dans l'intérieur, au prix d'une lutte fort vive; elle y faisait même des progrès assez accentués, quand tout à coup, à l'ouest, le 24e bataillon de chasseurs français, conduit par le commandant de Négrier, déboucha de la route et vint menacer les batteries qui étaient en position au sud-est du village. En même temps, ces batteries se trouvaient prises en flanc par deux batteries de la division du Bessol, que Faidherbe venait de disposer au débouché nord du faubourg d'Arras. Enfin, le prince Albert aperçut auprès de Vaulx toute la division Robin, qui errait par là sans raison ni but, mais qui fut prise pour une troupe sérieuse, menaçant l'aile droite des Allemands. Ceux-ci, abandonnant aussitôt Favreuil, reculèrent jusqu'à la route de Cambrai, à l'ouest de Frémicourt, et même un régiment de uhlans de la Garde, qui, avec une batterie à cheval, avait été occuper Beugnâtre, évacua ce village pour se replier sur le gros du détachement. L'ennemi fut plus heureux à Saint-Aubin, où le prince Albert avait envoyé un bataillon et le général de Kümmer un autre, avec une batterie. Ce hameau, où nous n'avions que deux compagnies, fut repris, non cependant sans avoir coûté aux Prussiens de sérieux efforts[1].

Il était deux heures et demie, et la droite allemande se trouvait un peu plus assurée; elle le fut surtout par l'inaction persistante de la division Robin, qui se borna à entrer dans Beugnâtre, après le départ des uhlans, et n'en sortit plus. Quant à la division Payen, épuisée par la lutte qu'elle soutenait depuis deux jours, elle ne fit plus que de timides tentatives contre les abords est de Bapaume, et se borna, jusqu'à la nuit, à entretenir le combat par son artillerie. Vers quatre heures et de-

---

[1]. *La Guerre franco-allemande*, 2e partie, page 894.

mie cependant, elle lança de l'avant quelques tirailleurs ; le feu des batteries allemandes obligea ceux-ci à se retirer et le combat s'éteignit de ce côté.

A l'aile gauche ennemie, les affaires avaient été un peu rétablies par l'arrivée des renforts envoyés par le général de Gœben. Une attaque tentée d'Avesnes sur Bapaume, par le colonel Aynès, à la tête du 2º bataillon de chasseurs et de deux bataillons du 75º de marche, avait échoué, ainsi que celle exécutée peu d'instants après le long de la voie ferrée par le 17º chasseurs, de la brigade Pittié. Cependant, précisément parce qu'il avait renoncé à aborder directement Bapaume, Faidherbe tenait à ce que le mouvement débordant du 22º corps vers la route de Péronne s'accentuât le plus possible, afin de déterminer la retraite des Prussiens. Il fit donc donner l'ordre à la brigade Pittié d'attaquer Tilloy. Celle-ci traversa la route d'Albert, sous la protection de deux batteries qui tinrent vaillamment tête à la puissante artillerie prussienne, et vers quatre heures du soir, le 68º de marche, se lançant sur le village, l'enleva aux chasseurs rhénans, dont une seule compagnie put se maintenir dans Ligny. La division de Kümmer était presque entièrement tournée et la route de Péronne menacée sérieusement. Le général de Gœben comprit le danger et fit converger sur le Tilloy tout ce qu'il possédait encore de forces disponibles. Les batteries allemandes écrasèrent le village de projectiles, et une partie de la division von der Grœben fut dirigée sur Ligny. Depuis le matin, en effet, la fraction de cette troupe aux ordres du général de Mirus était restée immobile au Petit-Miraumont[1]. Il y avait là trois compagnies, deux escadrons et demi et quatre pièces, devant qui aucun ennemi ne se trouvait. Fatigué de son inaction et entendant la canonnade de Bapaume, le général de Mirus prit le parti, dans l'après-midi, de

---

[1]. On se rappelle qu'au début de la bataille, la brigade de Donha seule avait fait une pointe sans résultat sur les derrières de la division Derroja. Pendant ce temps, le reste du détachement du général von der Grœben était laissé en arrière, et s'installait, sans rien faire, au Petit-Miraumont.

se rapprocher du champ de bataille où, comme on vient de le voir, son arrivée n'était pas inutile. Devant ces nouveaux adversaires, bientôt renforcés par un bataillon qui venait du détachement du prince Albert[1] et par deux bataillons et demi, envoyés de Bapaume par le général de Strubberg, la brigade Pittié n'essaya pas de tenir[2]. D'ailleurs, un ordre du général Faidherbe, assez peu conforme, à la vérité, aux intentions primitivement manifestées par lui, venait, à la tombée du jour, d'amener le recul de nos soldats. « Les troupes, y était-il dit, coucheront sur les positions conquises, mais *évacueront les points où elles se trouveraient en contact presque immédiat avec l'ennemi*[3]. » C'était abandonner Tilloy, Avesnes et le faubourg d'Arras, c'est-à-dire perdre tout le bénéfice des avantages si chèrement payés. En prescrivant un pareil mouvement, le général en chef cédait assurément à des craintes que l'on devine; des troupes aussi jeunes et aussi impressionnables que les siennes pouvaient n'être pas capables, après deux jours de souffrances, de privations et de luttes, de soutenir une attaque de nuit dont l'éventualité n'était nullement improbable. Mais il renonçait du même coup à battre l'ennemi et à sauver Péronne, car il devait s'attendre, au cas d'une reprise du combat, à ce que les Allemands, rentrés si aisément en possession de points d'appui d'une importance tactique considérable, ne les laissassent point, le lendemain, reprendre facilement.

Quoi qu'il en soit, la bataille cessa, de ce fait, en même temps que le jour. La division Derroja vint cantonner à Grévillers et Biefvillers; la division du Bessol à Bihucourt et Achiet-le-Grand. Au 23e corps, les troupes du commandant Payen occupaient Behagnies, Sapignies et Favreuil; la division Robin était tou-

---

1. C'était le bataillon de la 29e brigade qui, le matin, avait été renvoyé à son régiment. (Voir plus haut, page 147, note 3.)
2. Le colonel de Wartensleben dit que Tilloy fut enlevé par les Allemands *à la baïonnette*. (Page 270.) C'est là une erreur absolue; quand l'ennemi se présenta devant le village, celui-ci était déjà, en raison des ordres de Faidherbe, évacué par nous.
3. H. Daussy, *loc. cit.*, page 212.

jours à Vaulx et à Beugnâtre. Du côté des Allemands, le Tilloy et Ligny restèrent occupés par les troupes qui s'y trouvaient à la fin de la journée. Dans Bapaume cantonnaient la 29ᵉ brigade et deux bataillons du 30ᵉ, dont le gros était en arrière, avec l'artillerie, sur la route de Péronne. La brigade de Dohna occupait Puisieux, très à l'ouest. Enfin le détachement du prince Albert s'installait dans les localités de la route de Cambrai, et les trois bataillons venus de Péronne rejoignirent Combles avec le quartier général.

La bataille de Bapaume, livrée, quoi qu'en disent les Allemands, entre des forces très sensiblement égales, avait été fort meurtrière[1]. L'ennemi comptait pour les deux journées du 2 et 3 janvier, d'après la *Relation officielle du grand État-major*[2] : 114 tués (dont 14 officiers), 558 blessés (dont 38 officiers) et 65 disparus ; d'après le colonel de Wartensleben[3] : 128 tués (dont 11 officiers), 702 blessés (dont 35 officiers) et 236 disparus. Pour les Français, le général Faidherbe accuse une perte de 183 tués (dont 9 officiers), 1,136 blessés (dont 41 officiers) et 800 disparus (dont 3 officiers)[4]. Tout ce sang avait malheureusement été versé à peu près sans résultat, au moins en ce qui nous concerne, car nos conquêtes se bornaient, comme le dit avec raison la *Relation allemande*[5], aux seuls abords de la

---

1. Quatre divisions françaises avaient paru sur le champ de bataille, tandis que, du côté allemand, un peu moins de trois brigades d'infanterie (la 32ᵉ était incomplète) et deux brigades de cavalerie, se trouvaient réunies. Mais il faut tenir compte de la nullité complète de la division Robin, et du peu de solidité des mobiles, qui avaient comme conséquence la nécessité d'engager presque toujours en première ligne les bataillons de marche, condamnés ainsi à se prodiguer partout et à s'affaiblir considérablement au point de vue du nombre. Si l'on fait en outre entrer en ligne de compte notre manque absolu de cavalerie et l'état matériel et moral de cette jeune armée, on voit que la supériorité dont parlent les Allemands devient presque de l'infériorité.

2. Supplément CXXVII.
3. Page 271.
4. La division Payen avait particulièrement souffert le 2 ; quant aux disparus, ils consistaient surtout en fuyards, car l'ennemi ne nous fit pas de prisonniers le 3. (Général Faidherbe, *loc. cit.*, page 48.) — Il est vrai que von Schell (*Opérations de la Iʳᵉ armée sous les ordres du général de Gœben*, page 37), soutient le contraire.
5. Page 896.

position principale prussienne, et la manœuvre tentée pour faire tomber celle-ci avait définitivement échoué. A la vérité, la situation du VIIIe corps était, le 3 au soir, fort précaire, et les écrivains allemands impartiaux ont dû l'avouer en toute sincérité. Ses troupes, harassées de fatigue, se trouvaient presque hors d'état de fournir un nouvel effort; aucun secours n'était à espérer, et la pénurie des munitions devenait très inquiétante[1]. Le général de Gœben se rendait si bien compte des difficultés de sa position que, comme on le verra plus loin, il venait de se résoudre à battre en retraite derrière la Somme, sans craindre de s'avouer vaincu. Mais, pour que l'armée du Nord bénéficiât de toutes ces circonstances, il eût fallu qu'elle restât en contact avec son adversaire et pût, dès le lendemain, reprendre l'offensive contre lui. Or, précisément au moment où celui-ci se dérobait, elle était amenée de son côté à en faire autant, par suite d'une décision regrettable que crut devoir prendre son général en chef.

Retraite de l'armée du Nord. — Faidherbe était, en effet, assez impressionné par l'étendue de nos pertes[2], résultant de ce qu'il avait fallu attaquer en terrain découvert des positions redoutables, et il hésitait, pour l'effet moral, à faire cantonner ses troupes dans des villages encombrés de morts et de blessés; ignorant, ce qui s'explique, que l'ennemi eût engagé ses dernières réserves, et ne sachant pas que le général de Gœben ne pouvait plus en appeler à lui sans dégarnir Péronne ou évacuer Amiens, il redoutait un retour offensif auquel il ne croyait pas ses troupes en état de résister; enfin, des nouvelles fausses lui étaient parvenues au sujet du siège de Péronne, qu'on lui donnait comme à peu près abandonné par les Allemands[3], et ces nouvelles, malgré leur invraisemblance, il les avait acceptées de confiance, sans prendre le temps de les vérifier. Ajoutées aux autres considérations mentionnées ci-dessus, elles eurent pour effet, non seulement d'amener une interrup-

---

1. *La Guerre franco-allemande*, 2ᵉ partie, page 896.
2. Dépêche adressée le 3 au soir à M. Testelin.
3. Général FAIDHERBE, *loc. cit.*

tion dans la marche en avant, mais même de provoquer le retour dans des cantonnements plus tranquilles de troupes manifestement brisées de fatigue et rudement éprouvées par un froid dont la rigueur ne cessait pas.

Certes, nos soldats souffraient cruellement. Mal vêtus, insuffisamment nourris, décimés dans certains corps, toujours les mêmes, ils étaient incapables de fournir des efforts prolongés, et ne soutenaient la campagne qu'à la condition de se refaire périodiquement dans un repos réparateur. Il semble cependant qu'après Bapaume on eût pu leur demander davantage, et chercher à mieux utiliser le succès, incomplet mais réel, qu'avait obtenu leur valeur. En abandonnant sitôt la partie, le général Faidherbe renonçait au droit de revendiquer comme une victoire la journée du 3 décembre, et justifiait par avance les assurances données par les Allemands qu'ils l'avaient remportée. Ceux-ci n'ont eu garde de dédaigner une occasion si belle. « S'il eût été victorieux, a écrit le colonel de Wartensleben, un général aussi énergique que Faidherbe n'aurait pas battu en retraite, et *aurait réussi à délivrer Péronne, comme il se le proposait...* Les raisons qui ont été données pour expliquer le mouvement rétrograde de l'armée française conviennent beaucoup mieux pour dissimuler une défaite que pour illustrer une victoire[1]. » Et Wartensleben ajoute, cette fois avec beaucoup de raison : « La vérité est qu'au point de vue tactique, la victoire resta indécise, puisque des deux côtés on ne se trouva pas disposé à continuer immédiatement le combat ; de part et d'autre également, on s'en sentait peu capable, et l'on chercha par conséquent à mettre une distance suffisante entre l'adversaire et soi. *Mais, au point de vue stratégique, la victoire appartient aux Prussiens, puisque cette tentative pour délivrer Péronne manqua son but*[2]. » On ne saurait dire plus vrai, ni tirer une conclusion plus exacte de l'événement aussi sanglant que stérile qui venait de se passer.

1. Colonel de Wartensleben, *loc. cit.*, page 272, *en note.*
2. *Ibid.*

Dans la nuit du 3 au 4, le général Faidherbe donna donc ses ordres de retraite. L'armée devait aller reprendre à peu près ses anciens cantonnements autour de Boisleux-au-Mont, à une douzaine de kilomètres plus au nord[1], le 22ᵉ corps marchant à l'ouest de la voie ferrée, le 23ᵉ à l'est et par la grande route d'Arras. De son côté, le général de Gœben, qui, pour les raisons données plus haut et surtout à cause de son manque de munitions, ne croyait pas pouvoir tenir plus longtemps à Bapaume, ordonnait au VIIIᵉ corps de se replier en sens inverse, le prince Albert à l'est de Péronne, et la 15ᵉ division derrière la Somme; seule, la 3ᵉ division de cavalerie continuait à couvrir, en avant, la route d'Amiens, vers Albert. Bapaume devait être évacué le 4 avant le jour. On voit combien la détermination du général Faidherbe avait été précipitée.

Les deux mouvements s'exécutèrent simultanément, et les avant-postes allemands ne s'aperçurent du nôtre que quand celui de leur corps d'armée était déjà entamé. L'ennemi n'avait guère laissé en position que de la cavalerie; le 7ᵉ hussards (du Roi) occupait la ligne Bancourt-Bapaume-Tilloy, tandis que deux escadrons du 8ᵉ cuirassiers étaient envoyés en reconnaissance dans la direction d'Arras. Entre Biefvillers et Sapignies, l'un de ces derniers, ayant aperçu l'arrière-garde de la division du Bessol, eut l'idée malheureuse de la charger. Mais le 17ᵉ bataillon de chasseurs s'étant aussitôt formé en carré derrière le chemin creux de Bihucourt à Sapignies, accueillit presque à bout portant les cavaliers allemands par une fusillade qui les désorganisa complètement. Quelques cuirassiers de l'escadron de tête ayant néanmoins réussi à franchir le carré, vinrent tomber sur un second, formé en arrière, qui acheva de les disperser. Quant à l'autre escadron prussien, qui avait essayé de prendre nos fantassins à revers, il alla buter contre le chemin creux qui l'arrêta net, et dut tourner bride au plus vite. Les Allemands avaient perdu

---

1. Boisleux est la première station du chemin de fer d'Arras à Amiens, par Albert.

le capitaine commandant du premier escadron, un autre officier, tués tous deux, 27 hommes et 73 chevaux; la leçon leur parut suffisante, et après avoir suivi de loin notre arrière-garde pendant quelque temps, ils ramenèrent à Albert leurs escadrons décimés. Ce fut là le seul incident de cette double retraite, et, dans la soirée du 4, les deux armées occupèrent les emplacements qui leur avaient été assignés.

A l'extrême droite allemande, la cavalerie du comte de Lippe s'était, pendant ces journées, portée tout entière sur Bohain et Guise. Le 2, un détachement de flanc avait chassé de Maretz[1] un parti français, et s'était installé dans le village. On signalait en effet, du côté du nord, la présence de troupes assez nombreuses, qui paraissaient vouloir s'avancer vers Bohain; c'était l'ancien corps du colonel de la Saussaye, commandé maintenant par le colonel Isnard, lequel avait remplacé le colonel Martin depuis sa retraite désordonnée sur Avesnes[2]. Le général de Lippe s'était concentré à Bohain pour y recevoir l'attaque; mais les troupes françaises ayant disparu sur ces entrefaites, il détruisit la voie ferrée à Busigny et poursuivit sa marche sur Guise, où il ne trouva que deux compagnies de mobiles du Nord, lesquelles, après une légère fusillade, évacuèrent sous les obus des Saxons le château et la ville. Un régiment de uhlans se lança alors à la poursuite des fuyards, mais fut arrêté devant Iron par un bataillon de mobiles, et refoulé sur le bataillon de chasseurs que le général de Lippe avait envoyé, avec une batterie, pour le soutenir. C'est à quoi se borna d'abord l'intervention de la brigade Isnard; le 5, elle se retirait à Cambrai, et le général de Lippe, ne trouvant plus personne devant lui, se repliait de son côté sur Saint-Quentin.

Cependant la nouvelle de la retraite du VIIIe corps avait causé au général de Manteuffel un vif mécontentement. Croyant, d'après les rapports mêmes de Gœben, que la journée de Bapaume constituait pour les armes

---

[1]. A côté de Busigny.
[2]. Voir plus haut, page 133, note 3.

allemandes une victoire éclatante, il ne s'expliquait guère qu'elle se terminât par une marche rétrograde qui donnât aux Français toute latitude pour se mettre à l'abri. « Il faut se lancer énergiquement à la poursuite de l'ennemi », télégraphiait-il aussitôt; et il ordonnait à la 3ᵉ division de cavalerie, renforcée de deux bataillons, de se reporter immédiatement sur Bapaume, puis de là sur l'armée du Nord. Mais, dès le 5, les patrouilles envoyées du côté d'Arras constataient que, loin d'être désorganisée, celle-ci semblait au contraire s'apprêter à de nouveaux efforts[1]. Trop s'approcher d'elle pouvait donc être dangereux, et le général de Gœben ne s'en souciait pas. Les deux généraux convinrent donc que tout d'abord on laisserait reposer les troupes toute une journée, pendant laquelle on reconstituerait autant que possible les munitions[2], puis qu'on repasserait la Somme pour couvrir Péronne contre une nouvelle attaque, mais en se bornant cette fois à s'établir assez près, le long de la route d'Amiens, afin de prendre en flanc l'armée de Faidherbe, si elle se présentait par celle d'Arras[3]. En conséquence, le 6, la 15ᵉ division s'établit sur la ligne Bray-Albert et le détachement du colonel de Pestel, laissant à Picquigny un escadron seulement, fut rappelé à Acheux; celui du prince Albert passait au siège de Péronne, dont les troupes de blocus devaient assurer leur propre sécurité vers le nord[4]; enfin, par mesure de prudence sans

---

1. « Cette fois, les troupes ennemies n'avaient donc point regagné l'abri de leurs places fortes; elles semblaient se disposer, au contraire, à tenter au plus tôt un nouvel effort pour dégager Péronne. » (*La Guerre franco-allemande*, 2ᵉ partie, page 904.)
2. D'après M. P. Lehautcourt (*loc. cit.*, p. 171), les pièces allemandes auraient consommé, à Bapaume, 2,201 charges. Jointe aux 10,000 coups tirés à Péronne, cette consommation était supérieure à l'existant des colonnes de munitions. D'autre part, les transports étaient toujours extrêmement lents et difficiles; les trains, dit Wartensleben, mettaient 14 jours pour venir de Spandau à Soissons. On conçoit que, dans ces circonstances, la pénurie de munitions ait pu être pour l'état-major allemand un grave sujet de préoccupations.
3. *La Guerre franco-allemande*, 2ᵉ partie, page 904.
4. Le prince Albert était nommé au commandement de la 3ᵉ division de réserve, en remplacement du général de Senden. Il conservait le commandement supérieur de la brigade de cavalerie de la Garde, placée aux ordres du prince Henri de Hesse.

doute, toute l'artillerie du VIII⁰ corps fut maintenu à Fay et Framerville, sur la rive gauche[1].

Le général Faidherbe ne savait rien de l'inquiétude des Allemands. N'ayant qu'une cavalerie rudimentaire et à peine suffisante pour le service d'escorte et de planton, il ne s'était même pas douté de l'évacuation de Bapaume, sans quoi il est à croire qu'il n'eût point mené sa retraite jusqu'au bout. Dès le 5, cependant, il voulut renouveler sa tentative manquée pour secourir Péronne, en tournant cette fois la position de Bapaume qu'il croyait toujours fortement tenue. Il avait même donné des ordres en conséquence, quand, le 7, on vint lui dire que le siège de Péronne était levé. La nouvelle paraissait digne de foi et le général Faidherbe y crut. Elle était fausse malheureusement, mais suffit pour modifier complètement ses projets. Il se borna à pousser quelques troupes à quatre ou cinq kilomètres de leurs emplacements, et continua à ravitailler son monde. Quand le 10, il se remit en marche, Péronne avait capitulé depuis deux jours.

La confiance si facilement accordée par le général en chef à un simple rapport d'espion entraînait donc les plus fâcheuses conséquences, car une marche rapide sur Péronne, exécutée dès le 6 ou le 7, pouvait avoir des chances sérieuses de succès. Les dispositions prises par les Allemands, leurs hésitations, la répugnance du général de Gœben à accepter une nouvelle bataille en rase campagne, tout cela montre quelle était l'influence morale de l'échec qu'à Bapaume le VIII⁰ corps avait failli subir[2]. D'autre part, la seule approche de l'armée du Nord eût probablement suffi, comme on le verra, à prolonger la résistance de la place, qui, si elle n'était pas délivrée, eût pu être pour le moins ravitaillée. Il eût donc été sage de ne pas renoncer si aisément au bénéfice d'une offensive hardie, et d'aller vérifier sur place la réalité d'un fait qui n'était confirmé par rien. Malheureusement, le général Faidherbe ne connaissait

---

[1]. *La Guerre franco-allemande*, 2ᵉ partie, page 904.
[2]. « Si l'ennemi marche sur Péronne, télégraphiait Gœben à Manteuffel, le 7 au matin, il faut lever le siège. »

ni la position, ni l'importance des forces qui lui étaient opposées, et il hésitait à s'aventurer à l'aveugle avec un instrument de guerre qu'un seul choc pouvait briser. C'est ce qui explique la fâcheuse inspiration qui paralysa son énergie, à moins qu'on n'y veuille voir un nouveau coup du sort, qui ne nous ménageait jamais.

Cependant d'autres que Faidherbe avaient à se tenir en garde contre les renseignements erronés. Tout comme lui, le général de Gœben en recevait : tel l'avis que Faidherbe se disposait à aller attaquer Amiens ; ceci n'avait, à vrai dire, rien d'invraisemblable, étant donnée la soudaineté habituelle des apparitions de l'armée du Nord. On signalait en outre qu'à Boulogne avaient débarqué des renforts considérables, envoyés de Cherbourg, et que dans Abbeville venaient d'arriver une vingtaine de mille hommes. Tout cela n'était pas fait pour rassurer le commandant du VIIIe corps sur le sort du corps de siège de Péronne, ni surtout sur celui du chemin de fer d'Amiens à Rouen, que gardaient seuls quelques détachements épars. Il est certain que si une direction unique avait présidé à nos opérations, ce chemin de fer eût été coupé depuis longtemps, et l'armée de Manteuffel séparée en deux tronçons désormais sans relations possibles. Mais en réalité, personne, pas plus à Arras qu'à Abbeville, n'y avait jamais songé. A toute éventualité néanmoins, Gœben crut devoir prendre des précautions nouvelles, et prépara sa retraite derrière la Somme[1] ; en attendant, il disposait ses troupes de façon à être vite renseigné, et à se trouver concentré, le cas échéant, sur le flanc de la ligne de marche de son adversaire[2]. Autour de Péronne était laissé le seul corps de

---

[1]. La Somme n'étant pas complètement prise par les glaces, et présentant encore un obstacle sérieux, le général de Gœben donna l'ordre de détruire entre Péronne et Amiens un certain nombre de ponts qu'il jugeait inutiles, et de protéger par des ouvrages ceux qui devaient être conservés. Pour s'assurer, en cas de levée du siège de Péronne, la possession de la ligne d'Amiens à Tergnier, Ham fut réoccupé par un bataillon et mis en état de défense, tandis qu'entre ce point et La Fère, les points de passage détruits étaient rétablis.

[2]. La 3e division de cavalerie resta à Bapaume ; la brigade de cavalerie de la Garde fut portée à Sailly-Saillisel et Combes. En arrière, la 29e brigade était à Albert, la 30e à Bray ; et l'infanterie de

siège, qui à ce moment bombardait sans pitié la malheureuse ville, tandis que les détachements chargés de la garde du chemin de fer d'Amiens à Rouen étaient sérieusement renforcés[1]. En outre, Manteuffel, voyant le calme revenu sur la basse Seine[2], faisait venir de Rouen six bataillons et deux batteries, qui arrivaient à Amiens du 8 au 11 janvier[3]. De son côté, M. de Moltke annonçait la prochaine arrivée d'une brigade de renfort, prise à l'armée de la Meuse[4]. Il y avait là de quoi rassurer le général de Gœben, et lui permettre d'attendre les événements.

III. — Chute de Péronne.

Pendant ce temps, le blocus de Péronne avait continué. Le bombardement, arrêté le 31 décembre à midi, reprit le 2, à dix heures du matin, et fut exécuté par 24 pièces, 12 de siège venues d'Amiens et 12 de campagne. La construction des batteries avait été retardée par la dureté du sol, gelé à une grande profondeur, et on n'avait pu leur donner que trois mètres d'épaisseur ; telles quelles, avec leurs revêtements en sacs à terre, qui provenaient de la citadelle d'Amiens[5], elles présentaient une solidité suffisante contre le tir incertain de la place. Elles étaient disposées sur une ligne bordant les hauteurs de la rive gauche de la Somme, entre Biaches et la Maisonnette ; en outre, des épaulements pour pièces

---

la 3ᵉ division de réserve (dont la cavalerie restait devant Péronne), à Feuillères, sur la Somme. (*La Guerre franco-allemande*, 2ᵉ partie, page 905.)
1. Par un bataillon, deux escadrons et deux pièces, envoyés d'Amiens à Molliens-Vidame.
2. Voir le chapitre suivant.
3. C'étaient les 1ᵉʳ et 44ᵉ régiments. Ce dernier, parti d'Amiens pour Rouen le 1ᵉʳ janvier, revenait après dix jours. Par suite, il y avait désormais à Amiens, en fait de troupes appartenant au Iᵉʳ corps, la 3ᵉ brigade tout entière, un régiment de la 1ʳᵉ et quatre batteries (dont deux arrivées primitivement avec la 3ᵉ brigade et restées avec celui des deux régiments qui n'avait pas été renvoyé à Rouen).
4. Comme l'armée du Nord continuait à rester immobile, cette brigade ne fut pas mise en route.
5. P. Lehautcourt, *loc. cit.*, page 172.

de campagne avaient été préparés au sud-ouest du village de Doingt. Les Allemands, on le voit, prenaient la précaution de laisser toute leur artillerie sur la rive gauche.

Au bout de cinq heures d'un feu auquel la place avait répondu avec vigueur, mais sans grande efficacité[1], les canons des remparts cessèrent de tirer pendant une heure; une délégation d'habitants[2] se rendit auprès du général de Barnekow pour lui demander d'autoriser la sortie des vieillards, des malades, des femmes et des enfants. Mais il n'entrait jamais dans les habitudes allemandes de faire ainsi des concessions à l'humanité, et la requête des habitants fut repoussée. La délégation regagna la ville, et le bombardement recommença, sans même attendre sa rentrée. « Le feu était réglé à raison d'un coup par demi-heure et par pièce; en outre, 12 canons de campagne tiraient, pendant une heure, 15 coups par pièce et rentraient ensuite dans leurs cantonnements; cette manœuvre devait se renouveler les 3 et 4 janvier[3]. »

Dans la matinée du 3, le corps du siège dut se dégarnir de trois bataillons et deux batteries, envoyés, comme on sait, à Sailly-Saillisel, pour renforcer la division de Kümmer, engagée à Bapaume, et aussi de deux escadrons qui, accompagnés de deux autres batteries, allèrent à Nesle et Villers-Bretonneux garder les communications avec l'arrière. Il lui resta donc en tout sept bataillons, six escadrons, cinq batteries et une compagnie de pionniers, ce qui était peu. Le général de Barnekow, qui entendait les grondements de plus en plus rapprochés du canon de Bapaume, n'était guère rassuré et prenait déjà ses précautions pour lever le siège en cas de malheur. Les convois étaient envoyés sur la rive gauche, les troupes rassemblées et prêtes à

---

1. La position de la place par rapport aux batteries de bombardement était essentiellement défavorable; au surplus, les canonniers, dans leur ignorance, ne prenaient même pas celles-ci pour objectif de leur tir.
2. MM. Cadot, commandant de la garde nationale; Gonnet, adjoint, et Friant, vicaire.
3. P. Lehautcourt, *loc. cit.*, page 173.

évacuer leurs tranchées[1]. Quand, sur le soir, arrivèrent les nouvelles du champ de bataille, le général prussien alla jusqu'à retirer de leurs épaulements la majeure partie des pièces de gros calibre, et il ne laissa en position, pour continuer le feu, que trois obusiers et un canon de 12. C'eût été le moment, pour la garnison de Péronne, qui elle aussi entendait le canon de Bapaume, de tenter une sortie; en proie malheureusement à l'indiscipline et à l'affaiblissement, elle ne sortit pas de sa torpeur. Le commandant Garnier dut même renoncer au projet qu'il avait formé de lancer par surprise une petite colonne sur les batteries ennemies, les troupes désignées pour cela ayant montré une attitude sur laquelle il n'était pas possible de se méprendre. Aussi, dès le 4, les Allemands reprirent-ils le bombardement; mais la crainte de manquer de munitions les obligeait maintenant à réduire l'intensité du feu. Ils n'avaient pas osé, dans l'incertitude des événements, amener jusqu'à pied d'œuvre le matériel envoyé de La Fère et qui, le 4, arrivait à Ham ; ils le faisaient même rétrograder sur son point de départ. Par suite, ce jour-là, quatre pièces seulement ripostèrent au feu toujours aussi peu efficace de la place; le lendemain, il y en eut huit. Mais, comme dit la *Relation allemande*, elles suffisaient pour produire des effets incendiaires considérables[2]. D'ailleurs, le 6, comme la situation paraissait s'être rassérénée, on faisait revenir de La Fère deux obusiers de 22, six mortiers de 21 et deux canons de 12, lesquels poursuivaient le bombardement avec une « régularité mathématique[3] ».

Cependant l'activité de la place semblait s'être réveillée. Les remparts répondaient avec un peu plus de vi-

---

1. *La Guerre franco-allemande*, 2ᵉ partie, page 912.
2. *Ibid.*, page 913.
3. Ce jour-là, comme on l'a vu plus haut, il s'opéra un nouveau remaniement des troupes de siège, qui comprirent des éléments divers de la 16ᵉ division et de la 3ᵉ division de réserve (en tout onze bataillons, seize escadrons, sept batteries et deux compagnies de pionniers). Obligé de se couvrir lui-même vers le nord, le corps de siège envoya la 3ᵉ division de réserve aux environs de Roisel. (*La Guerre franco-allemande*, 2ᵉ partie, page 913.)

gueur, et, dans la nuit du 6 au 7, la garnison lançait sur les dehors des projectiles éclairants, tandis que ses obus, malheureusement dirigés sur des points où il n'y avait pas de batteries allemandes, tombaient en masse vers Mont-Saint-Quentin et Bussu. C'en était assez cependant pour faire craindre aux Allemands un échec définitif, s'ils n'employaient pas d'autre moyen que l'intimidation ; croyant à une résistance désormais énergique, le général de Barnekow se résigna à commencer un siège régulier. L'imminence d'une nouvelle apparition de l'armée du Nord était un puissant stimulant pour hâter un dénouement sans lequel la situation des forces allemandes sur la Somme eût pu devenir critique en un instant ; aussi les travaux furent-ils immédiatement commencés. On constitua un parc de siège à Villers-Carbonnel, et, dans la nuit du 8 au 9, on ouvrit la tranchée à 300 mètres en avant de l'ouvrage à cornes du faubourg de Paris [1]. Barnekow était si pressé qu'il avait demandé et obtenu l'autorisation de se montrer extrêmement coulant dans les conditions de la capitulation [2].

Mais, dans la place, la démoralisation avait malheureusement fait son œuvre.

Garnier, absolument sans nouvelles du dehors, était dans l'ignorance complète de la véritable situation. Aucun des émissaires de Faidherbe n'était parvenu jusqu'à lui. Ce qui était manifeste, c'est que le canon français se taisait depuis six jours, et qu'avec sa voix s'était éteint l'espoir du secours. Ce qui était poignant, c'était l'état affreux de la malheureuse ville, ruinée, abîmée, à moitié détruite. La population, réfugiée dans les casemates infectes, parquée là comme un troupeau, dans le désordre, la saleté, l'ordure, par un froid des plus rigoureux, entassée pêle-mêle dans ce milieu hideux, où la naissance, la maladie et la mort se coudoyaient, où la bête seule vivait chez la plupart, en proie aux terreurs, à l'insomnie, à toutes les souffrances physiques et morales, était à bout de force. La petite vérole y faisait de cruels ravages; de nombreux cas d'aliénation mentale s'étaient déclarés [3].

---

[1]. *Le Siège de Péronne,* par le lieutenant prussien Schmidt. (Publié en 1875 dans la *Revue militaire française.*)
[2]. P. Lehautcourt, *loc. cit.*, page 176. — H. Daussy, *loc. cit.*, page 235.
[3]. H. Daussy, *loc. cit.*, page 235.

On s'explique qu'au milieu de pareilles misères, la population ait perdu l'énergie; ce qu'on s'explique moins, c'est que la municipalité, au lieu de chercher à remonter les courages, comme c'était son devoir, ait pris, au contraire, vis-à-vis du commandement, une attitude de défiance dont l'effet était déplorable. Devenu suspect, le commandant Garnier fut invectivé, menacé, et, certain jour même, il ne dut son salut qu'à un sous-officier de mobiles qui menaça de jeter au milieu des perturbateurs un projectile chargé qu'il venait de prendre au dépôt de munitions[1]. Inutile de dire que les démarches les plus instantes étaient faites, d'autre part, auprès du commandant, pour l'amener à capituler. Lui et son conseil de défense y répondaient par des refus énergiques et réitérés.

Les choses en étaient là quand, le 9, le général de Barnekow fit de nouveau sommer la place. Il venait de recevoir une colonne de munitions qui lui permettait de donner maintenant au bombardement toute son intensité; en outre, la recrudescence du froid, en gelant sur toute son étendue l'inondation, facilitait beaucoup les progrès des approches qu'il voulait entreprendre. Néanmoins, il désirait ardemment en finir, sans être obligé de recourir à des moyens généralement peu rapides. Certaines nouvelles, parvenues dans la matinée, lui donnaient fort à penser sur la possibilité d'un retour offensif de Faidherbe; on venait d'apprendre que, la veille, une grand'garde de uhlans, placée par la 3ᵉ division de cavalerie dans une auberge de Monchy-au-Bois, devant les avant-postes de l'armée du Nord, avait été bousculée en laissant sur le terrain 2 officiers, 33 hommes et 35 chevaux[2]. De même, à Marquion, à l'ouest de Cambrai, un escadron de hussards en reconnaissance avait été refoulé, et des détachements français arrivés de Marcoing jusqu'à Gouzeaucourt, à 16 ki-

---

1. P. Lehautcourt, *loc. cit.*, page 177. — Voir également l'ouvrage déjà cité de Gustave Ramon, *L'Invasion en Picardie*.
2. Il est vrai que les uhlans revinrent le lendemain, et qu'en guise de vengeance ils incendièrent l'auberge où ils avaient été surpris.

lomètres de Péronne[1], avaient obligé les troupes prussiennes postées à Fins à se replier sur Nurlu[2]. Tout cela n'était pas très rassurant pour des assiégeants placés dans une situation aussi précaire que ceux de Péronne, et tous les moyens devenaient bons pour arriver rapidement à une solution. Celui que Barnekow employa le 9, sans grand espoir de réussite, coïncidait malheureusement avec le « moment psychologique », et devait produire un effet inattendu. Le commandant Garnier, qui jusque-là s'était montré si énergique; son conseil de défense, qui l'avait si vigoureusement soutenu ; tous, à part quelques exceptions fort honorables[3], cédèrent à la pression d'une population déprimée et, dans la nuit, une capitulation signée, comme d'usage, sur les bases de celle de Sedan, remit aux mains de l'ennemi le boulevard de la Somme, pivot de la défense de la région du Nord, cette place de Péronne dont la possession était pour la Ire armée allemande presque une question de salut !

Le général de Barnekow n'était cependant pas encore complètement rassuré. Pendant la nuit, il envoyait la plus grande partie de ses troupes prendre position au nord de la ville, pour parer à toute attaque venant de la direction de Cambrai. Le 10 seulement, à deux heures de l'après-midi, il entrait dans la place et « prenait possession des abondantes ressources qu'elle recélait, *tant en vivres qu'en armes et en munitions de guerre*[4] ». Puis il s'occupait, sur l'ordre du général de Gœben, de remettre en état les remparts, afin d'être prêt à toute éventualité. Ce n'est que deux jours plus tard, en effet, que, les troupes de Cambrai s'étant retirées de nouveau au nord de Fins, l'état-major allemand reconnut

---

1. Ils appartenaient à la brigade Isnard, qui occupait Cambrai et ses abords.
2. Colonel DE WARTENSLEBEN, *loc. cit.*, page 281.
3. Le commandant Peyre, chef du génie, le sous-préfet Blondin, le lieutenant de vaisseau Poitevin et le capitaine Dehaussy, de l'artillerie de la garde mobile, furent d'un avis contraire à la capitulation.
4. *La Guerre franco-allemande*, 2e partie, page 914. — En raison des dommages subis, la ville était exempte de toute contribution ou réquisition. On lui abandonnait en outre la moitié des vivres existant dans les magasins de l'État.

que « la nouvelle d'un mouvement offensif de l'ennemi était exagérée[1] ».

La place de Péronne pouvait-elle tenir plus longtemps ? Existait-il même un moyen d'empêcher sa chute ? Telles sont les questions qu'on se pose en voyant les résultats déplorables de celle-ci. Certes, les désastres matériels causés par le bombardement étaient considérables ; 82 maisons entièrement détruites, 600 plus ou moins endommagées, sur 700 et quelques que contenait en tout la ville, tel était le triste bilan de ces dix jours de canonnade presque ininterrompue[2]. Mais les remparts étaient intacts ; la garnison, composée de plus de 3,000 hommes, ne comptait que 13 morts et 50 blessés ; la population elle-même n'avait pas perdu par le feu plus de 40 individus, dont 5 tués[3] ; enfin l'armement avait très peu souffert et les munitions étaient abondantes. Dans ces conditions, et étant donnée l'importance de la place, importance sur laquelle le général Faidherbe avait tant insisté auprès du commandant Garnier, il semble que celui-ci aurait dû résister plus énergiquement à des suggestions qu'il pouvait prévoir. En adoptant de parti pris le système de bombardement des places, les Allemands savaient fort bien quel puissant auxiliaire serait pour eux, le plus généralement, la population civile, dont le stoïcisme ne résiste guère au delà des premiers obus. Le strict devoir des commandants de nos forteresses eût donc été de cuirasser leur cœur contre une sensibilité hors de propos, de conserver leur énergie entière en face des doléances auxquelles ils étaient en butte, et de se souvenir que de la ruine d'une ville peut quelquefois résulter le salut du pays. Assurément, il faut pour cela des âmes solidement trempées. Quels hommes ces âmes doivent-elles donc inspirer, si ce n'est ceux à qui la patrie a confié, avec un des bou-

---

[1]. Colonel DE WARTENSLEBEN, *loc. cit.*, page 281.
[2]. Les Allemands, dont les pertes se montaient à 50 hommes blessés et à 10 tués, avaient tiré sur la ville 16,800 projectiles, tant de siège que de campagne.
[3]. Il faut ajouter à ce chiffre un nombre assez considérable d'habitants qui, tant pendant le siège que dans la période qui suivit moururent de maladies contractées durant la période de blocus.

levards de son indépendance, la garde de son honneur et de sa sécurité? S'il se fût, *deux jours encore*, dérobé aux influences qu'il avait su si bien écarter au début, le commandant Garnier aurait probablement sauvé Péronne, devant qui les Allemands occupaient la position la plus périlleuse, et par cela même dégagé Amiens, voire même peut-être Rouen. Il est juste cependant d'ajouter à sa décharge que le commandant en chef de l'armée du Nord aurait pu, sans trop risquer, lui apporter un secours plus efficace que celui dont, à Bapaume, il n'avait fait, en définitive, que lui donner l'illusion.

CHAPITRE IV

SAINT-QUENTIN

I. — Opérations sur la basse Seine pendant les premiers jours de janvier.

La chute de Péronne venait de sensiblement modifier la situation réciproque des deux armées belligérantes dans la région du Nord. L'ennemi, maître de presque tout le cours de la Somme, possédait maintenant une bonne ligne de défense, protégée par trois points d'appui dont il lui était loisible de déboucher à l'occasion. Les Français, au contraire, n'avaient plus, pour se porter sur la rive gauche, que le point de passage d'Abbeville, dont la position excentrique faisait une possession à peu près sans valeur. D'autre part, à la suite des événements militaires survenus sur la basse Seine pendant les premiers jours de janvier, l'établissement des Prussiens à Rouen s'était fortement consolidé, en sorte que le général de Manteuffel se trouvait débarrassé des craintes que notre double offensive avait pu lui faire un moment concevoir. Avant donc de poursuivre le récit des opérations qui devaient mettre un terme à la lutte soutenue avec tant d'acharnement pendant près de trois mois pour la possession de la ligne de la Somme, il nous faut revenir aux événements de la basse Seine et voir comment les choses s'étaient passées de ce côté.

Nous avons laissé à Rouen, le général de Bentheim

au moment où, vivement pressé par le général Roy, il recevait de Manteuffel l'ordre de reprendre l'offensive avec l'aide d'un régiment (le 44°) de la 3° brigade, envoyé d'Amiens par chemin de fer. Ce régiment débarqua à Rouen dans la journée du 3 janvier, et dès lors le général de Bentheim put prendre ses dispositions pour refouler nos forces de l'Eure, établies entre Elbeuf et la Bouille, et qui, depuis qu'elles avaient rejeté dans la forêt du Rouvray les troupes avancées de la 1re division prussienne, « bloquaient étroitement la corde de la boucle formée sur ce point par la Seine [1] » Le commandant du Ier corps était d'ailleurs rassuré par l'immobilité persistante de la garnison du Havre, à laquelle il n'aurait eu à opposer, en cas de sortie, que des forces insignifiantes, sur la rive droite. Le 4 donc, il dirigea contre le général Roy une colonne forte de 12 bataillons et demi, deux escadrons, quatre batteries et une compagnie de pionniers, qui partit avant le jour de Grand-Couronne et de la Roquette, sous les ordres du général-major de Bergmann [2].

Le général Roy avait disposé ses forces de la façon suivante : à droite, à Orival, Saint-Ouen et la Londe, étaient environ 2,000 hommes, avec quatre canons, sous les ordres du commandant de Montgolfier, des mobiles de l'Ardèche; à gauche, le lieutenant-colonel Thomas, du même régiment, occupait la Bouille, Château-Robert et Maison-Brûlée, avec 3,000 et quelques hommes, dont un peloton de chasseurs à cheval et six pièces; il avait fait mettre en état de défense le Château-Robert et couper les routes; enfin, à Bourgthéroulde, le général Roy conservait en réserve environ 1,500 hommes, dont un peloton de chasseurs à cheval; Elbeuf était tenu par un détachement. On remarquera combien de pareilles dispositions, prises en prévision d'une attaque imminente, étaient vicieuses. D'Orival à la Bouille il y a 6,500 mètres; c'est-à-dire que les deux groupes de première ligne se trouvaient complètement

---

1. *La Guerre franco-allemande*, 2° partie, page 838.
2. Commandant l'artillerie du 1er corps.

isolés l'un de l'autre et séparés par un espace considérable que personne n'occupait; quant à la réserve, elle se tenait à plus de sept kilomètres en arrière et, par suite, ne pouvait à peu près servir à rien.

De leur côté, les Allemands s'avançaient en trois échelons : le premier (lieutenant-colonel de Hüllessem[1]) marchait par la route de Moulineaux (six compagnies) et les hauteurs boisées à l'est (deux bataillons et demi); il était suivi presque immédiatement par deux bataillons, un escadron et deux batteries (colonel de Legat[2]), et, à plus grande distance, par quatre bataillons, un escadron et deux batteries (colonel de Busse[3]). Deux bataillons et demi, laissés à Grand-Couronne pour garder la ligne de retraite, devaient envoyer un détachement à travers la forêt pour tourner à droite la position de Château-Robert. Enfin un bataillon, deux escadrons et une batterie (colonel de Massow[4]) avaient ordre de venir menacer nos derrières en marchant de Tourville par Pont-de-l'Arche sur Elbeuf.

Le jour n'était pas encore levé quand l'avant-garde du colonel de Hüllessem déboucha de Moulineaux. Nos grand'gardes (trois compagnies de mobiles de l'Ardèche postées à la lisière du bois) furent surprises et rejetées sur le mamelon de Château-Robert, qu'elles gravirent avec peine sur un sol gelé et glissant[5], et sous un feu meurtrier. Là elles trouvèrent le reste de leur bataillon et le 3ᵉ bataillon des Landes, qui les recueillirent; puis tout ce monde, en assez grand désordre, essaya de résister dans les tranchées qui entouraient les ruines; mais à ce moment arrivait la tête de la colonne ennemie qui s'était avancée à travers bois. Deux compagnies prussiennes vinrent renforcer celles qui gravissaient la pente venant de Moulineaux, et, sous leur effort concentrique, nos mobiles furent vite accablés. Une partie put se replier sur Maison-Brûlée; l'autre fut cernée et

1. Commandant le 41ᵉ régiment (1ʳᵉ brigade).
2. Commandant le 3ᵉ régiment (2ᵉ brigade).
3. Commandant le 43ᵉ régiment (2ᵉ brigade).
4. Commandant le 1ᵉʳ régiment de grenadiers (Prince-Royal).
5. Il avait fait, cette nuit-là, 8 degrés de froid.

capturée. La colonne du colonel Thomas se trouva, de ce fait, presque entièrement dispersée dans l'obscurité, sans qu'il ait été possible de lui porter secours, et de ses 3,000 hommes, il ne resta guère à la Maison-Brûlée que deux bataillons au complet[1]. Cependant le gros des troupes allemandes avait continué sa marche et menaçait déjà la Maison-Brûlée (sept heures et demie). Le colonel Thomas, réunissant tout ce qu'il avait de monde, disposa en avant de lui, pour enfiler la grande route, les deux pièces de montagne des mobilisés du Calvados, et sur sa droite, face à une des avenues de la forêt, sa section de canons Armstrong; puis il fit ouvrir un feu très énergique qui arrêta un instant l'ennemi. Malheureusement les servants de cette dernière section (mobilisés des Basses-Pyrénées) prirent peur et s'enfuirent, emmenant leurs canons au galop[2]; au même moment, les compagnies prussiennes descendant de Château-Robert menaçaient notre droite, tandis qu'un mouvement exécuté le long de la Seine vers la Eouille, par le colonel de Legat, était sur le point de déborder notre gauche, où une compagnie du 1er bataillon de l'Ardèche avait failli être complètement enveloppée[3]. Après avoir tenu pendant près d'une heure, le colonel Thomas dut se retirer sur la route de Bourgachard pour gagner Saint-Ouen, laissant aux mains de l'ennemi les deux pièces du Calvados, qui tirèrent, pour protéger la retraite, jusqu'au dernier moment, et furent prises *étant encore en batterie*[4].

Maîtres de Maison-Brûlée, les Allemands attendirent leur artillerie, qui n'avançait que péniblement sur la route tailladée de coupures. Somme toute, ils avaient réussi jusqu'ici avec leurs avant-gardes seules à refouler

---

1. L. ROLIN, *La Guerre dans l'Ouest*, page 339. — (Le 1er bataillon de l'Ardèche et les débris des deux bataillons refoulés de Château-Robert.)
2. La rapidité avec laquelle ils se sauvaient et la dureté de la route profondément gelée firent sauter un des caissons, dont l'explosion tua ou blessa plusieurs conducteurs « qui s'en seraient peut-être tirés sains et saufs s'ils étaient restés à leur place de bataille ». (*Ibid.*)
3. *Ibid.* — Le capitaine de cette compagnie était tombé aux mains de l'ennemi.
4. *La Guerre franco-allemande*, 2e partie, page 900.

ARMÉE ALLEMANDE. — Chasseurs saxons.

notre aile gauche, et cette circonstance devait les rassurer sur la valeur de la résistance ultérieure; ils préférèrent cependant s'arrêter un moment et ne reprendre la poursuite qu'une fois en possession de tous leurs moyens. Le colonel de Legat fut alors dirigé vers Bourgachard, à la suite du colonel Thomas; la colonne de Hüllessem se rabattit sur la Londe, enfin la colonne de Busse marcha droit sur Bourgthéroulde.

Cependant le colonel Thomas avait réuni tant bien que mal, à l'ouest de Saint-Ouen, ce qui lui restait de troupes, fait distribuer des munitions, et appelé à lui une batterie de réserve, qui arriva de Bourgachard accompagnée d'un bataillon de mobilisés du Calvados[1]. Au moment où les troupes du colonel de Legat débouchaient de Saint-Ouen, elles furent accueillies par un feu de mousqueterie et d'artillerie d'une extrême violence, qui les arrêta net. Profitant de la situation, le colonel Thomas essaya alors de tenter sur leur aile gauche un mouvement, qui, grâce, au brouillard et à l'énergie avec laquelle il fut mené, faillit réussir, car le colonel de Legat ne fut dégagé que par l'intervention de sa batterie; celle-ci, après un retard causé par l'état de la route, apparut tout à coup à très petite distance et tira à mitraille sur nos mobiles, qui fléchirent sous l'avalanche des projectiles; il fallut donc reculer encore, et prendre la route de Bourgachard, toujours suivis par l'ennemi. De là, le colonel Thomas recula encore sur Pont-Audemer, tandis que les Prussiens, qui avaient arrêté la poursuite, se bornaient à lancer derrière lui une compagnie montée sur des voitures, deux pelotons et deux pièces[2]. Ce petit détachement, arrivé à la chute du jour devant Rougemoutier, y captura encore, après une escarmouche d'arrière-garde très désordonnée, deux pièces de la batterie de 12, que leurs servants dé-

---

1. L. Rolin, *loc. cit.*, page 340. — Les mobilisés du Calvados venaient d'être placés sous les ordres directs du général Roy. Quant à la batterie de 12 de la réserve, elle était servie par des mobiles du Morbihan.
2. *La Guerre franco-allemande*, 2ᵉ partie, page 901. — L'ouvrage prussien ajoute que le détachement, sans doute pour donner illusion sur sa force, était accompagné d'un grand nombre de clairons.

fendirent cependant avec vigueur[1], et une voiture de munitions. Mais il ne put empêcher les débris de la colonne Thomas, qui comptait environ 40 tués, 50 blessés et 250 prisonniers, d'atteindre Pont-Audemer, où ils arrivèrent, exténués, à plus de onze heures du soir.

Pendant ce temps, après une affaire sans importance, le colonel de Busse avait bousculé à Bourgthéroulde les 1,500 hommes du général Roy. Celui-ci, livré à lui-même, sans relation aucune avec ses troupes de première ligne, et aussi impuissant à les secourir qu'à être secouru par elles, eût probablement été enlevé sans l'opacité du brouillard qui rendait impossible toute opération suivie, et sans l'énergique résistance d'une quarantaine de mobiles de l'Eure qui, postés en extrême arrière-garde, et embusqués derrière l'église, permirent à la colonne de se retirer sur Brionne[2]. L'évacuation de Bourgthéroulde s'était produite à dix heures et demie du matin, c'est-à-dire que dès ce moment le corps de l'Eure se trouvait coupé en trois tronçons privés entre eux de toute communication. Conséquence inévitable du fractionnement si peu judicieux qui lui avait été imposé au début.

Devant la Londe, le colonel de Hüllessem avait rencontré une résistance très vive, opposée par une compagnie de francs-tireurs de Seine-et-Oise et une section de mobiles de l'Ardèche, qu'étaient venues renforcer deux compagnies de mobiles de l'Eure et une de la Loire-Inférieure[3]. Il ne put réussir à s'emparer complètement du village, et retrograda dans la soirée sur Bourgthéroulde. Quant au détachement du colonel de Massow, chargé comme il a été dit, de menacer nos derrières par Pont-de-l'Arche, il arriva jusque vers Elbeuf, mais après une démonstration peu sérieuse il repassa la Seine et rentra à Tourville. De même, les contingents envoyés de Grand-Couronne à travers la forêt se bornèrent à tirailler, pendant une partie de la

---

1. *La Guerre franco-allemande*, 2ᵉ partie, page 901. — Ces pièces étaient en batterie à l'entrée du village.
2. L. Rolin, *loc. cit.*, page 346.
3. *Ibid.*, page 348. — *La Guerre franco-allemande*, 2ᵉ partie, page 901.

journée, contre trois compagnies françaises qui gardaient le pont d'Orival, puis se replièrent. A notre aile droite, les Allemands n'avaient donc obtenu aucun résultat; mais le commandant de Montgolfier, isolé entre la Londe et Elbeuf, et sans aucune nouvelle du général Roy, n'en était pas moins dans une position très périlleuse. Avec raison, il profita de la nuit pour se dérober et ramena ses troupes à Brionne.

Ainsi se termina cette affaire décousue, où l'ennemi n'avait dû son succès qu'à la fâcheuse incohérence de notre résistance. Elle nous coûtait, outre l'avortement des projets formés pour rejeter l'adversaire sur Rouen, une perte de près de 200 hommes tués ou blessés, de 300 prisonniers et de quatre canons. Toutes les troupes du corps de l'Eure étaient refoulées derrière la Rille; elles faillirent même reculer jusqu'à la Toucques à la suite de la panique causée par l'échauffourée de Rougemoutier[2]. Quant aux Allemands, qui comptaient 5 officiers et 167 hommes hors de combat, ils se bornèrent pendant les journées suivantes à jeter des patrouilles vers la ligne de nos avant-postes, sans essayer de la briser. Satisfaits de s'être donné de l'espace, comme l'avait dit Manteuffel, ils ramenèrent même à Rouen la majeure partie de leur 1re division, ne laissant que des détachements à Bourgachard, Bourgthéroulde et Elbeuf, avec une réserve de trois bataillons à Grand-Couronne[3]. De notre côté, le gouvernement, fort mécontent des résultats négatifs d'une entreprise qui aurait certainement pu être mieux conduite, remplaça à la tête du corps de l'Eure le général Roy par le général Saussier, ancien colonel du 41e de ligne, qui venait de s'échapper des prisons de l'ennemi[4].

1. Éclaireurs de Normandie, une compagnie de mobiles de l'Eure et une de l'Ardèche.
2. L. ROLIN, *loc. cit.*, page 351.
3. *La Guerre franco-allemande*, 2e partie, page 902.
4. Le corps de l'Eure ayant été, par l'adjonction des forces du Calvados, porté à une vingtaine de mille hommes, le général Saussier fut invité à constituer une division pour le 19e corps, alors en formation. Il prit position avec le reste, le 9 janvier, sur la Rille, entre Brionne et Pont-Audemer.

En même temps que le corps de l'Eure, celui du Havre avait dessiné une sorte d'offensive, assez timide, comme on va le voir. Il semble qu'à ce moment il y ait eu quelques légères tentatives de concert entre les deux groupes de forces ; en tous cas, le commandant Mouchez, voulant s'entendre avec le général Roy, était venu de sa personne à Pont-Audemer, le 4, juste à temps pour assister à la panique dont il a été question ci-dessus ; et, d'autre part, le général Peletingeas avait fait mine de seconder l'attaque de la forêt du Rouvray en portant au delà de Bolbec une colonne mobile forte d'une dizaine de mille hommes. Malheureusement, cette colonne ne fit absolument rien. Dès le 3, quelques reconnaissances ennemies arrivées vers Fauville firent craindre au général Peletingeas d'être bientôt tourné, et il se décida à rétrograder sans plus ample informé ; puis, le 4, ayant appris le recul du général Roy, il rentra dans les lignes du Havre pendant la nuit[1].

Le recul définitif, du moins on devait le croire tel, des forces françaises réunies sur les deux rives de la Seine, donnait au général de Bentheim, aussi bien qu'à Manteuffel, une tranquillité d'esprit dont ni l'un ni l'autre n'avaient joui jusque-là. La possession de Rouen paraissait désormais sérieusement assurée, et c'est sans aucune crainte que le premier pouvait maintenant donner au second les six bataillons et les deux batteries demandées pour renforcer le corps du général de Gœben. En Normandie, il ne devait plus y avoir dorénavant que des escarmouches sans grande portée entre nos avant-postes et les faibles colonnes volantes que le général de Bentheim, qui conservait lui aussi, et avec plus de raison que nous, une stricte défensive, se bor-

---

1. « Pendant cette sortie d'une dizaine de jours, cette colonne mobile fut presque toujours en mouvement; mal vêtus, mal chaussés, sans distributions de vivres régulières, bivouaquant sur la neige par un froid de 12 à 15 degrés, nos soldats rentrèrent au Havre plus que décimés par la maladie ; ils avaient dépensé en détail dans les alertes perpétuelles, les reconnaissances, les marches et contre-marches qu'on leur fit exécuter, une énergie, une patience et une résignation dignes d'un meilleur emploi et d'un autre résultat. » (L. Rolin, loc. cit., page 354.)

naît à envoyer dans les directions du Havre, de Dieppe et de Fécamp. Sur la Somme, au contraire, la lutte n'était pas terminée, ni vaincue la ténacité du général Faidherbe. Là, une bataille sanglante allait encore se livrer, qui ne devait malheureusement ni apporter grand profit à la cause nationale, ni seulement modifier le dénouement fatal dont l'échéance n'était plus hélas! qu'une question de jours.

II. — Opérations sur la Somme du 9 au 19 janvier.

Depuis la bataille de Bapaume, l'armée du Nord était restée au repos, ou à peu près. Faidherbe avait profité de cette inaction pour réorganiser une troisième fois ses corps désagrégés, et apporter à leur constitution certaines modifications réclamées par l'expérience. C'est à ce moment, comme on l'a vu plus haut, qu'il versa dans les régiments de garde mobile un certain nombre d'officiers pris dans l'armée active [1]. De même, il incorpora dans les régiments de marche un dixième environ des contingents du général Robin, dont, en revanche, la division fut dotée d'un certain nombre d'officiers, sous-officiers et caporaux actifs; de cadres, en un mot, dont elle avait grand besoin. Ces mesures, dont le seul inconvénient était de venir trop tardivement, ne se trouvaient peut-être pas en complet accord avec les décrets de la Délégation sur la matière; elles ne s'en imposaient pas moins pour donner à l'armée un peu de cette homogénéité dont le défaut avait jusque-là été si flagrant. Le général en chef s'était également préoccupé de parer dans la mesure du possible aux inconvénients résultant de la multiplicité des modèles d'armes en service, et il avait donné des ordres pour que dans chaque corps les fusils fussent désormais d'un modèle uniforme. Enfin, il s'était occupé avec la plus complète sollicitude des améliorations à apporter à l'équipement,

---

1. Voir page 91, *note* 1.

à l'habillement et aux subsistances. Mais, sous ces divers rapports, les progrès, dont malheureusement l'avancement dépendait de tant de circonstances échappant à son action, étaient plus lents qu'il ne l'aurait voulu. Néanmoins, tant d'énergie n'avait pas été dépensée en pure perte, car l'aspect de cette armée si vigoureusement remaniée justifiait maintenant, et au delà, les inquiétudes que les Allemands ressentaient à chacun de ses retours offensifs.

Ignorant encore, le 9, le triste dénouement du drame de Péronne, le général Faidherbe jugea le moment venu de reprendre vers la place le mouvement si fâcheusement interrompu cinq jours avant, et porta, dès le lendemain, toutes ses forces en avant. Elles vinrent ce jour-là s'établir à quelques kilomètres de Bapaume, le long d'une ligne convexe allant d'Ayette, sur la route d'Arras à Amiens, à Courcelles-le-Comte, par Ervillers. Pendant la nuit, une reconnaissance de la division Derroja enleva, dans Behagnies, un des postes de la 3ᵉ division de cavalerie, qui, suivant des ordres dont on verra plus loin la teneur, se repliait sur Albert. Le lendemain, la division Derroja occupa Bapaume, et la division du Bessol poussa jusqu'à Bucquoy, tandis que le 23ᵉ corps suivait le mouvement en arrière. Mais la marche des Français s'arrêta là ; le général Faidherbe venait d'apprendre la chute de Péronne, à laquelle il était certainement loin de s'attendre, et ce douloureux événement détruisait d'un coup tous ses projets. L'offensive directe n'avait plus de raison d'être, car l'obstacle formé par la Somme ne pouvait être attaqué de front avec chance de succès. C'était donc tout un nouveau plan d'opérations qui s'imposait, et Faidherbe, pris ainsi au dépourvu, avait besoin de pas mal de réflexion avant d'agir d'une façon quelconque. L'armée française se trouvait donc encore une fois condamnée à l'inaction.

Sur ces entrefaites, un changement d'importance s'était opéré dans le haut commandement ennemi. Le 7 janvier, le général de Manteuffel, appelé à la direction des opérations dans l'Est, avait laissé le commandement de la Ire armée au général de Gœben, et tout naturellement celui-ci s'était empressé de revenir à son idée première, qui était de se retirer tout uniment derrière la Somme, pour y attendre les événements. Il n'avait pas à vrai dire mieux à faire, étant donné que maintenant les points de passage de la rivière étaient tous aux mains des Allemands et leur permettaient de déboucher vers le nord au premier besoin ; on laisserait d'ailleurs, sur la rive droite, d'assez forts détachements destinés à observer les Français, mais sans engager d'affaire sérieuse[1]. Par suite, la 3e division de cavalerie fut repliée sur Albert ; derrière elle, les ponts de la Somme entre Daours et Corbie étaient gardés par trois bataillons et une batterie, tandis qu'en travers de la route d'Amiens à Querrieux, étaient postés deux bataillons et une batterie. La 15e division se cantonna sur la rive gauche, tout en tenant Bray ; la 16e, avec la 3e division de réserve, s'établit entre Péronne et Roisel, où était la 3e brigade de cavalerie de réserve. A Saint-Quentin, la cavalerie saxonne gardait le flanc droit. Enfin, on appelait à Amiens, pour en renforcer la garnison, un régiment et deux batteries du Ier corps, qui partirent de Rouen le 14, avec des convois de vivres et de munitions, mais n'arrivèrent que le 16 ou le 17.

En face de ces troupes, le général Faidherbe était assez perplexe sur le parti à prendre. Un moment, il avait eu l'idée de reconquérir, par un coup de main, Péronne, dont la garnison n'était pas très forte[2], et que ses fossés complètement gelés semblaient ne protéger qu'insuffisamment. Mais il dut bientôt renoncer à ce projet, le dégel étant survenu[3]. Il songea alors à marcher sur Amiens, et mit son armée en route, le 14, dans la direction d'Albert ; la division Derroja avait

---

1. *La Guerre franco-allemande*, 2e partie, page 915.
2. Cette garnison comprenait deux bataillons, une compagnie de pionniers et deux compagnies d'artillerie à pied. Le matériel de siège devenu disponible avait été dirigé sur Paris.
3. Axel de Rappe, *Campagne de l'armée française dans le Nord.* — P. Lehautcourt, *loc. cit.*, page 193.

ordre d'atteindre cette ville, et les autres de s'échelonner en arrière jusqu'à Bapaume. Lorsque, vers midi, les têtes de colonnes françaises apparurent devant Albert, les troupes prussiennes qui occupaient la ville se hâtèrent de l'évacuer pour se replier partie sur Querrieux (infanterie), partie sur Beaucourt et Fréhencourt (3e division de cavalerie)[1]. La menace paraissait si grave que tous les ponts de la Somme furent détruits[2], et que des troupes tirées de la garnison d'Amiens, réduite ainsi à deux bataillons[3], furent envoyées à Querrieux, pour renforcer les contingents qui barraient le débouché de l'Hallue. Mais ce n'était encore là qu'une fausse alerte ; car un incident allait survenir, qui devait donner aux opérations un cours diamétralement opposé à celui qu'elles paraissaient suivre depuis deux jours[4].

Le général Faidherbe venait en effet de recevoir, à son quartier général de Pozières, un télégramme envoyé de Bordeaux par M. de Freycinet, où il était question d'une tentative suprême préparée par l'armée de Paris pour forcer le blocus. Le délégué à la guerre y montrait la situation générale sous un jour sombre, mais vrai ; l'armée de la Loire hors de cause, celle de l'Est occupée à une opération dont on espérait beaucoup, mais qui

---

1. Albert était occupé primitivement par la 3e division de cavalerie, qui, dans la nuit du 12 au 13, l'évacua sur une fausse alerte. Il fut réoccupé le 13 par trois bataillons, un escadron et demi et une batterie, aux ordres du général de Memerty, chef de la 3e brigade et commandant des troupes du Ier corps détachées sur la Somme. Ce même jour, la 3e division de cavalerie avait pris position en arrière et à gauche, entre Contay et Acheux.
2. *La Guerre franco-allemande*, 2e partie, page 918. — On y laissa cependant des détachements d'infanterie.
3. Dont un de landwehr. — Elle comprenait, en outre, un escadron, une compagnie d'artillerie de place et une de pionniers.
4. Il se produisit, le 13, un incident assez piquant et qui rappelle les habitudes des guerres d'autrefois. Une patrouille allemande avait capturé, à Puiseux, cinq dragons français. L'un de ceux-ci déclara qu'il était l'ordonnance du général Faidherbe, et que le cheval qu'il montait était la propriété du commandant en chef. Aussitôt le général de Gœben s'empressa de restituer cheval et cavalier au général Faidherbe, avec une lettre courtoise. Or, le dragon avait menti, et Faidherbe, ne voulant pas être en reste avec son adversaire, renvoya l'homme et la monture au général prussien. (Von Schell, *loc. cit.*, page 98. — H. Daussy, *loc. cit.*, page 245.)

était exclusive de toute autre intervention ; enfin celle du Nord seule en état de tenter une diversion nécessaire. Le moment étant arrivé d'agir vigoureusement, il fallait donc que cette dernière attirât sur elle la partie la plus forte possible des troupes allemandes de blocus, ou tout au moins empêchât celles-ci de recevoir du renfort. Le gouvernement laissait d'ailleurs toute liberté d'action au général Faidherbe, et pleine latitude pour suivre ses inspirations personnelles. Dans ces conditions, aucune hésitation n'était permise sur l'obligation de frapper un coup de vigueur ; mais on pouvait demeurer perplexe au sujet du point où il y avait lieu de le frapper. Continuer la marche sur Amiens était dangereux, d'abord parce qu'en présence des dispositions prises par l'ennemi, tant sur la Somme que sur l'Hallue, il ne paraissait guère possible de forcer le passage de ces rivières ; ensuite parce qu'on risquait, en s'avançant davantage, d'être pris en flanc par les forces allemandes groupées derrière la Somme, entre Bray et Péronne. A la vérité, on aurait pu tenter un mouvement vers Abbeville, et essayer d'aller par là menacer le chemin de fer de Rouen ; mais alors on s'éloignait beaucoup des places fortes qui servaient à la fois de base d'opérations et de refuge, et on courait le risque, en cas d'échec, de se voir acculé à la mer. Restait la direction de l'Oise, sur laquelle on s'était déjà une première fois engagé, pas assez franchement à la vérité, et qui avait le double avantage de ne pas être trop excentrique et de menacer des communications dont l'ennemi avait plus que jamais besoin. Faidherbe jugea qu'il n'avait pas mieux à faire, pour répondre à l'invitation du gouvernement, que de s'y porter au plus vite. Il espérait pouvoir se dérober au général de Gœben par quelques marches forcées vers l'est et le sud-est, et arriver rapidement au sud de Saint-Quentin, où sa présence, très dangereuse pour la voie ferrée qui constituait la principale artère de l'ennemi, devait infailliblement attirer l'attention et une partie des forces de celui-ci. Si ces forces étaient trop supérieures, il se rabattrait alors vers les places du Nord, sous la protection desquelles il pourrait accepter la lutte

Sans doute, une semblable retraite serait périlleuse. Il espérait pouvoir l'entamer à temps[1].

Ce projet, s'il était séduisant au premier abord, avait malheureusement pour base des calculs inexacts. Car, d'une part, il exigeait pour réussir que la marche de l'armée du Nord pût s'exécuter jusqu'au bout sans être éventée soit par la cavalerie, soit par les espions de l'ennemi ; faute de quoi, elle risquait de se trouver arrêtée par une simple attaque de flanc. D'autre part, nos troupes avaient à parcourir, pour atteindre leur objectif, l'arc d'un cercle dont leur adversaire tenait la corde ; elles ne disposaient que de chemins en mauvais état, tandis que les Allemands pouvaient gagner Saint-Quentin par la grande chaussée presque droite qui joint cette ville à Amiens par Villers-Carbonnel ; enfin les soldats de Faidherbe, si dévoués qu'ils pussent être, ne présentaient ni une résistance ni une aptitude à la marche comparables à celles des hommes éprouvés du général de Gœben. Il était donc à craindre qu'aussitôt fixés sur les intentions de l'armée du Nord, ce dernier ne lançât à sa poursuite tout ce qu'il avait de forces disponibles, et ne l'atteignît avant qu'elle fût arrivée sur les points où elle pouvait devenir dangereuse ; c'était alors pour nous une bataille à livrer, mais une bataille de surprises pour ainsi dire, et où il ne serait loisible de choisir ni le terrain, ni même probablement le dispositif. C'était une lutte à soutenir dans les pires conditions matérielles et morales, et dont le résultat ne pouvait être douteux. Si le général Faidherbe, au lieu de venir des plaines de Bapaume, eût débouché directement de ses cantonnements de la Scarpe ou des rives de l'Escaut, sa tentative contre les communications allemandes eût présenté certaines chances de succès ; mais la longue marche de flanc qu'il allait entreprendre à portée de son adversaire comportait pour réussir trop d'aléas, et était certainement beaucoup plus périlleuse qu'une attaque directe contre les troupes chargées de protéger Amiens. Ceci dit unique-

---

1. Général Faidherbe, *loc. cit.*, page 59.

ment pour expliquer les événements qui vont suivre et nullement pour porter un jugement critique sur une détermination à laquelle les difficultés du moment suffiraient à servir d'excuse, s'il en était besoin. Poussé par la nécessité et imbu d'une foi dont l'ardeur manquait alors à tant d'autres, Faidherbe adoptait le parti qui lui semblait le plus fécond, malgré ses difficultés, malgré ses dangers. De ceux-ci, il espérait triompher par son énergie, comme il croyait pouvoir, par sa rapidité, donner le change à ceux qui le guettaient ; dans la grosse partie qu'il allait jouer, ce n'est ni la volonté ni le dévouement qui lui ont fait défaut.

Dès le 15, son plan était arrêté ; mais, pour maintenir son adversaire dans l'indécision, il fit exécuter quelques reconnaissances destinées à prolonger l'illusion de ceux qui le croyaient en mouvement vers Amiens. La division Derroja fit mine de tâter, vers Bray, les passages de la Somme ; la division du Bessol agit de même sur l'Hallue ; la cavalerie se porta vers Corbie[1]. En même temps, des ordres étaient donnés pour la marche vers l'est ; le 23e corps devait se porter le lendemain de Bapaume sur Vermand et Pœuilly ; le 22e, d'Albert sur Hancourt[2], en passant par Combles. Le 17, l'armée, traversant Saint-Quentin, atteindrait l'Oise, où de nouvelles dispositions seraient prises. Faidherbe voulait aussi, et avec raison, attirer à lui toutes les troupes disponibles dans la région du Nord ; à la brigade Isnard, alors réunie sous Cambrai, il donnait l'ordre de se porter sur Saint-Quentin, où elle le rejoindrait le 17. Quant à la brigade Pauly[3], formée depuis quelque temps à Arras avec des mobilisés du Pas-de-Calais, elle avait été, dès le 13, appelée auprès d'Albert et jointe à l'armée. Celle-ci devait en conséquence compter 27 bataillons de ligne, 23 de mobiles, 24 de mobilisés et 100 pièces de canon[4], avec 6 escadrons.

1. Cette cavalerie venait d'être renforcée de deux escadrons de dragons.
2. A 7 kilomètres ouest de Vermand, sur la route de Péronne.
3. Le général auxiliaire Pauly était capitaine du génie.
4. H. Daussy, *loc. cit.*, page 250.

Pendant ce temps, le général de Gœben s'était tenu sur la réserve. Bien couvert derrière la Somme infranchissable [1], il avait pris, comme on l'a vu, des dispositions efficaces pour protéger Amiens, et se préparait à déboucher sur le flanc de l'armée du Nord si celle-ci persévérait dans son mouvement primitif. Mais d'autre part, étant donnée la nouvelle tactique que Gambetta paraissait avoir adoptée contre les communications allemandes [2], il ne considérait nullement comme improbable la menace d'un brusque changement de direction des forces françaises, et gardait l'œil ouvert sur Saint-Quentin. Dès le 15, il avait ordonné au général de Barnekow d'envoyer de Péronne des reconnaissances sur Bapaume, pour savoir quelles forces nous pouvions avoir en arrière de celles qui étaient signalées sur Albert [3]. Puis, à toute éventualité, il avait, comme Faidherbe, appelé à lui le plus de troupes disponibles, « chaque homme lui paraissant indispensable pour les opérations attendues prochainement [4] ». Les garnisons d'Amiens, Ham et Péronne furent relevées par quatre bataillons de landwehr, envoyés par M. de Moltke, et rejoignirent au fur et à mesure leurs corps respectifs ; seule, La Fère conserva un bataillon actif [5]. La garde des voies ferrées fut également confiée à la landwehr, preuve que les Allemands se rendaient compte que la meilleure manière d'assurer leurs communications et leurs points d'appui était de refouler l'adversaire en rase campagne ; enfin on activa l'arrivée des troupes du Ier corps, envoyées de Rouen, où le général de Ben-

---

1. « La rivière était gelée ; mais les Prussiens, qui avaient soin de manœuvrer les écluses, abaissaient et relevaient alternativement les eaux pour que la glace ne fût pas en état de porter. (H. Daussy, *loc. cit.*, page 241.)
2. Le mouvement du général Bourbaki vers l'Est était déjà commencé.
3. Von Schell, *loc. cit.*, page 102.
4. *Ibid.*, page 103.
5. *Ibid.* — « Dans les instructions venues du grand quartier général le 12, il avait été prescrit de se préparer à faire sauter les ouvrages d'Amiens et de Péronne, s'il était possible de le faire sans causer trop de dommages aux constructions privées. Cette mesure fut différée aussi longtemps que l'on trouva dans ces places un point d'appui pour l'armée, et elle ne fut même jamais exécutée, *bien que tout ait été préparé* dans ce but. » (*Ibid.*)

theim ne gardait que les forces jugées strictement suffisantes pour assurer la possession de la ville. Une fois rejoint par tous ces renforts, Gœben devait se trouver à la tête de 47 bataillons, 52 escadrons et 161 pièces, forces avec lesquelles il espérait, comme il l'écrivait à M. de Moltke, « atteindre à temps l'armée française si elle se portait sur les communications allemandes, et la prendre en flanc pendant sa marche pour la mettre dans une situation stratégique très défavorable[1] ». En attendant, il la faisait observer. Le général de Barnekow lui ayant signalé, le 16, un mouvement exécuté de Cambrai vers Saint-Quentin par des troupes qui n'étaient autres que la brigade Isnard, il eut un premier soupçon de la réalisation de ses conjectures ; cependant il ne prit encore aucune mesure, attendant d'être plus complètement fixé. Mais il suffisait qu'il fût ainsi mis en éveil pour que la marche de l'armée du Nord, opérée sans aucun masque, eût déjà perdu toute chance d'aboutir.

Cette marche débuta d'ailleurs fort mal ; les troupes, parties en général très tard de leurs cantonnements, avaient trouvé les chemins couverts de verglas ; les soldats n'avançaient qu'avec peine et étaient au surplus obligés de s'atteler aux voitures pour leur faire gravir les côtes[2]. Au lieu de 25 kilomètres qu'il avait à franchir, le 22ᵉ corps qui tenait la tête, ne put en faire que beaucoup moins, et ne dépassa pas les environs de Sailly-Saillisel. C'était là un retard d'autant plus fâcheux, que le succès escompté pouvait être obtenu seulement par une excessive rapidité. Cependant Faidherbe crut devoir persévérer ; il ordonna que, le lendemain 17, le 22ᵉ corps irait cantonner sur la ligne Vermand-Pœuilly en suivant l'itinéraire Templeux, Marquaix, Bernes, et que le 23ᵉ, marchant par la route de Ba-

---

1. Les forces du général de Gœben se décomposaient ainsi : VIIIᵉ corps d'armée ; 3ᵉ division de réserve et brigade de cavalerie de la Garde ; 3ᵉ division de cavalerie ; détachement du Iᵉʳ corps (12 bataillons et 6 batteries) ; 12ᵉ division de cavalerie (avec un bataillon de chasseurs saxons et deux batteries).
2. H. Daussy, *loc. cit.*, page 259.

paume-Fins, s'arrêterait un peu plus au nord. Le mouvement ordonné ainsi au 22ᵉ corps l'aurait amené, à proprement parler, au milieu même des avant-postes de la 16ᵉ division prussienne, si celle-ci, par suite d'une circonstance que l'on verra plus loin, n'avait abandonné brusquement ses positions.

Jusqu'au 16, le général de Gœben était demeuré dans l'incertitude. Quelques instants après avoir été informé par Barnekow du mouvement de la brigade Isnard, il recevait de la 3ᵉ division de cavalerie l'avis que des forces françaises importantes se montraient sur l'Hallue; ne sachant dans laquelle de ces directions se trouvait la masse principale, il prépara alors une attaque concentrique contre Albert avec la 15ᵉ division, et ordonna à la 16ᵉ de se porter sur le flanc des colonnes qui semblaient se diriger vers Saint-Quentin. Mais il ne tarda pas à recevoir de nouveaux rapports, qui, cette fois, levèrent tous ses doutes. Le 16, en effet, la brigade Isnard était entrée dans Saint-Quentin, que la cavalerie saxonne évacua sans combat, en abandonnant même plusieurs voitures de vivres ou d'effets[1]. Dans la soirée, on apprit par un officier d'artillerie de la mobile, fait prisonnier à Fins, que trois bataillons français avec deux batteries devaient, le même jour, venir cantonner à Sorel[2]. Puis, le lendemain matin 17, un officier de uhlans rendit compte que les fractions de la 3ᵉ division de cavalerie dirigées le 16 sur Albert avaient trouvé la ville évacuée. Enfin, pendant toute la journée, les patrouilles opérant devant le front de la 16ᵉ division constatèrent certains mouvements de troupes qui décidèrent le général de Barnekow à renforcer la garnison de Vermand, et à resserrer sur leur droite ses divers éléments. Le rapprochement de tous ces indices montrait clairement que

---

1. P. LEHAUTCOURT, *loc. cit.*, page 201. — Le rapport adressé par le comte de Lippe sur l'événement contient ces mots : « Comme il n'était pas possible de défendre la ville avec un bataillon, elle a dû être évacuée. Dans ce mouvement, nous avons perdu environ 20 hommes et autant de chevaux, par le fait des habitants. »

2. *La Guerre franco-allemande*, 2ᵉ partie, page 920. — Sorel est au sud de Fins.

l'armée française avait abandonné sa direction première, pour prendre celle de Saint-Quentin.

Fixé maintenant sur nos projets, le général de Gœben avait à choisir entre deux partis : ou bien laisser l'armée du Nord s'engager complètement entre la Somme et l'Oise et jeter sur ses derrières, entre Saint-Quentin et Cambrai, toutes les forces allemandes, de façon à la couper des places du Nord ; ou bien, ce qui était peut-être moins séduisant, mais certainement plus prudent et plus sage, se borner à l'attaquer en flanc, sans pour cela découvrir les communications avec le blocus de Paris. C'est le dernier que Gœben adopta ; et, par suite, il se trouva amené à se porter sur Saint-Quentin par les deux rives de la Somme. La cavalerie saxonne, qui s'était repliée sur Ham, reçut l'ordre de gagner, le 17, Flavy-le-Martel, tandis que la 3ᵉ division de réserve avec la brigade de cavalerie de la Garde irait à Nesle, et que la 15ᵉ division, accompagnée de l'artillerie de corps, se porterait sur Villers-Carbonnel, d'où elle jetterait un bataillon à Brie pour s'assurer du débouché de la rivière. D'autre part, la 16ᵉ division s'était, le même jour, repliée sur Ham, devant la menace, qu'elle s'était trop exagérée, du mouvement de la brigade Isnard.

L'armée allemande se trouvait donc concentrée dans un espace restreint, mais la retraite de la 16ᵉ division sur Ham avait sauvé d'un grave danger les colonnes françaises du 22ᵉ corps, que leur direction de marche amenait presque au milieu de ses anciens emplacements[1]. Cette circonstance était ignorée du général de Gœben, qui comptait le lendemain poursuivre son mouvement de la façon suivante : à gauche, la 15ᵉ division, accompagnée des troupes du Iᵉʳ corps et de la 3ᵉ division de cavalerie[2], marcherait vers Vermand et Saint-Quentin

---

1. Le général de Gœben, au reçu de la nouvelle de l'approche de la brigade Isnard, avait envoyé, le 16, au général de Barnekow l'ordre de se porter sur le flanc de cette brigade, et de l'attaquer. Non seulement l'ordre ne parvint pas à destination, mais Barnekow, croyant avoir devant lui des forces imposantes, suivit la cavalerie saxonne dans sa retraite sur Ham.
2. Ces contingents étaient aux ordres du général von der Grœben ; le général de Memerty commandait l'infanterie, le général de Dohna la cavalerie. Ils avaient cantonné, le 16, à Cléry-sur-Somme.

avec ordre de reconnaître seulement les Français s'ils étaient en position, de les poursuivre s'ils faisaient mine de remonter vers le nord, de les attaquer en flanc et en queue, s'ils continuaient à marcher vers le sud. A droite, la cavalerie saxonne, contournant Saint-Quentin, devait pousser jusqu'à l'Oise, vers Moy et Vandeuil; enfin la 16ᵉ division et la 3ᵉ division de réserve restaient entre Ham et Jussy, prêtes à être employées suivant les circonstances[1]. Le général de Gœben gardait avec lui comme réserve les dernières troupes du Iᵉʳ corps arrivées de Rouen (1 régiment et deux batteries aux ordres du colonel de Bœching)[2]; pour remplacer à Amiens ces contingents, il appela encore de Rouen un régiment et une batterie, qui arrivèrent le 18 et le 19[3]. De plus, il recevait avis qu'à cette même date, une brigade d'infanterie serait mise à sa disposition, à Tergnier, par l'armée de la Meuse. On voit combien les forces allemandes allaient se trouver supérieures à la malheureuse armée du Nord.

Tandis que l'ennemi faisait ces préparatifs redoutables, le général Faidherbe avait continué son mouvement, et, le 17 au soir, ses troupes s'étaient établies, après une marche des plus pénibles, sur deux lignes, dont la première allait de Vermand à Caulaincourt[5]. Pendant

---

1. *La Guerre franco-allemande*, 2ᵉ partie, page 922. — A la 3ᵉ division de réserve était rattachée la brigade de cavalerie de la Garde, tandis que la 3ᵉ brigade de cavalerie de réserve marchait avec la 15ᵉ division.
2. Voir plus haut, page 180.
3. On se rappelle qu'à ce moment, le XIIIᵉ corps (grand-duc de Mecklembourg) venait d'être dirigé d'Alençon sur la basse Seine. Son arrivée à Rouen permettait d'emprunter sans difficulté de nouveaux contingents au général de Bentheim.
4. Emplacements occupés par les troupes françaises le 17 au soir :

22ᵉ corps	division *Derroja* :	Caulaincourt et Vermand.
	— du *Bessol* :	Pœuilly, Hancourt et Bernes.
23ᵉ corps	— *Payen* :	Vendelles.
	— *Robin* :	Épeby, plus au nord.

La brigade *Pauly* atteignait Bertincourt; la brigade *Isnard* occupait Saint-Quentin. — « Le dégel avait commencé le matin et créait à la marche des obstacles nouveaux; les chemins étaient défoncés, les vallées inondées, hommes et chevaux trempés d'une eau glaciale. On n'arriva encore qu'à la nuit dans les cantonnements. Les hommes mouraient de faim; ils n'avaient pas eu le temps de faire la soupe,

la journée, quelques légères escarmouches s'étaient produites entre nos troupes et les détachements laissés en arrière par la 16° division ; c'est ainsi qu'en débouchant de Templeux, la division Derroja eut affaire à des contingents qui occupaient Emicourt et qu'elle refoula vers le sud; de même, près de Vermand, la brigade Aynès se trouva un instant aux prises avec un bataillon ennemi, accompagné d'un escadron et de deux pièces. En dépit de ces incidents significatifs, Faidherbe ordonna que, le lendemain 18, le 22° corps, marchant par Caulaincourt et Beauvois, irait franchir la Somme à Grand-Séraucourt, pour venir prendre position au sud de Saint-Quentin, tandis que le 23° rejoindrait dans la ville la brigade Isnard. La division Robin avait ordre de cantonner à Bellenglise, sur la route de Cambrai, et la brigade Pauly de se porter à Lempire, au sud-est d'Épehy. Toutes deux étaient chargées de protéger la ligne de retraite éventuelle vers le nord. En résumé, l'armée française persistait dans une opération désormais impraticable, étant données les précautions prises par les Allemands ; mais il faut convenir que ceux-ci avaient, de leur côté, adopté un dispositif assez étrange, car leur séparation en deux groupes éloignés de plus de 10 kilomètres l'un de l'autre et sans liaison aucune constituait une imprudence qui ne pouvait se justifier par rien.

Combats de Pœuilly et de Vermand. — Le 18 donc, dans la matinée, le 22° corps s'ébranla dans la direction de Beauvois et marcha vers la Somme. Déjà la brigade Pittié, qui était en tête, avait franchi la rivière à Grand-Séraucourt, et la brigade Fœrster, qui formait l'arrière-garde, s'engageait dans Beauvois, quand tout à coup, vers dix heures et demie, la canonnade retentit du côté de Tertry et des obus vinrent tomber sur les maisons sud de Caulaincourt. C'était la 29° brigade allemande qui, voyant défiler devant elle nos colonnes qu'aucune

---

et, ne pouvant manger leur viande crue, ils l'avaient jetée, se contentant de leur pain. Ils arrivèrent au gîte d'étape harassés, mouillés jusqu'aux os et transis de froid. » (H. DAUSSY, *loc. cit.*, page 259.)

mesure ne protégeait sur leur flanc droit, les faisait attaquer par son avant-garde[1]. Tandis qu'un bataillon prussien marchait droit sur Trefcon, pour couper de la colonne un long convoi qui suivait celle-ci, et qui, dans le moment, atteignait ce village, deux escadrons de hussards se jetaient sur les voitures et en dispersaient l'escorte[2]. En un instant, le désordre fut à son comble ; une partie des voitures culbutèrent, d'autres rétrogradèrent en hâte à travers Caulaincourt. Il fallut, pour mettre un terme à la débandade, qu'un autre bataillon de mobiles (de la Somme et de la Marne) intervînt par un feu rapide qui fit tourner bride aux cavaliers allemands et les obligea à se replier sur leur infanterie en abandonnant une partie de leur butin et de leurs prisonniers[3].

Cependant, au tumulte de cette surprise, le colonel Fœrster avait fait demi-tour avec sa brigade, et marché à l'ennemi, dont l'avant-garde (1 régiment et 3 batteries) prenait position à Trefcon. Il fut tenu en échec par l'artillerie allemande, très supérieure à la sienne, et ne put gagner que peu de terrain au nord de Beauvois. De son côté, le général du Bessol, accouru de Roupy, avait déjà arrêté sa 2ᵉ brigade (de Gislain), et fait avertir le général Derroja de ce qui se passait ; c'est-à-dire qu'une simple affaire d'arrière-garde, entamée faute de précautions suffisantes, entravait le mouvement tout entier du 22ᵉ corps[4]. Quant aux troupes du colonel Fœrster, elles étaient toujours à peu près stationnaires, et se bornaient à diriger sur les batteries allemandes un feu de tirailleurs assez nourri. Voulant éloigner cette fusillade gênante, les Allemands lancèrent entre Trefcon et Beauvois un bataillon qui nous força à reculer ; après

---

1. La 15ᵉ division prussienne marchait dans l'ordre suivant : à droite, la 30ᵉ brigade, qui avait passé la Somme à Saint-Christ, se dirigeait par Devise sur Tertry et Étreillers ; à gauche, la 29ᵉ venait par Brie et Estrées-en-Chaussée sur Tertry, où elle devait se mettre à la suite de la 30ᵉ. (*La Guerre franco-allemande*, 2ᵉ partie, page 923.)
2. Un bataillon de mobiles du Gard.
3. *La Guerre franco-allemande*, 2ᵉ partie, page 923. — Les hussards avaient perdu 15 hommes et 29 chevaux.
4. Seule la brigade Aynès, partie de Vermand, par la grande route de Saint-Quentin, avait pu arriver dans cette ville sans être inquiétée

quoi, on continua, de part et d'autre, à tirailler devant soi. Enfin, le général du Bessol voyant, vers deux heures et demie, que résister plus longtemps serait faire le jeu d'un ennemi qui ne paraissait nullement manifester l'intention de s'engager à fond, ordonna de rompre le combat et de reprendre la marche. L'incident eut donc pour conséquence, en ce qui concerne le 22e corps, d'abord la dispersion de son convoi, puis l'arrivée des troupes à une heure très tardive dans leurs cantonnements. Il devait en avoir d'aussi fâcheuses pour le 23e.

On se rappelle que celui-ci dirigeait sa division de tête (Payen) de Vendelles sur Saint-Quentin par Vermand. Au bruit du canon, cette division s'était arrêtée aussi et la brigade Michelet avait marché droit sur Caulaincourt, tandis que la brigade de Lagrange prenait le chemin de Pœuilly. Comme si ce n'était pas assez du 22e corps, voici maintenant que la moitié du 23e déboîtait de sa ligne de marche; les convois de ce dernier corps continuaient seuls leur route sur Saint-Quentin.

Des hauteurs d'Estrées-en-Chaussée, où il était arrivé vers onze heures et demie avec la 30e brigade, le général de Kümmer voyait très bien tous ces mouvements; pour couvrir la gauche de la 29e brigade, il ordonna aussitôt au général de Strubberg de jeter le 8e bataillon de chasseurs dans la ferme de Cauvigny[1]. Mais un nouveau et important renfort allait lui arriver, et débouchait déjà même entre Estrées et Pœuilly; c'étaient les troupes du général von der Grœben. Arrivé à midi à Doingt, celui-ci avait entendu la canonnade de Tertry; obéissant alors à des instructions précédemment reçues, il avait prescrit tout d'abord au général de Memerty d'aller immédiatement prolonger, au sud-est d'Estrées, la gauche de la 15e division; mais, après s'être rendu compte de la véritable orientation du combat, il venait de modifier cette direction première, et d'engager Memerty sur la chaussée romaine pour le porter droit sur

---

[1]. A 1,500 mètres au nord-est de Tertry, sur le chemin de Caulaincourt.

Pœuilly, occupé par nous depuis un instant[1]. En même temps il envoyait vers Hancourt et Soyécourt les cavaliers du général de Dohna (9 escadrons et 2 pièces), avec mission de menacer nos derrières et de nous prendre, si possible, à revers. Mais avant que ces troupes diverses aient fait sentir leur action, la lutte avait repris, avec une grande vivacité, du côté de Caulaincourt.

Dans ce village, le colonel Michelet avait mis deux bataillons de fusiliers marins, qui recueillirent le convoi en déroute du 22° corps et son bataillon d'escorte. Au nord, sur le plateau, étaient un régiment de mobiles du Nord et le 19° bataillon de chasseurs, déployés le dos à Pœuilly; enfin un bataillon de fusiliers marins, posté dans le bois à l'est, servait de réserve. Vers une heure, le bataillon de chasseurs prussiens qui était à la ferme de Cauvigny marcha sur Caulaincourt, suivi d'un bataillon du 68°; mais, vigoureusement accueilli par nos troupes du plateau, il dut s'arrêter bien vite. Une lutte à coups de fusil s'engagea alors, qui se prolongea longtemps, répercutée par les échos de la vallée avec un grossissement tel, qu'en l'entendant, une partie des bataillons du général de Memerty, en marche sur Pœuilly, s'empressèrent d'accourir. Les mobiles du Nord et le 19° chasseurs, une partie même des défenseurs de Caulaincourt durent changer de front pour leur faire face, en sorte que ce qui restait de ces derniers ne tarda pas à être bousculé par l'attaque enveloppante du 68° prussien et des chasseurs rhénans. A trois heures, le village tombait tout entier aux mains de l'ennemi, qui y capturait une centaine de prisonniers et 14 voitures de vivres.

Presque au même moment, le général de Memerty faisait attaquer Pœuilly, que tenaient la brigade de Lagrange, répartie entre ce point et Soyécourt, et une partie des troupes chassées de Caulaincourt. Après une préparation exécutée par quatre batteries prussiennes, auxquelles ne répondait qu'une seule des nôtres[2], un

---

1. Le général de Memerty disposait de 8 bataillons, 7 escadrons et 28 pièces. (*La Guerre franco-allemande*, 2° partie, page 924.)
2. Les deux autres batteries de la division Payen étaient restées

régiment tout entier fondit sur le village à moitié incendié, et s'en empara. Nos soldats, laissant aux mains de l'ennemi beaucoup de prisonniers, reculèrent sur Vermand, tandis que deux escadrons de uhlans qui, débordant Pœuilly par le nord, avaient atteint le ravin entre Fléchin et Soyécourt, sabraient un bataillon du 47° mobiles, surpris en pleine retraite; il est juste d'ajouter que quelques compagnies de ce bataillon s'étant ressaisies, firent tête aux cavaliers prussiens, leur mirent hors de combat un officier (tué), 10 hommes et 17 chevaux et les obligèrent à tourner bride sans plus de retard[1]. Pendant ce temps, les soldats de Memerty avaient essayé de nous poursuivre; en débouchant devant Vermand, ils aperçurent dans la plaine, en face d'eux, la division Payen tout entière, qui s'était reformée et faisait bonne contenance. Ils s'aperçurent d'autre part que Soyécourt, qu'ils croyaient évacué, ne l'était pas; enfin, au nord de ce point, du côté de Vendelles, ils virent la division Robin qui se déployait. La cavalerie du général de Donha n'avait rien fait, ni sur notre droite ni sur nos derrières, et le général de Memerty dut s'arrêter.

Déployant ses troupes à l'est de Pœuilly, il engagea alors avec la division Payen un combat de mousqueterie qui ne donna point de résultat, et au cours duquel il fut lui-même grièvement blessé[2]. Vers quatre heures, la cavalerie prussienne apparut enfin au nord de Soyécourt et envoya quelques obus à la division Robin; c'était trop tard. La nuit tombait et le général von der Grœben n'eut plus autre chose à faire qu'à rassembler son monde autour de Pœuilly. Le commandant Payen voulut l'y suivre; des retours offensifs l'en empêchèrent, et d'ailleurs il sentait la nécessité de reprendre sa marche déjà trop retardée. A cinq heures le combat était terminé partout.

à l'ouest de Vermand, où elles essayaient vainement de gravir un monticule inaccessible. (H. DAUSSY, *loc. cit.*, page 273.)
1. *La Guerre franco allemande*, 2° partie, page 926.
2. Le général de Memerty fut remplacé dans le commandement du détachement du 1ᵉʳ corps par le colonel de Massow, du 1ᵉʳ grenadiers.

A ce moment arrivait à Vermand la brigade Aynès, que le général Faidherbe amenait de Saint-Quentin[1]. N'ayant plus rien à faire, elle revint à son point de départ, après une double marche qui l'avait épuisée. Plus heureuse, la brigade Isnard, qui avait été également dirigée sur Vermand, n'eut pas à dépasser Holnon. Quant au 22° corps, il avait atteint la Somme, suivi à distance assez respectueuse par la 15° division prussienne. Celle-ci occupa Beauvois, où elle captura un canon tombé dans une mare et abandonné par ses conducteurs après des efforts infructueux pour le remettre sur roues. A l'extrême aile droite des Allemands, les troupes de Barnekow avaient gagné sans difficulté Jussy et Flavy-le-Martel ; la cavalerie saxonne s'était portée sur l'Oise. Mais pendant ces mouvements on avait constaté l'afflux de troupes françaises importantes vers Saint-Quentin et les villages en aval ; l'arrivée du 22° corps à Grand-Séraucourt était signalée. Toutefois, on était certain que les communications allemandes ne couraient aucun danger, la vallée de l'Oise étant encore absolument libre, et que, par suite, on aurait le temps de s'opposer à la tentative, complètement démasquée maintenant, que les Français voulaient faire de ce côté.

Le 18 janvier au soir, l'armée française, cantonnée dans Saint-Quentin et environs, occupait une ligne convexe, face à l'ouest, de 20 kilomètres environ[2]. A

---

1. Le général Faidherbe s'était porté directement sur Saint-Quentin, où il arriva à onze heures. Ayant appris là, par le curé de Vermand, qu'on se battait à Caulaincourt, il avait réuni les troupes disponibles, et était parti avec elles pour le champ de bataille. Il l'atteignit seulement quand tout était fini.
2. Positions de l'*armée du Nord* le 18 janvier au soir.

22° corps.	Division *Derroja* :	Essigny-le-Grand et Urvillers (brigade Pittié) ; faubourg d'Isle (brigade Aynès).
	— *du Bessol* :	Grand-Séraucourt (brigade Fœrster); Castres et Contescourt (brigade de Gislain).
23° corps.	— *Payen* :	Saint-Quentin.
	— *Robin* :	Vermand, Holnon, Francilly (au lieu de Bellenglise).
	Brigade *Isnard* :	Saint-Quentin et quelques villages au nord.
	— *Pauly* :	Lempire.

l'ouest et très près d'elle, l'armée allemande, encore plus étalée, formait deux groupes séparés par la rivière doublée du canal, et distants l'un de l'autre d'au moins 14 kilomètres[1]. Des deux côtés, les dispositions prises échappent à toute analyse et à toute discussion. Cependant celles des Allemands leur conservaient le bénéfice de l'initiative et la possibilité d'exécuter le lendemain contre leur adversaire une marche convergente, tandis que les nôtres ne répondaient plus à aucun but, à aucun plan d'opérations, et condamnaient l'armée du Nord à la passivité. Imposées par des circonstances dues elles-mêmes à une stratégie vicieuse, elles étaient la conséquence forcée d'une marche entreprise dans les conditions les plus dangereuses et poursuivie sans la plus élémentaire précaution. Cheminer ainsi, malgré les indices les plus significatifs, à proximité de l'ennemi, sans se garder sur le flanc, sans constituer d'arrière-garde, sans mettre la moindre artillerie à la queue d'une colonne qui risquait presque à coup sûr d'être assaillie, constituait plus qu'une imprudence.

Dès le 17, on pouvait s'apercevoir que le projet poursuivi était d'ores et déjà impraticable; il eût donc mieux valu y renoncer délibérément que de s'exposer à une aventure dont la première conséquence était de retarder encore le mouvement. Quand l'armée du Nord arriva, à la nuit, dans ses cantonnements, elle était épuisée; certains de ses éléments avaient parcouru

---

1. Positions de l'armée allemande le 18 janvier au soir :

Au nord de la Somme.	Brigade de cavalerie Dohna : Fléchin. Troupes du 1er corps (colonel de Massow) : Pœuilly et Vraignes. 15e division : Caulaincourt, Beauvois, Tertry.
Au sud de la Somme.	16e division : Jussy, Clastres, Montescourt. 12e division de cavalerie : Moy et Vandeuil (sur l'Oise). 3e division de réserve : Flavy-le-Martel et Saint-Simon. Réserve générale (colonel de Bœcking) : Ham.

double étape, aucun n'avait mangé et il n'était pas possible de songer aux distributions. Non seulement elle n'avait pas atteint l'Oise, où son chef avait espéré la

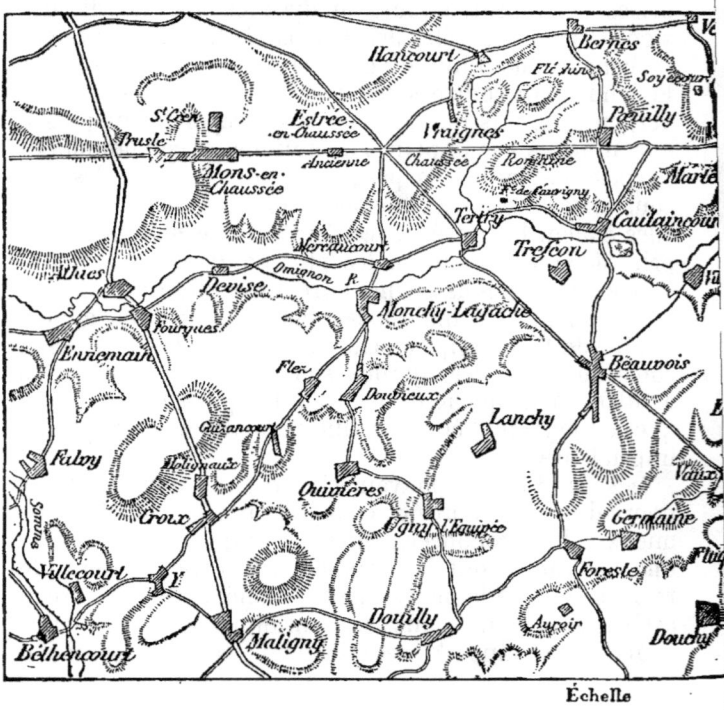

Carte pour servir à l'intelligence

porter à l'insu de l'ennemi, mais elle était même dans l'impossibilité d'y arriver. Par suite, le pénible effort qu'elle venait de fournir ne servait à rien, et sa position même l'exposait à une attaque que son état matériel et moral ne lui permettait guère d'affronter sans péril[1]. Tels étaient les fâcheux résultats d'une combi-

1. Les pertes subies le 18 par l'armée du Nord n'ont jamais été

naison hasardeuse, dont l'exécution s'était poursuivie en dehors des conditions qui seules pouvaient lui assurer quelques chances de succès. Une forte flanc-garde,

nvirons de Saint-Quentin.

jetée vers Tertry, aurait vraisemblablement suffi à contenir un adversaire auquel son dispositif interdisait l'utilisation de toutes ses forces, et qui, d'ailleurs,

exactement évaluées. D'après le général Faidherbe, elles se monteraient à 500 hommes environ ; il paraîtrait cependant qu'à elle seule la division Payen comptait ce chiffre d'hommes hors de combat. En outre, le nombre des éclopés et des traînards était, cela se conçoit, très considérable.

voulait ménager celles-ci [1]; elle eût évité en tous cas à l'armée du Nord et la dépression morale toujours due à la surprise, et cet arrêt, suivi d'un déploiement général sur le flanc droit, par lequel la réalisation, déjà fort problématique, des projets du général Faidherbe était rendue impossible désormais.

III. — Bataille de Saint-Quentin.

Examen de la position française. — Obligé de renoncer à la marche vers l'Oise, le commandant en chef pouvait encore profiter de la séparation des forces prussiennes pour chercher à bousculer avec toutes les siennes celles qui, postées au nord de la Somme, menaçaient sa ligne de retraite, et pour se retirer, avant que l'ennemi ait eu le temps de réunir ses deux tronçons, vers les places du Nord ou sur une position qui, protégeant sa ligne de communication, lui eût permis d'attendre une attaque. Il ne crut pas au succès d'une combinaison semblable, ou du moins ne connut-il pas exactement la situation exacte de son adversaire : « Ce qui venait de se passer le 18, a-t-il écrit, prouvait que la *concentration des forces prussiennes était déjà trop complète pour qu'il fût possible de tenter une marche vers le nord,* afin d'aller s'appuyer aux places fortes ; on était donc obligé d'accepter la bataille autour de Saint-Quentin[2]. » Nous savons de combien il s'en fallait que la concentration des Allemands fût chose existante. Il semble plutôt que le général Faidherbe, tenant avant tout à se rendre à l'invitation du gouvernement, ait jugé que se retirer une fois encore n'était pas le moyen d'aider à une sortie de Paris. Ses illusions à l'égard de celle-ci étaient considérables, et il se félicitait même

---

1. Se reporter à l'ordre de mouvement cité plus haut du général de Gœben. On remarquera, au surplus, que la 15ᵉ division n'a engagé que fort peu de monde, et que surtout la brigade Memerty a donné. Sur 376 hommes hors de combat qu'accuse la *Relation allemande,* le 4ᵉ régiment (de cette brigade) en compte presque la moitié.
2. Général Faidherbe, *loc. cit.*, page 61.

de la coïncidence fortuite des deux opérations, ne se doutant pas, hélas ! que la bataille qu'il allait livrer serait aussi inutile à la défense nationale que celle de Buzenval devait l'être à la délivrance de Paris[1]. Du reste, par une erreur spéciale à l'époque, il attribuait aux *bonnes positions* une valeur bien supérieure à la réalité : « La situation n'était pas mauvaise, a-t-il écrit encore. Avec toutes les ressources d'une grande ville à portée, nous trouvions, dans les hauteurs qui entourent Saint-Quentin à trois ou quatre kilomètres, d'excellentes positions de combat[2]. » A quoi les Allemands ont répondu avec une rigueur de déduction qui fait le procès sans appel des bonnes positions et de la défensive passive : « Mais à tout dire aussi, devant l'attitude d'expectative adoptée par les Français, nous devions réussir à mettre en action toutes nos forces *simultanément et par une manœuvre enveloppante*[3]. » C'est là précisément ce qui est à craindre, quand, au lieu d'agir, on se fie à la valeur de la position qu'on occupe. Après tant d'autres, l'armée du Nord allait malheureusement encore en faire l'expérience à ses dépens.

Examinons donc rapidement l'aspect de ce terrain auquel le général Faidherbe s'attachait avec tant de confiance, et où il pensait pouvoir accepter la bataille, de préférence à une retraite que la prudence semblait lui commander. Les plateaux qui environnent au sud de la Somme la ville de Saint-Quentin, formés de terre argileuse et grasse, sont striés d'ondulations qui se terminent fréquemment en des ressauts brusques, sortes de murs de craie à pic. Absorbés par la grande culture, et surtout par celle de la betterave, dont les charrois défoncent pendant l'hiver routes et chemins, ils sont complètement découverts, peu praticables aux armées et généralement dénués d'abris. Près de la

---

1. « Par une heureuse coïncidence, c'était le jour même où l'armée de Paris livrait la bataille de Montretout. » (Général FAIDHERBE, *loc. cit.*)
2. *Ibid.*
3. *La Guerre franco-allemande*, 2ᵉ partie, page 927.

Somme cependant, s'étendent des prairies allongées d'où émergent çà et là de petits bouquets de bois ; ceux-ci constituent les seuls couverts existants. La disposition générale du sol de ce côté était donc en réalité favorable à notre infanterie et à notre artillerie qui trouvaient devant elles de bons champs de tir en glacis, sur lesquels l'ennemi ne pouvait se dissimuler nulle part ; mais il n'en était pas de même sur la rive droite. Là, les positions à occuper avaient un commandement beaucoup moindre ; les pentes, très peu accentuées, aboutissaient, derrière Holnon et Savy, à des bois où l'ennemi avait toute faculté de se masser ; les bords de la Somme étaient beaucoup plus fourrés que de l'autre côté ; enfin les hameaux de Selency et de Francilly, placés en avant du débouché des bois, dans un fouillis de vergers, de constructions et de jardins reliés par des chemins encaissés, constituaient pour nous une menace, si, comme c'était à craindre, les Allemands réussissaient à s'y glisser à la faveur des couverts. De ce côté donc, nos troupes étaient loin d'occuper de bonnes positions. Ce qui doit être considéré comme plus grave, c'est qu'obligée de combattre sur les deux rives, puisque l'ennemi l'abordait ainsi, l'armée française ne disposait, pour relier ses deux tronçons, que du seul pont de Saint-Quentin ; ceux d'amont étaient trop excentriques, ceux d'aval allaient immédiatement tomber aux mains de l'ennemi[1]. La situation de la fraction postée sur la rive gauche en devenait d'autant plus grave, car, en cas d'échec, il lui fallait, pour se retirer, s'engouffrer tout entière à travers un seul passage, aboutissant au goulot formé par la ville. D'ailleurs la ligne de retraite sur Cambrai, voire même sur Bohain, n'était rien moins qu'assurée, car si la 15ᵉ division prussienne, appuyée du détachement Massow et de la cavalerie Dohna, réussissait à y prendre pied, c'en était fait de l'armée du Nord, définitivement coupée de sa base

---

1. La Somme, en raison de son lit tourbeux et de la nature marécageuse de ses rives, est déjà infranchissable à la sortie de Saint-Quentin, bien qu'elle n'ait que 10 mètres de largeur moyenne et une profondeur qui ne dépasse pas 1ᵐ,50, au maximum.

d'opérations et de ses points d'appui. En somme, aucun champ de bataille ne pouvait être plus mauvais que celui où le général Faidherbe avait été amené à prendre position, et jamais armée n'avait entamé une lutte avec moins de chances de succès que celle qui portait avec elle nos derniers espoirs.

Encore si cette armée avait possédé une supériorité numérique imposante, peut-être aurait-elle pu s'opposer au double mouvement que l'ennemi allait dessiner sur ses deux ailes. Mais il n'en était rien, comme le démontrent les chiffres officiels. Les forces que les Allemands pouvaient mettre en ligne se montaient à 38 bataillons, 48 escadrons et 27 batteries, soit 27,000 fantassins, 5,580 cavaliers, 161 canons[1]. Celles du général Faidherbe comptaient 72 bataillons (dont 44 de mobiles ou de mobilisés), 7 escadrons et 17 batteries, soit, d'après les états d'effectif *dressés au début de janvier*, 27,800 fantassins, 484 cavaliers et 99 canons[2]. Le chiffre des combattants d'infanterie était donc, de chaque côté, sensiblement égal, surtout par ce fait que, depuis le commencement du mois, nos effectifs avaient subi de fortes réductions dues à la maladie, aux pertes et au nombre considérable des traînards. Mais par contre, au double point de vue de la cavalerie et de l'artillerie, aucune comparaison ne pouvait être établie entre les deux adversaires, et la supériorité des Prussiens était là véritablement écrasante Le général Faidherbe, probablement pour arron-

---

1. *La Guerre franco-allemande*, supplément CXXVI. — Dans ces chiffres sont compris un bataillon de l'armée de la Meuse arrivé, comme on le verra, pendant l'action, et la compagnie de pionniers du VIII⁰ corps. Le chiffre de 161 canons s'explique par ce fait qu'une des batteries de la division de cavalerie saxonne n'avait que cinq pièces.

2. Nous avions cinq escadrons de dragons et deux de gendarmes, ceux-ci employés exclusivement aux convois. — L'artillerie se décomposait en 15 batteries (89 pièces), plus dix canons appartenant à la brigade Isnard. Il y a lieu de tenir compte de ce que, sur nos 99 pièces, il y en avait 26 de montagne; la brigade Isnard avait deux obusiers lisses; le reste se composait de pièces de 12 (30 canons), de 4 (24 canons), de 8 (6 canons). (Voir à cet égard le tableau dressé par M. H. DAUSSY, *loc. cit.*, page 349.) Une des batteries de la division du Bessol avait perdu un canon le 18.

dir les chiffres, évalue, dans son ouvrage, les forces françaises à environ 40,000 hommes[1], et, bien entendu, les Allemands prennent acte de cette donnée évidemment approximative pour constater qu'ils étaient en nombre inférieur[2]. La proportion se rétablit d'elle-même, et, même en faisant abstraction de l'état moral respectif des belligérants, on peut déjà prévoir quel sort lamentable attendait notre armée.

Par un ordre donné le 18 au soir, le général en chef prescrivit que le 23ᵉ corps, avec la brigade Isnard, occuperait la rive droite et que le 22ᵉ resterait sur la rive gauche[3]. Le général Paulze d'Ivoy devait déployer ses troupes en arc de cercle entre la Somme, vers Dallon, et le village de Fayet, occupé par la division Robin. Le général Lecointe tiendrait le plateau du sud, entre la Somme et la route de La Fère. La brigade Pauly était chargée de garder la ligne de retraite de l'armée du côté de Gricourt; c'est-à-dire que sur les points les plus importants à conserver, sur la ligne de retraite elle-même, étaient les plus mauvaises troupes de l'armée du Nord. Il n'existait pas la moindre réserve.

De son côté, le général de Gœben avait donné ses ordres d'attaque, qui se résumaient en une marche convergente vers la ville. En plus, sur la rive droite, le général von der Grœben devait, avec sa cavalerie, se porter vers la route de Cambrai et l'intercepter à notre armée; de même, sur la rive gauche, les escadrons du comte de Lippe avaient ordre de marcher vers la route de La Fère pour déborder notre gauche. La réserve générale (colonel de Bœcking) était appelée de Ham à Roupy. Gœben ne redoutait qu'une chose, c'est que l'armée française lui échappât[4]; aussi, bien qu'une dépêche erronée de M. de Moltke l'ait avisé, le 18 au soir, que d'importants renforts étaient arrivés au géné-

---

1. *Campagne de l'armée du Nord*, page 62.
2. *La Guerre franco-allemande*, 2ᵉ partie, page 928.
3. D'après cet ordre, les troupes, qui, on le sait, étaient arrivées fort tard, devaient se trouver en position à cinq heures du matin, le 19.
4. Von Schell, *loc. cit.*, page 160.

ral Faidherbe, il n'hésitait pas à combattre avant d'avoir reçu ceux qui lui étaient annoncés à lui-même[1].
« *Il faut terminer la guerre dès demain*, disait-il dans son ordre... *il s'agit, avec toutes nos forces réunies et notre artillerie déployée, de pousser énergiquement en avant, pour culbuter tout ce que l'ennemi peut nous opposer... Dans le cas où il n'attendrait pas notre attaque, on le poursuivrait énergiquement avec toutes nos forces. L'expérience a appris, en effet, que contre des troupes si faiblement organisées, c'est moins le combat lui-même qui donne les plus grands résultats que son action dissolvante.* »

Début de l'action sur la rive gauche. — Conformément aux ordres du général Faidherbe, nos troupes gagnèrent pendant la nuit leurs positions de combat. Le temps était pluvieux et froid, le sol détrempé, les chemins extrêmement glissants. Les mouvements s'exécutaient avec peine; d'ailleurs nos malheureux soldats, brisés de fatigues, de souffrances et de privations, mal vêtus, plus mal chaussés encore, présentaient le spectacle le plus affligeant[2]. Au sud de la Somme, la brigade de Gislain tenait Castres et Contescourt par deux bataillons de mobiles, et se déployait en arrière, donnant la main à la brigade Fœrster qui s'étendait jusqu'à la voie ferrée, ayant à *la Sucrerie* le 28e bataillon de chasseurs. Les trois batteries de la division du Bessol s'étaient placées sur la hauteur du Moulin-à-Vent, au sud-est de Giffécourt. Dans la division Derroja, la brigade Pittié était déployée entre la Sucrerie et la route d'Essigny-le-Grand, la brigade Aynès entre cette route et celle de La Fère[3]. Des trois batteries divisionnaires, une était au moulin de Tout-Vent, deux sur les pentes à l'est. « Les troupes du général Lecointe, disposées le long de la vallée de la Somme depuis Castres jusqu'à la ferme Saint-Lazare, sur une longueur de cinq ou six kilomètres, laissaient presque libres les routes de Ter-

1. Von Schell, *loc. cit.*, page 161.
2. H. Daussy, *loc. cit.*, page 284.
3. La brigade Aynès, venue du faubourg d'Isle, n'arriva qu'assez tard dans la matinée sur ses positions.

gnier et de La Fère. Elles étaient à peine arrivées aux positions assignées que le jour se leva[1]. »

Cependant, le général de Barnekow, à la tête de la 16e division et de la 3e division de réserve, s'avançait de Jussy sur Saint-Quentin, par la grande route. Comprenant toute l'importance, pour les communications entre les deux fractions de l'armée allemande, du point de passage de Grand-Séraucourt, il avait dirigé de Saint-Simon sur ce village un détachement de deux bataillons[2], trois escadrons[3] et une batterie, commandé par le lieutenant-colonel de Hymmen, des hussards de la Garde. Or, Grand-Séraucourt, occupé toute la nuit par la brigade Fœrster, avait été évacué le matin même, d'après les nouvelles dispositions indiquées par le général en chef, et il ne s'y trouvait plus, au moment où le détachement allemand y arriva (huit heures et demie), qu'une petite reconnaissance française qui fut sabrée par les hussards. Faisant alors tenir le pont par un bataillon et deux escadrons, le colonel de Hymmen se porta sur Contescourt, devant lequel il se déploya ; mais le 70e de marche étant venu aussitôt s'établir sur la hauteur au sud-est du village, il dut s'arrêter. Pendant ce temps, la pointe d'avant-garde de Barnekow (9e hussards), venue au nord d'Essigny, avait signalé la présence de forces sérieuses à Grugies et à la Sucrerie, ainsi que le débouché de nombreuses colonnes en arrière[4]. Barnekow résolut d'attaquer immédiatement, et tandis que la 31e brigade se portait contre Grugies, à neuf heures trois quarts, la 32e recevait l'ordre de se déployer au nord d'Essigny, soutenue en arrière du village par la 3e division de réserve. Le général prussien aurait pu mieux faire ; si, au lieu de tenter une attaque centrale sur les positions les plus fortes que nous occupions, il avait jeté tout son monde, par la route de La Fère, entièrement libre, sur le pont de Saint-Quentin, il aurait probablement coupé de la

---

1. H. Daussy, *loc. cit.*, page 289.
2. De la 3e division de réserve.
3. Des hussards de la Garde.
4. C'était la brigade Aynès qui opérait son mouvement.

Combat de la Bourgonce.

Somme tout le 23ᵉ corps[1]. A vrai dire, les intructions qu'il avait reçues ne comportaient rien de semblable ; c'était cependant le cas de montrer cette initiative dont les généraux allemands sont, à juste titre, si fiers[2]. Quoi qu'il en soit, deux batteries prussiennes, franchissant le ravin qui s'étend d'Urvillers à Castres, viennent aussitôt engager la lutte avec notre artillerie de Tout-Vent. Un bataillon est dirigé vers Grugies, un autre, face à Contescourt, garde les passages de la voie ferrée qui, tantôt en remblai, tantôt en déblai, forme à travers le champ de bataille un obstacle des plus sérieux ; le reste de la 31ᵉ brigade suit[3]. Mais bientôt les batteries allemandes, prises d'écharpe par celles de la division du Bessol, et criblées de balles par les tirailleurs de la brigade Pittié, subissent de lourdes pertes ; l'une d'elles est obligée de repasser le bas-fond et de venir se reformer au nord de la ferme de la Manufacture, où son capitaine est tué[4]. Deux autres batteries accourent, sans que la ligne des pièces puisse être reportée en avant. Quant au bataillon lancé à l'attaque, il essaye à quatre reprises, et toujours sans succès, d'aborder la Sucrerie ; obligé de s'avancer en terrain découvert contre une position protégée à la fois par les constructions massives, le déblai profond de la voie ferrée et le chemin creux qui la borde, il est décimé par les feux croisés que fait pleuvoir sur lui le 20ᵉ bataillon de chasseurs, et forcé de reculer. Les chasseurs, accompagnés par l'aile gauche de la brigade Pittié, se lancent à sa suite, et il faut, pour rétablir les affaires, que le commandant de la 31ᵉ brigade appelle à lui six nouvelles compagnies, qui, après une mêlée furieuse, réus-

---

1. Il y a lieu de remarquer combien était exposée la brigade de Gislain, obligée, en cas d'échec, de faire une marche de flanc de 6 kilomètres pour venir trouver le pont de Saint-Quentin.
2. Barnekow, dit la *Relation allemande*, voulait, par la prise de Grugies, obliger à la retraite les troupes françaises de Castres et de Contescourt. C'était, d'après ce qu'on vient de voir, faire le jeu de celles-ci, au lieu de chercher à leur infliger un désastre.
3. La 31ᵉ brigade avait deux bataillons à Péronne et n'en comptait plus que quatre, par conséquent.
4. A ce moment aussi (dix heures et demie), fut grièvement blessé par un éclat d'obus le général du Bessol.

sissent à refouler leurs assaillants dans la Sucrerie[1]. Il était midi et demi; à ce moment, la 31ᵉ brigade se trouvait déployée face à la Sucrerie, à cheval sur la voie ferrée, et engagée dans un combat meurtrier[2]. Barnekow la fit appuyer par quatre compagnies de la 32ᵉ brigade, envoyées, deux à l'aile droite, deux à l'aile gauche; le reste de la 32ᵉ brigade elle-même vint d'Essigny occuper, en arrière de la 31ᵉ, le bas-fond que traverse la route. Une des trois batteries en position en avant de la Manufacture put alors aller renforcer celle qui était restée en position au nord du bas-fond, et l'artillerie de la 16ᵉ division se trouva ainsi disposée : sur la croupe allant d'Urvillers à Giffécourt, deux batteries qui luttaient avec celles du moulin de Tout-Vent; en avant de la Manufacture, deux batteries également, qui répondaient à l'artillerie de la division du Bessol. La lutte se poursuivit dans ces conditions; nos soldats continuaient à tenir bon, et le général de Barnekow dut se convaincre que sa tentative sur Grugies n'avait, pour l'instant, aucune chance de réussir.

Pendant ce temps, la cavalerie du comte de Lippe avait marché, comme elle en avait reçu l'ordre, contre la gauche française. Débouchant d'Urvillers sur la route de La Fère, elle déploya tout d'abord ses deux batteries à cheval à l'ouest du Cornet d'Or, et fit canonner celles que le général Derroja avait postées sur les pentes au nord de Pire-Alle. Puis, le bataillon de chasseurs qui l'accompagnait lança deux compagnies à travers le ravin de Pontchu, sur la hauteur qui est au nord; elles furent reçues par une telle fusillade qu'elles rétrogradèrent en désordre sur le Cornet d'Or, où toute la division de cavalerie était venue se masser. A leur suite, la brigade Aynès s'élança en avant, et vint border la berge nord du ravin de Pontchu, jetant même du monde dans la ferme de ce nom, mais sans la dépasser. Il était un peu plus de midi;

---

1. *La Guerre franco-allemande*, 2ᵉ partie, page 930.
2. Elle avait toujours un bataillon posté le long de la voie ferrée. Celui qui avait fait l'attaque infructueuse de Grugies était allé en arrière chercher des munitions.

à ce moment, toute la 16° division prussienne était déployée entre Castres, où le détachement Hymmen soutenait une lutte sans résultat contre la brigade de Gislain, et la route de La Fère, que tenait la cavalerie saxonne. En face, nos soldats occupaient toujours Giffécourt, Grugies et la Sucrerie, ainsi que les hauteurs au nord de Pontchu. La situation de ce côté était donc aussi bonne que le permettaient les fâcheuses conditions tactiques où l'armée française était placée. Voyons maintenant ce qui s'était passé de l'autre côté.

Débuts de l'action sur la rive droite. — Sur la rive droite de la Somme, les forces françaises étaient disposées ainsi qu'il suit : tout à fait à l'aile droite, Fayet était occupé par la 1re brigade (Amos) de la division Robin, dont la 2° (Brusley) tenait Selency et Francilly, avec un détachement à Holnon. Deux des batteries de cette division étaient en position sur la hauteur au nord de la ferme de Crépy, la troisième se tenait au sud du village de Holnon[1] ; en plus, une batterie de 4, venant de la division Payen, était postée au moulin de la Tour. A la gauche des mobilisés s'étendait la brigade Isnard, qui avait dans Holnon deux bataillons de mobiles (Ardennes) et qui occupait le bois de Savy ; derrière Holnon, sur la route de Vermand, étaient disposés quatre pièces de montagne et deux obusiers lisses[2] ; sur la hauteur dominante, en arrière du bois de Savy, on avait placé les deux dernières batteries de la division Payen. Enfin, entre le bois de Savy et la Somme, était déployée sur une longue croupe découverte, traversée par la route de Ham, la brigade de Lagrange, dont la gauche tenait, dans la vallée, les villages de Dallon et d'Œstres. Deux batteries de la réserve étaient en position derrière elle, sur la hauteur du moulin de Rocourt. Quant à la brigade Michelet, elle était tenue en réserve au faubourg Saint-Martin, qu'on avait barricadé ; d'autre part, les six bataillons de mobilisés du

1. Les batteries de la division Robin étaient de 4 de montagne.
2. Le colonel Isnard avait laissé à Saint-Quentin, pour la défense des barricades de la ville, le reste de son artillerie (4 pièces). Il eût certainement été mieux inspiré en gardant tout avec lui.

général Pauly s'étaient avancés entre Bellenglise et Gricourt, avec mission de garder notre ligne de retraite. Le général Faidherbe avait établi son quartier général au faubourg Saint-Martin, à proximité du 23° corps dont la solidité lui paraissait douteuse ; il ne communiquait avec le 22° que d'une façon assez précaire, et par des moyens peu rapides assurément[1].

Les Allemands s'étaient mis en marche à huit heures du matin, la 15° division par Etreillers et Savy, le détachement Massow par Pœuilly, Vermand et Holnon[2]. La cavalerie de Dohna flanquait le mouvement au nord et suivait la vallée de l'Omignon, d'où elle avait ordre d'aller aborder la route de Cambrai, afin de menacer nos derrières. A Vermand, la colonne Massow ne rencontra que quelques traînards, mais, en débouchant de la lisière orientale du bois de Holnon, son avant-garde se heurta à une compagnie de mobiles des Ardennes, que le colonel Isnard envoyait occuper le bois ; nos mobiles furent refoulés sur Selency, et l'ennemi occupa ce hameau, ainsi que Holnon. En même temps, trois batteries prussiennes prenaient position au nord de ce village, et, sous leur protection, le gros de la colonne Massow (cinq bataillons) abordait par sa gauche la hauteur entre Selency et Fayet. Les mobilisés qui occupaient celle-ci reculèrent précipitamment partie sur Fayet, partie sur le bois des Roses ; le moulin Coutte d'abord, puis le moulin de la Tour furent enlevés, et les 28 pièces du colonel de Massow vinrent s'établir entre les deux, canonnant à bonne portée les abris où s'étaient réfugiés les fuyards. Un instant après, la droite du détachement Massow débouchait de Selency, culbutait les mobilisés postés sur les pentes à l'est du hameau, et enlevait une des pièces de la brigade Isnard avec deux caissons. Mais Francilly étant toujours entre les mains de cette dernière brigade, le colonel de Massow rappela ses troupes,

---

1. M. H. Daussy dit qu'il communiquait avec ce corps *par le général Farre*, mais il ne précise pas le point où se tenait ce général.
2. Ce détachement était fort de 8 bataillons, 7 escadrons et 28 pièces. (*La Guerre franco-allemande*, 2° partie, page 933.)

dont la retraite pouvait être coupée, et les ramena dans Selency et Holnon. La lutte dégénéra alors pour un moment en un duel d'artillerie. En raison de la rapide retraite des mobilisés, nos pièces avaient dû reculer au plus vite ; la batterie primitivement placée au sud de Holnon était venue se poster au nord-est de Francilly, où elle fut bientôt rejointe par trois pièces de la brigade Isnard[1]. Les pièces allemandes avaient donc à répondre à la fois à son feu et à celui des batteries du moulin de Cépy, placées dans une position avantageuse. Elles étaient en outre fort malmenées par le feu de notre infanterie, postée sur les pentes broussailleuses qui montent vers le bois des Roses et dans Fayet ; enfin, elles n'avaient que peu de munitions. Elles durent se retirer, et le combat devint languissant de ce côté ; il était environ midi[2].

Tandis que ceci se passait devant notre droite, la cavalerie Dohna avait remonté le cours de l'Omignon et atteint Bellenglise. Mais là elle trouva le pont du canal protégé par un bataillon de mobilisés, préposé à la garde des convois, et que le capitaine de gendarmerie Tailhade, prévôt de la division Robin, avait déployé dans les constructions en bordure du canal. Accueillis par une fusillade nourrie, les escadrons allemands, dont l'audace en ces sortes d'aventures semble avoir toujours été assez limitée, tournèrent bride, rétrogradèrent sur Maissemy, et au lieu de se porter sur nos derrières, comme ils en avaient mission, ou seulement de jeter le désordre dans nos convois, ils prirent, par le Petit-Fresnoy, la direction de Fayet.

[1]. L'artillerie de la brigade Isnard avait reflué tout entière près de Saint-Quentin. Trois de ses pièces seulement revinrent immédiatement à l'est de Francilly.

[2]. A ce moment arrivait sur le champ de bataille, avec son état-major, le général de Gayl, envoyé de Rouen pour remplacer le général de Memerty dans le commandement de la division combinée du Ier corps. Voyant la situation où se trouvait cette division, et principalement la difficulté qu'elle éprouvait sur sa droite, où nos troupes tenaient toujours Francilly, le général de Gayl, dit von Schell, jugea inopportun de modifier la direction supérieure du combat. Il laissa donc au colonel de Massow le commandement de son aile gauche, déjà complètement engagée, et se réserva celui de l'aile droite, qui n'était pas encore toute déployée.

De son côté, le général de Kümmer avait atteint Etreillers à dix heures, avec la tête de la 15° division. Apprenant là que des cavaliers français se montraient du côté de Roupy, il lança un escadron de hussards sur la route de Ham, entre Roupy et l'Épine de Dallon, pour leur couper la retraite. Nos dragons s'étaient malheureusement, par suite d'une erreur, séparés en deux groupes ; le premier, en bataille sur la route près de l'Épine de Dallon, accueillit les hussards prussiens à coups de fusil, mais fut refoulé ; le second, qui était resté posté en avant de Roupy, « *faisant le coup de feu sur l'infanterie prussienne qui passait à grande distance (1,200 à 1,500 mètres) sur le chemin d'Etreillers à Savy* »[1], rétrograda en entendant la sonnerie de la retraite, et vint buter contre les hussards prussiens sur lesquels il se mit à tirer, au lieu d'essayer de les traverser. Vigoureusement chargé, il perdit 2 officiers et 30 hommes[2]. Pendant ce temps, l'autre demi-escadron avait cherché à remonter de l'Épine de Dallon sur Savy ; en débouchant devant le village, il tomba sous le feu du bataillon tête d'avant-garde de la 15° division, qui précisément venait d'y entrer, en sorte que, de tout l'escadron, une poignée d'hommes seulement put regagner nos lignes sans blessures. On jugera, d'après cet incident, de quelle étrange manière était utilisée la maigre cavalerie qui accompagnait l'armée du Nord.

Cependant, le colonel de Bock, dont la brigade marchait en tête de la 15° division, s'était aperçu que le bois de Savy était fortement occupé ; il dirigea aussitôt contre lui ce même bataillon tête d'avant-garde, tandis que trois batteries, déboîtant de la colonne, allaient successivement prendre position en avant du village. De notre côté, les batteries de la division Payen, postées à l'est du bois, avaient ouvert le feu sur l'infanterie prussienne, qu'elles criblaient d'obus à balles[3]. Obligées presque aussitôt de répondre à l'artillerie allemande, elles

---

1. P. Lehautcourt, *loc. cit.*, page 231.
2. *Ibid.*
3. Ces deux batteries venaient de recevoir ce nouvel engin, dont on ne possédait alors qu'un approvisionnement restreint.

donnèrent un peu de répit aux troupes de la 29ᵉ brigade, qui réussirent assez facilement à enlever la partie sud du bois, mais échouèrent complètement devant la partie nord. « Après un combat marqué d'alternatives diverses, dit la *Relation allemande*, ces troupes durent renoncer à en déloger celles de la brigade Isnard[1]. »

Le général de Gœben, commandant en chef, était arrivé de bonne heure, à Roupy, avec la réserve de l'armée (du colonel de Bœcking). Entendant de là une violente canonnade sur la rive gauche, tandis que sur la rive droite tout était encore silencieux[2], il en avait conclu que la masse des forces françaises se trouvait disposée au sud de Saint-Quentin ; cette appréciation concordait d'ailleurs avec les renseignements erronés qui lui étaient parvenus. Vers onze heures, comme le fracas de la bataille allait toujours croissant à sa droite, il avait jugé nécessaire de faire soutenir le général de Barnekow, et s'était hâté de lui envoyer les troupes du colonel de Bœcking[3], qui franchirent la Somme à Grand-Séraucourt. Puis, pour reconstituer une réserve générale, il avait demandé au général de Kümmer de diriger sur Roupy trois bataillons et quatre batteries qui resteraient à sa disposition[4]. Ces troupes, commandées par le major d'Oppeln-Bronikowski[5], arrivèrent à Roupy à une heure. Ainsi, à ce moment de la journée, toutes les forces, tant françaises qu'allemandes, moins les deux réserves générales ennemies, se trouvaient engagées front contre front. Nous avons vu plus haut quelle était la situation sur la rive gauche ; sur la rive droite, le colonel de Massow tenait Holnon et Selency, mais n'avait pu emporter Fayet ; le général de Gayl restait en échec devant Francilly ; la 15ᵉ division luttait sans grand succès pour la possession du bois de Savy,

1. Page 935.
2. *La Guerre franco-allemande*, 2ᵉ partie, page 936. — L'attaque allemande de gauche s'était, on vient de le voir, accusée beaucoup plus tard que celle de droite.
3. 3 bataillons, 3 escadrons et 3 batteries.
4. Le 8ᵉ bataillon de chasseurs (rhénan), deux bataillons du 28ᵉ (30ᵉ brigade) ; une batterie de la 15ᵉ division et les trois batteries à cheval du VIIIᵉ corps.
5. Commandant le 8ᵉ bataillon de chasseurs rhénans.

et la réserve Bronikowski arrivait à l'Épine de Dallon. A notre extrême droite, la brigade Pauly, marchant au canon, s'était avancée jusque vers Bellenglise, tandis qu'en sens inverse, la cavalerie de Dohna atteignait Fresnoy-le-Petit. Déployées sur un front démesuré, et qui, pour les Français, atteignait 18 kilomètres, les deux armées soutenaient une lutte assez incohérente, laquelle, par suite de la dissémination des forces, échappait à toute direction supérieure. Cependant, malgré l'attitude vigoureuse montrée jusque-là par presque toutes nos troupes, on pouvait déjà prévoir que la double attaque des Allemands, reliée par le pont de Grand-Séraucourt, et susceptible, le cas échéant, de coordination et d'entente, devait finalement triompher d'une résistance qui s'opérait à la fois sur deux régions complètement distinctes et presque absolument séparées.

Dénouement de la lutte sur la rive gauche. — Nous avons laissé les trois brigades Aynès, Pittié et Fœrster aux prises sur la rive gauche avec la 16e division prussienne et la contenant sur toute l'étendue de leur front. Vers midi et demi, apercevant chez l'ennemi quelques symptômes de fatigue, les deux dernières dessinèrent de chaque côté de la tranchée du chemin de fer une contre-attaque vigoureuse qui rejeta en arrière la 31e brigade, placée en première ligne. Quatre de ses compagnies, ayant seules exécuté à l'ouest de la voie ferrée un retour offensif énergique, purent reprendre pied sur le terrain perdu ; tout le reste, bousculé et à bout de munitions, recula jusque sur les pentes à l'ouest d'Essigny[1] Il existait dès lors une trouée assez large entre les quatre compagnies revenues au bord du ravin de Castres et la division saxonne ; pour la boucher, Barnekow lança à la droite des premières un bataillon de la 32e brigade (40e régiment), qui était toujours massée dans le bas-fond ; puis il renforça d'une batterie l'artillerie en position au nord-ouest d'Urvillers, à l'est de la route. Cette artillerie étant en butte à des feux de mousqueterie qui la gênaient beaucoup, un autre

1. *La Guerre franco-allemande*, 2e partie, page 932.

bataillon de la 32° brigade se porta alors en avant, refoula nos tirailleurs sur les pentes de Tout-Vent et prit pied sur le versant nord du ravin ; enfin, un peu plus tard, deux compagnies, toujours de la 32° brigade, vinrent se déployer entre ce bataillon et celui du 40°. La première ligne prussienne se trouva ainsi formée de quatorze compagnies, soutenues en arrière par le reste de la 32° brigade; derrière l'aile droite, trois régiments de cavalerie se tenaient massés dans le bas-fond[1] ; la 3° division de réserve dépassait à ce moment Essigny[2].

Pendant un moment la situation, rétablie ainsi, demeura stationnaire ; mais certains incidents concomitants n'allaient pas tarder à la modifier sensiblement. Tout d'abord, l'arrivée du colonel de Bœcking au Grand-Séraucourt rendait plus délicate la position de la brigade de Gislain, dont le chef, ne voulant pas abandonner Contescourt et Castres, avait fait demander du secours à son voisin, le colonel Pittié. Celui-ci envoya aussitôt à son camarade quatre compagnies du 17° chasseurs et un bataillon de mobiles du Nord ; mais, vivement pressé lui-même sur son front, il dut à son tour demander du renfort au colonel Aynès, qui dirigea de son côté quatre bataillons. Par suite, la brigade Aynès, qui avait à tenir tout l'espace compris entre les deux routes d'Essigny et de La Fère, se trouva réduite à trois bataillons seulement (2° chasseurs à pied et deux bataillons du 67° de marche). C'est ainsi que l'absence de réserve amenait sur toute notre ligne un mouvement latéral par lequel se trouvait dégarni le point précisément le plus important et le plus nécessaire à garder. Or, juste au même moment, arrivait sur le champ de bataille un bataillon appartenant à la brigade expédiée à Tergnier par l'armée de la Meuse, lequel, débouchant par la route de La Fère, allait exactement s'engager devant notre extrême gauche affaiblie. Le général de Lippe, en possession de ce renfort, lui fait immédiatement occuper la Neuville-Saint-Amand, afin de déborder notre aile ; puis, après une canonnade

1. Le régiment de cavalerie divisionnaire et la 8° brigade de cavalerie de réserve.
2. *La Guerre franco-allemande*, 2° partie, page 933.

énergique, il lance son bataillon de chasseurs contre le Pontchu. Le parc est enlevé, puis, peu après, la ferme du Raulieu, où le brave colonel Aynès, qui dirigeait la défense en personne, tombe frappé à mort. Les débris de ses trois bataillons sont rejetés sur le faubourg d'Isle, et la cavalerie saxonne pousse vers la route de Guise. Un pas de plus, et la seule ligne de retraite du 22ᵉ corps peut être interceptée. Fort heureusement, le commandant Tramond, du 67ᵉ de marche, enlevant son bataillon, le lance à la baïonnette sur les chasseurs saxons qu'il arrête[1] ; en même temps, un bataillon du 60ᵉ et un autre des mobiles du Gard, envoyés en hâte par le général Derroja, couvrent le faubourg d'Isle[2]. Devant ces nouveaux adversaires, le général de Lippe hésite ; une de ses batteries, accourue à l'ouest de la Neuville, a été prise d'écharpe par nos pièces de Tout-Vent et obligée de se retirer ; les abords de la ville sont organisés et barricadés. Pensant qu'il n'a pas assez d'infanterie[3], le général saxon ramène ses escadrons auprès de la Neuville et n'essaye pas de poursuivre son succès. Il était une heure trois quarts.

Cependant, le colonel de Bœcking, arrivé, comme on l'a vu plus haut, à l'est de Grand-Séraucourt, avait immédiatement marché au secours du détachement de Hymmem, toujours engagé devant Contescourt dans une lutte sans résultat. C'était le moment où la 16ᵉ division, déployée devant Grugies, arrivait pour la deuxième fois au pied de cette position si forte sans réussir à l'entamer[4]. Joignant tout d'abord ses deux batteries à celle du colonel de Hymmem, Bœcking fit réduire au silence l'artillerie du colonel de Gislain, puis écraser de projectiles les deux villages que tenait son infanterie. Exposé, au moindre effort sur son aile gauche, à être jeté dans la Somme, le colonel de Gislain prit le parti fort prudent

---

1. H. Daussy, *loc. cit.*, page 297. — P. Lehautcourt, *loc. cit.*, page 235.
2. C'étaient les deux bataillons d'arrière-garde, si maltraités la veille à Caulaincourt, et gardés, pour cette raison, en seconde ligne par le général Derroja.
3. *La Guerre franco-allemande*, 2ᵉ partie, page 932.
4. Voir plus haut, page 209.

de se retirer vers la hauteur du moulin, au sud-est de Giffécourt; l'infanterie allemande pénétra alors tant dans les villages que dans les fermes avoisinantes, au prix, il est vrai, d'une lutte très vive, où nous laissâmes malheureusement de nombreux prisonniers; après quoi, elle se reforma pour se préparer à l'attaque de nos nouvelles positions, que les canons allemands couvraient déjà d'une pluie d'obus.

De son côté le général Lecointe, qui avait pris le commandement direct de la division du Bessol depuis la mise hors de combat de son chef, venait de disposer sur la hauteur au sud-est de Giffécourt, afin de recueillir la brigade de Gislain, les troupes envoyées par le colonel Pittié. Mais en face, sur la croupe à l'est de Contescourt, les trois batteries prussiennes, bientôt renforcées par deux autres envoyées d'Essigny, sous l'escorte de deux compagnies, par la 3ᵉ division de réserve, avaient pris position et dirigeaient sur nos malheureuses troupes un feu d'une extrême violence. Un instant notre artillerie essaya de tenir; elle fut écrasée et dut se retirer vers le moulin de Tout-Vent; seule la batterie de 12 put résister un peu plus longtemps, mais, au bout d'une demi-heure, elle aussi accompagnait les autres dans leur retraite. Laissée sans protection sur la croupe labourée de projectiles, l'infanterie commença à plier à son tour, ce que voyant, vers deux heures et demie, le colonel de Bœcking lança un régiment tout entier à l'assaut de la position. Le 41ᵉ prussien dirigea à la fois et concentriquement sur elle dix compagnies, devant qui les soldats décimés du colonel de Gislain ne purent pas tenir. Tous refluèrent pêle-mêle dans Grugies, et notre aile droite se trouva complètement enfoncée, comme venait de l'être notre aile gauche un instant auparavant.

Le succès ainsi obtenu par le colonel de Bœcking facilitait donc beaucoup la tâche de la 16ᵉ division, car notre dernier point d'appui de la Sucrerie était maintenant fortement menacé par l'ouest. Barnekow décida d'en finir avec lui, mais cette fois en employant tout son monde. Il appela donc à lui ce qui restait à Essigny de la

3ᵉ division de réserve (deux bataillons)¹ et les trois bataillons de la 31ᵉ brigade qui, après la contre-attaque des défenseurs de Grugies, avaient été y chercher un refuge. A la Sucrerie, les soldats du colonel Fœrster se défendaient avec un courage admirable ; un peu protégés contre les feux de l'artillerie par leur position en contre-bas et par le talus du chemin de fer, ils continuaient, derrière leurs abris, à tirer sans relâche et sans faiblesse. A leur gauche, sur la colline qui va vers la route d'Essigny, ce qui restait de la brigade Pittié défiait, dans une lutte émouvante, toutes les attaques et tous les assauts. « Les lignes de tirailleurs, avançant et reculant comme le flux et le reflux, s'approchaient quelquefois à vingt pas l'une de l'autre. Tant que Fœrster tenait bon à la Sucrerie et derrière les haies du chemin de fer, Pittié trouvait un point d'appui pour se maintenir ; et tant que Pittié restait pour couvrir sa gauche, Fœrster pouvait à sa droite contenir l'attaque de Bœcking². » Un moment même, nos soldats avaient pris encore une fois l'offensive, et poussé, malgré le feu des dix batteries de Contescourt et d'Essigny, jusqu'au delà du ravin de Castres à Urvillers, quand tout à coup cinq escadrons de la 3ᵉ brigade de réserve, conduits par le général de Stranz, sortirent brusquement du bas-fond d'Urvillers et fondirent sur leur flanc gauche, culbutant les tirailleurs de première ligne. En même temps, toute la 32ᵉ brigade, déployant en avant huit compagnies, et appuyée par un régiment de hussards, les fusillait de front. Sous cette double attaque, notre ligne fut rompue et rejetée en désordre vers les hauteurs de Tout-Vent, où seulement elle put se ressaisir un peu.

Cette retraite plaçait les défenseurs de la Sucrerie dans une position critique. Restés en flèche au milieu

---

1. Sur les six bataillons de cette division, deux étaient avec le colonel de Hymmen (dont l'un gardant le pont de Grand-Séraucourt) ; un autre était à La Fère ; enfin un quatrième avait fourni plusieurs détachements parmi lesquels celui chargé d'escorter les batteries envoyées au colonel de Bœcking par le prince Albert.
2. H. Daussy, loc. cit., page 301.

d'une nuée d'ennemis qui maintenant les pressaient à la fois de front et de flanc, ils risquaient d'être bientôt complètement enveloppés dans leur réduit inexpugnable. Le colonel Fœrster comprit que le moment de la retraite était arrivé, et, pour éviter un désastre, ordonna à ses braves soldats d'évacuer la tranchée du chemin de fer, la Sucrerie, enfin Grugies, et de se replier, eux aussi, sur la colline de Tout-Vent. Là se concentraient les derniers efforts de la défense ; toute l'artillerie française, quarante et quelques pièces, essayait, par un feu désespéré, d'arrêter le flot toujours montant des assaillants. Mais, en face d'elle, onze batteries allemandes[1], disposées en arc de cercle, l'écrasaient ; les bataillons de mobiles, placés en deuxième ligne, s'enfuyaient en désordre, malgré tous les efforts faits pour les arrêter[2], et seuls, les bataillons de marche, décimés et à bout de forces, restaient pour supporter les efforts de plus de 12,000 Allemands. Dans de pareilles conditions, ceux-ci n'avaient qu'à marcher. A leur gauche, les détachements de Hymmem et de Bœcking s'avançaient par le chemin de Grugies ; à leur droite, la 32ᵉ brigade marchait à cheval sur la route d'Essigny ; au centre étaient les deux bataillons de la 3ᵉ division de réserve ; en deuxième ligne, la 31ᵉ brigade. Le général Lecointe, menacé de se voir rejeté avec toutes ses troupes pêle-mêle sur l'unique pont de la Somme, organisa sans plus tarder une retraite méthodique, couverte par un bataillon du 67ᵉ, un du 69ᵉ, le 2ᵉ bataillon de chasseurs, et à l'extrême gauche par le 101ᵉ mobiles (Somme et Marne). Mais déjà l'aile gauche allemande, cheminant le long de la Somme, avait enlevé Gauchy, la Biette, et menaçait le pont. Deux batteries prussiennes, postées à l'est de Gauchy, canonnaient le débouché du faubourg d'Isle, et nos pièces de Tout-Vent, sur le point d'être abordées, devaient se replier au galop, sous la protection d'un escadron de dragons venu de la rive droite[3]. La retraite

---

1. Cinq du colonel de Bœcking, quatre de la 16ᵉ division, deux de la division de cavalerie saxonne (dont une à cinq pièces).
2. P. LEHAUTCOURT, *loc. cit.*, page 238.
3. *Ibid.*, page 239.

du 22ᵉ corps s'effectuait cependant tant bien que mal, en dépit des charges réitérées de la cavalerie allemande, qui sabrait les tirailleurs postés pour protéger le faubourg, et mettait en péril le général Lecointe lui-même[1]. Enfin, vers cinq heures, nos dernières troupes purent entrer en ville ; l'arrière-garde, qui avait défendu la gare un moment, se replia (après que le 41ᵉ prussien (colonne de Bœcking) se fut emparé de celle-ci) derrière la barricade construite par le génie en avant du pont de la Somme, et obligea, par ses feux, l'ennemi à s'arrêter. Quant à la division saxonne du comte de Lippe, qui aurait pu nous faire tant de mal, elle s'était bornée, pendant tout ce temps, à rapprocher de Saint-Quentin ses deux bataillons, et à jeter ses escadrons vers la route de Guise. A Harly et Hombliéres, ces derniers se heurtèrent à quelques tirailleurs, des soldats débandés sans doute, car nous n'avions de ce côté aucune troupe organisée ; il n'en fallut pas davantage pour éteindre leur hardiesse et sauver notre ligne de retraite, qu'il leur était si facile d'atteindre et de couper. Encore une fois, une cause des plus insignifiantes venait, comme il arrive si souvent à la guerre, de produire les plus grands effets[2].

Pendant ce temps, les troupes du général Lecointe traversaient la ville, en autant de colonnes qu'il y avait de rues, et refluaient vers les routes de Cambrai et de Bohain[3] ; quelques détachements prenaient même celle de Guise[4]. A notre suite, le 41ᵉ prussien se jeta dans Saint-Quentin, et se porta vers le faubourg Saint-Martin, où la lutte n'était pas terminée. Quant au gros des forces ennemies, il fut maintenu à l'entrée du faubourg d'Isle par le général de Barnekow, qui n'osait, en raison

---

1. « Le général Lecointe et son état-major mettaient même le sabre à la main pour se dégager de cavaliers ennemis trop hardis. » (P. Lehautcourt, *loc. cit.*)
2. Il est juste d'ajouter que l'état du sol détrempé était très peu favorable à l'action de la cavalerie ; ce fait excuse, dans une certaine mesure, le peu d'activité montré par les escadrons saxons.
3. « Un bataillon s'embarqua même sur un train prêt à partir. » (P. Lehautcourt, *loc. cit.*, page 239.)
4. Ceux qui vraisemblablement arrêtaient la cavalerie saxonne.

de l'obscurité complète, s'aventurer plus avant[1]. La retraite du 22ᵉ corps ne fut donc pas inquiétée, et ses débris échappèrent, par une pénible marche de nuit, succédant à quatre journées non moins pénibles de mouvements et de combats, au désastre qu'avec plus de décision leur adversaire aurait si bien pu leur infliger.

Dénouement de la lutte sur la rive droite. — Revenons maintenant aux événements qui s'étaient produits devant le front du 23ᵉ corps. Nous avons laissé la bataille de ce côté au moment où le colonel de Massow, maître de Holnon et de Selency, mais toujours en échec devant Fayet, était contraint de retirer de la hauteur des moulins ses batteries très éprouvées et à bout de munitions. Presque immédiatement, le major Bock, du 44ᵉ prussien, jugeant apparemment que les troupes qui défendaient Fayet n'étaient pas bien redoutables, lança contre elles six compagnies qui, après une fusillade de quelques minutes, parvinrent à s'emparer du village ; les mobilisés s'enfuirent en désordre, laissant seules quelques compagnies qui demeurèrent au château et dans le parc. Au même moment, deux batteries prussiennes, réapprovisionnées en munitions, revenaient sur la hauteur des moulins et rouvraient le feu contre notre artillerie de Cépy.

La perte de Fayet constituait pour notre ligne de retraite une sérieuse menace ; Faidherbe y porta la brigade Michelet, restée jusque-là au faubourg Saint-Martin, et la fit appuyer par huit pièces de 12 de la réserve appelées de la hauteur de Rocourt. Fayet fut reconquis par les fusiliers marins, qui poursuivirent même vigoureusement les troupes en retraite du colonel de Massow ; mais cinq compagnies sorties de Selency ayant menacé leur flanc gauche, ils durent se borner à occuper Fayet de concert avec le 48ᵉ mobiles. L'ennemi poussa alors sur le bois des Roses, d'où il chassa les mobilisés, qui s'enfuirent en laissant entre ses mains.

---

1. « Le 22ᵉ corps, en se retirant, avait éteint les becs de gaz. » (F. Lehautcourt, *loc. cit.*, page 240.) — Le 41ᵉ régiment était un de ceux qui, le 4 janvier, avait livré sur la basse Seine le combat de Moulineaux et de Maison-Brûlée. (Voir page 175.)

outre de nombreux prisonniers, un caisson de munitions d'infanterie.

Tandis que se produisaient ces divers incidents, le général de Lagrange, qui à ce moment ne voyait personne sur la route de Ham[1], avait cherché à déborder dans cette direction la droite de la 1re division prussienne. Pour couvrir l'aile menacée du bataillon qui occupait le petit bois de Savy, le général de Kümmer dut en appeler à lui deux autres, et il les massa au sud du premier, dans un bas-fond; en même temps, deux batteries de l'artillerie de corps venaient porter à cinq le nombre de celles qui tiraient à l'est de Savy. Devant ce déploiement de forces, et surtout devant la menace exercée contre sa gauche par le détachement Bronikowski, lequel en ce moment débouchait de Roupy, la brigade de Lagrange, qui avait un instant occupé la lisière sud du petit bois, dut reculer sur ses anciennes positions. Mais nous tenions toujours le grand bois de Savy, ainsi que Francilly et Fayet.

Il était une heure et demie, et devant la ferme attitude montrée à peu près partout par nos troupes, l'offensive allemande avait été enrayée. A la fois sur la rive droite et sur la rive gauche de la Somme, les attaques de l'ennemi avaient cessé un moment et certaines de ses fractions, telles la 31e brigade au sud[2] et la 29e à l'ouest de Saint-Quentin, en étaient même réduites à une stricte défensive[3]. Malheureusement pour nous, Gœben avait su se ménager des réserves, et de même que, sur sa droite, l'intervention de la colonne de Bœcking allait décider du succès, de même sur sa gauche, celle du détachement de Bronikoswki devait, sous peu, déterminer à notre détriment, la rupture d'équilibre définitive. Aussitôt en possession, à Roupy, de ce détachement, le général en chef lui avait, en effet, donné

---

1. On se rappelle qu'à ce moment (midi), l'ancienne réserve (Bœcking) avait quitté la grande route de Ham pour gagner Grand-Séraucourt, et que la nouvelle (Bronikowski) n'était pas encore arrivée à Roupy.
2. Voir plus haut, page 217.
3. *La Guerre franco-allemande*, 2e partie, page 936.

l'ordre de se porter droit devant lui, par la grande route, contre la gauche du général de Lagrange. Refoulant alors les quelques tirailleurs avancés que nous avions de ce côté, le bataillon de tête, secondé par les batteries à cheval et un bataillon qui marchait au nord de la route, enleva vers deux heures l'Epine de Dallon, à peine défendue, malgré sa force de résistance naturelle. De ce fait, la brigade de Lagrange se trouvait rejetée sur les hauteurs qui bordent au nord le village d'Œstres. D'autre part, simultanément avec l'offensive de Bronikowski, s'était produite une attaque contre Francilly ; six compagnies, lancées de Holnon et de Selency, par le général de Gayl, contre ce village, y avaient pénétré, s'emparant de nombreux prisonniers et d'un caisson de munitions. La brigade Isnard, déjà découverte sur sa gauche par la retraite de la brigade de Lagrange, était donc maintenant privée de son point d'appui de droite. Elle essaya néanmoins de sortir du grand bois de Savy et d'exécuter une contre-attaque ; mais, assaillie par six autres compagnies prussiennes, elle dut rétrograder et ne put même pas garder le grand bois, qui était pris de front par ces compagnies, et de flanc par les tirailleurs de la 15ᵉ division. Elle recula à hauteur de la brigade de Lagrange, tenant toujours le plateau.

Cependant Gœben, voyant les progrès de la colonne Bronikowski, et apprenant d'autre part que sur la rive gauche le colonel de Bœcking venait de nous refouler de Contescourt sur Grugies, avait ordonné au général de Kümmer de passer à l'offensive générale et de pousser la 29ᵉ brigade contre la hauteur occupée par nos troupes. Le colonel de Bock se porta en avant, appuyé à gauche par la colonne du général de Gayl, qui débouchait de Francilly, avec l'aide de 10 pièces de l'artillerie de corps envoyées de Savy. Mais celles-ci ne parvenaient pas à éteindre le feu des deux batteries de la division Payen, toujours en position sur la hauteur malgré les pertes énormes qu'elles subissaient ; en outre, un incident allait surgir, qui devait produire dans la situation un revirement momentané.

La brigade Pauly, venant de Bellicourt au bruit du

canon¹, était arrivée à Fayet vers deux heures et demie. Bien que ne disposant d'aucune artillerie pour répondre à celle que le colonel de Massow avait réinstallée sur la hauteur des moulins ; bien qu'obligée de se frayer un passage au milieu des fuyards de la division Robin qui refluaient sur la route de Cambrai, elle vint bravement se déployer le long du chemin creux qui relie Fayet au Petit-Fresnoy, ayant à sa droite deux bataillons de mobilisés Robin, qui, restés à peu près seuls en position au sud de Gricourt, tenaient tête à la cavalerie Dohna². « Ces braves gens étaient tout surpris de voir qu'avec leurs fusils à baguette, dans lesquels ils avaient peu de confiance, on pouvait tuer tout de même³. » Reliés, dans Fayet, à la brigade Michelet, les mobilisés du Pas-de-Calais refoulèrent un bataillon dirigé contre eux par le colonel de Massow, et s'opposèrent ainsi au mouvement enveloppant que l'ennemi voulait exécuter sur notre aile droite. Puis, quand, vers quatre heures du soir, l'offensive des généraux de Gayl et de Bock se produisit contre les troupes du colonel Isnard, ils suivirent la brigade Michelet, qui, de Fayet, s'était portée délibérément contre l'aile gauche des assaillants. Malgré un nouveau renfort de batteries⁴, les Allemands durent s'arrêter ; le colonel de Massow réussit cependant à se maintenir sur place et à garder ses batteries du moulin Coutte en position ; mais les troupes du général de Gayl furent contraintes d'évacuer le bois des Roses. Malheureusement, nos deux brigades ne purent pas pousser leur succès plus loin ; les six compagnies prussiennes, qui occupaient Francilly, ayant conversé à gauche et bordant maintenant le chemin de Selency à Saint-Quentin, il leur fallut s'arrêter et reculer vers Fayet. Là, elles continrent l'aile gauche prussienne, dont les canons tiraient cependant sans relâche, et protégèrent jusqu'à la fin la route de Cambrai, où était désormais notre seul espoir de salut.

1. Général Faidherbe, *loc. cit.*, page 66.
2. H. Daussy, *loc. cit.*, page 316.
3. *Ibid.*, page 317.
4. *La Guerre franco-allemande*, 2ᵉ partie, page 943.

Mais, si le général von der Grœben avait dû renoncer à nous déloger, il n'en était pas de même, hélas! du général de Kümmer, dont rien n'avait pu arrêter l'offensive. Formée sur deux lignes, la 29ᵉ brigade en tête, la 15ᵉ division prussienne s'était lancée vers les hauteurs de Savy, protégée à gauche par deux batteries établies à 800 mètres en avant du grand bois, à droite par 36 pièces postées en travers du chemin de Savy à Saint-Quentin[1]. Une longue ligne de tirailleurs précédait les troupes d'attaque, disposées partie en colonnes de compagnies, partie en ligne déployée, en raison du feu très intense de l'artillerie française[2]. Trois bataillons marchaient au sud du chemin, trois au nord, venant du grand bois. Devant ce flot d'assaillants, dont la route était frayée par une avalanche de projectiles, les brigades Isnard et de Lagrange, complètement découvertes sur leurs flancs, durent abandonner le terrain, où elles laissèrent un canon. L'artillerie de notre aile gauche se replia au nord de Rocourt[3]; mais, bientôt accablée par le nombre, elle fut contrainte de disparaître définitivement et de chercher un refuge dans Saint-Quentin. Vers quatre heures et demie, la 29ᵉ brigade était maîtresse des hauteurs qui dominent, à l'ouest, le faubourg Saint-Martin.

Cependant la brigade de Lagrange avait exécuté une retraite méthodique; elle était malheureusement toujours débordée à gauche par le détachement Bronikowski qui, cheminant le long de la Somme, s'était successivement emparé d'OEstres et de Rocourt. Obligée, elle aussi, de venir chercher un refuge dans le faubourg Saint-Martin, elle en occupa les barricades, et quand les chasseurs rhénans voulurent aborder celles-ci, elle les arrêta et les rejeta sur Rocourt. Elle essaya même à plusieurs reprises de se porter contre ce village[4]; mais

---

1. *La Guerre franco-allemande*, 2ᵉ partie, page 943.
2. *Ibid.* — Il ne restait plus à notre gauche cependant que les deux batteries de la division Payen, une section de la réserve et quelques pièces de la brigade Isnard.
3. Une des batteries de la réserve (capitaine Halphen) était restée en position jusqu'au dernier moment.
4. *La Guerre franco-allemande*, 2ᵉ partie, page 944.

les progrès de la 29ᵉ brigade sur sa droite, et l'arrivée de six batteries prussiennes sur les hauteurs de Rocourt ne lui permirent pas de l'aborder.

Retraite de l'armée française. — Il était cinq heures et demie. Le général Faidherbe, voyant les Allemands de la rive droite tout près de la ville, avait couru vers le faubourg d'Isle demander au général Lecointe de lui envoyer des secours. Longtemps il avait cru que le 22ᵉ corps, grâce à la force de ses positions, demeurerait inexpugnable[1], et il fut douloureusement surpris quand, sur la place de l'Hôtel-de-Ville, il rencontra les premières troupes de ce corps qui fuyaient. L'aile gauche de l'armée française étant ainsi en pleine retraite, la situation des défenseurs du faubourg Saint-Martin devenait d'autant plus périlleuse que, ainsi qu'on l'a vu plus haut, le colonel de Hüllessem, avec le 41ᵉ prussien, avait pénétré dans la ville et menaçait de les prendre à revers. Il fallait donc profiter au plus vite, si on voulait éviter un désastre, de la faculté que le général von der Grœben nous avait laissée jusque-là de disposer de la route de Cambrai, qu'avec un peu plus d'énergie et de résolution il pouvait si aisément nous interdire. Le général en chef, cédant à la nécessité, envoya donc au 23ᵉ corps l'ordre d'abandonner la lutte et de se retirer sans délai vers le nord. Malheureusement la transmission était malaisée, en sorte que lorsque le général Paulze d'Ivoy fut avisé des dispositions prescrites par Faidherbe, le 41ᵉ prussien était déjà sur ses talons, tandis que, devant lui, le bataillon de chasseurs rhénans s'engageait dans le faubourg par la route de Ham, et que deux bataillons de la 29ᵉ brigade en faisaient autant par le chemin de Savy.

L'instant était critique. Les débris des brigades Isnard et de Lagrange montrèrent une bravoure admirable, mais leur position trop aventurée rendait une catastrophe inévitable. Ils furent en grande partie capturés[2], et le

---

1. *Enquête parlementaire sur les actes de la Défense nationale*, tome 7. — Déposition du général Faidherbe.
2. La *Relation allemande* (page 945) évalue à 54 officiers, 2,260 hommes et 4 bouches à feu la prise du seul 41ᵉ prussien.

général en chef lui-même ne parvint à s'échapper que grâce à l'aide des habitants[1]. Pendant ce temps, à notre extrême droite, les brigades Michelet et Pauly pouvaient, sans être pressées le moins du monde par les trop prudents soldats de von der Grœben, évacuer Fayet en flammes et se retirer vers le nord. Les Allemands n'entrèrent dans le village que quand il n'y restait plus que quelques trainards[2]

Ainsi se termina, à près de sept heures du soir, cette bataille livrée dans des conditions si peu conformes aux projets dont elle avait été la conséquence. Elle nous coûtait des pertes sanglantes, au moins 10,000 hommes, et une désorganisation presque absolue; car l'ébranlement causé par les quatre journées de marches et de combats, par la longue série d'épreuves de toutes sortes que venaient de subir les troupes, enfin par la retraite désordonnée qui couronnait le tout, frappait d'impuissance la malheureuse armée du Nord, au moins pour un temps que personne ne pouvait sérieusement préjuger[3]

Les Allemands accusent de leur côté une perte de 96 officiers et 2,304 hommes hors de combat. Epuisés par cette victoire « péniblement acquise[4] » ils cantonnèrent sans plus tarder et remirent au lendemain la poursuite. Aussi bien, l'obscurité complète leur interdisait d'inquiéter sérieusement la marche douloureuse que nos bataillons décimés, brisés de fatigue et mou-

---

1. *La Guerre franco-allemande*, 2° partie, page 945. — D'autre part, on lit dans le rapport du général Faidherbe : « M. le chef de bataillon du génie Richard, premier aide de camp du général en chef, resté jusqu'à la nuit à la barricade du faubourg Saint-Martin pour y arrêter l'ennemi le plus longtemps possible, y fut cerné et ne parvint à s'échapper qu'après avoir été pris plusieurs fois et s'être débarrassé de plusieurs Prussiens à coups de revolver. »
2. *Ibid.*
3. Nos pertes n'ont pas été exactement évaluées. Le général Faidherbe parle de 3,000 hommes hors de combat et de 7,000 à 8,000 disparus; M. H. Daussy donne des chiffres plus élevés encore : 3,500 hommes tués ou blessés et environ 10,000 disparus, dont une partie, il est vrai, aurait rejoint l'armée après quelques jours. L'évaluation portée ci-dessus est donc plutôt inférieure, malheureusement, à la réalité. En outre, nous laissions 6 canons aux mains de l'ennemi.
4. *La Guerre franco-allemande*, 2° partie, page 948.

rant de faim, exécutaient pêle-mêle sur la route de Cambrai, transformée en un océan de boue. D'ailleurs, ils ne paraissent pas avoir connu immédiatement toute l'étendue de leur succès : « L'armée française, télégraphiait à six heures et demie le général de Gœben à M. de Moltke, l'armée française a été délogée de toutes ses positions après sept heures de combat et *refoulée, malgré sa résistance opiniâtre, sur Saint-Quentin*[2] ». C'est ce qui explique que, au sud de la ville, le général de Barnekow ait cru prudent de cantonner ses troupes un peu en arrière, sur la ligne Urvillers-Essigny-Grugies-Grand-Séraucourt ; et que, à l'ouest, Grœben n'ait pas poussé au delà des villages que nous occupions le matin. Dans Saint-Quentin même, il n'y eût, en résumé, que le 41e et une partie du 40e (de la 32e brigade).

Cependant, vers minuit, le général de Gœben avait fini par connaître la réalité. Il donna aussitôt ses ordres pour la poursuite, espérant encore, au prix d'une marche forcée, gagner de vitesse l'armée battue et la devancer dans la région des places fortes. A l'ouest, le général de Kümmer, avec la 15e division, les troupes de von der Grœben et une partie de l'artillerie de corps, devait prendre les routes du Catelet et de Lempire pour marcher sur Cambrai; à l'est, le général de Barnekow, avec la 16e division, les troupes du prince Albert et le détachement de Bœcking, avait ordre de se porter sur Clary et Caudry par Montbrehain. Plus à droite encore, la cavalerie saxonne avait mission de gagner Bohain et le Cateau, sans cesser de surveiller la route de Guise. L'armée allemande se mit en mouvement le 20, de très bonne heure ; mais nos troupes avaient sur elle une trop grande avance pour pouvoir être débordées ou même seulement atteintes. Cette circonstance seule les sauva, car telle était leur désorganisation quand, vers quatre heures du matin, leurs premiers échelons atteignirent Cambrai après une marche

---

1. Télégramme daté de l'*Epine de Dallon*, où le général de Gœben avait eu toute la journée son quartier général.

de 38 kilomètres, que la majeure partie des mobiles et des mobilisés était confondue en un troupeau sans nom[1] Il y eut donc dans la journée du 20 quelques traînards capturés et des escarmouches d'arrière-garde à si grande distance que seule l'artillerie allemande y joua un rôle[2]; mais il ne se produisit aucun fait digne d'être signalé. L'ennemi devait définitivement renoncer à l'espoir de rejoindre l'armée du Nord[3].

Fin de la campagne du Nord. — Le général de Gœben, arrivé dans la soirée à Bellicourt, put se convaincre de l'inanité de ses efforts. Toutes ses troupes, harassées par une marche rapide sur des chemins détestables, avaient dû s'arrêter à une quinzaine de kilomètres des points fixés, et seule la brigade de cavalerie Dohna s'était portée jusqu'à Cambrai, où du reste elle avait été arrêtée par la fusillade. Lui-même ignorait dans quelle direction précise son adversaire s'était replié. Pour tâcher de le savoir, il dirigea ses troupes sur les routes où elles avaient chance de recueillir quelque indice, mais sans les pousser très loin Le général de Kümmer fut envoyé sur l'Escaut, vers Marcoing, le général de Barnekow vers Caudry, le général de Lippe vers le Cateau. Les mouvements ainsi exécutés permirent en effet de recueillir certaines données, telles que l'avis de transports par voie ferrée et le relevé des positions d'avant-postes, dont on pouvait déduire cette conclusion à peu près sûre que l'armée du Nord avait déjà évacué Arras, Cambrai et le Cateau pour se retirer sur les places plus septentrionales de Lille, Valenciennes et Douai, et que, par suite, elle n'avait en vue, du moins pour le moment, aucune opération nouvelle. Comme d'une part les Allemands ne possédaient point là de matériel de siège, et que d'autre part aucun motif plausible n'existait pour eux d'aller attaquer des places

---

1. P. Lehautcourt, *loc. cit.*, page 246.
2. Pour augmenter le nombre de leurs prisonniers, les Prussiens firent, le 20, de grand matin, sonner *la générale* française par leurs clairons. Un millier de soldats cachés dans Saint-Quentin répondirent à cet appel et furent ainsi capturés. (Von Schell, *loc. cit.*, page 235.)
3. *La Guerre franco-allemande*, 2ᵉ partie, page 948.

dont la possession ne servait en rien à l'entreprise du blocus de Paris, le général de Gœben jugea que le mieux était de s'arrêter. Ses soldats avaient grand besoin de repos ; il profiterait donc de leur inaction forcée pour faire couper les voies ferrées et les télégraphes utilisables pour l'armée du Nord, en cas de retour offensif, puis il les ramènerait sur la Somme, où, comme avant Saint-Quentin, il resterait aux aguets, attendant que l'adversaire démasque ses projets.

Le 22 janvier, la 15ᵉ division gagna donc Bapaume, d'où, avec quatre batteries de l'artillerie de corps et un régiment de la 3ᵉ division de cavalerie, elle devait couvrir l'armée vers Arras. Le général von der Grœben resta autour de Masnières, au sud de Cambrai ; le général de Barnekow étendit ses cantonnements vers la gauche jusqu'à Clary ; enfin la division saxonne, avec le détachement de Bœcking, demeura autour du Cateau[1]. Ce même jour, le général von der Grœben, sur certains indices plus ou moins sérieux de faiblesse chez le commandant de la place de Cambrai, le fit sommer de capituler ; mais il en fut pour un refus formel Le lendemain, tandis que partout on s'occupait de couper les voies ferrées, le général de Lippe fit de son côté tenter contre Landrecies un coup de main qui ne fut pas plus heureux. Deux colonnes, parties l'une du Cateau, l'autre de Catillon, étaient arrivées vers deux heures de l'après-midi devant la petite place, espérant s'en emparer avant que deux bataillons français, que l'on savait en route du Quesnoy pour en renforcer les occupants, aient pu y entrer[2]. Reçus à coups de fusils, les Allemands purent cependant prendre pied dans la gare ; mais, quand ils voulurent pousser vers les remparts, la garnison, aidée du renfort attendu, les accueillit de façon à leur faire comprendre que la place était bien gardée. Les Allemands s'en retournèrent, ayant perdu 2 tués et 9 blessés.

1. La division saxonne avait gardé avec elle, jusqu'à ce jour, la brigade envoyée par l'armée de la Meuse (c'était la 16ᵉ brigade, du IVᵉ corps) sur le champ de bataille de Saint-Quentin. Le 22, cette brigade rejoignit par chemin de fer les troupes du blocus de Paris.
2. Chacune de ces colonnes était composée d'un bataillon, d'un escadron et d'une batterie.

Enfin, le 24, l'armée prussienne commença sa retraite, qui s'opéra progressivement et par échelons, pendant les journées suivantes, jusqu'au 28. Voici comment, à cette date, étaient disposées les forces du général de Gœben. A droite, la 12ᵉ division de cavalerie, avec un régiment d'infanterie et un bataillon de chasseurs, occupait Saint-Quentin, ayant à sa gauche, entre Vermand et Roisel, les troupes du général de Gayl. Le long de la Somme, entre Péronne et Villers-Bretonneux, où cantonnait l'artillerie de corps, étaient disposées la 16ᵉ division et la 3ᵉ brigade de cavalerie de réserve, ayant derrière elles, autour de Chaulnes, l'infanterie de la 3ᵉ division de réserve et la brigade de cavalerie de la Garde. En avant d'Amiens, la 15ᵉ division occupait la ligne Acheux-Villers-Bocage, couverte sur sa gauche par un fort détachement qui, de Picquigny, surveillait Abbeville, toujours en notre possession; enfin, au sud-ouest d'Amiens, la cavalerie de Dohna s'étendait jusqu'aux environs de Molliens-Vidame. Bien que les places de La Fère, Péronne et Amiens fussent occupées par des garnisons plus ou moins fortes; bien que les voies ferrées de Creil, de Tergnier, de Rouen fussent gardées par de nombreux détachements de landwehr, il n'en est pas moins vrai qu'une dissémination aussi grande eût certainement placé derechef les Allemands dans une position périlleuse, si l'armée du Nord eût été en état de diriger encore contre eux une de ces tentatives soudaines dont le général Faidherbe savait avec tant d'énergie dessiner les prémices.

Malheureusement, nos troupes ne pouvaient se remettre aussi rapidement de la terrible commotion de Saint-Quentin. Pour les reconstituer tant bien que mal, le général en chef avait dû les répartir dans toutes les places dont il disposait, Arras, Cambrai, Douai, Saint-Omer et même Lille, afin d'éviter des agglomérations qu'il est toujours difficile de pourvoir en peu de temps du nécessaire. Lui-même avait gagné Lille, où, avec Gambetta et Testelin, il cherchait quelle direction pourrait encore être donnée à un effort suprême, qui triompherait peut-être enfin de la mauvaise fortune, et rendrait une partie de leur ancienne puissance à nos armes abattues par tant de désastres accumulés. Mais, pour le moment, il en était réduit aux vagues espérances d'une revanche qui ne devait pas venir. Pendant ce temps, Paris brûlait ses dernières gargousses, et le sort de la France, maladroitement enchaîné à celui de la capitale, allait être décidé.

Le 28 janvier, le général de Gœben reçut l'avis officiel de la conclusion d'un armistice qui, d'après les conventions, n'était exécutoire que le 31. Il s'empressa de pousser ses troupes en avant, pour se donner l'avantage de la situation acquise, et fit occuper Bapaume, Doullens et Longpré-les-Corps-Saints. Quand, ensuite, les conditions de délimitation furent débattues, il exigea, avec beaucoup de courtoisie, paraît-il, mais aussi avec une fermeté inexorable, la cession d'Abbeville, où les Prussiens n'avaient pu entrer[1]. Il s'assurait ainsi, malgré les protestations de Faidherbe[2], la possession de la ligne entière de la Somme, précaution fort utile en cas de reprise des hostilités. Après quoi, il prit ses dispositions pour que les contributions et les réquisitions fussent partout continuées, et il en fit poursuivre le recouvrement avec la plus extrême rigueur. Contrairement au droit des gens, les pays occupés furent pressurés de la façon la plus odieuse, et, non contents de se faire nourrir, les Allemands emplirent leurs coffres avant de s'en aller. Ils n'avaient, hélas! plus rien à ménager maintenant, et ils ne le montrèrent que trop!

Cependant, le gouvernement français se préoccupait toujours de la situation qui pourrait être faite à notre malheureux pays par la rupture, sinon probable, au moins possible, des préliminaires de paix. Profitant donc des facilités que lui donnait l'armistice pour obtenir une exacte évaluation des forces disponibles, il avait fait demander aux généraux en chef un état récapitulatif de leurs ressources respectives, en leur posant nettement une question où se résumaient quelques es-

---

1. Général FAIDHERBE, *loc. cit.*, page 69.
2. *Ibid.* — Le général Faidherbe obtint cependant qu'Abbeville ne serait frappée d'aucune contribution de guerre.

pérances tenaces, avec, hélas! beaucoup d'illusions. « Peut-on continuer la guerre? » La réponse du général Faidherbe fut celle qu'on devait attendre de sa droiture et de sa loyauté.

Après avoir évalué les contingents existant dans le Nord et le Pas-de-Calais à un chiffre qui suffit à montrer combien l'armée avait été éprouvée par la terrible campagne dont elle sortait, il exposait qu'en présence des effectifs considérables dont l'ennemi pouvait désormais disposer, les siens seraient beaucoup trop faibles pour tenir la campagne[1]. C'était donc une guerre de sièges qui allait commencer, avec des chances de succès à peu près nulles et une durée probablement fort courte.

> Je dois dire, écrivait-il, que je ne crois pas possible la défense des villes jusqu'à la dernière extrémité. *Si le commandant voulait se défendre à outrance dans une place, il pourrait avoir pour lui les troupes régulières, une partie des mobiles, et le peuple qui ne possède rien et dont le patriotisme pourrait être facilement surexcité. Mais il aurait contre lui presque toute la bourgeoisie, la garde nationale sédentaire et, sans doute, les mobilisés*[2].

Puis, après cette constatation dont la sévérité n'est malheureusement que trop fondée, le général Faidherbe concluait ainsi :

> Si la guerre devait continuer, il serait peut-être bon, pour la soutenir dans l'ouest de la France et dans le Midi, contrée dont j'ignore les ressources militaires, de tirer de la région du Nord une dizaine de bonnes batteries de campagne aguerries et habituées à tenir tête aux Prussiens. On pourrait encore peut-être en tirer 6,000 à 8,000 hommes de troupes de l'armée active; mais l'énergie et, par suite, la durée de la défense des places fortes, privées de ce bon élément, en seraient réduites d'autant[3].

Devant ces déclarations si nettes, le gouvernement

---

[1]. D'après cette évaluation, l'ancienne armée du Nord comptait encore 25,000 hommes avec seize batteries, et les garnisons de quinze places fortes se montaient à 55,000 hommes, tous mobilisés. Le général Faidherbe pensait qu'en cas de reprise des hostilités, l'ennemi jetterait de 80 à 100,000 hommes dans la région du Nord.
[2]. *Lettre écrite au ministre de la Guerre et datée de Lille*, le 5 février 1871.
[3]. *Ibid*.

comprit que la lutte était, en tout état de cause, terminée dans le Nord. Le 15 février, il donnait l'ordre au 22ᵉ corps de s'embarquer à Dunkerque pour Cherbourg, où une nouvelle armée était en formation. Puis, la paix étant survenue, l'armée du Nord fut, comme les autres, licenciée, et, dès le 7 mars, mobiles et mobilisés rejoignirent leurs foyers, tandis que les survivants des bataillons de marche et des fusiliers marins étaient dirigés sur leurs anciennes garnisons.

La campagne du Nord avait duré trois mois, pendant lesquels nos jeunes troupes, soumises aux plus dures épreuves et à des fatigues inouïes, ont montré, pour la plupart, un stoïcisme véritablement héroïque. Elle n'a point donné, tant s'en faut, les résultats qu'on en avait espérés, et s'est même terminée, comme celle de la Loire, par un pénible désastre, dont la cause principale, pour ne pas dire unique, réside dans la plus illusoire des conceptions. La poursuite obstinée d'un but dont la réalisation était devenue impossible depuis la capitulation de Metz ; l'idée fixe de faire lever directement le blocus de Paris alors que l'ennemi disposait de près de 200,000 hommes pour le protéger ; la recherche persistante d'une concordance impraticable dans les opérations d'armées qui n'avaient entre elles aucune liaison et se trouvaient placées dans les conditions stratégiques les plus dissemblables ; le système, en un mot, sur lequel reposaient les plans conçus à Tours et à Bordeaux, et dont le mouvement sur Saint-Quentin avait été une des plus déplorables manifestations, tout cela venait de causer la perte de la meilleure armée que nous possédions encore. Il avait suffi que, vers le 15 janvier, le général Trochu annonçât l'intention de risquer une dernière tentative, sur la nécessité pas plus que sur l'issue de laquelle il ne se faisait d'ailleurs la moindre illusion, pour que, dès lors, le concours de l'armée du Nord lui fût acquis. Et celle-ci alors, malgré l'état des communications et le sien propre, qui lui interdisaient d'avance tout espoir de réussite, s'était lancée dans la plus incertaine et la plus périlleuse des aventures, côtoyant à quelques kilomètres un ennemi aux aguets qu'elle savait prêt à fondre sur elle, et s'exposant à périr toute, sans même que le renom de son sacrifice ait chance d'arriver jusqu'à ceux pour qui il était fait! D'ailleurs, le temps était passé où elle pouvait obtenir un résultat décisif; ayant, pour des raisons assez complexes, mais dont la valeur ne semble pas incontestable, laissé échapper les deux occasions qui lui étaient offertes de percer la ligne longue et mince que formaient devant elle les troupes de Manteuffel, l'armée du Nord avait, depuis la retraite de Bapaume, perdu toute chance d'infliger à ses adversaires un échec définitif. Il n'en est pas moins vrai qu'elle a lutté avec courage et souffert avec résignation. A l'Hallue, elle ne s'est pas laissé entamer; à Bapaume, elle a obtenu un succès qui, s'il a été stérile, n'en est pas moins réel; à Saint-Quentin, elle a combattu vaillamment, bien que sans espoir. En dépit de certaines défaillances presque inévitables, elle s'est montrée partout dévouée et brave, frappant des coups imprévus et redoutables, dont l'ennemi était à la fois irrité et déconcerté. Commandée par un chef énergique, qui recherchait avant tout la bataille, elle a su répondre à sa confiance et mériter son estime. Elle est non moins digne de la nôtre, car elle aussi a contribué, dans la plus large mesure, à faire comprendre à l'Europe étonnée qu'avec ses ressources prodigieuses, la France, rendue à elle-même et régénérée par le malheur, ne devait pas tarder à réparer ses ruines et à fonder sur ses désastres mêmes un état militaire fait pour imposer le respect.

IV. — Dernières opérations sur la basse Seine.

Pour en finir avec le théâtre d'opérations du Nord, il nous faut revenir maintenant une dernière fois vers la basse Seine, et voir quels événements s'y sont déroulés jusqu'à la fin des hostilités. On se rappelle qu'après le combat malheureux de Maison-Brûlée, le général Roy avait replié ses troupes derrière la Rille, tandis que, sur la rive droite, celles du général Peletingeas regagnaient le camp retranché du Havre. De leur côté, les Allemands, que l'envoi de nouveaux renforts sur la Somme allait assez sensiblement réduire, s'étaient bornés à occuper Rouen et ses abords, mais en envoyant toutefois, pour maintenir le contact avec leurs deux adversaires, de petites colonnes qui, presque chaque jour, allaient reconnaître nos positions [1].

Les forces du Havre, portées à trois divisions par l'adjonction de corps de mobilisés, furent, à cette époque (12 janvier), placées sous les ordres du général Loysel, qui s'occupa avec un grand zèle, malheureusement trop tardif, de leur donner une organisation plus solide [2]. Ainsi le nombre des batteries fut augmenté par le dédoublement de celles de l'armée active et l'armement de celles de la mobile [3]; de même, deux escadrons de cavalerie de la mobile furent constitués et montés avec des chevaux de réquisition [4]. L'armée du Havre atteignit, dès lors, l'effectif de 33,000 rationnaires environ, disposant de 6 batteries (34 pièces, obusiers ou mitrailleuses); dans ce chiffre sont compris 800 marins formant les équipages de la flottille [5] et 700 fusiliers marins ou soldats d'infanterie de marine. Il est certain que c'était là un noyau de forces respectables qui, si elles eussent vigoureusement poussé de l'avant, auraient vraisemblablement amené l'évacuation de Rouen; le général de Bentheim avait, du reste, pris son parti et semblait s'attendre à semblable éventualité [6]. Mais on

---

1. Après le départ de ces renforts (partis du 7 au 13), le général de Bentheim ne disposait plus à Rouen que de 12 bataillons et demi, 15 escadrons, 8 batteries et 2 compagnies de pionniers. (*La Guerre franco-allemande*, 2ᵉ partie, page 953.)
2. Une de ces divisions était commandée par le général Loysel, les deux autres par le général Peletingeas et le général Berthe, précédemment colonel du 86ᵉ.
3. L. ROLIN, *La Guerre dans l'Ouest*, page 360.
4. *Ibid.*, page 360.
5. Cette flottille se composait de : une corvette à roues, un aviso à hélices, deux batteries flottantes, quatre canonnières, quatre chaloupes à vapeur et deux ordinaires. Commandée par le capitaine de vaisseau Mouchez, elle était armée de 36 canons.
6. Le 12, il avait annoncé au général de Gœben qu'il ne lui restait plus assez de monde pour résister à une attaque décisive de l'ennemi, et qu'il était obligé de songer à évacuer momentanément

préféra ne point les utiliser, si ce n'est à garder une place qui n'était nullement menacée et n'avait d'ailleurs pas besoin d'une garnison si forte. C'était, en vérité, trop de timidité.

L'immobilité de l'*armée du Havre* n'empêchait cependant pas les escarmouches de continuer devant son front entre colonnes mobiles et francs-tireurs ou avant-postes. Le 10 janvier, un détachement allemand, qui avait poussé jusqu'à Gainneville, s'y heurta à une compagnie de mobilisés de Rouen, placée là en grand'-garde, qui se défendit assez énergiquement et ne se replia que parce qu'elle était violemment canonnée et que personne ne venait à son secours[1]. Le 14, une autre colonne, envoyée à Mirville pour faire sauter le viaduc, eut son avant-garde surprise à Bolbec par des tirailleurs havrais qui tuèrent l'officier commandant les cavaliers de pointe; elle pénétra dans la ville, qui dut subir toutes les représailles usitées en pareil cas et payer une somme de 100,000 francs. Tout cela ne signifiait pas grand'chose et n'aboutissait qu'à accumuler les ruines; il eût été infiniment plus profitable de mettre un frein à l'ardeur inconsidérée des corps francs et de se servir mieux des éléments, bons ou mauvais, qu'on avait constitués à grand'peine. On laissa, au contraire, les premiers agir à peu près à leur guise en avant du camp retranché[2]; ils se battirent à tort et à travers, et ne surent pas empêcher les Allemands, auxquels ils étaient très supérieurs en nombre, de faire

---

Rouen. De son côté, Gœben l'avait autorisé le même jour (les deux dépêches se croisèrent) à évacuer Rouen s'il ne pouvait faire autrement et à se retirer sur Paris, pour arrêter, dans une position favorable, la marche de l'ennemi sur cette ville. (Von Schell, *loc. cit.*, pages 91 et 96.)

1. La *Relation allemande* prétend que les mobilisés furent surpris, c'est une erreur. Canonnés de loin, ils se déployèrent aussitôt derrière les haies et les fossés, et firent feu. Les Allemands eurent un officier blessé et deux hommes tués; les mobilisés, deux hommes légèrement atteints. Une femme de Gainneville eut l'épaule traversée. Le détachement ennemi comprenait deux compagnies montées sur des voitures, un escadron et deux pièces.

2. « Les corps francs avaient de la difficulté à se subordonner non seulement à l'armée régulière, mais même entre eux, et ils continuèrent d'agir à leur fantaisie. » (L. Rolin, *loc. cit.*, page 368.)

sauter les viaducs de Mirville et de Bolleville, et de mettre ainsi complètement hors d'usage la voie ferrée du Havre à Rouen.

Grâce à cette destruction, les Allemands étaient beaucoup plus tranquilles sur leur droite, car le chemin de fer aurait pu devenir un puissant auxiliaire pour les troupes du général Loysel. Du côté de leur aile gauche, la situation paraissait non moins rassurante, en sorte que, dans la nuit du 17 au 18, le général de Gœben n'avait pas hésité, en prévision de la lutte qu'il allait avoir à soutenir, à appeler encore, de Rouen sur Amiens, trois nouveaux bataillons et une batterie[1]. Sur la rive gauche, en effet, le général Saussier, successeur du général Roy, avait gardé aussi longtemps que possible, entre Pont-Audemer et Beaumont-le-Roger, ses positions de la Rille, escarmouchant avec les colonnes volantes qui venaient presque chaque jour le tâter. Le 12, il reçut du ministre l'ordre de se replier sur Argentan, afin de se rapprocher de l'armée de la Loire; il mit donc le lendemain ses troupes en retraite sur trois colonnes, qui devaient converger sur Lisieux, mais il laissa en position des arrière-gardes pour donner le change à l'ennemi. L'une d'elles (3ᵉ bataillon de mobilisés du Calvados et quelques éclaireurs de Normandie), postée à Bonneville, à l'est de Pont-Audemer, fut attaquée dans la matinée par une forte reconnaissance allemande, à laquelle elle tint tête assez longtemps pour masquer le départ de nos colonnes; après quoi, elle se replia sur sa division. Grâce à cette résistance, l'ennemi ne s'aperçut pas de l'abandon de la ligne de la Rille, et n'in-

---

1. Voici quelle était, au 15 janvier, la répartition des forces allemandes sur la basse Seine :
1º *Rive droite :* 4 bataillons, 10 escadrons et 4 batteries à Duclair, Barentin, Pavilly et Clères ;
2º *Rive gauche :* 4 bataillons, 4 escadrons et 3 batteries sur la ligne La Londe-Bourgthéroulde-Bourgachard, ayant en arrière un bataillon à Maison-Brûlée et un à Saint-Ouen.
Rouen était occupé par deux bataillons et demi, un escadron et une batterie. Enfin, la 5ᵉ division de cavalerie, établie avec quelques bataillons de landwehr de la Garde derrière l'Eure (à Vernon, Pacy, Houdan et Dreux), se reliait à la fois avec le général de Bentheim et avec les troupes d'étapes chargées de garder Gisors.

quiéta pas la marche du général Saussier. Quand, le 16, ses patrouilles s'aperçurent enfin du départ du corps de l'Eure, celui-ci était déjà derrière la Touques, à une distance où, avec ses faibles moyens, le général de Bentheim ne pouvait pas songer à aller l'inquiéter.

Cependant le XIIIe corps d'armée, envoyé, on s'en souvient, d'Alençon sur Rouen, après le combat soutenu le 15 janvier contre le corps du général Lipowski, s'était mis en marche le 18[1]. N'ayant que des renseignements très vagues sur les forces françaises qu'il pouvait être appelé à rencontrer sur son parcours, il s'avançait avec des précautions très grandes, flanqué sur sa droite et sur sa gauche par des détachements, et appuyé à droite par la 5e division de cavalerie qui avait quitté la ligne de l'Eure pour se rapprocher de lui, vers Verneuil[2]. Jusqu'à Argentan, les troupes du grand-duc n'eurent affaire qu'à des francs-tireurs, ou à des paysans armés. Mais, en arrivant devant cette ville, elles apprirent qu'elle était occupée par des contingents assez considérables[3]. Ceux-ci ne tinrent pas d'ailleurs et se replièrent vers l'ouest à la première nouvelle de l'arrivée des Allemands ; ils auraient certes mieux fait de menacer, ne fût-ce qu'en restant sur place, le flanc gauche du grand-duc dont les forces défilaient devant eux. Mais la direction déjà si flottante de nos opérations militaires était complètement désorientée par un mouvement dont personne ne semblait avoir envisagé l'éventualité. Là encore, on laissa à quelques francs-tireurs ou gardes nationaux mal armés le soin de s'opposer aux progrès de ce nouvel adversaire, et ils s'en chargèrent, comme l'a dit l'historien de leurs luttes incohérentes, avec plus de courage que de chances de succès.[4]

1. Voir tome IV, page 402.
2. Cette division soutenait contre les francs-tireurs des escarmouches presque constantes, toujours aussi inutiles que fécondes en fâcheuses conséquences. Leur récit détaillé, de la plus douloureuse uniformité, a été fait par M. L. Rolin dans son ouvrage cité : *La guerre dans l'Ouest*, pag s 375 et suivantes.
3. Les troupes du 19e corps, en formation sous le général Dargent ; celles du général Saussier n'étaient pas encore arrivées.
4. L. ROLIN, *loc. cit.*, page 381.

Le grand-duc avait donc continué sa marche de Séez sur Bernay. Prévenu que devant cette dernière ville se trouvait un rassemblement de gardes nationaux avec du canon, il avait formé le projet de l'attaquer à la fois de front et par la route de Lisieux, et dirigé, de Montreuil-l'Argillé sur Orbec, une partie de l'avant-garde de la 17ᵉ division [1], tandis que le gros s'avançait vers Broglie. Le détachement de gauche vint, à quelque distance d'Orbec, se heurter à une centaine d'hommes armés de fusils quelconques; il les délogea. Mais le pis est que son chef, le major de Gaza, non content d'avoir extorqué à la ville d'Orbec une somme de 40,000 francs, fit fusiller quatre malheureux gardes nationaux faits prisonniers, et *défendit aux habitants de leur donner la sépulture* [2]. De pareils faits ne seraient pas croyables s'ils n'étaient attestés par des témoins dignes de foi. Pendant ce temps, la 17ᵉ division avait atteint Broglie, et sa tête d'avant-garde s'était engagée dans la région boisée qui s'étend au sud de Bernay. Là, elle fut accueillie à coups de fusil, par 300 gardes nationaux qui s'étaient portés en avant de la ville, et reçut même quelques volées de mitraille, tirées par une vieille pièce en fonte qui, restée sous les halles de Bernay, était certainement plus dangereuse pour ceux qui la servaient que pour l'ennemi [3]. L'avant-garde prussienne ne réussit pas à vaincre la résistance de la poignée de braves gens qui lui barrait la route, et le grand-duc, voulant, devant cette attaque imprévue, concentrer ses forces, donna l'ordre, dans l'après-midi, de rompre le combat [4]. Le XIIIᵉ corps vint alors se grouper autour de Bernay et de Broglie; c'était plus qu'il n'en fallait pour triompher de toutes les difficultés, et refouler quelques pauvres diables auxquels il ne restait aucun espoir d'être renforcés, la ligne de Lisieux à Bernay ayant été coupée dans la journée par les coureurs de la 12ᵉ brigade de

---

1. Un régiment de uhlans, le bataillon de chasseurs mecklembourgeois et deux pièces.
2. L. ROLIN, *loc. cit.*, page 382.
3. *Ibid.*, page 383.
4. *La Guerre franco-allemande*, 2ᵉ partie, page 957

cavalerie[1]. Le 22, les Allemands entrèrent dans Bernay, qu'ils imposèrent de 100,000 francs; puis, après une journée de repos, ils reprirent leur marche vers Rouen, où ils entrèrent le 25, n'ayant plus rencontré de résistance. Le grand-duc reçut l'ordre alors d'organiser sur une vaste échelle l'occupation de la rive gauche de la Seine, tout en se tenant prêt à agir, le cas échéant, de concert avec la Ire armée[2]. Mais il n'était plus besoin d'un aussi grand déploiement de forces; d'une part, en effet, les troupes du général Saussier étaient maintenues en arrière de la Dives; d'autre part, l'armée du Havre persistait dans son immobilité. Jusqu'au 28, il n'y eut donc sur la basse Seine que de petites affaires d'avant-postes, sans intérêt aucun; puis, dès que la conclusion de l'armistice fut connue des Allemands, ils se hâtèrent, comme ils l'avaient fait sur la Somme, de s'étendre jusqu'à Caudebec, Yvetot, Fécamp et Dieppe. Ils n'hésitèrent même pas, au mépris des conventions, à pénétrer dans Honfleur après la cessation des hostilités; quant à leurs réquisitions impitoyables, elles ne cessèrent qu'après la conclusion de la paix. Ainsi se justifiait une fois encore, après 2000 ans, le terrible anathème jeté par le vieux Brenn gaulois aux peuples qui, dans l'aveuglement de la prospérité, laissent émousser le glaive protecteur de leurs frontières. Ainsi, un adversaire implacable nous montrait, par la plus dure des leçons, que les sacrifices consentis pendant la paix, pour s'armer et organiser ses forces, ne sont rien à côté de ceux que coûte une guerre soutenue dans le désordre, l'incohérence et l'improvisation.

---

1. Cette brigade (Bredow) avait été envoyée par le général de Rheinbaben au grand-duc de Mecklembourg aussitôt que la 5ᵉ division de cavalerie avait été adjointe au XIIIᵉ corps pour les opérations entamées vers la basse Seine.
2. *La Guerre franco-allemande*, 2ᵉ partie, page 959.

LIVRE QUATRIÈME

PREMIÈRE CAMPAGNE DE L'EST

CHAPITRE PREMIER

LA GUERRE DANS LES VOSGES

Situation après Frœschwiller. — La retraite précipitée qu'après le désastre de Frœschwiller avaient accomplie les corps placés sous les ordres du maréchal de Mac-Mahon, livrait aux Allemands l'Alsace tout entière et la partie septentrionale du bassin de la Saône. Il ne restait de ce côté aucune force organisée, en sorte que l'armée du Prince royal avait pu traverser les Vosges, en ne laissant derrière elle que la division badoise chargée de faire le siège de Strasbourg, et les détachements d'étapes nécessaires à la protection des communications. Etourdies par le choc aussi rude qu'imprévu de nos premiers désastres, les populations si patriotiques de ces régions avaient assisté, atterrées, à la catastrophe, et subi, dans une sorte de torpeur étonnée, l'envahissement qui préludait à leur servitude. La périlleuse traversée des montagnes s'était donc opérée sans encombre pour les Allemands.

Cependant, sous l'angoisse du danger dont ils comprenaient toute l'imminence, parce que, mieux que personne, ils savaient quelles étaient les convoitises avouées du chauvinisme germain, les habitants des départements frontières ne tardèrent pas à se ressaisir[1]. Dès le milieu d'août, la garde nationale s'organisa dans les villes ; des compagnies de francs-tireurs, formées de jeunes gens qui fuyaient devant le vainqueur détesté, se constituèrent dans les forêts vosgiennes ; enfin les gardes mobiles, convoquées depuis le 18 juillet, mais à peine incorporées, armées et équipées, commencèrent à affluer dans les places que l'ennemi n'avait pas encore investies et dont les avenues étaient restées libres. Ces places étaient, en Alsace, celle de Schlestadt et celle de Neuf-Brisach, qui, bien qu'insuffisamment armées et pourvues de garnisons trop faibles, avaient cependant fait le nécessaire pour se mettre sur la défensive, et commencé, quinze jours à peine après Frœschwiller, à inquiéter les derrières de l'envahisseur. Le 17 août, dans la soirée, une compagnie de mobiles du Bas-Rhin, partie de Schlestadt pour faire une reconnaissance, surprenait aux environs de Villé, à une quinzaine de kilomètres vers le nord-ouest, deux escadrons badois bivouaqués, et les rejetait en désordre sur Strasbourg. Le 30, une affaire plus sérieuse avait lieu à Bellingen, et montrait aux Badois que, dans l'Alsace aux trois quarts conquise, se trouvaient maintenant

---

[1]. Les Alsaciens avaient eu fréquemment l'occasion de voir ces cartes fameuses qui, depuis nombre d'années, étaient répandues à profusion de l'autre côté du Rhin, et sur lesquelles l'Alsace, ainsi que le territoire de l'ancien évêché de Metz, étaient représentés comme faisant partie intégrante de la Confédération allemande. (Nous possédons nous-même le fac-similé d'une de ces cartes *remontant à 1861*.) Ils ne pouvaient donc se faire beaucoup d'illusion sur le sort qui les attendait en cas de victoire décisive de la Prusse. Celle-ci voulait avant tout s'annexer nos provinces de langue allemande, et ce qui le prouve clairement, c'est l'aveu même des officieux bismarckiens. Voici, en effet, une phrase caractéristique extraite du numéro du 21 septembre 1890 de la *Gazette de l'Allemagne du Nord* : « Nous croyons savoir avec certitude que, *quelques semaines avant Sedan*, après les grandes batailles livrées sous Metz, le comte de Bismarck, dans un entretien avec un agent officieux de l'empereur Napoléon, mit comme conditions à la paix la cession des pays de langue allemande et le payement des frais de la guerre (dont le chiffre restait à débattre). » Voilà qui détruit brutalement et l'assertion du roi Guillaume qu'il ne faisait la guerre qu'à Napoléon III, et l'illusion de ceux qui croient, ou feignent de croire, qu'après Sedan, la guerre pouvait se terminer, sans aucune perte de territoire, par le simple payement d'une forte indemnité.

certains contingents avec lesquels il allait leur falloir compter.

Le lieutenant-colonel Lostie de Kerhor, commandant de la place de Neuf-Brisach, avait appris qu'à Neuenberg, gros bourg situé sur le Rhin, à vingt-deux kilomètres en amont, l'ennemi accumulait des bateaux destinés à la construction d'un pont. Il dirigea de ce côté la compagnie des francs-tireurs de Neuf-Brisach, qui, aidée d'une cinquantaine de francs-tireurs de Colmar rencontrés en route, réussit à passer le fleuve sur des nacelles de la douane, alla couper à Bellingen, en plein grand-duché de Bade, le chemin de fer et le télégraphe de Bâle à Fribourg, et captura sept des chalands ennemis. Tandis que nos hommes s'occupaient à couler ceux-ci, un parti allemand, accouru sur la rive droite, avait ouvert le feu sur eux. Il s'ensuivit un vigoureux combat de mousqueterie auquel vint prendre part une compagnie de la garde nationale de Mulhouse, et qui ne se termina qu'à la nuit. Cet incident, suivi peu de jours après de nouvelles escarmouches à Soultz et à Bollweiller, où des reconnaissances badoises furent repoussées par les gardes nationaux, indiqua à l'ennemi que la possession de l'Alsace n'était pas encore pour lui un fait accompli. Bien plus, il jeta l'alarme dans le grand-duché de Bade, où les bruits les plus absurdes commencèrent à circuler. Des francs-tireurs de Lyon, disait-on, évalués à 5,000 hommes, arrivaient sur le Rhin, dans le but de se réunir aux ouvriers des fabriques de Mulhouse, alors privés de travail, pour tenter de concert une « incursion de représailles » dans la partie méridionale du grand-duché[1]. Il fallut, pour calmer l'émotion des Badois, que le général de Werder envoyât, de Strasbourg dans le Brisgau, le 31 août, un détachement de quelques centaines d'hommes[2]. En même temps, le ministre de la guerre grand-ducal dirigeait de Rastadt sur Mülheim un bataillon d'infanterie chargé, avec quelques

---

1. *La Guerre franco-allemande*, 2ᵉ partie, page 122.
2. Deux compagnies d'infanterie, un peloton de cavalerie et quatre pièces. (*Ibid.*, page 121.)

autres troupes, de « garder l'Oberland[1] » et il le renforçait, dès le 7 septembre, par quatre batteries d'artillerie. Les Badois purent désormais dormir tranquilles ; leur frayeur avait cependant été bien vaine, car il n'était pas, et il ne pouvait plus être, hélas ! question de les menacer !

Tandis que ces événements se passaient en Alsace, les départements limitrophes, Vosges, Meurthe, Haute-Saône et Haute-Marne, organisaient aussi leurs gardes mobiles et leurs gardes nationales[2]. De Langres, où sous le commandement du général Chauvin s'était formé un camp d'instruction, une petite colonne de 1,500 hommes environ avait été dirigée par chemin de fer, le 2 septembre, sur Neufchâteau, et de là, à pied, sur Vaucouleurs, où elle surprit le détachement d'étapes et captura 40 hommes dont 3 officiers[3]. Mais, pas plus ici qu'ailleurs, il n'existait de direction supérieure pour donner à ces diverses tentatives la moindre coordination. Chaque préfecture, chaque place forte, chaque ville agissait à sa guise et restait livrée à elle-même, de sorte que, bien qu'ils fussent assez désagréables aux Allemands, les mouvements offensifs plus ou moins accusés de nos contingents de nouvelle formation n'apportaient, à proprement parler, aucune interruption, ni même aucune gêne sensible dans les communications de l'ennemi. Survint sur ces entrefaites la révolution du 4 septembre, avec les préfets proconsulaires et les

---

1. *La Guerre franco-allemande*, 2e partie, page 122.
2. La loi autorisant la création et la constitution de la garde nationale sédentaire dans toutes les communes ne fut votée par le Corps législatif que le 9 août, sur la proposition de Jules Favre. — Dans les deux départements de la Meurthe et des Vosges, il avait été créé, en 1868, sous le patronage du maréchal Niel, un certain nombre de compagnies de francs-tireurs, qui prétendaient imiter les chasseurs tyroliens et s'adonnaient à la pratique du tir. Elles envoyèrent à l'Exposition de 1867 des délégations dont le costume assez théâtral obtint un certain succès ; mais, comme elles témoignaient vis-à-vis du pouvoir et de l'autorité de quelques velléités d'indépendance, elles ne tardèrent pas à être dissoutes. En 1870, il n'en existait plus aucune.
3. Cette colonne était formée de mobiles (Haute-Marne et Vosges) et de deux compagnies du 50e de ligne, dont le dépôt était à Langres. Parmi ces prisonniers était le directeur de la police de Berlin, qui venait d'être appelé par le chancelier au grand quartier général.

comités locaux. L'avènement du nouveau gouvernement imprima une vive et indéniable impulsion à la constitution des éléments militaires destinés à remplacer l'armée disparue, mais il ne remédia nullement, bien au contraire, à la dispersion funeste de ces éléments, non plus qu'au défaut de centralisation du commandement. On eut cependant l'heureuse idée de constituer quelques centres de rassemblement et d'organisation de troupes, et d'y faire affluer des contingents qui devaient former les noyaux d'agglomérations postérieurement plus importantes. C'est ainsi qu'à Epinal, où se trouvaient un certain nombre d'officiers de toutes armes échappés de Sedan, on réunit dans les premiers jours de septembre cinq à six bataillons de mobiles[1], un corps de 1,200 volontaires alsaciens-lorrains connu sous le nom de *Bataillon franc des Vosges*[2], et le bataillon des mobiles de la Meurthe ramené de Lunéville par son chef, le commandant Brisac[3]. Ces troupes n'étaient armées que de fusils médiocres, à tabatière ou à piston, et plus mal équipées encore. Elles ne tardèrent pas cependant, sous l'impulsion énergique donnée par le préfet George et le capitaine du génie Varaigne, envoyé de Paris par le général Trochu, à prendre de la valeur et de la cohésion. Il en fut à peu près de même à Vesoul et à Besançon.

Premières escarmouches. — Le grand état-major allemand, qui n'ignorait rien des efforts vigoureux accomplis sur le flanc gauche de sa ligne d'opérations pour mettre de nouveaux contingents en campagne, avait fini cependant par s'émouvoir à son tour, et, dès le 9 septembre, il jugea nécessaire d'inviter par télégramme le général de Werder à faire parcourir la haute

---

1. Deux de Saône-et-Loire, trois des Vosges et un formé avec des jeunes gens fuyant les départements envahis du Bas-Rhin, de la Moselle et de la Meurthe.
2. Il fut placé sous les ordres du capitaine du génie Bourras.
3. Ce bataillon, commandé par un capitaine d'artillerie démissionnaire, avait pu, grâce aux mesures prises par son chef, échapper à l'ennemi et rejoindre Langres. De là, il fut, le 19 septembre, envoyé à Epinal pour coopérer à une mission dont il sera question plus loin.

Alsace par des colonnes volantes, chargées de désarmer et de contenir les habitants[1]. Celui-ci confia immédiatement au général-major Keller un détachement de quatre bataillons, huit escadrons et demi et trois batteries, pris dans la division badoise, et lui donna pour mission de se porter sur Colmar et Mulhouse après avoir rallié le petit corps stationné à Mülheim depuis l'affaire de Bellingen[2]. Trois escadrons de hussards de réserve, qui devaient arriver devant Schlestadt le 12 septembre, étaient chargés d'établir la liaison entre le général Keller et le corps de siège de Strasbourg[3].

Il était temps pour le corps badois de prendre des mesures de protection vis-à-vis de nos francs-tireurs, car ceux-ci devenaient réellement entreprenants. Le 11, tandis que le général Keller rassemblait son monde, ils bousculaient à Bernardsweiler les détachements chargés de couvrir vers l'ouest le siège de Strasbourg, et les rejetaient dans la plaine avec des pertes assez sensibles[4]. Le général Keller lui-même, quand il arriva le 13 à Marckolsheim[5], eut son avant-garde attaquée et obligée de soutenir un combat où elle perdit 11 hommes et 19 chevaux[6]. Il se porta néanmoins le lendemain dans la direction de Colmar; mais en arrivant au pont de l'Ill, à l'ouest de Horbourg, il le trouva défendu par 300 hommes environ, qu'il lui fallut repousser à coups de canon; pendant ce temps, un petit détachement de flanqueurs, qu'il avait envoyé pour se couvrir du côté de Neuf-Brisach, était contraint de s'ouvrir un passage

---

1. *La Guerre franco-allemande*, 2ᵉ partie, page 123.
2. Cette colonne comprenait, en outre, un détachement **de pionniers** et un équipage de pont léger.
3. *La Guerre franco-allemande*, 2ᵉ partie, page 123.
4. *Ibid.*, page 124.
5. Marckolsheim est situé sur le canal du Rhône au Rhin, entre Schlestadt et Colmar.
6. Elle eut affaire à des troupes venues de Neuf-Brisach. Une patrouille allemande (dragons badois), envoyée vers cette place, fut assaillie par des chasseurs à cheval français (40 cavaliers appartenant au dépôt du 4ᵉ régiment), et ramenée à travers la forêt de Künheim. — La garnison de Neuf-Brisach était, d'ailleurs, assez forte, et devait être, quelques jours après, portée à 5,000 hommes par l'arrivée d'un bataillon de mobiles du Rhône et d'une compagnie de **francs-tireurs de Mirecourt (25 septembre).**

dans la forêt de Künheim, défendue par une cinquantaine d'hommes, et d'enlever le village de Biesheim à la garde nationale, à laquelle la cavalerie badoise infligea une perte de 38 hommes[1]. Malgré tout, le détachement Keller put entrer à Colmar, où il réquisitionna des vivres, se saisit des caisses publiques et des armes, et détruisit le chemin de fer de Mulhouse. Le lendemain, il reprenait sa marche sur cette dernière ville, où il entrait sans difficulté le 16, après avoir opéré sa jonction avec la petite colonne de Mülheim, venue par Chalampé, sous les ordres du colonel Baüer. Comme on avait eu le temps de replier sur Belfort le matériel de guerre et les deniers publics, les Allemands firent buisson creux ; mais ils détruisirent le chemin de fer de Belfort et le viaduc de l'Ill[2] ; après quoi, ils repartirent le 17, pour rejoindre leurs points de départ respectifs.

Bien que la résistance opposée au général Keller par quelques braves gens agissant presque isolément n'ait pas été très sérieuse, elle montrait cependant que la haute Alsace offrait encore aux colonnes allemandes une très médiocre sécurité. Le pays n'était rien moins que conquis, et la participation constante des habitants aux escarmouches dirigées contre les reconnaissances ennemies témoignait du peu d'enthousiasme provoqué par l'idée d'une prochaine annexion. Du côté des Vosges, la situation n'était pas meilleure, ni la tranquillité plus assurée. Des bandes de francs-tireurs, venues d'Epinal,

---

1. « Ces braves gens (les gardes nationaux) avaient sans doute puisé leurs seules notions d'art militaire dans quelques romans nationaux, et n'avaient pas hésité à se former courageusement en carré au milieu du village, au lieu de défendre leurs maisons en s'y retranchant. Le résultat d'une pareille tactique était facile à prévoir, la troupe n'ayant aucune instruction militaire ; le carré avait été enfoncé, et les paysans sabrés fuyaient vers Neuf-Brisach. » (Capitaine J.-B. Dumas, *La guerre sur les communications allemandes en* 1870 ; Paris, Berger-Levrault, 1891, page 22.) — La garde nationale de Biesheim fut dégagée par les francs-tireurs qui avaient défendu la forêt de Künheim, et put se replier sur Neuf-Brisach. — (En ce qui concerne l'affaire du pont de Horbourg, voir à l'appendice la pièce n° 3.)

2. *La Guerre franco-allemande*, 2ᵉ partie, page 125. — Les Badois eurent même à réprimer une émeute à la maison centrale, où les détenus avaient profité de la circonstance pour se soulever.

franchissaient constamment la montagne, et venaient battre les pentes du versant oriental[1] ; il s'ensuivait des escarmouches constantes. A Epinal d'ailleurs, on agissait avec une certaine méthode et d'après un plan mieux étudié qu'ailleurs. Tout d'abord, le capitaine Varaigne, apprenant que le tunnel de Lützelbourg n'était gardé que par une sentinelle, avait songé à le faire sauter. Le 15 septembre, il s'y rendit habillé en paysan avec le commandant Brisac, et en fit la reconnaissance technique; mais des indiscrétions ayant, paraît-il, été commises par certaines personnes de l'entourage du préfet[2], sa ruse fut éventée, et, au retour, les deux officiers faillirent être enlevés par une reconnaissance badoise lancée à leurs trousses. Le coup était manqué. On se borna donc à faire occuper successivement, et au fur et à mesure de l'augmentation des contingents, les cols des Vosges, en remontant du sud au nord; on voulait ainsi former un rideau derrière lequel les troupes, au fur et à mesure également de leur constitution, seraient dirigées vers le nord pour menacer et attaquer, aussitôt qu'elles seraient en état de soutenir la lutte, la grande voie de communication de l'ennemi. Ces dispositions amenèrent des rencontres sans grande importance, mais dont les Allemands s'irritaient ; l'une d'elles se produisit à Rothau, près de Schirmeck, où les reconnaissances badoises qui voulaient remonter la vallée de la Brüche furent arrêtées dans leurs mouvements et maintenues au bas des pentes.

Le général de Werder, agacé par ces incidents et préoccupé du danger que pouvait courir, d'un moment à l'autre, le tunnel de Lützelbourg, se décida à envoyer de ce côté une nouvelle colonne. Le 18 septembre, le major d'Elern, quittant les abords de Strasbourg avec un bataillon, deux pelotons de hussards et deux pièces[3], se porta par Saverne et Sarrebourg sur Blamont, où il

---

1. *La Guerre franco-allemande*, 2ᵉ partie, page 126.
2. Capitaine J.-B. DUMAS, *loc. cit.*, page 24.
3. Un bataillon de landwehr des grenadiers de la Garde, deux pelotons de hussards de réserve et deux pièces de réserve de la Garde.

arriva le 20. Trois jours après, comme une reconnaissance envoyée par lui de Badonvillers dans la vallée de la Celle débouchait près de Pierre-Percée[1], elle se heurta au bataillon de mobiles de la Meurthe venu d'Epinal, dans le but indiqué ci-dessus, avec trois compagnies de francs-tireurs (Neuilly, Luxeuil et Colmar). Après un combat très vif qui dura près de deux heures, les Allemands durent se replier sur Badonvillers, où ils se retranchèrent. La veille, un petit détachement badois envoyé à Mützig pour maintenir sa liaison avec la colonne d'Elern avait été brusquement assailli à la fois par une bande de francs-tireurs embusqués dans les vignes à l'est de Dinsheim, qui, aussitôt après, s'étaient rapidement repliés sur Flexbourg, et par un autre groupe, posté dans la vallée de la Brüche, qui soutint une lutte assez vive auprès d'Heiligenberg. Quant à la colonne d'Elern elle-même, toujours à Blamont, elle avait ramené ses troupes avancées vers l'ouest, à Montigny, entre Blamont et Baccarat[2]. Le 27, elle dirigea sur ce dernier point une nouvelle reconnaissance, qui rencontra encore le bataillon de la Meurthe, sortant de Raon-l'Etape où il s'était retiré après le combat de Pierre-Percée ; il était accompagné, outre les trois compagnies de francs-tireurs, par un bataillon de mobiles des Vosges et une nouvelle compagnie de francs-tireurs (Doubs) qui lui avaient été envoyés comme renfort. La lutte s'engagea aussitôt, mais les Allemands ne la soutinrent qu'avec une certaine mollesse et se replièrent, assez heureux, du moins les termes qu'emploie leur *Relation* le laissent à penser, de ne pas être inquiétés dans leur retraite[3]. D'ailleurs, le général de Werder, inquiet des bruits mis en circulation, et renonçant à vaincre l'activité patriotique des populations, s'était décidé à rappeler à lui les divers détachements lancés dans la campagne, et à se borner à une protection rap-

---

1. Elle se composait de trois compagnies et d'un demi-escadron.
2. La colonne d'Elern s'était, sur ces entrefaites, renforcée de deux compagnies d'étapes saxonnes et d'un détachement de uhlans de réserve. Elle comptait environ 1,800 hommes et au moins 300 chevaux.
3. *La Guerre franco-allemande*, 2ᵉ partie, page 127.

prochée. La chute de Strasbourg, survenue dans le même moment, allait, au surplus, donner aux événements un cours sensiblement différent.

Le grand quartier général n'avait pas attendu cet événement, malheureusement trop présumable, pour prendre des dispositions en vue de l'occupation complète de la haute Alsace. Il comprenait la nécessité de « mettre fin aux entreprises des francs-tireurs en les privant de l'appui des places fortes de cette région, et d'assurer en même temps les districts allemands de la rive droite du Rhin contre toute déprédation [1] ». L'échec de nos opérations maritimes dans la Baltique, en supprimant toute inquiétude au sujet des côtes, rendait disponibles un certain nombre de contingents, et permettait d'en former de nouvelles unités mobiles. Le 20 septembre, le roi de Prusse ordonna donc la constitution d'une quatrième division de réserve, qui fut rassemblée aussitôt dans le grand-duché de Bade, entre Fribourg et Vieux-Brisach. Elle était commandée par le général de Schmeling, et comptait 15 bataillons, 8 escadrons, 36 pièces et une compagnie de pionniers [2]; elle reçut pour mission d'assiéger Neuf-Brisach et Schlestadt, et d'observer le pays vers Belfort; elle devait franchir le Rhin à Neuenberg. Puis, lorsque, quelques jours plus tard, le 27 septembre, survint la capitulation de Strasbourg, le grand quartier général donna la destination suivante aux troupes qui étaient devant la place. Tout d'abord la division badoise, réunie aux différents contingents prussiens qui avaient participé au siège, forma le XIVe corps, dont le commandement fut dévolu au général de Werder, promu général de l'infanterie. Fort de 4 brigades d'infanterie, 2 brigades de cavalerie et de 12 batteries, soit 23 bataillons, 20 escadrons et 72 pièces, au total 36,000 hommes, ce corps d'armée avait ordre de se porter sur Châtillon et Troyes, de disperser sur son passage toutes les formations nouvelles et de chercher à rétablir la voie ferrée de Blain-

---

[1]. *La Guerre franco-allemande*, 2e partie, page 297.
[2]. Voir à l'appendice la pièce n° 4.

ville, Epinal et Chaumont. Chemin faisant, il devait tenter un coup de main sur Langres, en s'entendant avec le général de Schmeling pour se couvrir du côté de Belfort[1]. Quant aux troupes du corps de siège, elles étaient, la division de landwehr de la Garde, envoyée devant Paris, la 1re division de réserve laissée à la disposition du gouverneur général d'Alsace, pour occuper le pays.

La 4e division de réserve franchit le Rhin du 1er au 3 octobre et vint investir les deux places dont l'attaque lui avait été confiée. Puis elle envoya à Colmar un détachement de 2 bataillons, 2 escadrons et 2 batteries, avec mission de purger les Vosges des bandes de francs-tireurs qui y devenaient réellement dangereux; c'est-à-dire que plus de 60,000 Allemands[2] étaient mis en action dans le but unique de dissoudre les groupes à peine armés que le seul patriotisme, à défaut d'une conception raisonnée, venait de faire éclore dans nos départements de l'Est. L'audacieuse énergie des francs-tireurs et des paysans, bien que s'exerçant presque uniquement au hasard, causait à l'ennemi de telles inquiétudes, troublait si profondément le moral de ses troupes, qu'il se voyait contraint de consacrer des forces très imposantes à la dispersion de ces soldats de hasard, et de rétablir, par une action disproportionnée au but, la confiance ébranlée. Ceci prouve combien la guerre de partisans, méthodiquement menée dans ce pays qui lui est si complètement favorable, eût pu donner de grands résultats; mais, pour obtenir ceux-ci, une direction d'ensemble était, ici comme ailleurs, indispensable, et, malheureusement, personne n'était assez qualifié pour l'imposer, outre qu'elle eût heurté peut-être sans succès les idées fâcheuses de décentralisation et de défense locale, alors si fort en honneur.

Cependant le général de Werder, avant même de recevoir les instructions du grand quartier général, avait

---

1. Voir, pour la composition du XIVe corps, la pièce n° 5.
2. XIVe corps (37,000 hommes), 4e division de réserve (19,000 hommes) et 1re division de réserve (15 ou 16,000 hommes), plus les troupes d'étapes.

songé à profiter de la liberté d'allures que lui donnait la chute de Strasbourg pour en finir avec les bandes qui se montraient sur la Meurthe et qui venaient de repousser le détachement d'Elern. Le 2 octobre, il forma, sous les ordres du général de Degenfeld, un détachement mixte de la division badoise, auquel il donna pour mission de franchir les Vosges en deux colonnes et de se porter à la fois par Schirmeck sur Raon-l'Etape, et, par Sénones, sur Etival[1]. Ces troupes, en arrivant, le 4, devant les cols, les trouvèrent interceptés par des abatis et des coupures que le comité de défense des Vosges avait fait établir. Malheureusement, les contingents qui gardaient les passages étaient trop faibles pour résister longtemps; nous n'avions là que le bataillon de la Meurthe et quelques francs-tireurs[2]. Les Allemands n'eurent donc pas de peine à refouler nos postes de la Tronche et de Champenay, et débouchèrent à la fois devant Raon-l'Etape et devant Etival. Le commandant du génie Perrin, investi du commandement supérieur de la défense des Vosges, ne se croyant pas en mesure de tenir sur ces deux points, donna l'ordre à ses troupes de se replier sur la Bourgonce[3]; l'ennemi entra dans Raon-l'Etape après un simulacre de combat et quelques coups de canon, s'empara également d'Etival, puis se mit à poursuivre nos soldats en retraite, dont il atteignit l'arrière-garde à la Chipotte. Là, les francs-tireurs essayèrent de contenir l'assaillant; mais, après une demi-heure de lutte, toute la colonne française se replia sur les positions indiquées par le commandant Perrin et qui étaient : pour le bataillon de la Meurthe et le 1er bataillon des Vosges, la

1. La colonne du Nord comprenait deux bataillons, un escadron et une batterie; la colonne du Sud, quatre bataillons, cinq pelotons de cavalerie et une batterie.
2. La route de Schirmeck était défendue par une compagnie de la Meurthe; celle de Sénones par une autre compagnie de la Meurthe, appuyée de 100 francs-tireurs de la Seine. En arrière, à Raon-l'Etape, se tenaient en réserve le reste du bataillon de la Meurthe et deux bataillons des Vosges (1er et 3e).
3. Le commandant Perrin avait fait au préalable sauter le viaduc de Thionville, près de Baccarat, sur le chemin de fer de Lunéville à Saint-Dié.

Bourgonce; pour le 3ᵉ bataillon des Vosges, le Haut-Jacques[1]; les avant-postes, jetés sur le nord, s'étendirent entre la Salle et Nompatelize, en avant de la route de Rambervillers à Saint-Dié[2].

Commandement du général Cambriels. — L'ennemi était donc maître de deux des principaux débouchés des Vosges; l'aisance avec laquelle il s'en était emparé provenait surtout de la rapidité avec laquelle il avait agi, car à ce moment même, une organisation nouvelle du commandement allait donner aux groupes de forces éparses dans l'Est un peu de la cohésion qui leur manquait, et imprimer à leurs efforts une impulsion plus méthodique qui devait, sous peu de jours, singulièrement augmenter la tâche du général de Degenfeld.

Dès les premiers jours de septembre, en effet, le général Le Flô s'était préoccupé de certains projets visant les communications allemandes, c'est-à-dire ayant pour objet la constitution, dans la région de l'Est encore libre, de plusieurs corps dont la mission serait de harceler sans relâche les flancs et les derrières de la longue ligne d'opérations de l'ennemi. L'idée était heureuse; elle pouvait devenir féconde. En s'avançant chaque jour davantage vers Paris d'abord, vers la Loire et la Seine ensuite, les Allemands étaient obligés, pour maintenir les communications avec leur base d'opérations, d'exploiter des lignes de chemins de fer et d'étapes qui prenaient d'autant plus de développement que leurs progrès s'accentuaient davantage. La garde de ces lignes était confiée à des détachements plus ou moins importants, dont la majeure partie se composait de troupes de landwehr, venant au fur et à mesure relever celles de l'armée active qu'on ne pouvait, sans diminuer l'effectif des combattants, employer trop longtemps à un pareil service. Elle était donc souvent précaire, et certains points demeuraient même assez vulnérables pour qu'un coup de main dirigé sur eux

---

1. Sur la route de Bruyères à Saint-Dié, à la sortie orientale du massif des Rouges-Eaux.
2. Capitaine J.-B. Dumas, *loc. cit.*, page 44.

eût chance de réussir. Sur la principale artère de communication, la voie ferrée de Strasbourg à Nancy et Châlons, il en était un, en particulier, que l'armée du maréchal de Mac-Mahon avait malheureusement négligé de mettre hors de service, et dont la destruction aurait apporté certainement les entraves les plus sérieuses au fonctionnement du service de l'arrière des armées allemandes. C'est le tunnel de Lützelbourg ou de Saverne, que le capitaine Varaigne avait vainement cherché à atteindre, mais contre lequel une nouvelle tentative, bien combinée et soudainement exécutée, pouvait réussir. Il était donc très logique qu'on songeât à paralyser par un acte de ce genre les progrès de l'invasion, et la pensée du général Le Flô était de celles qui pouvaient amener les plus grands résultats ; malheureusement, le blocus de Paris vint en interrompre le développement. Mais, avant le combat de Châtillon, le ministre avait déjà désigné un vigoureux officier général, le général Cambriels, pour aller à Belfort prendre la direction supérieure des forces qui se constituaient dans l'Est, et agir avec elles en conformité du plan d'opérations que nous venons d'indiquer.

Le général Cambriels, nommé, le 18 septembre, commandant supérieur de Belfort, arriva dans cette place le 23. Echappé de Sedan, où à la tête de la 1re brigade de la division Grandchamps (12e corps), il avait reçu une blessure extrêmement grave, il allait apporter à la mission si importante qui lui était confiée cette même activité dont il avait déjà donné maintes preuves, et une ardeur dont seules des souffrances incessantes et cruelles devaient finir par triompher. Il était investi de pouvoirs très étendus, qui englobaient les autorités civiles et les forces militaires de la Meurthe, des Vosges, du Haut-Rhin. Il avait même la promesse d'être appuyé par un mouvement exécuté dans la Haute-Saône par le 15e corps, organisé en ce moment sous les ordres du général de La Motte-Rouge à Nevers, Bourges et Vierzon ; mais cette dernière assurance était de celles, comme nous l'avons vu déjà, sur lesquelles il n'eût guère été prudent de faire état[1]. Ne comptant donc, au moins pour l'instant, que sur ses propres ressources, le général Cambriels s'occupa de les organiser et d'en tirer parti le mieux possible. La place de Belfort ne lui donnait pas pour elle-même grand sujet d'inquiétude ; ainsi que nous aurons l'occasion de le constater, en étudiant son siège mémorable, elle se trouvait déjà dans des conditions assez satisfaisantes de défense et d'occupation. Mais il n'en allait pas de même sur les autres points de la région, où presque tout était à faire, où les mobiles agglomérés au hasard manquaient à peu près de tout, où les approvisionnements de toute espèce faisaient complètement défaut, où l'état moral des troupes et des populations se ressentait parfois trop vivement de la dépression causée par les premiers désastres. Le général Cambriels aborda avec une énergie admirable et l'entrain qui était le fond de son caractère la lourde tâche qui lui incombait. Le gouvernement, aussitôt après la création des grands commandements régionaux (26 septembre), lui avait confié celui de la 7º division militaire, augmentée des départements des Vosges, du Haut-Rhin et de la Côte-d'Or. Son premier soin fut de donner une organisation régulière aux troupes qu'il avait directement sous la main, c'est-à-dire de les embrigader ; puis il s'occupa de faire garder les débouchés de l'Alsace, où l'on apprenait l'entrée de la 4º division de réserve, afin de couvrir les rassemblements de la Haute-Saône et de les garantir contre les entreprises de l'ennemi. Utilisant pour ce service les ressources précieuses que lui fournissaient les douaniers et les gardes forestiers, il leur confia, avec quelques compagnies de francs-tireurs, le soin de garder les abords sud de Mulhouse et la vallée de Saint-Amarin. Les mobiles de Saône-et-Loire allèrent tenir les cols du Bonhomme et de Bussang, tandis qu'un groupe de francs-tireurs, de gardes nationaux et de mobiles du Haut-Rhin occupaient Thann, sous les ordres du colonel auxiliaire Keller[2]. La protection rapprochée de

[1]. Voir tome IV, livre Iᵉʳ, chapitre Iᵉʳ.
[2]. Député au Corps législatif et depuis à l'Assemblée nationale.

Belfort était assurée par 9 bataillons et demi et 6 pièces, couverts en avant par le 7ᵉ chasseurs à cheval, venu de Lyon. Ces dernières troupes étaient commandées par le colonel Thornton ; le reste des forces disponibles

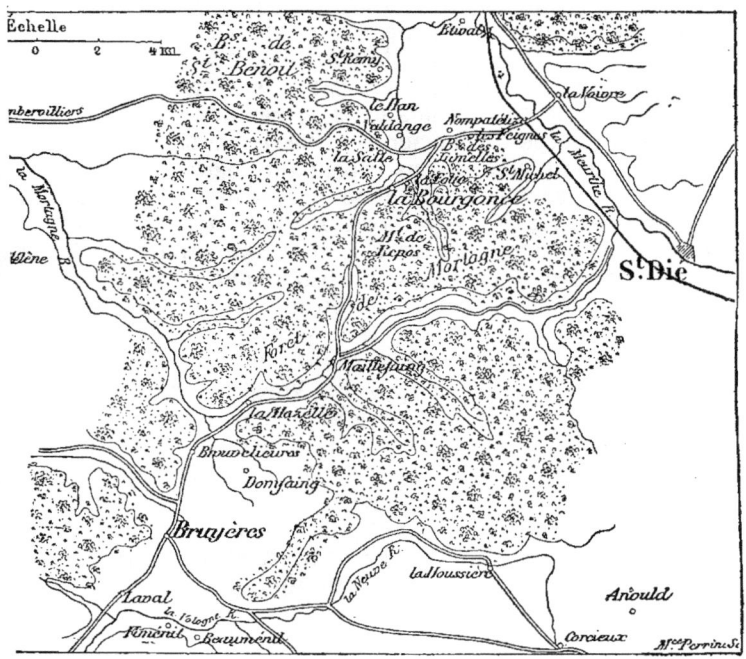

Carte des environs de la Bourgonce.

était disposé sur deux lignes, entre Lure et Montbéliard[1].

Du côté des Vosges, le danger paraissait plus immédiat, en raison des progrès accomplis par le général de Degenfeld. L'état des troupes, dans le rayon de la place d'Épinal, était des plus misérables ; il y avait là une dizaine de mille hommes, insuffisamment exercés, mal

1. Capitaine J.-B. Dumas, *loc. cit.*, page 39.

habillés, dont beaucoup, encore en blouse, portaient leurs cartouches dans un mouchoir, et qui, pourvus d'armes de modèles trop variés, semblaient hors d'état de produire une résistance quelconque. Le général Cambriels demandait avec instance au gouvernement qu'il envoyât là quelque noyau de vieilles troupes, si c'était possible, afin d'encadrer au moins ces levées si jeunes et si inexpérimentées. Mais le gouvernement, qui avait eu le tort de laisser enfermer dans Paris les deux seuls corps de l'ancienne armée qui subsistassent, n'en possédait plus. Il put cependant mettre sur pied une brigade composée du 32e de marche, du 34e mobiles (Deux-Sèvres), et l'envoya, avec une batterie, de Vierzon à Epinal par chemin de fer. Elle était commandée par le général Dupré. C'était, sinon absolument ce qu'aurait souhaité le général Cambriels, du moins un renfort sérieux. Cette brigade débarqua le 4, trop tard malheureusement pour soutenir les troupes du colonel Perrin dans la défense des passages des Vosges ; son arrivée permit cependant de reprendre le plan primitif du capitaine Varaigne, et d'essayer une nouvelle tentative contre le tunnel de Lützelbourg [1]. Mais il s'agissait d'abord de lui faire rejoindre les troupes de la Bourgonce ; le général Dupré transporta donc sa colonne sur ce point le 6 octobre, de grand matin, et réunit sous son commandement toutes les forces qui s'y trouvaient, soit 9,500 hommes environ [2].

Combat de la Bourgonce. — De son côté, le général de Werder, en possession maintenant des instructions de M. de Moltke, avait résolu de suivre avec tout son monde le mouvement offensif du général de Degenfeld. Les ordres qu'il donna pour le 6 étaient les suivants : la division badoise, concentrée autour de Mützig, devait se porter sur Saint-Dié et Etival ; les autres troupes du

---

[1] Le capitaine Varaigne était adjoint au général Dupré comme chef d'état-major.

[2] Les troupes réunies à la Bourgonce comprenaient : le 32e de marche (3,600 hommes), le 34e mobiles (3,500 hommes), deux bataillons du 58e mobiles (Vosges : 1,800 hommes), le 2e bataillon de la Meurthe (575 hommes), trois compagnies de francs-tireurs (550 hommes) et 6 pièces de 4.

14° corps suivraient jusqu'à Schirmeck, puis marcheraient de là sur Raon-l'Etape par Raon-sur-Plaine. Quant à la fraction commandée par le général de Degenfeld, devenue avant-garde du corps d'armée, elle gagnerait Saint-Dié, où, couverte par des partis jetés vers le sud et l'ouest, elle réquisitionnerait les approvisionnements nécessaires aux troupes. L'intention du général Dupré étant, ce même jour, d'entamer son mouvement offensif dans la direction du Donon, les dispositions prises de part et d'autre devaient fatalement amener une rencontre. Elle se produisit, en effet.

A huit heures et demie du matin, le 6 octobre, les troupes françaises se mettaient en marche sur trois colonnes : à droite, le lieutenant-colonel Dyonnet, du 58° mobiles (Vosges), se dirigeait par Nompatelize sur Etival avec trois bataillons et demi et deux pièces[1] ; à gauche, le lieutenant-colonel Rouget, du 34° mobiles (Deux-Sèvres), s'avançait sur le même point par Saint-Rémy, à la tête de deux bataillons et demi et deux pièces[2] ; au centre enfin et un peu en arrière, marchait, formant réserve, une colonne de trois bataillons et deux pièces, aux ordres du lieutenant-colonel Hocédé, du 32° de marche[3]. Dans le même temps, le général de Degenfeld, qui n'avait laissé à Raon-l'Etape et à Etival que deux bataillons et un escadron pour garder les débouchés des Vosges, s'avançait avec tout le reste de ses forces par les deux rives de la Meurthe[4]. Il s'attendait à une rencontre sérieuse, car depuis plusieurs jours déjà Saint-Dié lui avait été signalé comme le foyer principal du mouvement de résistance armée des

---

1. Le bataillon de la Meurthe, deux compagnies du 32° de marche, le 1er bataillon de mobiles des Vosges et la moitié du 2° bataillon. (*Rapports du général Dupré et du colonel Dyonnet.* — Capitaine J.-B. DUMAS, *loc. cit.*, page 49.)
2. Deux bataillons des mobiles des Deux-Sèvres et un demi-bataillon du 32° de marche. (*Ibid.*)
3. Deux bataillons du 32° de marche et un bataillon du 34° mobiles. (*Ibid.*)
4. Sur la rive gauche (ouest), deux bataillons, un demi-escadron et 2 pièces ; sur la rive droite, deux bataillons, cinq pelotons de cavalerie et 10 pièces.

populations de la région[1] ; c'est-à-dire qu'il se faisait précéder par des patrouilles nombreuses. A peine celles-ci débouchaient-elles dans la combe de Nompatelize, vers huit heures, qu'elles essuyaient déjà des coups de fusil de nos avant-gardes. Mais le brouillard était tel qu'il n'y avait pas possibilité de prendre des dispositions quelconques. A neuf heures seulement, on commença à y voir clair[1].

Sur ces entrefaites, les troupes du colonel Dyonnet avaient occupé Nompatelize, malgré les obus allemands qui commençaient à tomber sur le village ; elles garnissaient également les hauteurs environnantes. Les Allemands dirigèrent aussitôt de ce côté un bataillon de fusiliers, tandis qu'un autre bataillon, marchant sur Barville et dans la direction des Feignes, menaçait notre flanc droit, et obligeait les mobiles de la Meurthe à se déployer entre ce dernier point et Nompatelize, qui se trouva démuni d'autant. Profitant de cette circonstance, l'ennemi fit canonner le village par ses deux pièces, puis lança sur lui deux compagnies de fusiliers, qui s'emparèrent de la partie nord ; les deux autres, pendant ce temps, appuyaient vers la Salle et engageaient le combat avec la colonne du colonel Rouget, en marche dans la direction de Saint-Rémy. Enfin, le bataillon badois qui s'était avancé sur les Feignes enlevait, avec deux compagnies, la lisière nord de ce hameau, et, avec les deux autres, la partie sud de Nompatelize, encore occupée par deux compagnies de mobiles des Vosges.

Chassés de leurs deux points d'appui, les troupes du colonel Dyonnet, sauf deux compagnies du 32e de marche qui tenaient encore dans la partie sud des Feignes, avaient pris position un peu en arrière, à la lisière du bois des Jumelles. Le général Dupré renforça alors leur faible artillerie par les deux pièces de la réserve et essaya de les reporter en avant ; mais elles étaient trop ébranlées par la secousse qu'elles venaient de subir, et

---

1. *La Guerre franco-allemande*, 2e partie, page 308.
2. *Ibid.*

il lui fut impossible, au moins pour l'instant, de les déterminer à ce retour offensif.

De son côté, le colonel Rouget avait, malgré la fusillade dirigée sur lui, continué de marcher et fait occuper un instant Saint-Rémy[1]. Il ne put s'y maintenir, car, en présence de l'intensité croissante du combat, le général de Degenfeld s'était empressé de faire passer successivement sur la rive gauche la majeure partie de la colonne qui marchait sur l'autre rive[2], et même d'appeler sur le champ de bataille les troupes laissées en arrière pour couvrir les débouchés des Vosges[3]. Celles-ci arrivèrent les premières ; un bataillon des grenadiers du corps badois, accouru d'Etival, reprit tout d'abord Saint-Rémy aux mobiles des Deux-Sèvres. Peu de temps après, d'autres contingents, venus de la rive droite, se joignaient aux grenadiers et repoussaient les retours offensifs, cependant assez vigoureux, que, sur l'ordre du général Dupré, le colonel Rouget avait successivement tentés avec l'appui des deux bataillons du 32ᵉ de marche, envoyés de la réserve[4]. Il fallut se replier d'abord sur la Salle, puis sur la Bourgonce (midi et demi) ; la ferme attitude de l'artillerie permit à cette retraite de s'effectuer sans trop de désordre, et contint les progrès de l'ennemi.

Cependant les renforts commençaient à arriver en nombre au général de Degenfeld. De la rive droite de la Meurthe, où ne restaient que trois compagnies qui poussèrent jusqu'à Marzelay[5], un bataillon s'était porté

---

1. Dans cette colonne étaient, on l'a vu plus haut, tous les francs-tireurs. La compagnie de Lamarche avait pour *lieutenant Mˡˡᵉ Antoinette Lix*, receveuse des postes, qui, par sa brillante conduite, mérita la médaille militaire et, plus tard, la croix. — La compagnie de Neuilly perdit son capitaine et son lieutenant, tués tous deux, plus 25 hommes environ ; levée et équipée aux frais de son capitaine, M. Sageret, elle se trouva dissoute par sa mort. (Capitaine J.-B. Dumas, *loc. cit.*, page 52, *en note*.)
2. Il disposait pour cela des ponts de la Voivre et d'Étival, qui n'avaient pas été détruits.
3. *La Guerre franco-allemande*, 2ᵉ partie, page 304.
4. Le lieutenant-colonel Hocédé fut mortellement blessé dans ce combat où le 32ᵉ de marche subit d'ailleurs des pertes très sensibles.
5. A 2 kilomètres et demi au nord de Saint-Dié. La *Relation allemande* prétend que nous avions là 400 hommes ; c'est possible, bien

droit de la Voivre sur les Feignes et avait amené l'évacuation complète du hameau ; d'autres contingents avaient poussé jusqu'à Sauceray, où ils menaçaient gravement notre aile droite ; enfin, les effets de l'artillerie allemande s'étaient très sensiblement accrus par l'arrivée successive, depuis onze heures, de huit pièces qui, après avoir à peu près éteint le feu des nôtres, s'étaient réunies aux deux primitivement en action au nord-ouest de Nompatelize pour canonner à la fois le village en flammes et le bois des Jumelles[1]. La situation de nos soldats, refoulés dans ce bois, devenait grave ; ils étaient fusillés de l'est et du nord par les tirailleurs ennemis qui s'étendaient de Nompatelize à Sauceray, et très violemment canonnés par dix pièces allemandes, auxquelles quatre seulement répondaient à peine ; enfin, le mouvement débordant de l'ennemi sur leur aile droite allait sans cesse s'accentuant. Fort heureusement, celui-ci, impressionné par ce qu'il a appelé notre « supériorité numérique bien constatée »[2], ne jugea pas prudent de pousser plus loin son offensive[3] ; il ralentit graduellement son feu et resta sur les positions qu'il occupait, sans chercher à déboucher. Ce que voyant, le général Dupré crut le moment arrivé de profiter d'une aussi inconcevable mollesse, et donna l'ordre de reprendre l'attaque sur tout le front. Lui-même se mit à la tête du bataillon de la Meurthe, qui, garnissant le bois de Jumelles, avait encore une poignée d'hommes dans Nompatelize,

---

qu'aucun document autre n'indique la présence d'une force quelconque en cet endroit. Ils ne pouvaient être, en tous cas, que des partisans agissant isolément.

1. Nous possédions six pièces en tout, comme il a été dit plus haut. Il y en avait quatre sur la hauteur du bois des Jumelles et deux avec la colonne de gauche, qui, ayant suivi le recul de celle-ci, étaient maintenant sur une hauteur au nord-est de la Bourgonce et cherchaient à protéger les épaves de notre infanterie refoulée de Saint-Rémy.

2. *La Guerre franco-allemande*, 2ᵉ partie, page 306. — Nous avions 9,500 conscrits à peine armés et nullement instruits, avec six pièces ; l'ennemi disposait de 7,000 soldats aguerris et de dix pièces. Existe-t-il vraiment là une supériorité réelle à notre actif ?

3. *Ibid.*

réoccupé sur une très faible partie, et il entraîna tout le monde en avant.

Électrisés par son exemple, nos conscrits sortent à la fois du bois de Saint-Benoît, du bois des Jumelles et du village de la Salle; les deux pièces de la Bourgonce, celle de la hauteur des Jumelles encore en état de faire feu accompagnent de leurs obus cette brusque contre-attaque, et qui ne trouve devant elle qu'une ligne de compagnies badoises sans consistance et sans profondeur. L'ennemi, surpris et déconcerté, abandonne le hameau de Han en flammes et recule dans un bouquet de bois situé plus au nord, où il se voit bientôt menacé sur son flanc droit par les troupes du colonel Rouget, revenues jusqu'aux abords de Saint-Rémy. Sa situation devient instantanément très périlleuse[1], et il va peut-être se trouver contraint à une retraite générale, quand, très à propos pour lui, débouchent à ce moment sur le champ de bataille trois compagnies de grenadiers et un peloton de dragons arrivant de Raon-l'Etape (deux heures et demie), ainsi que deux pièces restées jusque-là à la Voivre. Couvrant alors son flanc sur Saint-Rémy au moyen de toute sa cavalerie disponible, le général de Degenfeld lance les grenadiers en avant, vers la Salle et la Bourgonce, c'est-à-dire contre le centre même de la ligne formée par les Français.

Le général Dupré, voyant le danger, avait aussitôt massé en avant du village de la Salle ce qu'il avait à sa portée, les mobiles de la Meurthe, des Deux-Sèvres, des Vosges, plus quelques gardes nationaux accourus des environs. Ces braves gens résistèrent avec une remarquable opiniâtreté et, pendant plus d'une heure, réussirent à tenir l'ennemi en échec. Mais, vers quatre heures, le général Dupré, qui était l'âme de cette résistance, dut abandonner le champ de bataille, grièvement blessé. A ce moment les Badois, maîtres de Han et de la Valdange, débordaient la Salle à l'est et à l'ouest; le 32° de marche, après plusieurs attaques infructueuses contre Nompatelize et une défense pied à pied

1. *La Guerre franco-allemande*, 2° partie, page 306.

du bois des Jumelles contre toute l'aile gauche badoise[1], reculait sur la Bourgonce, découvrant ainsi complètement le flanc droit des mobiles, sur lequel les contingents ennemis, qui descendaient les pentes occidentales du bois des Jumelles, faisaient déjà pleuvoir une grêle de projectiles. Il n'était plus possible de tenir. La Salle fut évacué, et, bientôt après, la Bourgonce ; nos jeunes troupes, épuisées par cette longue lutte de sept heures, se replièrent, à la faveur des bois et sous la protection de quelques hommes du 32º de marche, dans la direction de Bruyères, laissant sur ce terrain si chaudement disputé 65 officiers (dont 5 tués), 242 hommes (dont 24 tués) et 539 disparus. Elles avaient combattu avec honneur, car nullement exercées pour la plupart, même au maniement du fusil, à jeun depuis la veille au soir, exténuées par trois nuits passées en chemin de fer et une quatrième en marche ou au bivouac, elles s'étaient cependant montrées pleines d'ardeur et de bravoure, et avaient failli un moment bousculer les bataillons de vieux soldats qui leur étaient opposés[2]. En tout cas, elles avaient épuisé à ce point l'adversaire qu'il se reconnaissait incapable de les poursuivre, et bivouaquait, à bout de forces, sur le champ de bataille[3]. Lui-même avait perdu 25 officiers et 411 hommes, dont 5 officiers et 92 hommes tués.

1. *La Guerre franco-allemande*, 2ᵉ partie, page 307.
2. Il est permis de regretter, à un point de vue plus spécial, que le général Dupré n'ait pas mieux tiré parti de la faute que le général de Degenfeld avait commise en fractionnant ses forces en deux groupes séparés par la Meurthe. En présence d'une situation semblable, il eût fallu, par une attaque plus concentrée de *toutes* nos forces, y compris la réserve du colonel Hocédé, foncer sur la colonne ennemie de la rive gauche ; elle eût été probablement bousculée avant l'arrivée de tout secours. Il est permis de regretter encore davantage que, pendant les deux jours passés à la Bourgonce, avant l'arrivée du général Dupré, le commandant Perrin n'ait pas détruit les ponts de la Meurthe et qu'il ait négligé la protection qu'aurait ainsi donnée à son flanc droit un obstacle infranchissable. La situation difficile où l'on se trouvait constitue, hâtons-nous de le dire, une circonstance très atténuante de ces erreurs ou de ces oublis. En définitive, le général de Degenfeld, encore plus malhabile, n'a dû son succès qu'à l'arrivée d'un bataillon frais, tandis que semblable bonne fortune nous était malheureusement tout à fait interdite.
3. *La Guerre franco-allemande*, 2ᵉ partie, page 307.

Retraite derrière la Vologne. — Après un temps d'arrêt assez long au lieu dit le *Mont-du-Repos*, où l'on avait songé un instant à résister encore, la majeure partie des troupes, auxquelles vivres et munitions faisaient défaut, fût repliée sur Bruyères. Il ne resta au Mont-du-Repos que la *légion d'Antibes* et le corps franc des Vosges, qui, arrivés le soir, s'établirent là en arrière-garde et s'y fortifièrent. La légion d'Antibes poussa même le lendemain une pointe sur la Bourgonce, où elle n'eut affaire qu'à quelques dragons badois, mais elle ne chercha pas, et elle ne pouvait pas chercher, à s'aventurer davantage [1]. Le général Cambriels était arrivé à Bruyères sur ces entrefaites; il décida que les forces dont il disposait seraient massées derrière la Vologne et essayeraient de défendre le massif compris entre cette rivière et la haute Moselle, dans le quadrilatère Bruyères-Arches-Remiremont-Gérardmer; on avait là un terrain mouvementé et difficile qui se prêtait à une résistance pied à pied et paraissait plus propice que la rase campagne à l'utilisation de la bravoure incontestable, mais absolument inexpérimentée, de nos jeunes soldats. D'ailleurs Remiremont et Gérardmer, où étaient transportés une partie des approvisionnements d'Épinal, pouvaient fournir deux magasins précieux.

Les troupes furent alors réparties en deux brigades, respectivement placées aux ordres du commandant Perrin, nommé colonel de la garde mobile, et du lieutenant-colonel Rouget. Renforcées de quelques bataillons arrivés du 6 au 11 [2], elles garnirent la rive gauche de la Vologne sur un front assurément bien couvert, mais incontestablement trop étendu (35 kilomètres); car ce n'est pas avec 15,000 hommes à peine que l'on pouvait, sans s'affaiblir partout, occuper une position

---

1. Un dragon ayant été fait prisonnier, les Badois vinrent, quelques heures après, incendier deux maisons de la Bourgonce. (Capitaine J.-B. Dumas, *loc. cit.*, page 59.)
2. Trois bataillons du 55ᵉ mobiles (Jura), un de mobiles du Doubs, deux compagnies de francs-tireurs (des Alpes et du Rhône) et un bataillon du 3ᵉ zouaves de marche.

de cette longueur. Sur le flanc droit, des corps francs, des gardes nationales et mobiles tenaient certains points importants, tels que les cols de la Schlucht (mobiles du Haut-Rhin), ceux de Bussang et d'Oderen (légion du colonel Keller et mobiles de la Haute-Loire); en avant, la position de Mont-du-Repos était toujours occupée par la légion d'Antibes et le corps franc des Vosges. Derrière, 9 bataillons de garde mobile gardaient les routes des Faucilles; « mais ces hommes, armés uniquement de fusils à piston, n'étaient pas exercés, ce qui rendait bien douteuse la défense de ces lignes de retraite au cas où elles seraient menacées[1]. » Enfin, les levées continuaient dans les départements de la Haute-Marne et de la Haute-Saône, et mettaient sur pied 21,000 hommes environ, dont 14,000 seulement avaient reçu une instruction rudimentaire et quelques bribes d'habillement ou d'équipement[2]. Schlestadt et Neuf-Brisach tenaient toujours. Telle était, d'une façon générale, la situation des forces de l'Est, quand, vers le 7 octobre, le général Cambriels vint en prendre le commandement effectif.

Combat dans les massifs vosgiens. — Cependant le XIV° corps allemand avait continué sa marche à travers les Vosges. Fractionné en quatre brigades, renforcées chacune d'un régiment de cavalerie et d'un groupe plus ou moins important d'artillerie, ce qui, comme le fait remarquer la *Relation prussienne,* « se justifiait par la nécessité de ménager aux diverses fractions du corps d'armée, en raison de la mission dont il allait être chargé, une indépendance tactique aussi grande que possible[3] ». il avait atteint, le 9, Saint-Dié et Étival

---

1. Capitaine J.-B. Dumas, *loc. cit.*, page 62.
2. *Ibid.*, page 63. — Une difficulté grave, et à laquelle il n'y avait malheureusement aucun remède, était la prodigieuse diversité des modèles d'armes en service dans les différents corps. Presque tous les spécimens de fusils en usage s'y trouvaient représentés, et on juge quel désordre en résultait dans la constitution des approvisionnements en munitions. Il fallait des prodiges d'ingéniosité et de régularité dans les expéditions de cartouches, faites par le service de l'artillerie de Tours, pour éviter les confusions et donner à chaque corps les munitions dont il avait besoin.
3. *La Guerre franco-allemande*, 2° partie, page 308.

avec ses éléments de tête, Raon-l'Étape avec sa brigade de queue (troupes prussiennes). Celle-ci lança aussitôt vers la vallée de la Mortagne un détachement dont une partie poussa jusqu'à Rambervillers, qui était occupé seulement par des gardes nationaux et des pompiers. Refoulée à coups de fusil, cette avant-garde dut faire appel au détachement tout entier (un bataillon et un escadron), lequel se heurta à une résistance si tenace, qu'il fut obligé de s'arrêter aux premières maisons, remettant au lendemain la reprise d'une attaque dont il ne pensait pouvoir venir à bout qu'avec de nouveaux renforts[1]. Mais, le lendemain, Rambervillers était évacué par nous; les braves gens qui avaient essayé de le défendre, redoutant les conséquences d'une lutte trop inégale, s'étaient repliés sur Charmes, au moment même où arrivaient d'Épinal, pour les soutenir, deux compagnies de francs-tireurs des Alpes. Les Prussiens entrèrent donc dans la petite ville où, en manière de représailles, ils fusillèrent 26 habitants inoffensifs[2], et pillèrent le plus qu'ils purent. Ils y furent rejoints, le 11, par le reste de leur brigade, et par le quartier général qui s'y installa.

Le XIVe corps s'avançant dans un pays boisé et difficile, était obligé, pour progresser vers le sud-ouest, de s'étendre sur un très large front, entre la Mortagne et la Meurthe. Refoulant devant elles les partisans qui tenaient la forêt, ses quatre brigades cheminaient le long des vallées qui échancrent le massif de la forêt de Mortagne; celle de droite (prussienne), arrivée à Rambervillers le 11, se bornait à jeter une avant-garde sur Sainte-Hélène, et celle d'extrême gauche (2e) occupait Saint-Anould et Corcieux; entre elles, la 3e avait atteint la Houssière, tandis que la 1re s'engageait dans la haute vallée de la Mortagne. Cette dernière n'avait parcouru que quelques kilomètres, quand elle se trouva aux prises avec les avant-postes de notre

---

1. *La Guerre franco-allemande*, 2e partie, page 309.
2. Capitaine J.-B. DUMAS, *loc. cit.*, page 66. — Nos pertes en cette affaire se montaient à près de 60 hommes. Les Prussiens comptaient 4 hommes tués et 26 blessés, dont 4 officiers.

corps avancé du Mont-du-Repos, qui accueillirent sa tête de colonne à coups de fusil. Pour s'ouvrir un passage, les Badois durent déployer successivement deux bataillons, afin de prendre nos hommes à revers, et une batterie[1]; ils réussirent ainsi à pénétrer dans Brouvelieures et Domfaing. Puis, lorsqu'ils se trouvèrent dégagés du couloir de la Mortagne, ils se déployèrent au sud de Brouvelieures et marchèrent sur Bruyères. Il était alors deux heures et demie[2].

Sur les pentes qui s'élèvent des deux côtés de la ville, du moulin de la Bataille au Haut de Hélédraye, les francs-tireurs des Vosges (Bourras) et la légion d'Antibes avaient pris position. Mais, découverts par la retraite des défenseurs de Domfaing, ils n'opposèrent qu'une résistance assez molle[3]. Après une fusillade peu efficace de part et d'autre, l'ennemi détermina nos francs-tireurs à la retraite, et, à quatre heures et demie du soir, il pénétrait dans Bruyères. De là il lançait sur le village de Laval, où les nôtres s'étaient repliés, une reconnaissance qui, après être entrée à la mairie et avoir traité avec la plus sauvage brutalité des habitants désarmés, revint à Bruyères la nuit[4].

Pendant ce temps, la 2° brigade badoise avait bousculé sur Anould d'abord, et Ban-sur-Meurthe ensuite, les mobiles du Jura, chargés d'observer les débouchés des cols aboutissant à Fraize (le Bonhomme) et Gérardmer (Lonchpach), c'est-à-dire que les routes d'accès de la Vologne, par Bruyères, la Houssière et le col du Plafond étaient complètement aux mains de l'ennemi. La situation devenait d'autant plus grave que l'arrivée, en Alsace, de la 4° division de réserve prussienne pouvait, d'un jour à l'autre, constituer un terrible danger pour nos derrières, si, comme c'était à redouter, elle se portait sur les cols de la Schlucht et de Bussang,

---

1. *La Guerre franco-allemande*, 2° partie, page 310.
2. *Ibid.*
3. *Les Vosges en* 1870 *et dans la prochaine campagne*, par un ancien officier de chasseurs à pied; Rennes, Hip^te Caillère, 1887, page 99.
4. La mairie fut incendiée et quatre habitants fusillés. (*Ibid.*)

gardés, eux aussi, par des troupes dont il ne fallait pas trop escompter la solidité. Le temps était détestable et la pluie ne cessait de tomber. Nos mobiles, à peine vêtus, souffraient cruellement; les cartouches, mal garanties, étaient trempées, le moral des hommes très abattu[1]. Dans de pareilles conditions, la résistance devenait problématique; des défaillances étaient à craindre, qui auraient livré à l'ennemi une quelconque des voies d'accès du massif occupé, ou permis son enveloppement tactique. D'ailleurs, les Allemands possédaient maintenant une supériorité numérique telle que leur tenir tête ne semblait plus possible. Le général Cambriels, après en avoir conféré avec le général Thornton, le colonel Perrin et le commandant Varaigne, devenu son chef d'état-major, jugea que le seul parti à prendre était d'évacuer au plus vite des positions aussi périlleuses, et d'éviter un désastre certain en allant en chercher d'autres moins exposées, tandis que les routes des Faucilles étaient encore libres[2]. Un instant il avait songé à appeler à lui tout ce que Belfort comptait de troupes disponibles, pour tenter de prolonger la résistance avec elles; la crainte très justifiée d'exposer à la destruction ou seulement à la dispersion les éléments encore fragiles qu'on avait constitué à si grand'peine lui dicta la seule résolution que pouvait comporter sa situation compromise, à savoir de gagner la vallée de la Haute-Saône et d'y continuer la campagne. Ajou-

1. Lettre adressée, le 11, au soir, par le colonel Perrin au général Cambriels.
2. La route d'Épinal était déjà menacée par la brigade prussienne, dont l'avant-garde était à Sainte-Hélène. Celle de Remiremont pouvait être coupée avant deux jours par les troupes badoises d'Anould; enfin, celle du Tillot se trouvait gravement menacée par la 4ᵉ division de réserve. « Rester dans mes positions vingt-quatre heures, douze heures de plus, a écrit le général Cambriels, c'était, à mon sens, une faute impardonnable: c'était entraîner à un désastre évident, à une ruine complète, cette petite colonne que je considérais comme le noyau d'une armée redoutable dans un avenir peu éloigné. Comment, en effet, eût-elle pu résister sans approvisionnements, sans réserves d'aucune espèce, dans un pays pauvre et pouvant à peine se suffire à lui-même ?... Pour rien au monde, je n'aurais consenti à sacrifier à un intérêt local une armée sur laquelle la République avait le droit de compter à un moment donné. » (*Lettre au ministre de la Guerre*, du 15 décembre 1870.)

tons qu'avec un sentiment très exact et malheureusement trop rare alors des véritables principes de la guerre, le général Cambriels sut éviter la funeste attraction des places fortes, et passer à côté de Belfort sans aller s'y engouffrer. Il comprit combien était fallacieuse la protection momentanée qu'une armée battue va chercher à l'abri de remparts au pied desquels elle dépose toute liberté et toute espérance. Il ne voulut pas s'annihiler, et préféra l'indépendance, avec tous ses hasards, à une sécurité qui n'est qu'un suicide anticipé. Cette inspiration à la fois heureuse et sage conserva, avec les ressources précieuses accumulées dans le bassin de la Saône et désormais protégées, des troupes dont assurément la patrie avait grand besoin.

Retraite sur Besançon. — Le 11, dans l'après-midi, les troupes se mettaient en retraite, celles de la Vologne sur Remiremont, celles de Gérardmer et des cols sur le Tillot. Deux jours après, elles avaient atteint l'Ognon, à Melizey et Lure, ayant une arrière-garde à Faucogney. Leur mouvement s'était accompli avec toutes les précautions nécessaires[1], mais dans des conditions extrêmement pénibles, à travers des routes coupées de tranchées et d'abatis, par un temps affreux, sans distributions régulières, sans repos même la nuit. Pour échapper à l'ennemi, il avait fallu parcourir les 70 kilomètres qui séparent la Vologne de l'Ognon avec une rapidité exclusive de tout arrêt prolongé, en sorte que, quand elle arriva aux positions qui étaient pour elle le salut, la petite armée des Vosges présentait le plus triste spectacle. « Le froid et le besoin de sommeil s'étaient fait sentir d'une manière cruelle; à chaque halte, les officiers étaient contraints d'employer la force

---

[1]. « Des feux de bivouac restaient allumés pour tromper l'ennemi et dissimuler le départ. Sur l'ordre du général Cambriels, les ponts de la Vologne avaient été minés par les soins du comité de la défense et sous la direction de M. de Fontanges, ingénieur en chef du département. Des mesures analogues avaient été prises pour détruire rapidement les voies de communication conduisant dans le bassin de la Saône. La retraite allait donc être protégée par les difficultés créées ainsi à l'ennemi, et, aussitôt après le départ des derniers éléments français vers le sud, le viaduc de Bertraménil sautait. » (Capitaine J.-B. Dumas, *loc. cit.*, page 72.)

Combat de Dijon (30 octobre).

contre les hommes qui ne pouvaient résister à la fatigue et se couchaient à terre là où ils s'arrêtaient. Quelques-uns dormaient en marchant, tombant au moindre obstacle que leur pied rencontrait. Le général souffrait cruellement de sa blessure ; la neige accumulée sur son képi, et coulant en eau glacée sur sa tête, lui causait des douleurs tellement vives qu'au Tholy il fut obligé de s'arrêter et s'enferma pour pouvoir se plaindre sans témoins[1]. » Cependant, malgré des souffrances aussi terribles, le général dirigea cette retraite avec un admirable dévouement et une remarquable habileté. A Mélizey, certains de ses officiers songeaient à reprendre immédiatement l'offensive contre les têtes de colonnes ennemies qui s'avançaient, comme on va le voir, d'Épinal sur Luxeuil. Lui ne le voulut pas, pensant qu'il y avait mieux à faire que de s'user dans de petites opérations sans portée, et que la seule tactique était pour le moment de réorganiser un noyau de forces susceptibles d'agir ensuite avec ensemble et vigueur. L'échec qu'on venait de subir prouvait surabondamment, suivant lui, qu'il n'y a rien à espérer des actions éparses et des résistances laissées à la direction du hasard.

Cependant le général de Werder avait, dès le 11 octobre, donné ses ordres d'attaque pour le lendemain. Quand, dans la matinée du 12, il s'aperçut du départ de nos colonnes, il comprit que ce serait folie de se lancer à notre poursuite à travers un pays aussi coupé et aussi difficile, et que, puisque nous lui avions échappé, le mieux était, pour lui, de revenir à l'exécution pure et simple de ses instructions. En conséquence, il dirigea ses forces sur Épinal, pour les porter de là vers la haute Seine. La 4ᵉ brigade (prussienne) se rendit droit à la ville par Girécourt, que la 1ʳᵉ (badoise) vint occuper dans l'après-midi ; les 2ᵉ et 3ᵉ gagnèrent Bruyères et Deycimont. Mais, en débouchant de Deyvillers[2], les Prussiens trouvèrent embusqués

---

1. *Les Vosges en 1870 et dans la prochaine campagne*, page 105.
2. A 6 kilomètres d'Épinal, sur la route de Rambervillers.

devant eux quelques détachements de la garde nationale ; ils les repoussèrent dans la ville, malgré une résistance des plus honorables[1]. Ils mirent ensuite en batterie douze pièces qui canonnèrent le château et le cimetière, situé au débouché nord-ouest, et contraignirent les défenseurs à se retirer définitivement, laissant sur le terrain six tués, huit blessés et douze prisonniers[2]. Les Allemands, qui prétendent n'avoir perdu que quatre hommes[3], entrèrent en ville à quatre heures du soir, et y installèrent un préfet[4]. Quant aux braves gens qui avaient essayé de défendre leur cité, et tenu tête pendant près de quatre heures à toute une brigade ennemie, ils purent s'échapper à la faveur de divers déguisements, et gagner soit Besançon, soit Lamarche, où ils allèrent grossir un corps franc en formation, dont nous dirons plus tard les prouesses.

Dès le lendemain, le XIVe corps tout entier se concentrait autour d'Épinal, couvert sur la rive gauche de la Moselle par une forte avant-garde, qui, pour gagner ses positions, eut encore à batailler contre des francs-tireurs, 300 environ, postés dans les bois de Louvroie. Elle les refoula à coups de canon, subit d'assez grosses pertes, mais n'en accomplit pas moins sa mission. Il semble que tant d'insuccès auraient dû faire comprendre enfin l'inutilité et le danger de cette lutte incohérente, qui n'amenait que représailles et pertes inutiles ; malheureusement, la plupart de ces indépendants, dont certains n'avaient pris un fusil que pour échapper aux exigences de la vie militaire réelle, et se signalaient

---

1. Il ne restait à Épinal que quelques gardes nationaux, pompiers, etc., au nombre de 250 à 300 ; le reste de la garde nationale, qui manquait absolument d'instruction militaire et constituait plutôt un embarras, avait été, dans la journée même, évacué par chemin de fer sur Lure.

2. Le sous-lieutenant Enard, de la garde nationale, était grièvement blessé. Le caporal Michel, notable commerçant, qui, avec une poignée d'hommes, s'était barricadé dans la ferme du Grand-Failloux, y dirigea la résistance jusqu'à la dernière extrémité. La ferme ayant été cernée, il voulut se frayer un passage, mais tomba frappé de plusieurs balles. Son corps, resté sur le terrain, fut retrouvé le lendemain, méconnaissable et horriblement mutilé.

3. *La Guerre franco-allemande*, supplément LXXXIII.

4. Le conseiller intime et supérieur Ritter.

beaucoup plus par leurs rapines ou leurs désordres que par autre chose, répugnaient à toute contrainte et se dérobaient à toute autorité. Combien il eût été préférable de les incorporer purement et simplement dans les régiments de marche ou de mobiles, où, du moins, le dévouement des uns et l'ardeur des autres auraient été certainement utilisés de façon plus correcte et dans un but moins incertain! Combien surtout il eût été plus profitable aux intérêts des populations et de la défense nationale de mettre un frein à ces entreprises presque toujours irraisonnées, souvent stériles quand elles n'étaient pas funestes, qui parfois même se terminaient par des débandades d'un exemple absolument pernicieux. Sur les quatre cents et quelques corps francs que vit éclore la guerre de 1870-71, quelques-uns se sont bravement et régulièrement battus; le plus grand nombre n'a servi qu'à priver l'armée nationale de plusieurs milliers d'hommes dont les services, si tant est qu'ils en aient rendus, ont à coup sûr été fort onéreux[1].

Dans la circonstance présente, les francs-tireurs qui, au lieu d'aller rejoindre l'armée du général Cambriels, persistaient à vouloir battre l'estrade dans les massifs vosgiens, ne surent point empêcher le général de Werder d'établir, aussitôt son installation faite à Epinal, ses communications avec le gouverneur général de la Lorraine, d'une part, avec Lunéville, d'autre part, afin de se relier à la grande voie de communication des armées allemandes[2]. Ils ne gênèrent pas davantage la 1re brigade badoise, qui, le 14 au matin, poussa tranquillement jusqu'à Luxeuil, et y entra sans incidents. Werder, en effet, ayant reçu du grand quartier général l'ordre d'attaquer l'ennemi le plus à portée[3] avant de

1. Le chiffre des francs-tireurs levés en 1870-71 atteint 80,000 environ, soit la valeur de *trois corps d'armée*.
2. Une route d'étapes fut constituée entre Épinal et Lunéville; on rétablit le chemin de fer de Nancy, que nous avions détruit sur plusieurs points; enfin on remit en état la ligne télégraphique allant sur cette dernière ville par Charmes. Épinal devint un magasin approvisionné par des trains arrivés à Rambervillers. La garde de ce point et des voies y aboutissant fut confiée à des troupes d'étapes envoyées par le gouverneur de Nancy.
3. *La Guerre franco-allemande*, 2e partie, page 313.

continuer son mouvement vers Châtillon-sur-Seine, se préparait à prendre avec toutes ses forces la direction de Vesoul et avait envoyé cette brigade en avant-garde. Le 16, il mit tout son corps d'armée en mouvement, et, deux jours après, il atteignit le chemin de fer de Gray à Belfort[1]. Il ne nous y trouva plus, car le général Cambriels, fort heureusement prévenu de son approche, s'était hâté, après avoir détruit le viaduc de Lure, de replier ses troupes autour de Besançon, et déjà il s'occupait, sous la protection de la place, de les réorganiser et de les équiper moins sommairement. Werder, convaincu de l'impossibilité de joindre son adversaire, sinon sous le canon même des fortifications, renonça une seconde fois à la poursuite, malgré une dépêche de M. de Moltke qui lui enjoignait de continuer celle-ci, même jusqu'à Besançon, si c'était nécessaire, et de ne marcher qu'ensuite sur Dijon et Bourges. Le 19, il faisait déjà appuyer ses troupes vers la Saône, quand il apprit que l'armée française, renforcée assez sérieusement, tenait toujours la ligne de l'Ognon, entre Etuz et Mornay, c'est-à-dire au nord de Besançon ; une patrouille badoise avait même, près de Rioz[2], été bousculée par un parti de cavalerie française, du 7ᵉ chasseurs. Laisser ainsi sur son flanc gauche des forces qui semblaient décidées à agir était dangereux ; le général allemand espérait au surplus venir aisément à bout de conscrits déjà ébranlés par les combats de la Bourgonce et de Bruyères[3]. Pour la troisième fois donc, il modifia ses projets d'opérations et se décida à marcher sur l'Ognon ; il allait s'y heurter à une résistance inattendue.

1. 1ʳᵉ brigade : Vesoul ; 2ᵉ brigade : Luxeuil, avec une avant-garde à Lure ; 3ᵉ brigade : Conflans (sur la Lanterne) ; brigade prussienne à Saint-Loup et Vauvillers.
2. A 10 kilomètres au nord de l'Ognon, sur la route de Besançon à Vesoul.
3. *La Guerre franco-allemande*, 2ᵉ partie, page 315.

CHAPITRE II

LA RETRAITE SUR CHAGNY

I. — Opérations autour de Besançon.

Réorganisation de l'armée de l'Est et création d'une armée dite des Vosges. — La pensée du général Cambriels, quand il s'était replié derrière l'Ognon, avait été d'utiliser les propriétés défensives de la région qui avoisine Besançon, en s'appuyant sur la place même, transformée, dans la limite du possible, en camp retranché. Cette place, grâce à l'activité déployée par le général de Prémonville et son chef d'état-major, le colonel de Bigot, se trouvait déjà dans une situation assez satisfaisante, et possédait, tant sur son enceinte que dans ses ouvrages détachés, un nombre respectable de pièces[1]. Mais comme la position des forts, très rapprochés de la ville, et construits, comme elle, dans la vallée du Doubs, les exposait trop complètement à tous les effets du bombardement, il avait fallu établir de nouveaux retranchements qui, s'élevant sur les hauteurs elles-mêmes, pussent donner aux troupes agglomérées autour des remparts l'espace nécessaire pour se mouvoir, et à la place une force de résistance suffisante. Dès l'arrivée du commandant supérieur, le génie civil, aidé de la garde nationale et d'ouvriers de la ville, se mit à l'œuvre avec beaucoup de dévouement et d'ardeur,

---

1. 258 pièces approvisionnées à 500 coups chacune.

en sorte que bientôt une ligne d'ouvrages couvrit la ville, du côté de l'ouest, formant un arc de cercle qui appuyait ses deux extrémités au Doubs.

Avec un grand sens tactique, le général Cambriels entendait n'employer le camp retranché proprement dit que comme point d'appui, comme magasin, et comme réduit central où, à l'abri de l'ennemi, il pourrait faire affluer tous les contingents épars dans les départements de l'Est, les équiper, les armer, les militariser. Quant aux positions de défense, elles étaient constituées en première ligne par les crêtes d'Auxon et de Chailluz, bordées elles-mêmes par le fossé de l'Ognon, derrière lequel elles dressent des escarpes boisées de plus de 300 mètres ; en seconde ligne, par le cours du Doubs, à l'ouest de Besançon. C'était donc de la défense essentiellement mobile que voulait faire Cambriels ; il comptait même, au cas où les Allemands renonceraient à l'attaquer pour poursuivre leur marche vers la haute Seine, menacer leur flanc gauche, et peut-être, si les circonstances le permettaient, prendre l'offensive du côté de Dijon. C'est dans cet ordre d'idées qu'il forma un plan d'opérations soumis, le 20 octobre, à l'approbation de Gambetta.

Sous l'impression des dépêches envoyées à Tours par le préfet et le commissaire de la République, dépêches où la retraite du général Cambriels était qualifiée de « fuite sans combat devant un ennemi encore à venir »[1], le ministre s'était en effet rendu à Besançon pour juger par lui-même de la situation. Il ne lui fallut pas longtemps pour s'assurer, contrairement aux singulières informations de personnages exaltés, que le commandant supérieur n'était ni « fou » ni « coupable », ni même « incapable »[2]. Bien plus, comprenant toute la sagesse des mesures déjà prises, il les avait pleinement approuvées et n'était parti qu'après avoir donné la pro-

---

1. *Dépêche du préfet*, en date du 16 octobre.
2. *Dépêche du commissaire Ordinaire.* — « C'est l'opinion de Grévy et la mienne, disait le commissaire. Faut-il juger le général Cambriels ? » (*Enquête parlementaire*, Documents.)

messe formelle que tous les approvisionnements de-

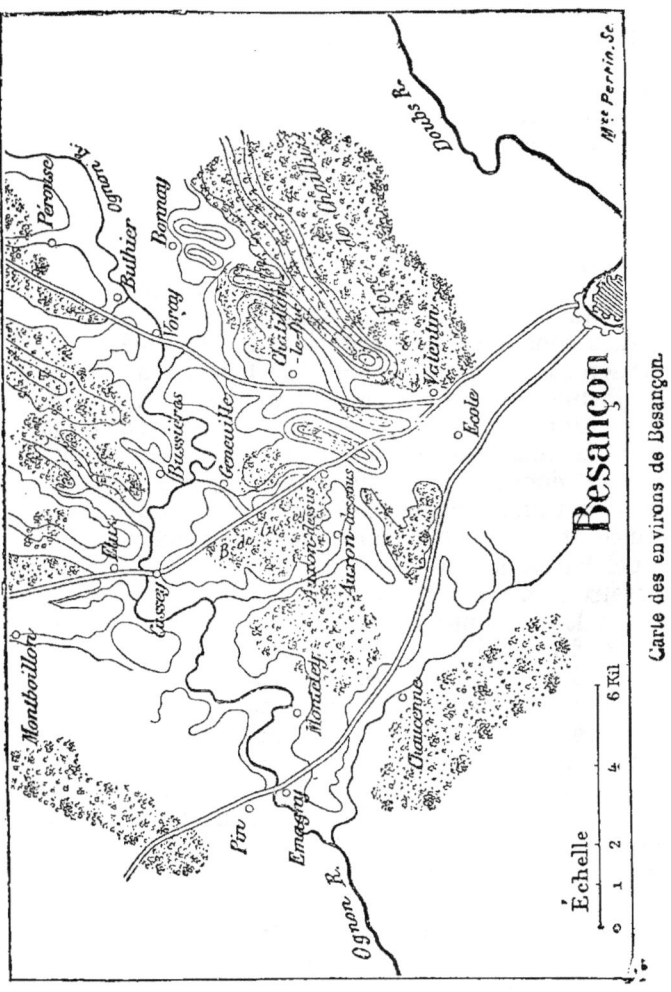

mandés pour la constitution du camp retranché de Besançon seraient expédiés dans un délai très rapproché[1]. De concert avec le général Cambriels, il fut donc décidé que, dès que l'armée de l'Est serait en état de prendre la campagne, elle se porterait sur Gray et Langres, pour de là agir suivant les événements ; les trois places de Langres, de Besançon et de Belfort serviraient de base d'opérations. Entre temps, une colonne mobile de 5,000 hommes devait, sous les ordres du colonel Perrin, être envoyée dans les Vosges, autour **du massif du Tillot**, afin de tâcher de reprendre possession de l'accès de la haute Alsace et de la haute Meurthe ; elle protégerait, d'ailleurs, la réorganisation commencée et des efforts grâce auxquels on ne pouvait tarder, du moins Gambetta, dans sa foi robuste, l'espérait, à constituer une véritable et solide armée[2].

De son côté, le général Cambriels faisait l'impossible pour justifier la confiance que l'organisateur de la défense nationale avait placée en lui. Réunissant en corps constitués tous les éléments dont il disposait, il put, dès le 21, donner à ses troupes une organisation militaire plus rationnelle, et en former un véritable corps d'armée, dont il prit le commandement. Le lieutenant-colonel Varaigne devenait son chef d'état-major[3] ; les généraux Crouzat[4] et Thornton étaient respectivement placés à la tête d'une division ; l'ensemble comprenait environ 26 bataillons, cinq batteries et deux escadrons[5]. En outre une réserve était constituée qui comptait trois bataillons et deux batteries[6].

Sur ces entrefaites, un corps nouveau, formé d'éléments tout à fait spéciaux et singulièrement hétérogènes, avait commencé à se rassembler à Dôle, sous les auspices du fameux Garibaldi. L'ancien chef de partisans, l'heureux conquérant de la Sicile et de Naples, était en effet accouru spontanément offrir son épée à la Ré-

---

1. Proclamation laissée aux troupes par Gambetta, le 21 octobre.
2. *Ibid.*
3. Le capitaine Varaigne, promu chef de bataillon après la Bourgonce, avait été nommé lieutenant-colonel au titre auxiliaire.
4. Colonel d'artillerie et commandant jusqu'alors de la place de Belfort.
5. Un régiment de lanciers rejoignit un peu plus tard.
6. Voir à l'appendice la pièce n° 6.

publique française, qui venait de le venger d'une dynastie qu'il exécrait, et il se préparait, malgré son âge et ses fatigues[1], à affronter une dernière fois les champs de bataille, pour y défendre une cause toujours chère à son cœur, celle de l'indépendance et de la liberté des peuples. A ne considérer que l'intention, on doit donc garder au célèbre condottiere une certaine reconnaissance pour cette intervention inattendue; mais si l'on veut, sans passion d'aucune sorte, se borner à apprécier, par ses seuls résultats, une dérogation aussi fondamentale aux lois tutélaires qui interdisent la collation à des étrangers du commandement de nos forces nationales, on est forcé de convenir que le précédent n'a pas été heureux, et l'on s'explique assez bien les attaques passionnées dont il est devenu la cause. Les faits qui vont suivre parleront d'eux-mêmes, et nous ne voulons point anticiper sur eux; mais nous pouvons cependant signaler dès maintenant quel nouveau sujet d'antagonisme la présence de Garibaldi allait faire surgir dans la direction déjà si peu coordonnée de notre résistance. Jaloux d'une renommée assurément plus brillante que solide, au point de vue militaire, s'entend; habitué jusqu'alors à une indépendance dictatoriale et telle que le souverain lui-même au profit de qui elle s'employait avait dû par deux fois recourir à la force pour la réduire; entraîneur d'irréguliers beaucoup plus que véritable chef de troupes, l'ancien général des *Mille* ne pouvait guère, à la fin de sa carrière mouvementée, se plier tout à coup à une subordination qu'il n'avait jamais connue. Au surplus, son caractère de combattant volontaire, joint à sa situation d'homme célèbre, interdisait au commandement tout contrôle de ses actes, toute immixtion dominante dans ses projets. Ce n'était pas à celui qui, depuis vingt ans, n'avait voulu subir le frein d'aucune puissance; à celui qui, plutôt que de rien sacrifier de ses visées aventureuses, avait risqué de compromettre l'avenir de son propre pays; ce n'était pas à l'homme d'Aspromonte et de Mentana qu'il était

---

1. Garibaldi avait soixante-trois ans en 1870.

possible d'imposer les entraves d'une direction militaire hiérarchique, ou la compression résultant d'une autorité supérieure. Tel il s'était montré pendant son existence agitée, tel il devait se retrouver nécessairement encore, impatient de toute dépendance et réfractaire à toute régularité. Et c'est en quoi il est permis de regretter que le Gouvernement de la Défense nationale ait cru devoir accepter ses services. Nulle part, l'unité d'action ne s'imposait avec autant de rigueur que dans l'Est. Puisque, par une inspiration heureuse, on semblait vouloir se délivrer un moment de l'obsession du déblocus de Paris pour entamer sur les communications de l'ennemi des opérations dont le succès pouvait seul, de l'aveu même des Allemands, changer la tournure des affaires, et, comme l'a dit un de leurs généraux, reculer de beaucoup l'heure du dénouement, il était indispensable de faire converger vers ce but unique les efforts de tous. Par suite, il fallait que la conception une fois éclose, l'exécution ne relevât que d'une seule volonté, agissant dans la plénitude de son action souveraine, s'exerçant uniformément sur tous ceux qui étaient appelés à fournir leur concours, et possédant cette autorité effective et réelle sans laquelle la responsabilité n'est qu'un mot. Or, dès le début, cette autorité fit défaut au général Cambriels, que le ministre n'avait pas osé donner formellement pour chef à Garibaldi. Elle ne fit pas moins défaut à ses successeurs, car jamais le caractère officiel de leurs relations avec le célèbre partisan ne put être nettement défini. De là un décousu de jour en jour plus accentué dans les opérations, et dans les vues une discordance dont les Allemands ont pu tirer le plus avantageux profit. Un historien de la guerre franco-allemande, et des mieux qualifiés, a résumé d'un trait le rôle joué par Garibaldi. « Il agit toujours à sa guise, dit-il, et fut une gêne constante, jusqu'au jour où il devint nuisible [1]. » Si sévère que ce jugement puisse paraître, il n'est cependant, hélas! que trop justifié par les faits.

1. Commandant (aujourd'hui général) CANONGE, *Histoire militaire contemporaine*, tome II, page 425.

Combats sur l'Ognon (22 octobre). — Cependant le général de Werder continuait sa marche offensive; le 21, le XIV° corps tout entier s'était avancé vers l'Ognon par les routes de Pin, d'Etuz et de Voray, les trois brigades bavaroises en tête, la brigade prussienne en queue[1]. Un détachement de cette dernière, qui flanquait la droite, poussa ce jour-là jusqu'au Fayl-Billot[2], d'où il refoula sur Langres quelques groupes de mobiles et de francs-tireurs, et opéra sa jonction avec une brigade de cavalerie badoise qui avait été couper la voie ferrée de Belfort à Langres, entre Lure et Jussey[3]. Le 22, le XIV° corps devait venir occuper les ponts de l'Ognon.

De son côté, le général Cambriels avait envoyé le 21 une reconnaissance qui, sous les ordres du colonel Perrin, s'était avancée jusqu'à Voray, sur l'Ognon. Elle y passa la nuit, couverte par des avant-postes jetés sur la rive droite, et reçut là des renforts assez importants que, sur la nouvelle de l'approche de l'ennemi, le commandant supérieur dirigea de Besançon à son secours[5]. Le lendemain, de grand matin, le colonel Perrin fit occuper Cussey par les gardes mobiles qu'il venait de recevoir, puis il poussa un bataillon des Vosges dans la direction d'Etuz. A ce moment (7 heures), l'avant-garde de la 2° brigade badoise[6] débouchait devant le village, venant d'Oiselay; nos mobiles se déployèrent aussitôt et ouvrirent, sur les têtes de colonnes ennemies une fusillade très vive; mais ils ne tinrent pas sous les obus, et Etuz fut enlevé assez rapidement. Les Badois s'y établirent et lancèrent une compagnie à notre poursuite dans la direction de Cussey. Tout à coup, ils aperçurent des contingents français qui, par

---

1. A droite, 1ʳᵉ brigade, à Bucey-les-Gy; au centre, la 2°, à Oiselay; à gauche, la 3°, à Courboux. En arrière, la brigade prussienne, à Neuville-lez-La Charité.
2. A 22 kilomètres de Langres, sur la route de Vesoul.
3. *La Guerre franco-allemande*, 2° partie, page 315.
4. Un bataillon du 85°, un bataillon de mobiles du Doubs, un bataillon de mobiles des Vosges et deux pièces.
5. Un bataillon des Hautes-Alpes, un des Vosges, et un détachement des 16° bataillon de chasseurs et 78° de marche.
6. Un bataillon, un demi-escadron et deux pièces.

Boulot et le bois de Retheu s'avançaient sur leurs derrières ; c'étaient deux compagnies (85° et mobiles du Doubs), qui accompagnaient le colonel Perrin dans une reconnaissance personnelle, et que cet officier supérieur, voulant profiter de la situation, venait de porter contre la ligne de marche de l'avant-garde ennemie. Celle-ci, très en l'air et déjà presque tournée [1], dut battre en retraite précipitamment, évacuant le village d'Etuz que les mobiles des Vosges réoccupèrent. Malheureusement, le gros de la brigade badoise s'était rapproché sur ces entrefaites ; un bataillon et une batterie furent adjoints à l'avant-garde, qui reprit son mouvement en avant, et parvint, vers une heure, à nous chasser d'Etuz pour la seconde fois.

Le général de Werder, arrivé à onze heures à Oiselay avec les troupes prussiennes, y apprit que sa 1re brigade venait d'occuper sans coup férir les ponts de Marnay et de Pin, où nous n'avions malheureusement personne. Il lui donna immédiatement l'ordre de franchir la rivière et de se rabattre, par Pin, sur le flanc et les derrières de nos forces de Cussey, que la 2e brigade continuerait à contenir de front. Celle-ci se déploya alors au sud d'Etuz et aux abords de Montboillon ; de là, elle engagea un combat de mousqueterie que nos mobiles soutinrent vigoureusement, en prononçant même de fréquents retours offensifs [2], et qui se prolongea pendant toute l'après-midi, grâce à l'arrivée, vers trois heures, d'un renfort de trois compagnies des Hautes-Alpes. Mais les ressources de l'ennemi étaient, à ce dernier point de vue, bien supérieures aux nôtres ; vers quatre heures, il mit en ligne tout ce qui restait de disponible dans la 2e brigade, et fit vigoureusement canonner le pont de Cussey par ses deux batteries. Sous l'avalanche des projectiles, les mobiles des Hautes-Alpes qui avaient franchi l'Ognon le repassèrent au plus vite, poursuivis par l'infanterie badoise. Puis, après avoir un instant fait tête devant Cussey, ils

1. *La Guerre franco-allemande*, 2e partie, page 316.
2. *Ibid.*, page 317.

abandonnèrent le village et se replièrent sur les bois qui sont au sud ; les dragons allemands les suivirent, sans cependant les aborder.

Pendant ce temps, les soldats du 16ᵉ chasseurs et du 78ᵉ, renforcés des deux compagnies du Doubs et du 85ᵉ amenées par le colonel Perrin[1], avaient défendu Buthiers et Voray contre la 3ᵉ brigade badoise, laquelle arrivait par la route de Rioz, refoulant devant elle, non sans difficultés[2], les francs-tireurs qui occupaient les bois. Nos soldats luttaient là avec une grande énergie, reprenant l'offensive chaque fois qu'ils le pouvaient[3], et, pour vaincre leur résistance, le général Keller avait dû faire incendier par sa batterie les trois villages de Buthiers, de Voray et de Bonnay. Encore le premier ne tomba-t-il entre ses mains qu'à trois heures et demie, et le second une heure plus tard. Mais la supériorité numérique de l'ennemi était trop considérable pour que cette lutte inégale pût se prolonger longtemps. Nos soldats durent se replier définitivement après la perte de Voray, et gagner les hauteurs de Châtillon-le-Duc. Les deux pièces du colonel Perrin protégèrent un instant une retraite que fort heureusement les Badois, arrêtés sur l'Ognon en raison des instructions données par le général de Werder, ne poursuivirent pas.

Il était quatre heures environ, et l'ennemi tenait tous les passages de l'Ognon, entre les routes de Gray et de Vesoul[4]. Mais Werder ignorait encore la conquête de celui de Voray, et, pour la décider, il donna l'ordre à sa 2ᵉ brigade, maîtresse de Cussey, de se porter à l'attaque des hauteurs boisées d'Auxon. Il comptait, par cette manœuvre, couper la retraite aux défenseurs de Voray, avec d'autant plus de facilité que, dans sa

---

1. Ces deux compagnies, les mêmes qui avaient failli envelopper par le nord l'avant-garde de la 2ᵉ brigade badoise, s'étaient, après la reprise d'Éluz, repliées sur Voray.
2. *La Guerre franco-allemande*, 2ᵉ partie, page 316.
3. *Ibid.*
4. Après que la 2ᵉ brigade s'était emparée de Cussey, un détachement prussien s'était porté à gauche, sur Bussières, pour en occuper le pont. D'autre part, dès la matinée, un détachement de la 3ᵉ brigade s'était porté sur Montbozon pour y détruire le pont et le télégraphe.

pensée, le mouvement de flanc prescrit à la 1re brigade, de Marnay et de Pin, ne devait pas tarder à se faire sentir. De son côté, le colonel Perrin, se conformant aux instructions du général Cambriels, avait replié ses troupes entre Auxon-Dessus et Châtillon-le-Duc, sur la ligne de défense avancée de la place, et il attendait là l'attaque des Badois. Il espérait bien qu'aussitôt prévenu de ce qui se passait, le général Cambriels le ferait renforcer; en quoi il ne se trompait pas, car, dès la matinée, le commandant supérieur avait déjà quitté la ville, à la tête d'une colonne de trois bataillons et d'une batterie, que précédait la légion d'Antibes avec deux pièces de montagne, et s'était dirigé sur Châtillon-le-Duc. Là il avait disposé ses troupes partie sur les crêtes, partie sur les pentes qui descendent vers Geneuille, l'artillerie aux deux ailes; la légion d'Antibes, avec ses deux pièces, occupait Châtillon.

Quand donc la 2e brigade badoise déboucha de Cussey, elle se trouva presque aussitôt en prise à un feu violent d'artillerie. Une attaque tentée par la droite contre Auxon-Dessus échoua, et de ce côté l'ennemi ne put dépasser la lisière des bois qui font face au village; de même l'offensive dessinée contre Châtillon-le-Duc par un bataillon de l'aile gauche aidé de quelques contingents sortis de Voray, vint se briser sur les pentes de la colline, malgré l'appui que lui prêtaient trois batteries massées par le général de Werder entre Cussey et Bussières. Le seul succès obtenu par les Allemands fut la conquête du bois de Vauvereille, où prirent pied, à la tombée de la nuit, sept compagnies venant de Geneuille. Nos positions mêmes n'étaient donc pas entamées, et le mouvement tournant de la 1re brigade, sur lequel comptait le général de Werder pour en déterminer la chute, n'avait pas abouti. Seul un demi-régiment qui avait pris plus à droite et se dirigeait par Chaucenne sur Auxon-Dessous put déboucher contre ce dernier village vers 7 heures du soir. Refoulé d'abord à coups de fusil, il revint à la charge, avec le concours des fractions de la 2e brigade embusquées dans les bois, et réussit à emporter le village. Nos troupes se replièrent sur Auxon-Dessus, tandis que les Badois regagnaient l'Ognon ; une demi-heure plus tard, Auxon-Dessous était réoccupé par nous.

Cette affaire, où les Allemands avaient perdu 120 hommes environ [1], était donc des plus honorables pour nous. Une poignée de soldats, à peu près tous improvisés, avait tenu tête pendant une journée entière à un corps d'armée ennemi, et infligé à l'adversaire, pourtant si supérieur, des pertes presque équivalentes aux siennes [2]. C'était un heureux début, et qui montrait quels progrès s'étaient accomplis déjà dans l'éducation militaire des troupes ; l'honneur en revenait, pour une grande part, aux efforts intelligents et dévoués du général Cambriels. Celui-ci ne se dissimulait pas cependant qu'il avait devant lui, pour le moins, 25,000 hommes, et que semblable force était très capable de réussir dans un coup de main vigoureusement tenté contre Besançon ; une première attaque, assez mal engagée et poursuivie sans but bien déterminé, venait d'échouer ; une seconde, entreprise avec plus de méthode et de décision, pouvait parfaitement aboutir. Or, le commandant supérieur considérait avec raison la conservation de Besançon comme indispensable, autant pour assurer à une armée opérant dans l'Est une base d'opération et de ravitaillement, que pour lui permettre de garder sur le flanc de l'ennemi une attitude menaçante, la seule qui fût pour l'instant compatible avec la faiblesse des troupes. Il prit donc ses dispositions pour parer, dans la mesure du possible, au danger qui pouvait paraître imminent, et ne laissant auprès de Châtillon-le-Duc qu'une arrière-garde, chargée de surveiller les agissements de l'ennemi, il disposa toutes ses forces en arc de cercle sur les hauteurs qui dominent la ville même, entre la route de Gray par Emagny, et celle de Marchaux. Les troupes étaient dis-

---

1. 4 officiers, dont 1 tué, et 114 hommes, dont 26 tués.
2. Les troupes françaises, engagées le 22 octobre atteignirent le chiffre maximum de 8,000 hommes environ, avec 8 canons. Elles perdirent par le feu 140 hommes, mais laissèrent à peu près 200 prisonniers aux mains de l'ennemi.

posées sur deux lignes, et barraient toutes les avenues par lesquelles l'ennemi pouvait essayer de s'avancer.

Mais celui-ci ne semblait nullement disposé à entamer une action de vigueur. Dans la matinée du 25, il se bornait à lancer des reconnaissances qui venaient tirailler avec notre poste de Châtillon, ou butter contre les troupes du général Crouzat, en position auprès de Valentin et d'Ecole. Un détachement envoyé du côté de Pesmes[1], pour couper le chemin de fer, avait affaire à des troupes dont il ignorait la provenance, et qui n'étaient autres que les fractions avancées du corps de Garibaldi. Tout cela rendait assez perplexe le général de Werder, qui d'autre part se demandait s'il y avait réellement intérêt à risquer une bataille coûteuse pour s'emparer de Besançon, ou si, en présence de notre attitude déterminée, il n'était pas préférable au contraire de négliger une armée encore manifestement incapable de se mouvoir, et de reprendre la direction première vers le centre de la France. C'est à ce dernier parti qu'il se résolut après réflexion, et dès le 24, il replia son corps d'armée vers le nord, sur la route transversale de Pesmes à Vesoul[2].

La brigade prussienne, qui formait avant-garde, avait poussé jusqu'à la Chapelle-Saint-Quillain, d'où elle jeta un détachement sur la Saône, pour occuper les ponts de Seveux et de Savoyeux ; en abordant la forêt de Belle-Vaivre, ce dernier eut à lutter contre des paysans qu'il dut disperser à coups de canon[3]. Quant à

---

1. A l'intersection de l'Ognon avec la route de Dôle à Gray.
2. On peut s'étonner que, voulant marcher vers le sud-ouest, le général de Werder ait commencé par prendre la direction du nord. La seule manière d'expliquer le fait est de le rapprocher de la situation concomitante de Metz, où, après le rejet définitif des propositions de Bazaine, on s'attendait à une sortie désespérée de la garnison. Il est vraisemblable, bien que la *Relation allemande* n'en dise mot, il ressort d'ailleurs des rapports d'espions parvenus à Besançon au moment de la retraite du XIV° corps, que cette retraite a été déterminée en partie par la crainte d'un effort suprême de l'armée de Metz et par la pensée d'envoyer au prince Frédéric-Charles un renfort dont on s'aperçut trop tôt, hélas ! qu'il n'avait pas besoin.
3. « En maints endroits les routes avaient été coupées, les colonnes peu considérables étaient fréquemment harcelées par des francs-tireurs ; de tous côtés, la population concourait activement à la défense locale. » (*La Guerre franco-allemande*, 2° partie, page 321.)

la cavalerie, elle gardait le pont de Gray. Le 26, tout le XIVe corps d'armée atteignait la Saône, entre Gray et Seveux, et faisait tenir par ses avant-gardes les trois directions principales de Dijon, Châtillon-sur-Seine et Langres. Besançon était donc momentanément hors de danger.

II. — Perte de Dijon

Pendant que ces divers événements se passaient en Franche-Comté, le corps de Garibaldi avait poursuivi, autour de Dôle, son organisation. Malgré des difficultés très grandes, provenant de la répugnance caractéristique que volontaires et mobilisés montraient à servir sous les ordres d'un étranger[1], deux brigades, soit environ 4,000 hommes, avaient pu être formées sous les ordres des généraux Bossak-Haucke et Menotti Garibaldi. Elles se composaient de quelques bataillons de mobiles et surtout de corps francs, dont beaucoup, il faut bien l'avouer, ne brillaient ni par la tenue ni par la discipline ; elles furent néanmoins, aussitôt l'ennemi signalé sur la Saône, c'est-à-dire vers le 20 octobre, envoyées sur l'Ognon, de Pontaillier à Marnay. D'autre part, le comité de défense de la Côte-d'Or avait groupé, tant à Dijon que dans les principales villes du département, une douzaine de bataillons de gardes mobiles, soit 12,000 hommes environ, qui étaient à peu près armés, mais qui manquaient encore complètement d'instruction militaire et de presque tous les objets d'équipement. Enfin quatre bataillons de mobiles, plus quelques hommes provenant des dépôts, en tout 8,500 hommes, avaient été envoyés de Lyon sur Dijon ; ces troupes, à la vérité, étaient dans un état matériel aussi précaire que celles qu'elles allaient renforcer. En comptant les francs-tireurs et les mobilisés de Dijon, c'était en tout

---

[1]. *La Guerre franco-allemande*, 2e partie, page 320. — Dépêche de M. de Freycinet à Gambetta, *en date du 15 décembre*, et contenant ces mots : « La plupart des mobilisés auxquels je m'adresse refusent absolument d'aller auprès du général. »

une vingtaine de mille hommes dont se composait le corps organisé tant bien que mal dans la Côte-d'Or. Combiné avec les troupes de Dôle et de Besançon, il pouvait fournir un effectif respectable ; mais, comme l'écrivait au ministre le général Cambriels, répondant à une mise en demeure comminatoire d'avoir à fournir un plan d'opération et à couvrir Dijon, il fallait laisser cette armée « s'organiser, s'habiller, se chausser, se discipliner surtout », avant de rien tenter pour la faire agir[1]. C'est à quoi, malheureusement, le gouvernement, dans son impatience, semblait se résigner malaisément. C'est à quoi, non moins malheureusement, l'état-major de Garibaldi, poussé par un besoin irraisonné de mouvement, ne voulait pas se résoudre[2]. Entre l'ancien dictateur et le commandant supérieur s'échangeait une correspondance copieuse, où éclate la profonde divergence de vues qui séparait deux généraux traitant par le fait d'égal à égal, alors que l'un aurait dû être le subordonné de l'autre. Pendant ce temps, les troupes avancées de l'armée des Vosges, refoulées à Pesmes le 22 et le 24 par la cavalerie badoise, étaient contraintes de se replier sur Dôle, où Garibaldi concentrait ses forces, après un mouvement absolument inutile dans la direction de Besançon.

Cependant l'arrivée des troupes badoises sur la Saône constituait pour Dijon une menace sérieuse, et le comité de défense de la Côte-d'Or, réduit à ses seules ressources, avait cru prudent de prendre certaines précautions. Un groupe de 8 bataillons de mobiles, 3 bataillons de mo-

---

1. Dépêche en date du 21 octobre.
2. Il faut, pour être juste, établir nettement les responsabilités. Garibaldi avait pris pour chef d'état-major un certain colonel Bordone, ancien chirurgien de marine, ancien pharmacien, ancien combattant des *Mille*, lequel apportait dans tous ses actes une exubérance parfois excessive et une activité d'autant plus dévorante que son général, vieux et usé, en montrait peu. Il a publié sur la campagne de l'Est un récit intitulé *Garibaldi et l'Armée des Vosges*, où, en cherchant à glorifier cette armée, il laisse apparaître l'impétuosité d'un caractère auquel la pondération faisait entièrement défaut. Il fut le véritable directeur des opérations ; le nom de Garibaldi n'était qu'une étiquette, et Bordone, en réalité, menait tout. Nous aurons d'ailleurs à revenir sur cet étrange personnage, et sur le rôle, plus étrange encore, qu'il a joué dans les opérations de l'Est.

bilisés et 2 compagnies de francs-tireurs[1] était massé à Pontailler, sous les ordres du président du comité, docteur Lavalle[2], et occupait les hauteurs situées au nord-ouest, entre les vallées de la Saône, de la Bèze et

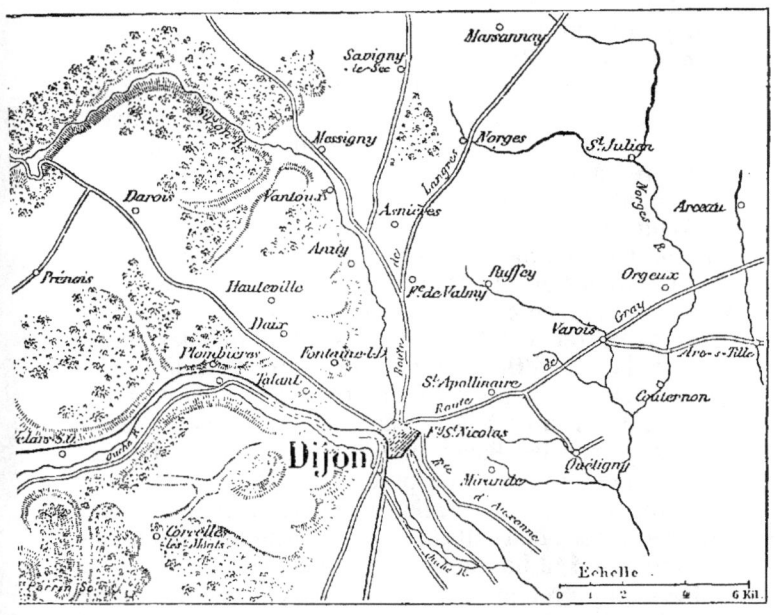

Carte des environs de Dijon.

de la Vingeanne; il poussait même jusqu'aux environs de Gray, le 25, un bataillon de mobilisés qui se repliait après une courte fusillade. Un autre groupe, commandé par le colonel Deflandre, avait été envoyé plus à l'ouest,

---

1. Garde mobile de l'Isère (3 bataillons), de l'Yonne (id.), un bataillon des Hautes-Pyrénées et un du Var; la légion de mobilisés de la Côte-d'Or, les francs-tireurs Bombonnel et Coëtlogon.
2. Le docteur Lavalle avait pris le commandement par intérim en remplacement du général Sencier, commandant de la subdivision, que son état de santé rendait incapable de tout service actif.

à Bèze[1] ; enfin, Auxonne était occupé par 3,000 hommes environ, auxquels, par un oubli singulier, on n'avait point désigné de chef[2].

Le 27 octobre, le général de Werder, voulant obtenir des renseignements fermes sur la situation des troupes françaises qui protégeaient Dijon, lança dans la direction de cette ville quelques reconnaissances. L'une d'elles se heurta sur la ligne de la Vingeanne à des avant-postes que le colonel Deflandre, à la nouvelle des intentions offensives de l'ennemi, y avait envoyés, et les refoula ; après une lutte d'une heure et demie[3], soutenue à Saint-Seine-l'Eglise, le bataillon de la Loire se replia vers le sud, ayant perdu une soixantaine de prisonniers. De même, les troupes avancées du groupe de Pontailler[4] durent abandonner Essertenne et les bois environnants, où cependant on avait prodigué les abatis, pour se retirer sur Talmay ; c'est alors que les mobilisés de la Côte-d'Or, ayant quitté la direction de retraite primitivement suivie pour obliquer vers l'ouest, sur la route d'Essertenne à Mirebeau, furent atteints, près de Jancigny, par les Badois lancés en poursuite. Comme ils n'avaient pris aucune précaution pour couvrir leur flanc du côté dangereux, ils se trouvèrent complètement surpris, furent bousculés, et laissèrent entre les mains de l'ennemi 445 hommes, dont 15 officiers.

Bien qu'un retour offensif exécuté par ordre du docteur Lavalle ait, quelques instants après, refoulé sur Essertenne les contingents badois qui avaient atteint la Vingeanne près de son confluent, le but de leur reconnaissance était atteint. Werder, renseigné sur l'existence devant Dijon de forces assez considérables, fit renforcer immédiatement Essertenne et donna des ordres pour que le reste du XIV° corps fût, le lendemain, concentré autour de Gray. Il s'attendait évidemment à être attaqué ; il comptait sans le prodigieux désarroi auquel se trou-

---

1. Gardes mobiles de la Drôme, de la Haute-Garonne, de la Loire et de la Lozère, avec quelques groupes de francs-tireurs.
2. Capitaine J.-B. Dumas, *loc. cit.*, pages 105 et 107.
3. *La Guerre franco-allemande*, 2° partie, page 322.
4. Mobiles de l'Isère et mobilisés de la Côte-d'Or.

vait livré le commandement de nos forces. A Dijon en effet, le désordre était à son comble. Un chef nouveau, envoyé pour remplacer le général Sencier, le colonel de gendarmerie Fauconnet, venait d'arriver à point pour recueillir les troupes harassées par les fatigues et les marches incohérentes des jours précédents, et cherchait à remettre un peu d'ordre dans leurs rangs démoralisés. Il n'y avait pas réussi. D'autre part, le docteur Lavalle, qui faisait quelques difficultés pour céder un commandement exercé avec plus de bonne volonté que de compétence, avait ordonné l'évacuation des points de Pontailler et de Bèze, en poussant la prudence jusqu'à détruire sur son flanc droit les ponts de la Saône[1], et l'ennemi avait immédiatement profité de notre retraite pour pousser ses têtes de colonnes au delà de la Vingeanne, jusqu'à Mirebeau. Il ne pouvait donc plus être question pour nous d'offensive, et la seule mesure à prendre semblait être de concentrer sous Dijon les détachements épars de l'*Armée de la Côte-d'Or;* c'est ce que fit d'abord le colonel Fauconnet. Mais devait-il même songer à défendre Dijon, autour duquel, en dépit des projets du comité de défense, aucun ouvrage n'avait été construit pour donner quelque protection aux si médiocres éléments dont on disposait? Ni lui, ni le conseil qu'il convoqua ne le crurent, et l'avis général fut qu'il fallait évacuer la ville[2]. Dans la nuit du 28 au 29, les troupes prirent la direction de Beaune et la garde nationale fut désarmée.

Or, juste à ce moment, ou plus exactement le 29 au matin, arrivaient de Versailles au général de Werder des instructions nouvelles, qui allaient fixer le sort de Dijon. En raison de l'imminence de la chute de Metz, le chef du grand état-major prévenait le commandant du XIV⁰ corps qu'à dater de ce jour, il était chargé « de couvrir l'Alsace et ses propres communications, de flanquer la gauche du mouvement de la II⁰ armée, d'investir

---

1. A Pontailler et la Marche. Aucun ennemi n'était cependant signalé sur la rive gauche de la Saône.
2. Assistaient à la conférence : le préfet de la Côte-d'Or, le maire de Dijon et les commandants de troupes.

d'abord puis d'assiéger les places de Schlestadt, Neuf-Brisach et Belfort, afin de maintenir et d'immobiliser devant son front des contingents français en rapport avec son effectif »[1]. Pour lui permettre de remplir ces missions diverses, on lui donnait le commandement supérieur des 1re et 4e divisions de réserve[2], et l'ordre de s'établir fortement à Vesoul d'une part, à Dijon de l'autre, afin de se couvrir à la fois de Besançon et de Langres. On lui prescrivait enfin de « courir sus, sans hésiter, aux corps ennemis qui ne seraient pas en forces, avec faculté de prolonger son mouvement offensif vers le sud au delà même de Besançon, en tant qu'il ne s'écarterait pas ainsi des points essentiels de sa mission »[3].

En conformité de ces instructions, le général de Werder avait déjà donné ses ordres pour le retour du XIVe corps à Vesoul, attendant des circonstances plus favorables pour l'occupation de Dijon, quand, dans l'après-midi, il fut informé par ses reconnaissances que la ville venait d'être évacuée. L'occasion était trop tentante pour la laisser passer. Werder ordonna donc au général de Beyer d'aller le lendemain avec deux brigades badoises prendre possession de la ville, mais sans se laisser entraîner à une affaire sérieuse en dehors d'un succès assuré[4]. Ainsi le départ du colonel Fauconnet attirait sur le chef-lieu de la Côte-d'Or un danger dont, sans sa précipitation, l'échéance se fût certainement trouvée fort retardée ; et, chose curieuse, les circonstances allaient obliger à y participer les troupes mêmes qui, par leur recul, avaient cru s'y dérober complètement.

Combat de Dijon (30 octobre). — A peine, en effet, le colonel Fauconnet était-il arrivé à Beaune qu'il recevait la visite du préfet de la Côte-d'Or, venant de Dijon. La ville, disait M. Bazincourt, protestait contre l'aban-

---

1. *La Guerre franco-allemande*, 2e partie, page 323.
2. Ces deux divisions étaient pour le moment en Alsace. (Voir le chapitre précédent.)
3. *La Guerre franco-allemande*, 2e partie, page 324.
4. *Ibid.*, page 324.

don où on l'avait laissée, et entendait défendre ses portes. Quant à la garde nationale, elle avait repris ses armes, et espérait que les troupes viendraient à son secours. En brave et dévoué soldat qu'il était, le colonel Fauconnet ne pouvait rester sourd à un pareil appel, et immédiatement, il ordonna le départ des contingents qu'il avait avec lui. Malheureusement, ces contingents étaient bien réduits. Dans l'impossibilité de loger et de nourrir à Beaune, où rien n'était préparé pour cela, la masse des hommes qui arrivaient de Dijon, on en avait dirigé une forte partie sur Lyon ; c'étaient juste 1,600 soldats à peu près sûrs qui restaient aux ordres du colonel[1]. Il les embarqua en chemin de fer par groupes successifs, et partit de sa personne aussitôt que la mise en train de cette opération difficile le lui permit. Le premier convoi arrivé à Dijon, le 30, à trois heures du matin, amenait une compagnie de marche du 6ᵉ bataillon de chasseurs.

Quelques heures plus tard, au petit jour, le général de Beyer, avec les 1ʳᵉ et 3ᵉ brigades badoises, se mettait en marche par la grande route de Mirebeau à Dijon. Quand, vers neuf heures, la pointe de son avant-garde déboucha devant Arc-sur-Tille, elle fut très surprise d'essuyer des coups de feu et d'apercevoir des troupes derrière la Norges. A vrai dire, ces troupes n'étaient ni bien nombreuses, ni bien redoutables : 300 hommes à peu près, francs-tireurs de la Côte-d'Or et du Rhône, qui s'étendaient d'Orgeux à Couternon. Elles suffirent néanmoins à amener le déploiement de toute l'avant-garde (cinq compagnies, deux escadrons et une batterie), et à déterminer l'envoi vers Arceau d'un bataillon destiné à opérer sur leur flanc[2]. C'était plus qu'il n'en fallait pour les contraindre à la retraite. Aussi, malgré le soutien apporté par la compagnie du 6ᵉ chasseurs qui avait été poussée sur Varois, reculèrent-elles jusqu'à Saint-Apollinaire. A ce moment, elles étaient rejointes par trois faibles compagnies du

---

[1]. Dépêche du colonel Fauconnet au ministre de la Guerre, en date du 29.
[2]. *La Guerre franco-allemande*, 2ᵉ partie, page 326.

71ᵉ de marche, amenées par le colonel Fauconnet. Il y eut dans le village un essai de résistance, dont les Badois vinrent facilement à bout, puis nos troupes allèrent, assez en désordre, prendre position sur les hauteurs situées à l'ouest ; elles ne tardèrent point à en être chassées, vers midi, par l'attaque d'un bataillon ennemi, qu'appuyait le feu d'une batterie en position au sud de la route.

Cependant, toute la 1ʳᵉ brigade badoise s'était massée autour de Saint-Apollinaire. Ses trois batteries, déployées maintenant des deux côtés de la route, criblaient de projectiles nos malheureux francs-tireurs, qui, malgré l'extrême violence de leur feu[1], ne parvenaient pas à retarder l'offensive d'un ennemi démesurément supérieur. Après avoir essayé sans succès de tenir dans les vignes et les grosses fermes dont sont couverts les plateaux situés à l'est de Dijon, ils furent rejetés sur les faubourgs de la ville, au moment où y arrivaient, débarquant de la gare, trois compagnies du 90ᵉ. Toute la ligne voulut alors déboucher à nouveau ; elle ne put y parvenir, et dut se borner à occuper les maisons et les barricades ; là, elle fut successivement renforcée par le bataillon de la Lozère et la garde nationale, celle-ci dans le désordre le plus complet. Pendant ce temps, l'ennemi avançait toujours sur une longue ligne concave qui s'étendait au sud jusqu'auprès de la route d'Auxonne, au nord jusque vers celle de Langres, où deux compagnies avaient été portées pour tourner Dijon. Voyant le danger qui menaçait de ce côté, le colonel Fauconnet y porta aussitôt le bataillon de la Lozère, puis un bataillon de l'Yonne qui venait d'arriver au faubourg Saint-Nicolas, et leur fit prendre position aux environs du cimetière, près de la route de Talant. Dans ces conditions, la lutte se prolongea sur la lisière extérieure jusqu'à trois heures de l'après-midi ; mais, à ce moment, trois batteries de la 3ᵉ brigade badoise, accourues d'Arc-sur-Tille, étant venues renforcer celles de la 1ʳᵉ, en position auprès de Saint-

---

1. *La Guerre franco-allemande*, 2ᵉ partie, page 326.

Apollinaire et au sud du parc de Montmusard, les efforts tentés pour maintenir le combat au dehors de la ville devinrent inutiles ; l'infanterie badoise pénétra dans les faubourgs et poussa concentriquement vers l'intérieur de Dijon. Elle rencontra là une résistance des plus énergiques, et dut enlever les maisons l'une après l'autre[1]. Le colonel Fauconnet, à la tête d'une poignée de gens résolus, essaya même un retour offensif ; il tomba percé de trois balles sur le cadavre de son cheval[2]. Mais son exemple avait relevé les courages, et c'est avec les difficultés les plus grandes que les Allemands atteignirent le ruisseau du Suzon, où ils s'arrêtèrent. Il était quatre heures du soir et le général de Beyer trouvait qu'il avait déjà outrepassé les instructions de son commandant de corps. Ordre fut donné d'évacuer le terrain conquis ; mais, pour le rendre intenable, les batteries allemandes le canonnèrent sans répit jusqu'à la nuit close[3]. Les pionniers allèrent, sous la protection d'un bataillon, détruire la voie ferrée au sud de la ville, puis les Badois s'établirent en cantonnements à Saint-Apollinaire, Varois, Couternon et Quétigny.

Pendant ce temps, les autorités civiles, convaincues de l'inutilité de la résistance, avaient fait arborer le drapeau blanc, et envoyé au commandant de gendarmerie Regad, successeur du colonel Fauconnet, *l'ordre écrit* de cesser le feu[4]. Nos troupes furent donc repliées sur Beaune, qu'elles purent gagner sans encombre, puis, la nuit venue, une députation de la municipalité se rendit à Varois, auprès du général de Beyer, pour

---

1. *La Guerre franco-allemande*, 2ᵉ partie, page 327.
2. Le colonel, qui avait reçu, entre autres blessures, une balle dans les intestins, rendit le dernier soupir à dix heures du soir. Il avait fait prévenir les autorités qu'il ne croyait pas que la lutte pût se prolonger davantage.
3. Les deux compagnies badoises envoyés sur la route de Langres trouvèrent celle-ci, quand elles rétrogradèrent, barrée par les mobiles de la Lozère et de l'Yonne, et durent se frayer un passage les armes à la main. (*La Guerre franco-allemande*, 2ᵉ partie, page 327.) — Le fait, s'il est vrai, n'est guère à l'honneur des mobiles qui auraient dû mieux utiliser leur supériorité numérique, et ne pas laisser sortir un seul homme de cette situation désespérée.
4. Capitaine J.-B. Dumas, *loc. cit.*, page 126.

entamer des négociations. « Elle demandait que la ville fût épargnée, s'engageait à fournir des vivres pour 20,000 hommes, et se portait garante que la population garderait désormais une attitude pacifique[1]. » Ces conditions furent acceptées, sous condition d'un versement dans les deux jours d'une caution de 500,000 francs, et le lendemain les troupes badoises entrèrent dans la capitale de la Bourgogne, qui fut occupée militairement.

Un pareil résultat valait-il les 350 hommes tués, blessés ou disparus, qu'il nous coûtait? Certes, la défense avait été des plus honorables, puisque pendant toute une journée, quelques francs-tireurs, renforcés successivement par une série de maigres unités dont le total atteignait à peine, à la fin du combat, l'effectif de 3,600 hommes, avaient lutté contre une forte brigade appuyée de 36 pièces de canon, et mis hors de combat les deux tiers de ce qu'ils avaient eux-mêmes perdu[2]. Mais il faut convenir aussi que rien n'était à espérer d'une résistance aussi mal organisée et aussi peu méthodique. On avait appliqué là, dans toute son incohérence, la pratique des petits paquets; une fois de plus, l'influence de considérations politiques et locales, caractérisées par les irrésolutions d'autorités civiles aux abois, avait pesé sur un acte qui aurait dû rester purement militaire, étouffé l'initiative du commandement, et fait entamer une opération sans autre inspirateur que le hasard Sans la prudence excessive qui, au début, avait caractérisé l'attaque allemande, et qui s'explique autant par les instructions données que par l'étonnement du général de Beyer, il est probable que les contingents du colonel Fauconnet, ainsi jetés à l'aventure sur le champ de bataille au fur et à mesure de leur arrivée, auraient été détruits ou capturés en détail. On est en droit de se demander aussi comment aucun secours n'était venu de Dôle. Là, on le sait, se trouvaient les 4,000 hommes de Garibaldi, concentrés

---

1. *La Guerre franco-allemande*, 2ᵉ partie, page 323.
1. Les Allemands perdirent, le 30 octobre, 63 tués dont 1 officier, 184 blessés dont 10 officiers et disparus, au total 260 hommes hors de combat.

depuis le 23, et disponibles pour un mouvement à opérer soit sur le flanc gauche des Badois, soit en faveur de Dijon. Les correspondances du général Cambriels, en signalant le danger auquel était exposée cette dernière ville, indiquaient au général italien, sinon d'une façon comminatoire, au moins avec une suffisante netteté, quel rôle il avait à jouer dans la circonstance. Mais Garibaldi, sous prétexte que les ponts de Pontailler et de la Marche étaient détruits, avait fait la sourde oreille, en sorte que ses deux brigades demeurèrent inactives, tandis qu'en quelques heures de chemin de fer elles eussent pu se porter au secours du colonel Fauconnet[1]. (*Voir la note II à la fin du volume.*)

Situation des forces de l'Est à la fin d'octobre. — La possession de Dijon, si facilement obtenue, constituait pour l'ennemi un avantage important. Par là, Werder allait pouvoir tout d'abord établir des communications avec les troupes d'étapes jetées sur les voies de communications allemandes, puis avec le VIIe corps qui se dirigeait sur Auxerre. Il était maître de surveiller tous les mouvements et levées de troupes qui s'opéraient en Bourgogne et dans le Morvan; il tenait sur un point la ligne Chagny-Dôle-Besançon, dont nous avions si grand besoin; enfin il pouvait, le cas échéant, s'interposer entre nos forces du centre et les rassemblements effectués à Lyon. C'était donc un événement extrêmement fâcheux, survenant au moment même où l'armée constituée à Besançon commençait à prendre une consistance plus sérieuse. Là, en effet, l'activité du général Cambriels, jointe à l'heureuse influence morale exercée par l'issue des combats de l'Ognon, avait porté des fruits appréciables, et le commandant supérieur entrevoyait déjà le moment où il pourrait passer à l'offensive[2]. En avant de lui, Belfort disposait tout pour

---

1. La destruction des ponts de Pontailler et de la Marche ne constituait même pas un obstacle à la marche sur Dijon du corps Garibaldi, car ceux d'Auxonne et de Saint-Jean-de-Losne étaient intacts et à son entière disposition.
2. *Dépêche du général Cambriels au ministre, en date du 28 octobre.* On y trouve exposés, d'une façon très judicieuse, les avantages que

se défendre et se préparait avec vigueur à un siège imminent[1] ; Langres, occupée par une quinzaine de mille hommes, n'inspirait par soi-même aucune crainte, bien que le dénûment et l'insuffisance militaire de la garnison fussent encore extrêmes. Enfin la marche de l'ennemi vers la Saône avait donné un répit qu'on s'était hâté de mettre à profit. La situation était donc assez rassurante, d'autant plus que le général Cambriels, fidèle à ses principes de défense active, avait toujours combiné la réorganisation de ses forces avec une surveillance incessante qui forçait les hommes à se tenir en haleine et les aguerrissait peu à peu. Ainsi, des reconnaissances étaient lancées dans la direction de Gray par le *corps franc des Vosges*, qui gardait les ponts de l'Ognon. La colonne mobile du colonel Perrin marchait sur Beaume-les-Dames pour de là aller opérer vers le Tillot ; une seconde colonne, qui, sous les ordres du colonel Varaigne, s'était portée vers Ougney, afin de soutenir Garibaldi qui se croyait menacé sur sa droite, était rentrée le 29 après s'être assurée que rien n'était à craindre de ce côté[2]. Autour de Besançon, le gros des forces, réorganisées dans la limite du possible, se tenait prêt à agir.

Malheureusement, le chef énergique qui en si peu de temps avait réussi à amalgamer dans un ensemble respectable tant d'éléments disparates et manquant de tout, allait se voir forcé d'abandonner son commandement au moment même où il pourrait profiter du résultat de ses efforts. En proie à de cruelles souffrances dues à sa blessure qui s'était rouverte, obligé de subir une douloureuse opération, le général Cambriels était hors d'état de résister plus longtemps à une vie de fatigues qui l'épuisait. Dès le 26 octobre, il demanda au gouvernement d'être relevé de ses fonctions, et celui-ci dut, quoique à regret, s'incliner devant une né-

---

présentait une action sur les communications de l'ennemi, de préférence à toutes les opérations ayant la capitale pour objectif.
1. Le siège de Belfort, dont on verra postérieurement le récit, commença le 4 novembre.
2. *Correspondance entre le général Cambriels et Garidaldi.*

cessité devenue inéluctable. Le 28, on investit du commandement supérieur de la région de l'Est le général Michel, pour le moment à l'armée de la Loire, et, en attendant son arrivée, on confia l'intérim au général Crouzat. Ce dernier, comme son prédécesseur, jugeait le moment venu de prendre l'offensive; mais des idées toutes différentes ne devaient pas tarder à prévaloir dans l'esprit de ceux qui dirigeaient alors les affaires du pays.

Arrivé le 2 novembre à Besançon, le général Michel, qui n'avait accepté ses nouvelles fonctions qu'avec une certaine répugnance[1] et professait vis-à-vis de ses troupes la défiance déjà constatée chez tant d'autres, adressa à Tours un rapport très pessimiste, où l'état des forces de l'Est était présenté sous des couleurs assurément plus sombres que de raison. « La place de Besançon, y était-il dit en substance, est incapable de soutenir un siège si elle n'est pas défendue au moins par 40,000 hommes; c'est donc 20,000 hommes qui lui manquent. Dans ces conditions, on ne peut faire aucun mouvement ni en avant, ni sur la gauche, pour se jeter sur les colonnes ennemies. Les harceler avec des francs-tireurs, leur tuer quelques hommes, et c'est tout... *la position est critique.* » Et pour montrer combien peu il faisait état de Garibaldi, le général ajoutait: « J'ai vu le général Garibaldi ; *mais je vous serai bien reconnaissant de ne pas trop écouter ses demandes de troupes,* car sa situation ne comporte pas l'emploi de forces considérables. Il ne peut attaquer sérieusement personne, et s'il avait quelque chose à craindre, il serait forcé ou de se replier très loin ou de s'appuyer sur moi. » La conclusion était qu'il fallait se retirer sur Lyon, et, dans une nouvelle dépêche du 4 novembre, le général Michel revenait avec insistance sur cette solution. Or, ce n'était point là ce que désirait le

---

[1] « En faisant ses adieux au général d'Aurelle de Paladines, le général Michel lui dit : « Le commandement qu'on me donne ne me « convient pas, je ne tarderai pas à revenir à l'armée de la Loire. » (*La 1ʳᵉ armée de la Loire*, par le général D'AURELLE DE PALADINES, page 69.) C'est, en effet, ce qui arriva.

gouvernement, on le conçoit. « Vous vous exagérez l'insuffisance de Besançon, répondait M. de Freycinet. En y maintenant 15,000 à 16,000 hommes, la défense peut y persister avec avantage pour la place. » Néanmoins, plus accommodant ici que sur la Loire, le délégué à la guerre laissait au commandant en chef toute latitude d'agir suivant son inspiration, à la condition, toutefois, que Chagny serait défendu. Il y avait déjà là 10,000 hommes avec 18 pièces, envoyés de Lyon à l'armée de la Loire ; grâce à leur concours, on devait pouvoir tenir ce point si important.

Cependant le général Michel hésitait à prendre un parti. D'une part, le général Crouzat, partisan déterminé de l'offensive, insistait auprès de lui pour qu'on ne reculât pas ; d'autre part, il éprouvait dans l'exercice du commandement certains déboires dont il se plaignait amèrement, sans pour cela prendre les mesures qui auraient pu y mettre fin[1] ; enfin il croyait l'ennemi trop rapproché de lui pour pouvoir se dérober sans péril[2]. Son désir évident était de se replier, mais il voulait des ordres fermes, et les réclamait avec une insistance qui montrait toute l'étendue de ses craintes devant une responsabilité trop lourde pour lui[3]. En présence de tant d'indécision, le gouvernement s'irrita. « Je vous réitère l'ordre de venir immédiatement vous expliquer à Tours, télégraphia le 7 novembre le ministre de la guerre, et de remettre le commandement au

---

1. « Plusieurs chefs de détachements *autorisés par vous à agir isolément* se répandent dans la région avec leurs troupes et s'engagent quelquefois imprudemment... *Leurs réquisitions constituent une lourde charge pour les populations*... Les autorités civiles et même militaires me font arrêter comme espions prussiens tous mes envoyés, *même munis de pouvoirs signés par moi.* » (*Dépêche du 5 novembre au ministre.*)

2. « La proximité de l'ennemi ne me permet pas de sortir du camp retranché sans m'exposer à avoir la moitié de ma colonne entièrement séparée de l'autre. Il faut cinq heures pour traverser la ville. Les Allemands ne sont qu'à 10 kilomètres. Je ne puis me résigner à entendre le canon tirer sur Besançon pendant mon défilé. » (*Dépêche du même jour.*)

3. « L'ennemi peut être sur nous en deux marches avec de grandes forces. Nous pouvons être coupés de Lyon. *Donnez-moi l'ordre de partir demain ; sinon je ne réponds pas que la retraite puisse être faite.*» (*Dépêche du 6 novembre.*)

général Crouzat. » Ainsi, en moins de quinze jours, l'armée de l'Est avait changé trois fois de commandant en chef.

Retraite de l'armée de l'Est sur Chagny et de Garibaldi sur Autun. — Cependant, avant son départ, le général Michel s'était décidé à ordonner la retraite; celle-ci commença le 8 au matin, au grand regret du général Crouzat. « J'exécute avec répugnance le mouvement sur Chagny, télégraphiait-il au ministre, parce que je ne crois pas arriver à temps à Chagny et à Nevers... Selon moi, l'armée de l'Est devrait manœuvrer autour de Besançon et être toujours à même de se jeter sur Belfort et sur les communications de l'ennemi par la vallée de la Saône, avec ligne de retraite sur Lyon par Lons-le-Saunier et au besoin par Pontarlier. Peut-être aurions-nous fini par être coupés de Lyon, mais, au moins, nous aurions conservé jusqu'à la fin le drapeau français dans ces contrées si éminemment françaises... [1] » Mais la décision une fois prise, le gouvernement jugeait avec quelque raison qu'il fallait la poursuivre[2]. D'ailleurs, son intention actuelle était de couvrir Nevers, menacé par la marche de la IIe armée allemande; il disposait pour cela des forces déjà stationnées à Chagny, qui avaient été portées à 22,000 hommes environ[3], et du corps Garibaldi, sur lequel il comptait. Il plaçait les premières sous les ordres du général Crouzat et invitait le second à venir couvrir les défilés du Morvan, en *se concertant avec* le général Crouzat, qui devait « tenir grand compte des *précieuses indications* de Garibaldi » ; c'est-à-dire qu'il persistait, un peu par force majeure, il est vrai, et par impossibilité de fixer la situation hiérarchique d'un volontaire étranger vis-à-vis des généraux français, dans le dualisme déplorable dont rien de bon ne pouvait sortir.

Sur ces entrefaites, le XIVe corps, moins les deux brigades restées à Dijon, s'était concentré à Vesoul, où

---

[1]. Dépêche en date du 8 novembre, à 3 heures 15 du soir.
[2]. « On ne peut perpétuellement changer les mouvements. » (*Dépêche du ministre envoyée en réponse de la précédente.*)
[3]. Ces troupes étaient sous les ordres du colonel Bonnet.

Werder avait établi son quartier général. Un fort détachement prussien occupait Gray[1] ; un autre, de moindre importance, et formé de contingents badois, était installé à Mirebeau et à Pontailler. Les Allemands tenaient les ponts de la Saône à proximité de Vesoul, et se reliaient par Saint-Loup et Lure aux troupes d'étapes ainsi qu'à la 1re division de réserve, arrivée à ce moment devant Belfort pour l'investir. Le 3, Werder reçut de Versailles une dépêche l'informant que la IIe armée, partie de Metz deux jours avant, atteindrait vraisemblablement Troyes le 8 ; la situation nouvelle permettait donc au XIVe corps de reprendre l'offensive et de pousser cette fois par Dôle sur Arc-Senans[2], nœud important de chemins de fer, et par Dijon vers Chalon-sur-Saône. Mais M. de Moltke recommandait aussi de ne pas perdre de vue Besançon ; c'est-à-dire qu'il condamnait les troupes du général de Werder à une dissémination qui, en face d'un adversaire décidé et entreprenant, eût pu devenir fort périlleuse. Il ignorait à la vérité le chiffre et la situation des forces françaises opposées au corps badois[3] ; mais le général de Werder, qui, lui, les connaissait, au moins d'une façon approximative, n'en était que dans une plus grande perplexité. Ne voulant pas s'engager sans renseignements fermes, il lança, dès le 5, dans la direction de Beaune, Saint-Jean-de-Losne, Auxonne et Dôle, des petites colonnes chargées de nous reconnaître et de l'éclairer.

A cette date, le corps de Garibaldi, encore à Dôle, avait ses avant-postes sur la Saône, qui le couvrait du côté de Dijon. Deux compagnies badoises qui, avec deux pièces, s'étaient avancées jusqu'aux abords de Saint-Jean-de-Losne, furent repoussées, après un en-

---

1. Dans son mouvement de concentration, la brigade prussienne s'était heurtée, le 31 octobre, à quelques francs-tireurs, qu'elle avait refoulés de Batterans (4 kilomètres sud-est de Gray) sur Crésancey. (*La Guerre franco-allemande*, 2e partie, page 328.) Dans cette rencontre, les Allemands capturèrent une lettre particulière qui leur apprit la capitulation de Metz.
2. Au croisement des voies ferrées de Dôle à Salins et d'Arbois à Besançon.
3. *La Guerre franco-allemande*, 2e partie, page 329.

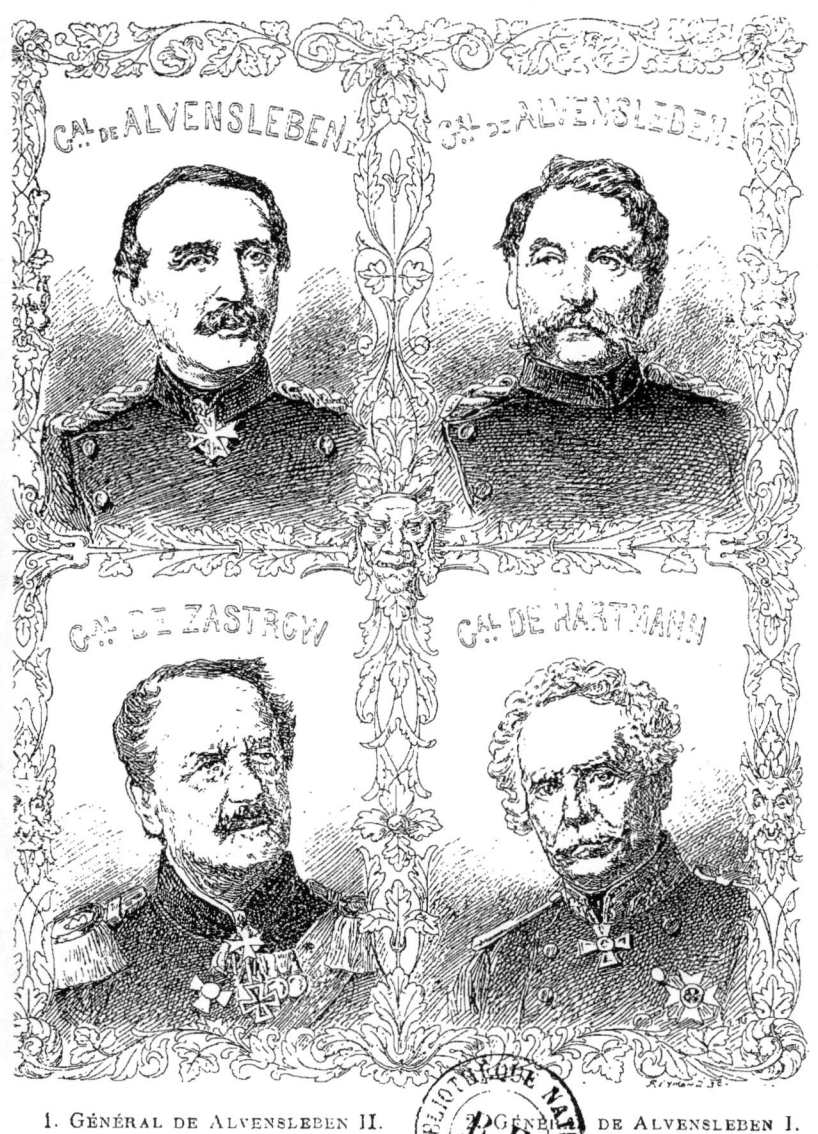

1. Général de Alvensleben II.
2. Général de Alvensleben I.
3. Général de Zastrow.
4. Général de Hartmann.

gagement insignifiant, par un corps franc du général Bossak-Haucke[1]. Le même soir, des francs-tireurs surprenaient le poste allemand de la gare de Genlis[2], pénétraient dans la ville et ne se repliaient que devant deux compagnies ennemies arrivées de Dijon sur ces entrefaites. Enfin, partout devant elles, les reconnaissances badoises rencontraient du monde, et parfois même, comme à Germigney, étaient contraintes de s'arrêter, avec des pertes assez sensibles. Cette « hardiesse des troupes françaises de la basse Saône, rapprochée des avis réitérés annonçant un mouvement offensif de Garibaldi sur Dijon et sur Gray[3] », donna à réfléchir au général de Werder. Il se crut menacé d'une offensive à laquelle malheureusement personne de notre côté ne pensait plus, et se hâta de doubler ses avant-postes en prenant certaines mesures de précaution. La garnison de Gray fut renforcée par des troupes retirées des ponts de la Saône, et l'on poussa des pointes très loin en avant des cantonnements.

C'était juste le moment où les forces françaises de l'Est commençaient leur mouvement rétrograde vers Lyon et le Morvan. Le 8 au soir, les troupes du général Crouzat, laissant à Besançon une garnison de 10,000 hommes environ[4], avaient déjà atteint Mont-sous-Vaudrey, flanquées sur leur droite par le corps franc des Vosges (colonel Bourras), qui suivait la lisière nord de la forêt de Chaux[5]; elles se couvraient, du côté de l'ennemi, en envoyant 2,000 gardes nationaux, jusque-là cantonnés à Dôle, garder les ponts de la rivière; et 2,000 autres, venus d'Arbois, tenir ceux de la Loue[6]. En même temps, le corps de Garibaldi, parvenu à l'effectif de 6,000 hommes, s'était dirigé sur Autun, par-

---

1. Éclaireurs du Rhône et de Vaucluse, Égalité de Marseille.
2. Sur la voie ferrée de Dijon à Auxonne.
3. *La Guerre franco-allemande*, 2ᵉ partie, page 330.
4. 11 bataillons et demi, dont 3 et demi de marche, une batterie de 4 non attelée, une section du génie et le bataillon de *mineurs de la Loire*. (Capitaine J.-B. Dumas, *loc. cit.*, page 143.) C'était une division formée à Besançon par le capitaine de vaisseau Rolland.
5. Capitaine J.-B. Dumas, *loc. cit.*, page 143.
6. *Ibid.*, page 144.

tie par les routes, partie en chemin de fer. Il ne restait à Dôle, comme arrière-garde, que quelques fractions destinées à former une 4ᵉ brigade sous les ordres de Menotti Garibaldi. Mais ces différents mouvements n'avaient pas échappé aux patrouilles ennemies, et Werder avait pu en conclure que son adversaire se dérobait vers le sud-ouest. Il espéra pouvoir le gagner de vitesse, et ordonna aussitôt à ses troupes de se porter sur Dôle, le 10 ; de là, si c'était possible, il tomberait sur notre flanc gauche ; en tout cas, il empêcherait toute nouvelle levée d'hommes dans la région que nous quittions.

Le 12 novembre, les troupes allemandes de Vesoul et de Gray, sauf les garnisons laissées sur ces deux points, étaient concentrées à Pesmes ; celles de Dijon atteignaient Pontailler, où elles jetaient un pont sur la Saône. Informé de l'évacuation de Dôle, Werder voulut alors tenter un coup de main sur Auxonne afin de se créer sur la Saône un point d'appui, et il fit tâter la place par quatre brigades, que deux escadrons éclairaient en avant. Mais, après reconnaissance de l'état des murailles, il dut se convaincre qu'elle était à l'abri d'une attaque de vive force ; d'autre part, il ne disposait pour la bombarder que des seules munitions contenues dans les coffres de ses batteries. Il renonça donc à son projet.

Sur ces entrefaites, une lettre d'origine officielle, tombée aux mains de l'ennemi, avait éveillé son attention sur la possibilité d'un retour offensif des Français vers Dijon[1]. Bien qu'il n'ait semblé attacher à son con-

---

1. *La Guerre franco-allemande*, 2ᵉ partie, page 334. — C'est là, à coup sûr, un des incidents les plus bizarres de cette période si fertile en invraisemblances, et l'un de ceux qui montrent le mieux l'étonnante composition du personnel administratif d'alors. Une lettre du sous-préfet de Chalon-sur-Saône, où il était question de mouvements de troupes à exécuter par Dôle et Dijon, pour tourner les Prussiens, avait été adressée à une personne d'Ajaccio ; elle fut envoyée de là à un agent politique français habitant Gênes et par là à Gambetta. Voici la dépêche que le ministre fit parvenir à l'imprudent expéditeur : « Le caractère de cette communication adressée à Ajaccio quand vous saviez qu'elle pouvait séjourner dans plusieurs bureaux italiens *m'oblige à vous demander votre démission*

tenu qu'une créance relative [1], Werder crut néanmoins prudent de ne pas découvrir une ville à la possession de laquelle il attachait une grande importance, et renonçant à ses précédents projets, il se hâta de concentrer son corps d'armée entre la Saône et la Côte-d'Or, c'est-à-dire entre Auxonne et les montagnes. Le 14, l'opération était terminée, et les Allemands couvraient leur front par une ligne d'avant-postes en arc de cercle, qui, tenant les routes de Nuits, Seurre et Saint-Jean-de-Losne à Dijon, se prolongeait au sud jusqu'à Cîteaux [2]. C'était décidément une attitude défensive que prenait le général de Werder ; il entendait, ainsi couvert et établi de façon à faire face à une attaque venant du sud, attendre l'arrivée de la 4ᵉ division de réserve, venant d'Alsace. Jusque-là, il se bornerait à inquiéter l'ennemi et à ravitailler ses soldats [3].

Ainsi un incident en lui-même fort regrettable, mais plus fâcheux d'ordinaire, avait préservé nos forces de l'Est du coup que l'ennemi méditait contre elles, coup auquel elles auraient difficilement échappé si les Allemands s'étaient décidés à l'exécuter avec vigueur. Toutefois il n'y avait dans cette aventure aucune ruse de guerre, et les renseignements que contenait la lettre

---

immediate. » La *Relation allemande* parle d'une lettre du *préfet de Beaune*. Il y a probablement erreur, et en raison de la concordance des dates, on doit supposer qu'un employé de la poste, Italien, sans doute, avait communiqué aux Allemands le contenu de la singulière correspondance à laquelle fait allusion le télégramme de Gambetta.

1. « Selon toute apparence, cette lettre était destinée à donner le change aux Allemands, et c'était à dessein qu'on l'avait fait tomber entre leurs mains. » (*La Guerre franco-allemande*, 2ᵉ partie, page 334, en note.)

2. *La Guerre franco-allemande*, page 335. — Les différents mouvements nécessités par cette concentration donnèrent lieu à certains incidents. C'est ainsi que les troupes venant de l'est d'Auxonne détruisirent, en passant à Pontailler, une poudrerie française renfermant des approvisionnements considérables. D'autre part, le 14, la 3ᵉ brigade badoise ayant poussé sur Saint-Jean-de-Losne, eut affaire à 400 ou 500 mobilisés du Rhône, et les refoula à coups de canon. Comme le pont avait été incendié d'avance, les francs-tireurs repassèrent la Saône sur des barques préparées à cet effet. D'autre part, les troupes envoyées entre l'Ognon et le Doubs pour couper les voies ferrées durent renoncer à leur projet en présence de l'hostilité des paysans armés.

3. *Ibid.*, 2ᵉ partie, page 337.

égarée étaient parfaitement sérieux, quoi qu'en aient cru les Allemands. Un projet de marche générale sur Dijon avait été effectivement formé, et n'avait échoué que parce que le général Crouzat, jugeant sainement la situation, et considérant comme très dangereuse une aussi brusque interruption du mouvement déjà entamé, s'y était opposé. Par suite, la retraite s'était poursuivie sans difficulté aucune, et même avec beaucoup de régularité; le 13, elle prenait fin, par la réunion, à Chagny, des troupes du général Crouzat et de celles du colonel Bonnet. « Je suis en mesure, écrivait alors au ministre le commandant supérieur, d'arriver à Nevers avant l'ennemi s'il voulait y aller par Dijon, et de couvrir Lyon s'il voulait y descendre en suivant la rive droite de la Saône[1]. » Et il profitait du répit qui lui était donné pour réorganiser ses forces, arrivées au chiffre de 55,000 hommes environ, pour les répartir en unités de guerre et tâcher de faire de toutes ces bandes d'origine et de nature si diverses un corps d'armée à peu près compact. Elles commençaient d'ailleurs à se plier aux règles de la discipline et à prendre une tournure un peu plus militaire. Il s'en fallait de beaucoup cependant qu'elles fussent toutes pourvues du nécessaire, et possédassent encore la cohésion désirable. Telles quelles, elles formèrent un corps d'armée de quatre divisions dont les généraux de Polignac (auxiliaire), Thornton, Ségard (auxiliaire) et Bonnet (auxiliaire) prirent respectivement le commandement. On n'avait pu leur donner qu'une cavalerie rudimentaire, et une artillerie qui, tant sous le rapport des calibres que sous celui des approvisionnements et de la valeur technique, laissait singulièrement à désirer.

Les choses en étaient là, quand le 15 novembre, le général Crouzat reçut brusquement l'avis d'un changement complet d'objectif. « Des considérations supérieures n'avaient pas permis de le laisser à Chagny,

---

1. Dans une autre dépêche de même date, le général Crouzat signalait la nécessité de tenir Chalon-sur-Saône si l'on voulait empêcher l'ennemi de marcher sur Lyon par l'autre rive de la Saône.

ses troupes étaient devenues nécessaires pour renforcer l'armée de la Loire[1]. » Là, en effet, l'approche de la II° armée allemande, que nos troupes de l'Est, constamment tenues en échec par le XIV° corps, n'avaient pu inquiéter un instant, rendait la situation assez délicate. Après avoir envoyé à Lyon 15,000 hommes afin de renforcer la garnison de cette ville, le général Crouzat partit donc pour Gien avec 40,000 hommes, qui prirent le chemin de fer à Chagny[2]. Nous avons vu déjà dans quelles conditions fut effectué ce transport[3]. Après son exécution il ne resta dans l'Est, en dehors des garnisons de places fortes, que le corps de Garibaldi, quelques corps francs, et les mobilisés qui s'armaient à la diable sous la direction des comités locaux.

Ainsi prirent fin les premières tentatives essayées contre les communications de l'ennemi. Entamées dans un désordre extrême, presque sans moyens ni plan défini, elles se terminaient au moment même où les troupes appelées à y prendre part commençaient seulement à présenter un effectif respectable, groupé dans la main d'un même chef, et devenaient capables d'agir avec quelque méthode. La campagne n'avait point cependant été sans honneur ni intérêt. Les combats de la Bourgonce et de l'Ognon méritent plus qu'une simple mention, et le fait seul d'avoir détourné des autres théâtres d'opérations plus de 60,000 hommes prouve toute la valeur de l'idée, qui avait un instant prévalu, d'agir sur les derrières de l'envahisseur. Cette idée, on l'abandonnait maintenant, parce que la chimère de se porter directement au secours de Paris hantait toutes les cervelles et étouffait toutes les autres conceptions. Elle promettait cependant d'autres suites et d'autres résultats qu'une manœuvre dirigée normalement contre un but *géographique*, qu'il était au surplus impossible d'atteindre sans traverser des armées nombreuses et fortes, postées sur tous ses accès. Mieux que

---

1. CH. DE FREYCINET, *La Guerre en province*, page 107.
2. Voir, pour la composition du 20° corps après le départ de Chagny, la pièce n° 2 du tome IV.
3. Tome IV, page 133.

l'offensive si mal combinée de Villepion et de Loigny, la menace exercée contre sa ligne d'opérations pouvait obliger l'ennemi à dégarnir ses troupes de blocus pour faire face en arrière. Mais la fascination exercée par la capitale sur ce pays de centralisation absolue était telle qu'elle ne laissait plus place dans les esprits pour une conception rationnelle de la guerre, laquelle consiste ou plutôt doit consister, non pas à viser des objectifs passifs, mais bien à battre l'ennemi partout où on le peut et chaque fois qu'on le peut. Une victoire, remportée dans la Côte-d'Or ou la Haute-Marne, pouvait amener le déblocus de Paris aussi bien et peut-être mieux que l'arrivée sous les murs d'une armée de secours; elle pouvait, en tout cas, s'obtenir à moindres frais et sans exiger le concours d'une foule de circonstances toutes plus difficiles les unes que les autres à réaliser. Mais pour qu'une semblable tactique réussît, il aurait fallu pouvoir l'appuyer par une action commune soumise à une direction unique et souveraine. Or, nous l'avons déjà dit, dans la région de l'Est, chaque chef de détachement, si faible que fût sa troupe, agit presque jusqu'à la fin de cette période avec une indépendance absolue et fit la guerre pour son propre compte. C'est ce qui explique comment le XIVe corps allemand, malgré sa dissémination extrême et constante, n'a éprouvé aucun échec sérieux. On peut affirmer qu'avec plus d'entente de notre part, certaines de ses fractions auraient pu et dû être écrasées, en plusieurs circonstances, par les efforts combinés de colonnes agissant de concert. Au lieu de cela, le général de Werder, malgré les dangers de sa position au milieu de contingents si nombreux, n'a jamais eu à livrer que des combats partiels, auxquels les corps français voisins, ou trop indépendants, ou trop absorbés par les soins d'une organisation toujours incomplète, ne pouvaient jamais prendre part. Nous ne cesserons de le dire; dans cette défense acharnée et souvent glorieuse de notre sol envahi, c'est l'unité de direction qui nous a surtout manqué, non le dévouement, ni le courage et la bonne volonté.

CHAPITRE III

LA GUERRE EN BOURGOGNE

I. — Autun.

Situation dans l'Est après le départ du 20ᵉ corps. — En supprimant dans la région de l'Est le commandement supérieur qui seul pouvait centraliser les efforts de nos jeunes levées, le gouvernement venait de priver la résistance de son dernier espoir de coordination. Il n'allait plus rester au nord de Lyon que quelques corps francs, des contingents épars agissant à l'aventure, et les gardes mobilisés que les départements envoyaient devant l'ennemi sans direction et sans but. Seuls, deux groupes un peu plus compacts, et possédant une organisation hiérarchique au moins apparente, existaient à Autun et à Lyon ; mais, tout à fait indépendants l'un de l'autre, en proie eux-mêmes aux plus grandes difficultés d'organisation, ils ne devaient ni se concerter ni s'entr'aider. Cependant les effectifs étaient relativement élevés, et ils représentaient une force qui, bien conduite, aurait certainement pu produire des effets plus appréciables que ceux dont il a fallu se contenter. Avant donc d'exposer les événements de ce qu'on pourrait appeler la *Campagne de Bourgogne*, voyons d'abord quels étaient les éléments destinés à y prendre part.

Trois départements, le Jura, le Rhône et la Haute-

Saône, avaient déjà, grâce à une activité remarquable, mis sur pied leurs gardes nationales mobilisées, et formé avec elles des légions à peu près organisées. Dans le Jura, quatre légions, fortes de 10,000 hommes environ, auxquelles il faut ajouter environ 3,000 gardes nationaux sédentaires, étaient en mouvement vers le milieu de novembre, et nous avons vu que, dès le 8, le général Crouzat avait pu faire garder les ponts du Doubs et de la Loue par une fraction importante de ces nouveaux contingents. Ils furent rejoints, huit jours plus tard, par une légion de mobilisés du Rhône, envoyée de Lyon, qui s'établit également sur le Doubs entre Verdun et Besançon[1]. Quant aux mobilisés de la Haute-Saône, ils formaient quatre légions, qui étaient placées sous les ordres du général Pélissier[2], et dont une fraction importante (cinq bataillons) avait rejoint le corps de Garibaldi à Chagny et à Autun[3]. Tous ces mobilisés étaient armés de fusils à piston, sauf quelques bataillons auxquels on avait pu donner des chassepots achetés en Angleterre. En avant d'eux, opérait en partisans le corps franc des Vosges (colonel Bourras), fort d'environ 2,000 hommes (18 compagnies), de 30 cavaliers et de deux pièces de montagne[4].

Couverte par ce rideau de troupes et protégée surtout par l'inaction volontaire du général de Werder, la ville de Lyon, avec ses immenses ressources et son importance politique, aurait pu être un centre précieux de ravitaillement et un véritable réservoir de forces. Malheureusement l'anarchie la plus complète y régnait, et un conflit permanent, d'autant plus regrettable que la population semblait particulièrement accessible aux menées révolutionnaires, séparait l'autorité militaire du pouvoir civil. Le commissaire extraordinaire de la République, qui exerçait en même temps les fonctions de préfet, était alors M. Challemel-Lacour, dont les rap-

---

1. C'est elle qui eut affaire à Saint-Jean-de-Losne, le 14, à la 3ᵉ brigade badoise, comme on l'a vu plus haut.
2. De l'artillerie de marine, frère du vainqueur de Malakoff.
3. Deux de ces bataillons occupaient Beaune.
4. Capitaine J.-B. Dumas, *loc. cit.*, page 162.

ports avec le général Espivent de la Villeboisnet d'abord, avec le général Mazure ensuite, se tendirent très rapidement et très violemment, en raison de la prétention émise par lui d'établir la subordination complète du commandement à sa propre autorité. D'autre part, la population, encouragée par l'attitude du préfet, exigeait une participation aussi injustifiée que dangereuse dans l'organisation de la défense, et le général y ripostait en réclamant l'état de siège. Croyant mettre fin à une situation intolérable, le commissaire civil, investi par le gouvernement de pleins pouvoirs, demanda au général Mazure une démission que celui-ci refusa. Une émeute éclata alors, que M. Challemel-Lacour ne chercha pas à réprimer, et au cours de laquelle le général fut emprisonné. Enfin, le 9 octobre, le général Bressolles, demandé par M. Challemel-Lacour, vint remplacer le général Mazure, et tout rentra dans le calme, sinon dans l'ordre; car l'insoutenable dualisme inauguré dans le commandement par cette réédition maladroite des traditions de la Convention n'était nullement aboli et devait, longtemps encore, provoquer des scènes regrettables; il eut pour premier résultat de laisser dans l'état le plus précaire la situation de la seconde ville de France, et de l'exposer à être prise à la moindre tentative du général de Werder. Celle-ci, heureusement, ne se produisit pas.

Au moment du départ pour Gien des troupes du général Crouzat, la perception du danger qui résultait pour Lyon de la présence des troupes badoises à Dijon devint très nette, et amena une surexcitation extrême.

« Êtes-vous pour quelque chose, télégraphiait le préfet à Gambetta, dans la dépêche, signée Freycinet, qui annonce qu'on retire les troupes de Chagny et qu'on va compléter notre garnison en la portant à 30,000 hommes? C'est impossible. Vous ouvrez la voie de Lyon toute grande à l'ennemi. Lyon n'est ni approvisionné, ni munitionné. *Nous sommes sans troupes sérieuses.* Nous avons 12,000 baïonnettes, rien de plus... La garde nationale n'a que de mauvais fusils. *Votre dépêche la terrifie.* Si vous ne m'envoyez les 25,000 hommes demandés, impossible de nous défendre[1]. »

1. *Préfet Rhône à Ministre Intérieur et Guerre,* 15 novembre.

Améliorée matériellement par l'envoi de 15,000 hommes venus de Chagny, la situation ne tarda pas à se tendre de nouveau, et les relations entre autorités à redevenir difficiles.

« Comment, écrivait le général Bressolles, puis-je me faire obéir de tous ces corps isolés qui s'en vont courant chez le préfet, chez le maire, aux comités de toute nature ! *Je demande que les pouvoirs militaires donnés au préfet dans un moment de dissension intérieure reviennent entre mes mains.* Je ne puis, sans cela, accepter la responsabilité de la situation. »

Bien plus, la garde nationale, s'affranchissant non seulement des liens militaires, mais même de l'autorité préfectorale, correspondait directement avec le ministre, et M. Challemel-Lacour à son tour était obligé de protester. C'était, à proprement parler le gâchis. Malgré tout, on parvint peu à peu à réunir à Lyon, tant bien que mal, deux divisions, comptant de 32 à 33,000 hommes, où entrait une forte proportion de contingents alsaciens[1]. Leur constitution paraît même avoir la première ramené la Délégation à l'idée d'une nouvelle tentative sur les communications de l'ennemi, car, le 26 décembre, Gambetta avisait le gouvernement de Paris de projets dans ce sens, basés sur l'existence d'une armée de Lyon. Il ajoutait, il est vrai, que ces projets ne seraient pas exécutables avant six semaines, au plus tôt[2].

Pendant ce temps, l'*armée des Vosges*, réunie à Autun par Garibaldi, s'était successivement grossie de nouveaux contingents. Elle était maintenant constituée à quatre brigades, dont la force totale, qui fut toujours très variable, atteignait à peu près à cette époque (milieu de novembre) le chiffre de 12,000 hommes. Chargée de défendre le Morvan et de protéger la route de Ne-

---

1. Dépêche de Gambetta au gouvernement de Paris, en date du 26 décembre.
2. « Je suis occupé à constituer avec les contingents du Midi, à Lyon même, une armée capable de se jeter vigoureusement dans l'Est, qui donnerait la main à Belfort *pour prendre les Vosges à revers*. Mais c'est une question qui demande au moins six grandes semaines. » (*Ibid.*)

vers, elle s'était fractionnée en trois groupes ; le premier (brigades Bossak-Haucke et Delpech) avait pris position entre Arnay-le-Duc et Chagny ; le second (brigade Menotti) formait réserve à Autun même ; le troisième (brigade Ricciotti) s'était dirigé vers Château-Chinon, afin de surveiller les progrès de l'ennemi dans cette région où on annonçait l'arrivée prochaine du VIIe corps allemand, et aussi de faire diversion à un mouvement que Garibaldi préparait sur Dijon. Elle fut bientôt suivie par la brigade Bossak-Haucke, qui se porta, le 14 novembre, vers Semur et Montbard pour soutenir ce même mouvement.

Surprise de Châtillon-sur-Seine et d'Auxon. — Le 19, à cinq heures du matin, la brigade Ricciotti Garibaldi, lancée à 120 kilomètres d'Autun, arrivait devant Châtillon-sur-Seine. Il y avait là trois compagnies de landwehr, avec un escadron de hussards de réserve, troupes d'étapes de la IIe armée, qui, juste à ce moment, repliaient les postes qu'elles avaient disposés autour d'elles pendant la nuit ; elles furent complètement surprises[1]. Après un violent combat de rues, les Allemands durent évacuer la ville, laissant derrière eux 14 tués (dont 1 officier supérieur), 11 blessés (dont 2 officiers) et 169 prisonniers (dont 5 officiers), plus 82 chevaux et 5 voitures[2]. Mais le général Ricciotti s'étant, de son côté, replié sur Montbard, ils revinrent le 21 occuper la ville, où ils se conduisirent avec la dernière barbarie. Dès le 23, ils étaient renforcés par un nouveau bataillon de la landwehr et par un demi-escadron ; c'est-à-dire que, si vigoureuse qu'elle ait été, la pointe des garibaldiens, entreprise sans but précis et à trop grande distance, n'avait abouti qu'à des représailles douloureuses

---

[1]. « A six heures un quart, les corps francs s'avancèrent sur deux colonnes contre la ville. Aux premiers coups de feu du poste établi à l'entrée de celle-ci, l'alarme fut bien donnée aussitôt, mais les hommes de la landwehr, qui se rassemblaient, recevaient déjà des coups de fusil par les fenêtres ; *beaucoup d'entre eux furent encore surpris dans les maisons.* » (*La Guerre franco-allemande,* 2e partie, page 1272.)

[2]. Les pertes du détachement garibaldien, qui comptait 400 hommes environ, se montaient à 16 hommes, dont 6 tués.

et sanglantes[1]. Celle qu'exécutèrent deux jours après, à Auxon[2], les francs-tireurs du Doubs, eut des suites moins graves ; il est vrai que les Allemands, 100 convalescents appartenant à la 18ᵉ division, avaient perdu là, quoique également surpris, 23 hommes seulement[3].

On peut se rendre compte, à l'émoi qu'elle causait à l'ennemi, des résultats qu'aurait pu donner cette guerre de partisans, si elle avait été intelligemment conduite. Il y avait dans la forêt d'Othe, entre la Seine et l'Armançon, des quantités de corps francs indépendants, dont la hardiesse grandissait en raison de ces petits succès[4], et qui harcelaient les médiocres éléments auxquels l'ennemi était forcé de confier la garde de ses lignes de communication générales. Celles de la IIᵉ armée, en marche vers la Loire, ne paraissaient guère plus sûres, et pour les protéger, les gouverneurs généraux de Reims, de Lorraine et le général de Werder lui-même se voyaient dans l'obligation d'envoyer à Troyes, à Chaumont, à Châtillon, des détachements relativement importants[5]. Le grand quartier général faisait même avancer sur ce dernier point la partie du VIIᵉ corps restée devant Metz, tandis qu'avec le gros de ses forces, le général de Zastrow se dirigeait sur Chaumont[6]. On voit quel sujet d'inquiétudes c'était pour l'ennemi de sentir ses derrières sans cesse exposés, sur une immense étendue, à des entreprises dont il ne pouvait prévoir ni le nombre ni les effets, et l'on devine les conséquences qu'aurait entraînées presque à

---

1. « L'ennemi frappait une contribution d'un million. Trois maisons étaient incendiées, et, pendant deux jours, plusieurs maisons et magasins étaient pillés. Enfin 150 citoyens, et parmi ceux-ci des vieillards de quatre-vingts ans, étaient arrêtés comme otages, pour répondre des prisonniers emmenés par la 4ᵉ brigade. (Capitaine J.-B. Dumas, *loc. cit.*, page 175.) »
2. Sur la route de Troyes à Laroche.
3. Les troupes d'étapes de la IIᵉ armée n'ayant pu encore être toutes transportées sur la nouvelle ligne de marche de celle-ci, il avait fallu tout d'abord pourvoir à la sûreté des communications en arrière au moyen d'hommes légèrement malades. (*La Guerre franco-allemande*, 2ᵉ partie, page 1270.)
4. *Ibid.*, page 1273.
5. *Ibid.*, pages 1274 et 1275.
6. *Ibid.*, page 1275. — Il y arriva le 9 décembre

coup sûr l'adoption raisonnée d'une tactique de surprises, d'irruptions soudaines et d'attaques brusquées, qui seule convenait aux audaces inhabiles des francs-tireurs. Encore aurait-il fallu poursuivre une idée quelconque, et remplacer par quelque opération étudiée tous ces coups de main éparpillés. Personne n'y ayant malheureusement songé, l'ennemi en fut pour ses appréhensions, et les francs-tireurs pour leurs tentatives sans lendemain.

Mais Werder, qui naturellement ne soupçonnait pas chez ses adversaires une absence aussi complète de direction et de méthode, Werder était d'autant plus préoccupé que déjà il avait constaté en face de lui une reprise d'activité caractéristique. Les reconnaissances envoyées en avant du front du XIV° corps se heurtaient partout à des troupes françaises qui, véritablement, semblaient sortir de terre, puisque déjà, on le savait pertinemment, les forces du général Crouzat avaient quitté le théâtre d'opérations de l'Est. C'est ainsi que, le 20 novembre, une compagnie de grenadiers badois s'était trouvée aux prises, auprès de Nuits, avec une fraction du corps franc des Vosges (3 compagnies), et n'avait pu le refouler sur Chaux que grâce au concours d'un bataillon et de deux pièces accourus de Vougeot à son secours[1]. Deux jours plus tard, un autre bataillon badois avait été attaqué, à Vougeot, par sept compagnies de ce même corps franc des Vosges, et s'était vu obligé, pour se dégager, de faire appel à deux compagnies et à une batterie établies à Gevrey[2]. Des partisans, venus de Lyon, se montraient à Chambœuf, où, dans la matinée du 22, eut lieu une escarmouche assez sérieuse, et dans tout le pays au nord de l'Ouche. Tout cela paraissait indiquer une concentration de forces françaises en face de l'aile droite allemande, et par suite, Werder jugea prudent de se resserrer autour de Dijon[3], à la nouvelle de la surprise de Châtillon-sur-

---

1. *La Guerre franco-allemande*, 2° partie, page 600.
2. *Ibid.*
3. Il avait été rejoint, sur ces entrefaites, par la 4° division de

Seine[1], il compléta cette mesure préservatrice en envoyant quelques détachements de flanc-garde vers l'ouest. En somme, si l'apparition simultanée des francs-tireurs en tant de points différents prolongeait ainsi son indécision, elle ne modifiait que très faiblement, on le voit, sa position d'expectative.

Pointe de Garibaldi contre Dijon. — Sur ces entrefaites, Garibaldi, estimant que le mouvement exécuté par son fils Ricciotti sur Châtillon constituait une diversion suffisante, se mit en devoir d'exécuter contre Dijon le coup de surprise qu'il méditait depuis quelque temps déjà. Le 21, il se mettait en marche en deux colonnes, qui suivaient, l'une la route d'Arnay-le-Duc à Bligny et à Dijon, l'autre celle d'Arnay-le-Duc à Sombernon. La brigade Ricciotti devait se rabattre de Montbard sur ce dernier point, et marcher ensuite en réserve.

Le mouvement de l'*armée des Vosges* s'exécuta d'une façon quelque peu désordonnée, ce qui n'est guère surprenant pour qui connaît sa composition étrange et la provenance de certains de ses éléments. Il fut néanmoins terminé le 24, c'est-à-dire qu'à cette date, une douzaine de mille hommes environ se trouvèrent réunis entre Sombernon et Dijon[2]. Garibaldi espérait qu'ils n'y resteraient pas seuls. Depuis quelques jours, en effet, le gouvernement de Tours, sur la proposition de deux personnages évadés de Metz, MM. Crévisier et Crémer[3], avait adopté un projet d'opérations qui avait pour objectif non seulement Dijon, mais encore Belfort.

---

réserve, qui releva à Vesoul et à Gray les différents contingents du XIV⁰ corps, rappelés autour de Dijon.

1. Par suite de la rupture des fils télégraphiques, cette nouvelle, envoyée de Versailles le 21, ne parvint à Dijon que le 23.

2. Voir, pour la composition du corps de Garibaldi, la pièce n° 7. — On laissa à Autun, outre deux bataillons de mobilisés de la Haute-Saône, une certaine quantité de contingents, en grande partie tirés, eux aussi, des mobilisés, et s'élevant à un chiffre de plus de 6,500 hommes.

3. M. Crémer était à Metz capitaine d'état-major, aide de camp du général Clinchant, commandant la 2ᵉ brigade du 3ᵉ corps. Quant à M. Crévisier, lieutenant d'artillerie démissionnaire, il dirigeait dans le département de la Moselle une grande verrerie, qu'il avait abandonnée au moment de l'invasion.

Deux divisions nouvelles devaient être formées avec les mobilisés, les quelques bataillons de mobiles encore disponibles et certains éléments de l'armée de Lyon ; l'une d'elles, confiée à M. Crévisier, promu d'emblée général de division au titre auxiliaire, se constituerait immédiatement à Chagny et appuierait Garibaldi[1], de concert avec quelques troupes (deux légions du Rhône et le bataillon de mobiles de la Gironde), envoyés de Lyon à Beaune. On devait former ainsi trois colonnes et attaquer Dijon de trois côtés à la fois, de façon à envelopper la ville et à y cerner les contingents qui la défendaient.

Il est possible qu'en agissant de concert, avec ensemble et méthode, tous les petits corps français disséminés alors sur la Saône, le Doubs et la Dheune aient eu quelque chance de voir leur entreprise couronnée de succès[2]. Mais outre que nulle entente n'existait entre eux, que beaucoup répugnaient à obéir à un étranger, que d'autres se refusaient à abdiquer une indépendance qui leur était commode[3], il existait une raison majeure pour que leur concours fît défaut à Garibaldi ; c'était leur éparpillement et leur état tout à fait incomplet d'organisation. Le général italien ne fut pas long à se convaincre qu'il serait réduit à ses propres forces, et qu'il ne pourrait compter sur aucun concours. Il persista néanmoins dans son projet, comptant que la fortune, à laquelle il avait été redevable de tant de succès inexplicables, voudrait bien lui sourire encore. Malheureusement, il n'avait plus affaire ici, comme en 1860, à des bandes napolitaines ou pontificales en désarroi, et pour triompher de la précision calculée des méthodes

---

1. Le général de brigade auxiliaire Crémer commandait la 1re brigade de cette division.
2. Ces corps étaient : à Chagny, celui du général Pélissier (mobilisés) et celui du colonel Bourras (corps franc des Vosges) ; à Verdun-sur-Doubs, la légion du Rhône (colonel Celler) ; à Beaune, les contingents envoyés par l'armée de Lyon et la brigade Crémer en formation, plus les innombrables corps de francs-tireurs qui battaient l'estrade dans tant de directions qu'on ignorait et où ils étaient et ce qu'ils faisaient.
3. Tel le corps franc des Vosges, qui, ayant agi jusque-là isolément, entendait continuer.

de guerre de l'armée prussienne, il ne lui suffisait plus de quelque attaque soudaine ou de quelque *hourra* impétueux. Aussi, bien que le hasard ait tout d'abord paru lui être une fois de plus favorable, en le laissant arriver sans encombre si près de Dijon, fut-il très vite condamné à l'impuissance et à l'insuccès.

La pensée de Garibaldi, pensée logique d'ailleurs, en raison des circonstances, était de procéder par surprise. Il avait donc décidé que l'attaque aurait lieu de nuit, et que, tandis que trois brigades suivraient, pour ne pas s'égarer, la voie ferrée qu'on savait peu gardée, la quatrième (Bossak-Haucke) chercherait à pénétrer dans la ville par le sud-ouest. Le mouvement devait commencer le 24 au soir; mais, par suite de circonstances impossibles à déterminer, aucune troupe ne bougea[1]. Toutefois, dans la nuit du 24 au 25, la brigade Bossak se mit en mouvement, le long du chemin de fer, et, vers cinq heures du matin, vint se masser en avant de la gare de Vélars. Signalée par les patrouilles ennemies, elle fut bientôt attaquée par plusieurs compagnies badoises, résista un certain temps, sans grande conviction, puis finalement se replia sur Pont-de-Pany, où elle cantonna.

Ce n'était pas là, assurément, ce qu'on peut appeler un assaut brusqué, et Garibaldi dut s'apercevoir qu'une opération de ce genre exige, pour réussir, plus de précision et de préparation. Renonçant alors à surprendre l'ennemi, sinon à l'attaquer, bien que ce dernier parti eût peut-être été le seul prudent, il résolut d'aborder Dijon par le nord-ouest, avec ses quatre brigades. Le terrain boisé et accidenté qui s'étend entre les vallées de l'Ouche et du Suzon lui paraissait devoir masquer les mouvements de ses francs-tireurs et favoriser ainsi leur action ; il y trouvait en outre une série de crêtes

---

[1]. Le *général* Bordone, chef d'état-major de Garibaldi, a écrit d cette affaire un récit quelque peu fantaisiste, comme est d'ailleurs son œuvre en général. Nous croyons devoir nous en rapporter, pou les faits qui vont suivre, à des documents plus sérieux, tels que les *historiques* des corps et la *Relation allemande*, lesquels sont presque partout concordants.

dominantes qui vont en s'abaissant progressivement vers la ville, et qui lui semblaient devoir offrir des positions avantageuses où il pourrait tirer un bon parti de son artillerie. Mais il ne réfléchissait pas que le mouvement de flanc qu'il allait exécuter pour se porter sur les hauteurs était extrêmement dangereux en raison du soin avec lequel l'ennemi se gardait ; il ne songeait pas que ses troupes étaient complètement isolées, sans ligne de retraite assurée, sans espoir de secours possible, et que le moindre échec pouvait, devait même dégénérer en déroute. En retardant de quelques jours son offensive, en se repliant sur Autun, il pouvait préparer plus complètement celle-ci et compter, pour s'appuyer sur des renforts assez importants que le général Bressolles, commandant à Lyon, s'occupait à lui préparer, en particulier sur la brigade Crémer, qui lui avait promis son concours pour le 29. Il préféra agir vite, agir seul, et s'engagea avec une légèreté qui devait lui coûter cher.

Le 26 novembre, de grand matin, la brigade Bossak alla de nouveau occuper Vélars, tandis que les trois autres, gravissant les pentes qui bordent au nord l'Ouche et le canal de Bourgogne, se dirigeaient vers les hauteurs de Prénois. Au moment où, vers les dix heures, la brigade Menotti atteignait le village de Pasques, elle se trouva brusquement en présence d'une reconnaissance badoise, forte d'un bataillon et d'une batterie, que le général de Degenfeld conduisait sur la route de Saint-Seine, et qui, n'ayant rencontré personne à Darois, se rabattait sur la vallée de l'Ouche. Elle se déploya aussitôt presque tout entière en tirailleurs, et mit en batterie six pièces de montagne ; peu de temps après, la brigade Ricciotti venait s'établir à sa gauche, et la brigade Delpech se massait en arrière, pour former réserve. Trop faibles pour résister à ces nombreux adversaires, les Badois rétrogradèrent sous la protection de leur artillerie. Pasques fut enlevé par les garibaldiens, et le général de Degenfeld, exécutant une retraite méthodique, recula jusqu'à Talant, où il établit ses troupes en cantonnements d'alerte. Deux bataillons, qui avaient été envoyés pour le soutenir, occupèrent, en avant de lui, **Daix** et **Hauteville**. Il était quatre heures du soir[1].

Pendant ce temps, Garibaldi avait rassemblé ses trois brigades. Continuant à marcher droit devant lui, il dirigea la colonne, en formation massée, sur Hauteville; ordre était donné d'attaquer l'ennemi à la baïonnette, et sans tirer. Assailli dans l'obscurité avant d'avoir terminé le placement de ses avant-postes[2], le bataillon badois d'Hauteville fut rejeté en désordre sur celui de Daix, qui le recueillit. Alors, les huit compagnies allemandes, se formant chacune sur quatre rangs[3], firent pleuvoir une grêle de projectiles sur les garibaldiens, « qui poussaient impétueusement le long de la route[4] »; cette salve inattendue jeta le désordre dans leurs rangs, et bien que quelques-uns d'entre eux aient tenté de revenir à la charge avec plus de courage que de succès[5], la panique ne tarda pas à les disperser, sans qu'il fût possible, au milieu de l'obscurité croissante, de les rallier nulle part. A partir de neuf heures du soir, les Badois n'eurent plus personne devant eux.

Cependant Werder, qui ignorait cette situation et s'attendait à une nouvelle attaque pour le lendemain, s'était résolu à concentrer ses forces pour la recevoir. La brigade prussienne et la 1re brigade badoise furent massées à Dijon; la 3e, qui était à Is-sur-Thille, reçut l'ordre de se rabattre sur Vantoux, le 27, à huit heures du matin[6] Mais aussitôt la levée du jour, on s'aperçut que les garibaldiens n'étaient plus là. Tout le XIVe corps se mit alors à leur poursuite, la brigade prussienne en tête, et marcha sur Darois d'abord, sur Prénois ensuite. Là, les Prussiens se heurtèrent à l'arrière-garde (brigade Delpech), que Garibaldi avait laissée pour couvrir une retraite exécutée tant bien que mal sur Lantenay,

---

1. *La Guerre franco-allemande*, 2e partie, page 603.
2. *Ibid.*
3. *Ibid.*
4. *Ibid.*
5. « Le bataillon des Basses-Pyrénées se distinguait spécialement. Ses pertes sur ce point s'élevaient à 51 tués et 45 blessés, dont 4 officiers. » (Capitaine J.-B. DUMAS, *loc. cit.*, page 190.)
6. Les troupes auxquelles avaient eu affaire les garibaldiens appartenaient à la 2e brigade badoise.

Arnay-le-Duc et Bligny. Un combat s'engagea à l'improviste, car les guérillas du colonel Delpech ne se gardaient pas; ils furent refoulés sur Pasques, où le bataillon des mobiles de l'Aveyron, et quelques fractions de la brigade Bossack vinrent les soutenir. L'ennemi ayant alors menacé leur flanc droit par un détachement de la 1re brigade badoise, lancé de Plombières sur Pasques[1], ils durent, après une lutte cependant assez énergique et qui dura près de trois heures, se replier sur Sombernon, à travers bois. Quelques contingents badois qui voulurent les suivre, par la route, furent brusquement assaillis sur leur flanc gauche par un bataillon qui débouchait de la forêt, et ils s'arrêtèrent pour faire appel au canon[2]. Le bataillon français, criblé d'obus, rentra sous les couverts, mais la retraite des autres troupes put s'effectuer sans être inquiétée désormais. Les Allemands s'étaient arrêtés aux environs de Lantenay.

Pendant ce temps, les troupes garibaldiennes, absolument désorganisées, s'enfuyaient en désordre sur les routes qui conduisent à Autun. La majeure partie de la brigade Delpech, chargée de couvrir la retraite, se débandait à son tour; quant à Garibaldi et à son état-major, ils s'embarquaient le 30, à Bligny, sur des wagons à charbon attelés à une locomotive, et regagnaient précipitamment Autun. Werder n'avait cependant pas renoncé à atteindre son adversaire en déroute; et, dès le 29, il ordonnait à la 3e brigade, renforcée par un régiment de cavalerie et trois batteries, de marcher droit sur Autun, par Sombernon, tandis que sur son flanc gauche, la partie de la 1re brigade et de la 4e division de réserve, déjà appelée à Dijon, remonterait la vallée de l'Ouche[3]. La 3e brigade, commandée par le général Keller, partit aussitôt; le 30, elle arrivait à

---

1. Trois bataillons, un escadron et une batterie.
2. *La Guerre franco-allemande*, 2e partie, page 604. — Ce bataillon était les *francs-tireurs volontaires du Rhône*.
3. Werder ayant appris, le 27 au soir, que la garnison de Châtillon-sur-Seine était de nouveau cernée par des partisans venus de Langres, envoya à son secours la brigade prussienne, aux ordres du général von der Goltz.

Arnay-le-Duc, n'ayant eu à chasser devant elle que quelques partis sans importance, et, le 1er décembre, elle se dirigeait sur Autun, après avoir laissé à Arnay la colonne de l'Ouche, chargée de la couvrir contre toute entreprise venant de l'est.

Défense d'Autun par le corps de Garibaldi. — Dès son retour à Autun, Garibaldi s'était occupé d'organiser la défense, et il avait déployé dans cette tâche une énergie d'autant plus méritoire que ses troupes présentaient un aspect absolument lamentable, et que certains de ses collaborateurs insistaient pour qu'on renonçât à une résistance qu'ils jugeaient impossible. La lisière nord-ouest de la ville avait été aménagée, et une position d'artillerie reconnue, près de la gare, sur les hauteurs du grand séminaire. La majeure partie des troupes était concentrée en avant, le reste formait réserve, dans Autun même; la fraction de la brigade Delpech, encore constituée, occupait le village d'Auxy, sur le flanc droit. Malheureusement, si la plus grande quantité de ces soldats de hasard témoignait généralement, en présence de l'ennemi, d'un incontestable courage, trop peu d'entre eux possédaient l'esprit militaire et le sentiment de la discipline qui assurent l'exécution de la pensée du chef. Parmi tous ces officiers improvisés et d'origine parfois suspecte, quelques-uns se montraient, en matière de subordination, d'une indépendance qui atteignait au besoin la révolte; l'un d'eux, le lieutenant-colonel auxiliaire Chenet, qui déjà, pendant la retraite de Dijon, avait jugé à propos de se soustraire, lui et sa troupe (guérilla Marseillaise et guérilla d'Orient), à l'autorité du colonel Delpech, n'hésita même pas, le 1er décembre au matin, c'est-à-dire au moment où l'ennemi apparaissait devant la ville, à abandonner, de concert avec ses guérillas, le poste qui lui était confié au faubourg Saint-Martin, et à gagner tranquillement le Creusot, Roanne, puis Lyon. C'est à peine s'il condescendit à informer de sa détermination Garibaldi qui, d'ailleurs, ne reçut pas son message. On juge quel fonds il était possible de faire sur des officiers de cette sorte, et quelle confiance on devait avoir dans leur concours [1]. D'ailleurs, celui qui commandait en cette affaire, vieux, fatigué, tenu en suspicion par beaucoup, ne possédait ni le prestige ni l'autorité qui inspirent le dévouement sans limite ; sa qualité d'étranger servait de prétexte à ceux qui trouvaient l'obéissance trop lourde, et les allures quelque peu fantaisistes de son état-major, auquel manquaient manifestement les connaissances techniques les plus élémentaires, achevaient l'œuvre de désordre qu'une main à la fois habile et ferme eût seule été capable d'enrayer.

Bien que l'approche des colonnes ennemies ait été, le 1er décembre, signalée dès la matinée, Garibaldi, qui s'en rapportait pour la garde de ses positions à des officiers parfaitement incapables de l'assurer, ne prit aucune mesure nouvelle. Personne, si ce n'est quelques petits postes isolés, n'essaya de contrarier la marche offensive de l'adversaire, en sorte que les Badois purent, sans difficulté, arriver devant Autun, après avoir franchi le faubourg Saint-Martin, que le colonel Chenet avait si délibérément évacué. Il était près de deux heures ; depuis longtemps l'ennemi était en vue, et par suite on ne s'explique guère la surprise des garibaldiens. Elle eut lieu cependant ; c'est au milieu du plus absolu désordre que les trois batteries du grand séminaire et les troupes avancées ouvrirent le feu à petite distance [2]. Les Badois, qui, d'après les facilités du début, ne s'attendaient à rien moins qu'à une réception semblable,

1. Voir l'*Enquête parlementaire*, tome III, page 190, et les ouvrages de Crémer et du colonel Poullet, intitulés *Campagnes de l'Est*. — Le lieutenant-colonel Chenet, renvoyé avec sa troupe de Lyon à Autun, fut *condamné à mort* par une cour martiale, le 13 décembre, gracié de la vie, puis, après cassation de l'arrêt de la cour martiale, renvoyé, au mois de mars 1871, devant un conseil de guerre, qui l'acquitta.
2. La preuve matérielle de ce désordre est donnée par la divergence absolue des récits écrits depuis par des témoins oculaires. Il n'en existe pas deux où les détails concernant les débuts de l'affaire soient présentés de façon semblable ou même approchante. Le seul fait certain, c'est que l'artillerie, commandée par le lieutenant-colonel Ollivier, a tardivement fait feu, conjointement avec une partie des francs-tireurs postés en avant de la ville. Quant à Garibaldi, il est impossible de préciser l'endroit où il se trouvait.

s'arrêtèrent, refluèrent même dans le faubourg, et le général Keller dut mettre en ligne, à l'est de la route, ses trois batteries, tandis que son infanterie se déployait, derrière son avant-garde débandée, en avant de l'artillerie. Si les garibaldiens avaient commis la faute de ne pas se garder, les Allemands avaient commis celle, moins excusable de leur part, de s'engager à l'aveugle sans que leur avant-garde ait tâté suffisamment le terrain. Le résultat fut que, d'assaillants, ils ne tardèrent pas à devenir défenseurs[1]. Notre artillerie, en effet, placée sur une position dominante, luttait avec avantage contre celle des Badois; quelques mobiles ou francs-tireurs qui, sans ordre ni direction, s'étaient réfugiés sur les hauteurs de la forêt de Planoise, au sud-est d'Autun, inspiraient à l'ennemi des inquiétudes pour sa gauche[2]. Enfin, ceux qui occupaient les maisons crénelées faisaient bonne contenance, et Ricciotti Garibaldi en entraînait quelques-uns dans des retours offensifs. Le général Keller jugea l'affaire manquée et replia ses troupes; toutefois il se préparait à recommencer l'attaque le lendemain, et même il avait déjà donné l'ordre de bombarder la ville, quand un ordre de Werder vint immédiatement le rappeler à Dijon. Il se mit en marche le soir même, et le lendemain il était à Arnay-le-Duc[3]. (*Voir la note II à la fin du volume.*)

Première affaire de Nuits (30 novembre). — Pour expliquer un changement aussi radical dans les projets d'opérations du commandement du XIVᵉ corps, il est nécessaire de remonter un peu en arrière, et de signaler un incident survenu, la veille, du côté de Nuits. Nous avons vu plus haut que le général Crémer, nommé au commandement d'une brigade dans la division Crévisier, avait été envoyé à Chagny pour la constituer. Il arriva dans cette ville le 23 novembre; et gagna le len-

---

[1] « A plusieurs reprises, les Allemands résistent avec succès aux efforts de *l'assaillant.* » (*La Guerre franco-allemande*, 2ᵉ partie, page 605.)
[2] « Les Français cherchaient à déborder la gauche de la ligne badoise. » (*Ibid.*)
[3] Les troupes laissées sur ce point avaient déjà été rappelées à Dijon.

demain Beaune, où il réunit immédiatement une légion

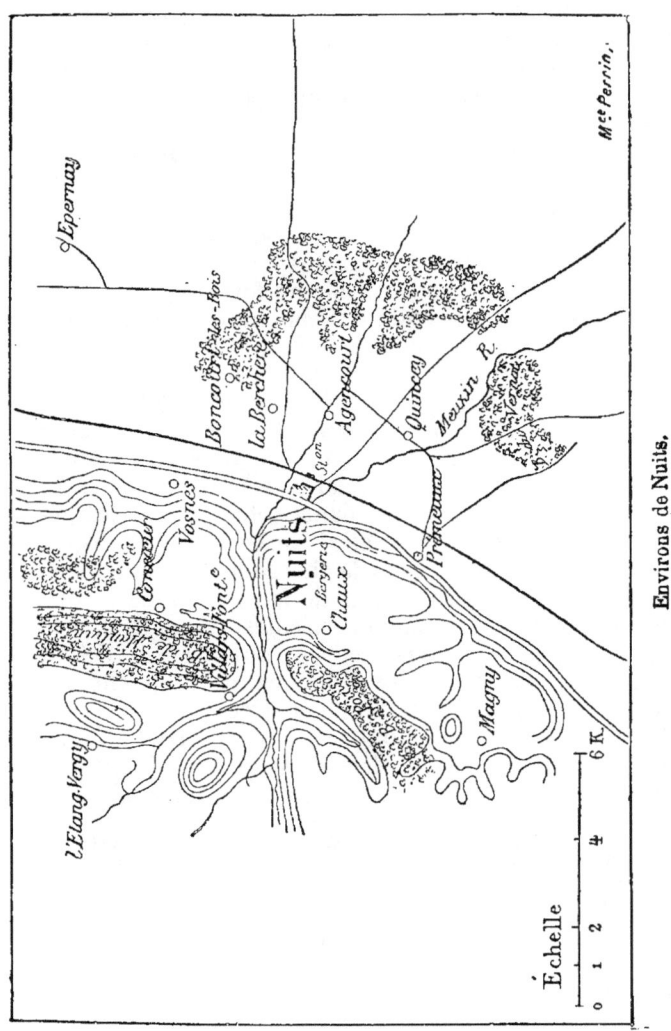

Environs de Nuits.

de mobilisés du Rhône (3 bataillons) et un bataillon de

gardes mobiles de la Gironde, qu'on lui envoyait de Lyon. Avec ces troupes, il se porta à Nuits, d'où il poussa, le 28, quelques pointes sur Gevrey, se conformant ainsi aux instructions du général Bressolles, qui l'invitaient à appuyer aussitôt que possible le mouvement de Garibaldi sur Dijon[1]. A Lyon, on ignorait complètement en effet les conditions au milieu desquelles ce mouvement s'était accompli et l'échec qui l'avait terminé. L'indépendance de Garibaldi était telle qu'il ne rendait compte de ses opérations que d'une façon fort irrégulière. Au surplus, il semble que dans cette étrange époque chacun ait pu faire à peu près ce qu'il voulait : « Mais enfin qui commande ici? télégraphiait le général Bressolles à Tours, le 26 novembre... Le général Crévisier veut prendre le commandement de la subdivision à Bourg, le général Crémer déclare *qu'il n'y a plus ni chef, ni hiérarchie!...*[2] » — « Pendant quelques jours, a écrit de son côté le général Pélissier, on ne savait ni qui commandait, ni à qui obéir[3]. » Le fait est qu'à lire la correspondance échangée par les généraux, les préfets, le ministère, on se demande lequel d'entre eux avait réellement la charge de diriger les opérations, et à qui il est permis de faire remonter la responsabilité des mouvements exécutés. Tout le monde voulait commander, personne ne voulait obéir. C'était l'anarchie militaire, la pire de toutes, parce qu'elle paralyse toute espèce d'action et d'énergie.

Le général Crémer n'était pas plutôt arrivé à Nuits que le général Crévisier, lequel jusqu'à ce jour était resté à Mâcon sans y rien faire[4], s'y portait à son tour

---

1. On lit dans la *Relation allemande*, page 602, que le 24, tandis que Garibaldi marchait sur Dijon, la division Crémer avait, pour l'appuyer, poussé jusqu'à Gevrey-Chambertin. C'est une erreur. D'abord, le 24 novembre, il n'y avait pas encore de division Crémer et seul le bataillon de la Gironde avait été envoyé de Lyon à Beaune. En second lieu, les premiers mouvements de troupes de Crémer ont été exécutés le 27. Les francs-tireurs qui se trouvaient le 29 à Gevrey appartenaient au *corps franc des Vosges*, colonel Bourras.
2. M. de Freycinet répondait le 27 : « Si le général Crévisier ne vous obéit pas d'une manière absolue, menacez-le de la destitution. »
3. *Les Mobilisés de la Haute-Saône en 1870*, page 58.
4. *Dépêche du général Bressolles à Guerre*, 28 novembre.

et, sans motif aucun, ordonnait aux troupes déjà cantonnées de rentrer à Beaune; ce qui fut fait dans la nuit du 28 au 29. Mais alors Crémer s'irrita, et écrivit au général Bressolles une lettre comminatoire pour demander que l'on choisît entre lui et Crévisier; de son côté, le colonel Ferrer, commandant la légion du Rhône, protestait auprès de M. Challemel-Lacour contre une retraite qui s'était exécutée « avec répugnance et indignation [1] », il aurait pu ajouter « avec désordre ». De fait, le général Crévisier était parvenu à éparpiller toutes ses troupes, sans savoir au juste ce qu'il voulait en faire. Le général Bressolles le rappela le 29 à Lyon, et, dès le lendemain, Crémer se reporta sur Nuits [2]. Malheureusement, il voulut transporter une partie de ses troupes en chemin de fer; le service fonctionnait mal, le mouvement était insuffisamment réglé; seule, la 2ᵉ légion du Rhône arriva à Nuits dans la soirée.

Pendant ce temps, le général de Werder, resté à Dijon avec deux brigades d'infanterie et la majeure partie de sa cavalerie, envoyait chaque jour des patrouilles et des reconnaissances en avant de son front. Il n'avait eu jusque-là devant lui que le corps franc des Vosges qui, posté à Gevrey, se replia le 30 sur Nuits à l'approche d'une colonne assez forte, conduite par le général en chef lui-même [3]. Celle-ci voulut poursuivre, mais en arrivant devant Prémeaux elle se heurta à la 2ᵉ légion du Rhône, qui, arrivant de Beaune, recueillit

---

1. *Historique de la 2ᵉ légion du Rhône.*
2. Le colonel Thoumas, directeur de l'artillerie à Tours, avait offert à M. Crévisier, lieutenant démissionnaire, le commandement d'une batterie; Gambetta lui donna une division, qu'il accepta. « Il nous quitta fier et joyeux, a écrit le général Thoumas, mais ne tarda pas à revenir l'oreille basse. » Relevé de son commandement par le général Bressolles, il fut décrété d'accusation pour indiscipline grave, et même déclaré déserteur, parce qu'au lieu de se rendre à Lyon, où l'appelait le commandant supérieur, il était parti directement pour Tours. Là peut-être il se disculpa. En tout cas, il obtint de rester auprès du gouvernement avec le titre et les appointements de général de division. « Ainsi que je le lui avais prédit, il retomba dans le néant après la guerre. » (Général Thomas, *Paris, Tours, Bordeaux*, page 112.)
3. Elle comptait 10 compagnies, 4 pelotons et 6 pièces. (*Table chronologique des événements de la guerre,* supplément CCII de la *Relation allemande,* tome V, page 823.)

le corps Bourras et prit position sur le plateau qui domine Nuits au sud-ouest. Le général Crémer, voyant alors qu'il disposait de 4 à 5,000 hommes, résolut de passer à l'offensive, et chercha à aborder Nuits à la fois par la route de Beaune et par l'ouest. Mais il n'avait pas d'artillerie ; les troupes chargées de l'attaque du sud, manœuvrant mal, furent impressionnées par les feux de salve qu'une compagnie badoise dirigeait sur elles à courte distance, et elles s'arrêtèrent[1]. Toutefois celles qui occupaient la hauteur continuèrent à tirer énergiquement, et, malgré le feu dirigé sur elles par les batteries ennemies, réussirent à se maintenir sur la position[2]. Sous cette menace prolongée, l'ennemi battit en retraite, protégé par ses pièces, et évacua Nuits, où le général Crémer fut rejoint par le reste de ses troupes[3].

L'échec que venait de subir le général de Werder en personne l'impressionna suffisamment pour lui faire momentanément abandonner ses projets offensifs[4]. Il concentra autour de Dijon ce qu'il avait de troupes, appela à lui, de Gray, une partie de la 4e division de réserve, et fit rentrer non seulement le général Keller, mais encore les contingents laissés par ce dernier à Arnay-le-Duc, et même la brigade prussienne envoyée le 1er décembre sur Châtillon. Celle-ci n'avait eu affaire, pendant sa reconnaissance qui dura jusqu'au 6 décembre, qu'à quelques groupes de francs-tireurs aisément dispersés. La situation du XIVe corps, environné d'ennemis dont il ne connaissait pas la force[5], dans un pays ravagé et sans ressources, était assez critique[6].

1. On ne peut voir dans cet arrêt une conséquence des pertes, car la 2e légion du Rhône n'eut que 4 hommes hors de combat, dont 2 tués.
2. *La Guerre franco-allemande*, 2e partie, page 606.
3. Il avait sous ses ordres, à Nuits, environ 6,000 hommes. (Capitaine J.-B. Dumas, *loc. cit.*, page 203.) — Les pertes des Badois se montaient à 3 officiers et 38 hommes, dont 1 tué, et 18 prisonniers.
4. *Opérations du corps du général de Werder*, par le capitaine Löhlein, du régiment des grenadiers badois (du corps).
5. La *Relation allemande* évalue à 12,000 hommes les forces françaises réunies sur le revers oriental de la Côte-d'Or, ce qui est un chiffre manifestement exagéré.
6. « A cette époque, par suite des froids excessifs du commence-

Sur ses derrières, la garnison de Besançon faisait quelques sorties heureuses[1] ; les routes d'étapes, gardées par de mauvaises troupes, devenaient très peu sûres. Aussitôt en possession de tout son monde, Werder renvoya donc à Gray, afin de protéger ses derrières, les troupes appartenant à la division de réserve, qu'il en avait fait venir. Puis il attendit. L'absence totale de direction et de commandement chez son adversaire devait malheureusement suffire à assurer sa sécurité.

Combat de Châteauneuf (3 décembre). — Cependant, le général Keller avait continué sa retraite d'Arnay-le-Duc sur Dijon. Le 3 au matin, après avoir rassemblé sa brigade auprès de Vendenesse, il se disposait à reprendre sa marche vers Sombernon, quand il fut tout à coup assailli par un feu très vif parti des hauteurs de Châteauneuf[2]. C'était la brigade Crémer qui, venue de Nuits, essayait de lui barrer la route. Voici, en effet, ce qui s'était passé.

Averti à Nuits, par une dépêche du colonel Bordone, de l'échec éprouvé devant Dijon et de la retraite sur Autun de l'armée de Garibaldi, le général Crémer avait voulu, comme il l'écrivait au général Bressolles, tenter de prendre à revers la colonne prussienne lancée dans la vallée de l'Ouche. Il attendait pour le 2 l'arrivée d'une nouvelle légion du Rhône (colonel Celler) ; en outre, il espérait pouvoir combiner son mouvement avec une attaque exécutée sur la route de Bligny à Arnay-le-Duc par les mobilisés du général Pélissier, alors à Beaune et à Chagny[3]. Le 2, il dirigea vers l'Ouche les troupes dont il disposait, moins le corps franc des Vosges (qui décidément tenait à opérer isolément et repartait pour battre l'estrade dans la direction de Dijon).

---

ment de décembre et de plusieurs journées de neige abondante, l'arrivée des convois de subsistances demandait beaucoup de temps et de fatigues, et la zone occupée jusque-là par les troupes n'offrait plus que de très maigres ressources. » (*La Guerre franco-allemande*, 2e partie page 608.)

1. Elle avait délivré, le 2, un convoi de prisonniers emmenés en Allemagne ; le 12, elle surprit un détachement d'hommes qui rentraient des ambulances allemandes. (*Ibid.*, page 607.)
2. *Ibid.*, page 605.
3. Correspondance du général Crémer. (*Enquête parlementaire.*)

Comme il arrivait à Bligny, les habitants lui apprirent que la brigade Keller avait échoué devant Autun, qu'elle reculait sur Dijon, et qu'elle devait avoir en ce moment atteint les environs de Vendenesse. Il se décida alors à l'attaquer de flanc. Fractionnant ses forces en deux colonnes, il se mit en route dans la nuit du 2 au 3 et se dirigea à la fois sur Châteauneuf et sur Sainte-Sabine. Il atteignait Châteauneuf à sept heures du matin[1], et faisait immédiatement ouvrir le feu contre les Badois rassemblés auprès de Vendenesse.

Ceux-ci, un instant surpris, ne tardèrent pas à se ressaisir. Leurs trois batteries, mises en position devant le village, ripostèrent sans perdre de temps, tandis que deux bataillons, faisant face à l'est, gravissaient les pentes de Châteauneuf et rouvraient la route de Sombernon compromise. A ce moment (huit heures), la tête de la colonne de gauche (2 bataillons du Rhône) débouchait de Sainte-Sabine sur Vendenesse; un bataillon ennemi lui fit tête et la contint. Pendant ce temps, le général Keller faisait filer ses convois ; quand il les jugea suffisamment en avance, il fit rompre le combat par échelons, et écouler sa colonne vers le nord[2]. Les mobilisés postés sur les hauteurs tentèrent un simulacre de poursuite qu'un retour offensif, exécuté par deux compagnies badoises et une batterie, arrêta net. Le général Keller put alors gagner Vélars, sans autre incident; le lendemain, il était à Dijon.

Bien qu'ayant causé à l'ennemi des pertes assez sensibles (162 hommes)[3], l'opération de la brigade Crémer était manquée[4]. Cela tenait à ce que l'action des deux colonnes qui la composaient n'avait point été concordante, et surtout à ce que celle de droite avait attaqué prématurément, avant de prendre pied solidement sur la

---

1. Colonne de droite (général Crémer) : 1re légion du Rhône avec une batterie; colonne de gauche : mobiles de la Gironde, chasseurs volontaires et 2e légion du Rhône.
2. Il perdit cependant une ambulance, avec 4 médecins.
3. 5 officiers (dont 1 tué et 2 prisonniers), 157 hommes (dont 17 tués et 66 prisonniers).
4. Les pertes de la brigade Crémer s'élevaient à 30 hommes, dont 5 tués.

route à barrer. Pour réussir, il eût fallu, au même moment où on attaquait l'ennemi en tête, l'accrocher également en queue. Mais la 2ᵉ légion du Rhône, partie trop tard [1], et encore retardée par une série de fausses manœuvres autour de Sainte-Sabine, n'avait atteint Vendenesse que quand les Badois n'y étaient plus. D'autre part, les mobiles de la Gironde et les chasseurs volontaires, appelés pendant l'action de la gauche à la droite, n'avaient pu s'engager nulle part. Par suite, l'attaque enveloppante sur laquelle comptait Crémer s'était transformée en une simple affaire d'avant-garde, à laquelle seule la colonne de droite avait pris part. Quant au concours des mobilisés du général Pélissier, il s'était borné à l'envoi d'un bataillon, mais si mal armé, si insuffisamment équipé, si misérable en un mot, qu'on n'avait pas pu l'utiliser. Telles étaient les conséquences d'une hâte excessive, qui jetait devant l'ennemi, sans calculer, des troupes presque entièrement dénuées de tout. L'offensive était peut-être une nécessité, pour surexciter le moral des hommes [2]. Encore eût-il été prudent d'attendre que les contingents appelés à la poursuivre fussent dans un état plus conforme aux nécessités qu'elle entraînait.

II. — Nuits.

Situation en Bourgogne dans la première quinzaine de décembre. — Le lendemain même de l'affaire de Châteauneuf, Crémer s'était replié sur Nuits. Il reçut là, pendant les jours suivants, des renforts assez importants, qui lui permirent de constituer une forte division de deux brigades, avec trois batteries et deux compagnies de génie. L'effectif total de cette force dépassait

---

1. *Le Général Crémer*, par un officier d'état-major ; Paris, Lachaud, 1871, page 20. — Cet officier d'état-major n'est autre que le colonel Poullet, chef d'état-major de la division.
2. Déposition du général Crémer devant la Commission d'enquête parlementaire.

12,500 hommes[1]. Un instant le gouvernement, toujours à ses projets d'opérations sur les communications ennemies, avait pensé à réunir toutes les troupes actives de l'Est sous les ordres de Garibaldi ; mais cette idée n'eut pas de suite. Crémer continua donc à dépendre du commandement supérieur de Lyon ; toutefois, il fut invité à « *opérer en parfait concert avec le général italien et à se conformer à ses directions stratégiques*[2] », afin, ajoutait la dépêche ministérielle, « de ne pas faire manquer les opérations comme Crévisier ».

On arriva ainsi au 12 décembre. Ce jour-là, dans un conseil de guerre tenu à Chalon-sur-Saône[3], le général Bressolles présenta un projet d'offensive à exécuter contre Dijon par toutes les forces mobiles de Bourgogne, c'est-à-dire par l'armée des Vosges, la division Crémer et les mobilisés du général Pélissier. Garibaldi ayant déclaré qu'il n'était pas prêt[4], qu'il attendait de nouvelles batteries, et qu'il ne pourrait agir que lorsque ses troupes auraient été réorganisées, on demeura dans l'inaction, et ce fût fâcheux ; car si, à la vérité, les troupes disséminées entre Autun et Nuits n'étaient pas toutes en état de concourir à une opération combinée, certaines d'entre elles possédaient assurément une organisation suffisante pour agir en partisans et inquiéter l'adversaire posté en face d'elles. La situation matérielle de celui-ci était assez difficile, nous l'avons vu. Qu'on se résignât à attendre, pour essayer de le débusquer, que la préparation de l'opération fût complète, rien de mieux. Mais ce n'était pas une raison pour le laisser, en pleine tranquillité et en toute sécurité, se réorganiser lui-même avec faculté de pourvoir ses soldats de ce qui leur manquait. On avait là une occasion toute trouvée de pratiquer cette guerre de guérillas dont nos francs-tireurs paraissaient si friands, et on ne manquait pas de monde pour le faire. On préféra

---

1. Voir, pour la composition de la division Crémer, la pièce n°. 8.
2. *Dépêche du ministre au général Bressolles*, du 8 décembre
3. Etaient présents : les généraux Bressolles, Garibaldi, Pélissier et Crémer.
4. *Dépêche de M. de Freycinet à Gambetta*, du 13 décembre.

la passivité; l'ennemi n'eut garde de dédaigner une aussi bonne fortune.

Toujours posté autour de Dijon, le XIVe corps, laissé parfaitement tranquille, « trouvait le temps de remettre à peu près en état ses effets d'habillement et d'équipement qui avaient beaucoup souffert au cours des semaines précédentes, et de donner à ses éléments constitutifs un groupement en rapport avec les exigences de la situation[1]. » Le 8, Werder avait été invité par le grand quartier général à surveiller attentivement Langres; il envoya dans ce but à Combeaufontaine et Champlitte presque toute la 4e division de réserve. Une protection sérieuse lui était donnée d'ailleurs, sur la droite, par l'arrivée du VIIe corps, venu de Metz, dans les premiers jours de décembre, aux environs de Châtillon-sur-Seine et de Chaumont. La liaison existait donc complète entre le XIVe corps et la IIe armée, et de ce côté Werder ne pouvait concevoir aucune inquiétude[2]. Il persistait par suite dans son attitude expectante, quand, le 13, il reçut de Versailles des instructions nouvelles. M. de Moltke lui recommandait de prêter, dans la mesure du possible, son concours au

---

1. *La Guerre franco-allemande*, 2e partie, page 609. — La brigade de cavalerie badoise, jusqu'alors à trois régiments, n'en conserva que deux. Le 3e dragons fut réparti par escadrons entre les quatre brigades d'infanterie. Celles-ci n'eurent plus chacune qu'une batterie légère; avec les six autres batteries on forma un groupe (*Abtheilung*).

2. On se rappelle (voir tome IV, livre II, chapitre III) qu'aussitôt arrivé à Châtillon-sur-Seine, le VIIe corps fut porté vers Auxerre (16 décembre), par crainte d'une pointe de l'armée du général Bourbaki vers Montargis. Il exécuta ce mouvement, après avoir laissé une forte brigade à Châtillon, et arriva vers le 20 à Auxerre, où il eut à refouler quelques attaques de francs-tireurs. Il fut invité alors par le prince Frédéric-Charles, toujours inquiet pour la direction de Gien, à se porter sur ce point; mais l'état des routes, partout coupées et interceptées, ne lui permit pas de le faire. Il attendait donc à Auxerre que les réparations entreprises fussent terminées, quand, le 25, M. de Moltke, avisé du départ de Bourbaki pour l'Est, envoya au général de Zastrow l'ordre de repartir au plus vite pour Châtillon-sur-Seine, afin d'y soutenir le général de Werder s'il était attaqué. Le VIIe corps se remit en route; mais le 30 décembre, comme il atteignait l'Armançon, il reçut l'ordre de s'y arrêter provisoirement. Il resta là jusqu'à la constitution de *l'armée du Sud*, dont il sera bientôt question.

siège de Belfort; d'assurer, de concert avec le VII° corps, les communications avec l'Allemagne; de mettre un terme aux coups de main dirigés de Langres contre les troupes d'étapes ; enfin, d'occuper d'une façon permanente la région comprise entre Dôle et Arc-Senans, de façon à détruire les lignes ferrées qui reliaient au reste de la France Besançon et Belfort. C'était là assurément une mission complexe, et, pour la mener à bien, M. de Moltke recommandait une offensive rapide et énergique contre toute concentration éventuelle des forces ennemies [1].

Combat de Longeau (16 décembre). — Werder s'occupa de Langres tout d'abord, et, le 14 décembre, il dirigea sur ce point, par Is-sur-Thille et Selongey, la brigade prussienne von der Goltz. Deux jours plus tard, cette brigade débouchait devant Longeau, occupé alors par quelques troupes avancées de la place, gardes mobiles et mobilisés, au nombre de 1,800 environ, et elle les attaquait. La grande route ayant été rendue impraticable par des abatis et des coupures, les Prussiens cheminèrent de chaque côté contre les ailes de la position, que canonnaient trois batteries, et en délogèrent nos mobiles auxquels ils prirent un canon. Ceux-ci se replièrent alors sur la hauteur située au nord-est du village, et ils essayèrent d'y tenir avec le concours de deux pièces qui leur restaient. Mais, au bout de peu de temps, ils se virent obligés de battre de nouveau en retraite, en abandonnant un second canon, capturé pendant qu'il tirait encore[2]. Poursuivis par les obus prussiens, ils tentèrent vainement de faire tête une troisième fois auprès du village de Bourg, et finalement rentrèrent à Langres, ayant perdu 150 hommes, 80 prisonniers, 2 pièces et 2 caissons

Le général von der Goltz, bien qu'il n'ait subi que des pertes insignifiantes[3], n'essaya pas de pénétrer à leur suite dans la place. Au contraire, il s'arrêta à Bourg pour y passer la nuit. Le lendemain seulement,

---

1. *La Guerre franco-allemande*, supplément CXII.
2. *Ibid.*, page 692.
3. 4 tués et 15 blessés, dont 1 officier.

il reprenait sa marche, contournait Langres par l'ouest, et venait s'établir au nord de la ville, entre Marne et Suize. Cette manœuvre, qui ne lui coûtait que la peine de refouler quelques postes avancés de mobiles, l'amenait sur une position d'où il couvrait les lignes d'étapes de la II° armée ; mais Werder, trouvant qu'il ne protégeait pas suffisamment celles du XIV° corps, l'invita à s'étendre davantage vers l'est, afin de se placer entre la garnison de la place et les communications de ce dernier. Une fois prises ces nouvelles positions, qui s'étendaient depuis Neuilly-l'Evêque jusque vers la Ferté-sur-Amance, le général von der Goltz fit tâter la place, qui lui était signalée comme ne devant pas résister à un bombardement. Il la somma, le 18, mais éprouva un refus formel ; prenant alors des dispositions pour mettre à exécution ses menaces, il commença par refouler dans les remparts toutes les troupes avancées, et procéda à la construction de batteries. Mais tous ces préparatifs devaient rester inutiles, car, dès le 26 décembre, il recevait du général de Werder, pour les raisons qu'on verra plus loin, l'ordre de se replier sans délai sur Vesoul.

Pendant tout ce temps, les troupes françaises de Bourgogne avaient continué à garder l'immobilité. Le gouvernement s'occupait uniquement de l'organisation du mouvement tant désiré vers Belfort, et ses dépêches, toutes à cette pensée, consistaient en perpétuelles demandes de renseignements sur les effectifs disponibles[1]. Quant au commandement local, il était trop

---

[1] « Il n'est pas admissible que nous restions indéfiniment dans l'expectative parce que des lenteurs administratives paralysent nos intentions communes. Je vous prie de me dire catégoriquement ce qu'il vous manque pour que vous puissiez sortir de Lyon. Sont-ce des officiers ? des soldats ? de l'artillerie ? A quel chiffre pourront s'élever les forces de Garibaldi et comment s'établira la coopération avec vous ? *Les forces de Crémer figurent-elles dans votre effectif ou dans celui de Garibaldi ?* Bref, quelles sont les forces totales pouvant opérer dans l'est, et à quelle date exacte l'opération commencera-t-elle ? J'insiste sur ce point... » (*Dépêche de M. de Freycinet au général Bressolles*, 13 *décembre*.) — « Dites-moi exactement, et sans grossir les chiffres, combien d'hommes pourront sortir de Besançon, le 20 courant, pour participer à une action commune dans l'est. Subsidiairement, dites-moi si la disposition d'esprit de ces troupes

précaire et trop divisé pour rien ordonner de méthodique, et surtout pour tirer Garibaldi d'une torpeur qui, en se prolongeant démesurément, paralysait toute tentative combinée. En vain le général Bressolles insistait-il pour qu'on se hâtât de faire sur Dijon le coup de main résolu en principe dans le conseil de guerre du 12. En vain Crémer écrivait-il lui-même à Garibaldi pour lui demander son concours immédiat, et se mettre presque à ses ordres[1]. Personne à Autun ne bougeait, et seules quelques reconnaissances de la division Crémer, lancées vers Chambœuf, Curley, Vosnes, témoignaient de l'existence de troupes françaises sur le versant oriental de la Côte-d'Or. En présence d'une passivité aussi surprenante[2], le général de Werder en arrivait à douter que nos forces fussent encore en face de lui. Il se demandait si, couvertes en arrière par de faibles masques, elles n'avaient pas toutes filé vers la Loire, par le chemin de fer, et si la route de Lyon n'était pas définitivement ouverte. Il fit part de ses suppositions à M. de Moltke, lequel, tout aussi peu fixé, lui répondit, le 16, par des instructions assez ambiguës, vagues, et nullement faites pour apporter quelque éclaircissement à une situation embrouillée[3]. Dans

permettrait de les placer en tout ou en partie sous les ordres de Garibaldi... » (*Dépêche du même au général Rolland, le 13 décembre.*) — « Ministre désire que nous nous préparions à marcher vers les Vosges, *et que nous le fassions en dehors de toute ingérence et dans une indépendance parfaite...* » [*Dépêche du colonel Bordone (alors à Bordeaux, en mission) au général Garibaldi, 16 décembre.*] — De son côté, Gambetta insistait auprès de M. de Freycinet pour hâter un mouvement destiné à se porter dans l'est « sur les derrières de l'ennemi en ramassant tout sur notre passage. » (*Dépêche adressée de Bourges, le 14 décembre.*) Et M. de Freycinet répondait que la grosse difficulté provenait de la répugnance des mobilisés à servir sous les ordres de Garibaldi.

1. « J'ai reçu ordre de faire coup de main sur Dijon le plus tôt possible. Je suis prêt. Je dois me concerter avec vous ; pouvez-vous attaquer immédiatement ? *Je vous appuierai comme vous voudrez... J'attaquerai à l'heure et au lieu précis dont nous serons convenus...* J'irai tant que j'aurai un homme. Avec le concours de Garibaldi, nous sommes sûrs de réussir. Réponse immédiate. » (*Dépêche de Crémer à Garibaldi, 14 décembre.*)

2. *La Guerre franco-allemande,* 2ᵉ partie, page 693.

3. « Le grand quartier général répondait au général de Werder en étendant sa mission au soin de couvrir également le réseau ferré

le doute, Werder aima mieux en référer à celles, beaucoup plus fermes, qu'il avait précédemment reçues[1] ; il fit renforcer le corps de siège de Belfort par deux bataillons de la 4ᵉ division de réserve[2], transféra de la rive gauche à la rive droite de la Saône sa propre ligne d'étapes, de façon à lui assurer une plus grande sécurité[3], puis gardant à Dijon une garnison forte seulement d'une brigade (la 3ᵉ), d'un régiment de dragons et de trois batteries, il ordonna au général de Glümer de se porter, avec le reste de la division badoise, dans la direction de Beaune, afin de voir ce qui s'y trouvait réellement, et d'en déloger nos forces au besoin.

Combat de Nuits (18 décembre). — Le 18 décembre, de grand matin, la division badoise, forte de 13 à 14,000 combattants et de 6 batteries, partait de Dijon, fractionnée en plusieurs colonnes. A gauche, 8 bataillons, 6 escadrons, 5 batteries et une compagnie de pionniers, sous les ordres du prince Guillaume de Bade, s'avançaient à l'est de la grande route, par Saulon-la-Rue et Epernay ; à droite, 4 bataillons, 1 escadron et une batterie, commandés par le général de Degenfeld, devaient marcher directement sur Gevrey ; mais ils avaient presque immédiatement constitué trois groupes qui suivaient respectivement le chemin de Vougeot (1 bataillon, 1 demi-escadron), celui de Concœur (1 bataillon, 1 demi-escadron) et celui de Villars-Fontaine (1 bataillon, 1 demi-escadron et une batterie). Le général

---

situé en arrière, par l'occupation de Nuits-sur-Armançon et de Semur, tandis que les fractions du VIIᵉ corps qui s'y trouvaient jusqu'alors appuieraient vers la Loire. Le XIVᵉ corps devait continuer, d'ailleurs, ainsi qu'il avait été prescrit, à tenir le gros de ses forces sous Dijon, prêt à prendre l'offensive. » (*La Guerre franco-allemande*, 2ᵉ partie, page 694.)

1. Voir plus haut, page 335.
2. Ce qui portait à sept bataillons, un escadron et une batterie les troupes successivement envoyées devant Belfort par cette division.
3. On se rappelle que, pour protéger cette ligne d'étapes, des détachements assez forts, appartenant à la 4ᵉ division de réserve, avaient été envoyés, le 8, à Combeaufontaine et à Champlitte, avec mission d'observer Langres. Cette place étant en ce moment serrée de près par la brigade von der Goltz, les deux détachements furent rapprochés de la nouvelle ligne d'étapes, pour en augmenter la sécurité.

de Werder en personne accompagnait le prince de Bade.

Or, exactement dans le même temps, le général Crémer conduisait sur la route de Dijon une reconnaissance composée du bataillon de mobiles de la Gironde, de deux bataillons du Rhône et d'une batterie. Arrivée à Gevrey, son avant-garde aperçut l'ennemi sur la grande route et fit prisonniers quelques cavaliers badois, attirés dans une embuscade. On apprit par eux, puis par les renseignements des habitants et par les rapports des postes avancés, que l'ennemi, paraissant en forces, cheminait des deux côtés de la route de Dijon. Bientôt même une compagnie placée en observation à Concœur se mit à tirailler avec les avant-gardes du général de Degenfeld. Ainsi averti d'une attaque imminente, Crémer revint de sa personne à Nuits en toute hâte, résolu à défendre la ville, et à tirer le meilleur parti possible des avantages qu'elle présente pour résister à une offensive venant du nord. De Dijon à Beaune, en effet, les coteaux de Bourgogne, qui forment à l'ouest de la grande route un rempart de 150 à 200 mètres de hauteur, tombent sur la plaine en pentes raides, difficilement abordables et couvertes de vignes. Au pied même de ces pentes, la ville de Nuits, que traverse la route, est couverte, du côté de l'est, par la tranchée profonde du chemin de fer de Lyon, et dominée en arrière par le plateau de Chaux, profondément échancré lui-même par la vallée du Meuzin. En utilisant adroitement ces conditions topographiques, on pouvait donner à l'artillerie des positions avantageuses, se constituer plusieurs lignes successives et réserver les hauteurs de Chaux comme réduit. C'est dans ce sens que furent établies les dispositions de défense, dont certaines d'ailleurs, étaient déjà prises.

Le colonel Poullet, chef d'état-major, qui était resté à Nuits, avait, à la première alerte, cherché tout d'abord à opérer une concentration rapide de la division et à rappeler auprès de lui les diverses fractions échelonnées que, pour les facilités du cantonnement, on avait envoyées occuper Prémeaux, Quincey, Comblanchien et même Beaune[1]. Aussitôt après, Crémer et lui disposèrent une première ligne de bataille s'étendant depuis Boncourt à l'extrême droite, en passant par le château de Berchère et les abords de Nuits, jusqu'au revers occidental du plateau de Chaux. A l'extrême droite, Boncourt était occupé par trois compagnies du 32º de marche, soutenues par deux obusiers de montagne et ayant comme réserve les trois autres compagnies de leur bataillon ; le lieutenant-colonel Graziani y commandait en personne[2]. Derrière lui, un bataillon de la 1ʳᵉ légion du Rhône avait été posté le long de la tranchée du chemin de fer ; à la gare se trouvaient deux pièces de 4 de campagne. Vers la gauche, sur le plateau de Chaux, on dirigea successivement deux bataillons du 32º, trois compagnies de la Gironde, un bataillon de la 2ᵉ légion du Rhône et quelques détachements de la 1ʳᵉ, avec six pièces. Le colonel Poullet fut chargé de diriger la défense de ce côté. Enfin, des postes détachés furent envoyés à Vosnes, Concœur et Villars-Fontaine.

Il était onze heures et demie quand l'avant-garde de la colonne principale badoise, après avoir refoulé au sud d'Épernay quelques tirailleurs perdus du corps franc du Rhône, déboucha devant Boncourt[3]. Vigoureusement accueillie par le 32ᵉ, elle fut arrêtée devant le village pendant plus d'une heure et ne put réussir à l'enlever qu'en engageant un bataillon entier et une batterie. Nos soldats se replièrent sur la Berchère, comme le comportaient leurs instructions ; mais, attaqués de nouveau par six compagnies ennemies, ils durent bientôt abandonner le château et gagner la tranchée du chemin de fer. Là, ils trouvèrent leur réserve, renforcée de contingents qui revenaient de la

---

[1]. Beaune était occupé par le 57ᵉ de marche qui reçut l'ordre télégraphique de s'embarquer en chemin de fer pour venir à Nuits.
[2]. « Il devait, s'il était forcé d'abandonner Boncourt, se retirer sur le château de la Berchère qu'on avait mis en état de défense. » (*Le général Crémer*, page 28.) — C'est à la Berchère que se trouvaient les deux obusiers de montagne.
[3]. Cette avant-garde comprenait un régiment, un escadron, une batterie et une section de pionniers.

reconnaissance de Gevrey et que Crémer avait immédiatement dirigés de ce côté[1]. Trois compagnies des mobiles de la Gironde, déployées en avant de la voie ferrée, les recueillirent, tandis que, sur le chemin de fer même, le bataillon du 32° et toute la 1re légion du Rhône, moins les quelques fractions qui se trouvaient à Chaux, prenaient position. Les Badois se trouvèrent en prise à un feu de mousqueterie de la plus extrême violence. D'autre part, à la nouvelle du recul du 32°, Crémer avait envoyé sur le chemin de Nuits à Chaux, à l'endroit où ce dernier aborde la crête, une section de la batterie Armstrong et deux sections de 4. En position à 2,500 mètres des tirailleurs ennemis, les six pièces faisaient pleuvoir sur eux leurs obus, et les empêchaient d'aborder les défenseurs de la voie ferrée. Les Badois durent déployer toute leur artillerie (5 batteries). Malgré son concours, ils restèrent cloués dans la Berchère, et renoncèrent à franchir l'espace aussi complètement découvert que dépourvu d'abris qui les séparait du chemin de fer[2]. Vainement lancèrent-ils un bataillon sur Agencourt, afin de menacer notre droite; ce bataillon chassa bien du village, avec facilité même, les francs-tireurs qui l'occupaient, mais il ne put, pas plus que les autres, débusquer des environs de la station le 32° et la 1re légion du Rhône. A notre droite donc, le combat se borna uniquement, pour un moment, à une lutte à distance, que l'avant-garde badoise soutenait assez péniblement.

Mais, pendant ce temps, le gros de la colonne approchait. A deux heures, il arriva à Boncourt, et immédiatement le général de Glümer le mit en action. Deux bataillons coururent renforcer ceux de la Berchère; un autre alla grossir, à Agencourt, celui qui s'y trouvait déjà, puis, sous la poussée de ces troupes fraîches, l'attaque générale fut ordonnée. Peu de temps après, deux

---

1. Cette reconnaissance avait été faite par deux bataillons de la 1re légion du Rhône et le bataillon de la Gironde. Ce dernier fut scindé en deux : trois de ses compagnies gagnèrent la voie ferrée à l'est de Nuits, trois autres le plateau de Chaux.
2. *La Guerre franco-allemande,* 2e partie, page 695.

nouvelles compagnies étaient jetées à l'aile droite ennemie, et cinq escadrons de dragons se dirigeaient sur Quincey pour essayer de nous déborder. A ce moment aussi, le général Crémer venait de recevoir quelques renforts ; un bataillon de la 2ᵉ légion du Rhône, amené de Comblanchien, entrait à Nuits ; un autre le suivait. Deux sections d'artillerie, dégagées, après pas mal d'efforts, des rues de la ville, avaient réussi à prendre position sur la route de Prémeaux, et pouvaient de là protéger notre droite en prenant d'écharpe les batteries badoises. L'offensive de l'infanterie ennemie rencontra donc de sérieuses difficultés, et ce fut seulement en exécutant une série de bonds successifs, pendant lesquels elle subit de grandes pertes, qu'elle put réussir à s'approcher peu à peu de la voie ferrée [1]. Les mobiles de la Gironde, obligés de se replier derrière la tranchée, les mobilisés et les soldats du 32ᵉ qui l'occupaient déjà, ne voulaient point cependant abandonner la partie. Ils opposaient à l'ennemi une résistance acharnée, continuant le feu jusqu'à bout portant [2]. Mais déjà le colonel Graziani avait été mortellement frappé ; le colonel Celler essayait en vain d'amener au combat les mobilisés de la 2ᵉ légion du Rhône, qui témoignaient d'une faiblesse déplorable, formant un douloureux contraste avec l'attitude des autres troupes, auxquelles Crémer et le commandant de Carayon-Latour communiquaient leur entraînante énergie. A peine une poignée d'hommes de cette légion, amenés vers la gare le revolver dans le menton, apportaient-ils leur concours à la défense. Sous le flot montant des bataillons ennemis, les courageux défenseurs de la voie ferrée, réduits à leurs seules forces, durent céder, vers quatre heures, le terrain défendu si longtemps. Après une mêlée furieuse [3], ils ré-

---

1. *La Guerre franco-allemande*, 2ᵉ partie, page 695. — Le général de Glümer, le prince de Bade et plusieurs officiers supérieurs étaient hors de combat. Le général de Werder dut prendre le commandement en personne ; un instant après, le colonel de Renz, qui avait remplacé le prince de Bade, tombait à son tour mortellement atteint, ainsi que le major commandant le bataillon d'Agencourt.
2. *Ibid.*
3. *Ibid.*, page 696.

trogradèrent sur la ville, poursuivis par un bataillon ennemi; mais, aux premières maisons, ils firent tête et arrêtèrent net les assaillants. Les Badois alors jetèrent une batterie à l'ouest du chemin de fer, et en placèrent une autre sur la voie ferrée elle-même; ces douze pièces, malgré une fusillade effroyable qui fauchait servants et chevaux[1], criblèrent d'obus nos soldats entassés dans les rues. De ceux-ci, les uns tenaient toujours avec une énergie admirable; d'autres, la 2ᵉ légion du Rhône en particulier, se pelotonnaient en groupes désordonnées, que le colonel Celler essayait vainement de galvaniser. En se prodiguant ainsi au plus épais du feu, ce brave officier reçut une blessure mortelle, et les mobilisés, livrés à eux-mêmes, achevèrent de se débander. Quant à la 1ʳᵉ légion, aux mobiles de la Gironde et aux soldats du 32ᵉ, ils durent bientôt, sous l'avalanche des projectiles, abandonner peu à peu la ville et refluer sur le plateau de Chaux, où toute l'artillerie s'était déjà repliée. Un bataillon du 57ᵉ de marche, arrivé de Prémeaux, leur permit de se dégager en dirigeant sur la gare une énergique contre-attaque; un autre, qui suivait de près le premier, essaya de marcher vers Quincey. Mais ces nouveaux efforts durent céder devant l'intensité terrible de la canonnade ennemie, et le 57ᵉ se replia à son tour, un peu après cinq heures, sur Prémeaux[2].

De ce côté, le combat s'était soutenu aussi toute la journée avec une grande vigueur; mais, grâce à la force de nos positions, il avait pris une tournure moins favorable pour l'ennemi. Après avoir refoulé sans grande difficulté nos postes avancés de Gevrey, de Concœur et de Vosnes, les petites colonnes du général de Degenfeld s'étaient avancées vers le plateau; deux d'entre elles, celles de la gauche, n'avaient pas poussé leur

1. *La Guerre franco-allemande*, 2ᵉ partie, page 697.
2. Le 57ᵉ était à Beaune, on s'en souvient, le 18 au matin. Rappelé par dépêche, il avait pris le chemin de fer, mais, par suite de confusions explicables dans une précipitation pareille, deux bataillons seulement s'étaient embarqués, pour arriver à trois heures à Prémeaux. Le troisième n'arriva sur ce même point que fort tard dans la soirée. Ceci prouve combien est problématique la réussite de mouvements entrepris sans avoir été complètement préparés.

offensive à fond, et, très éprouvées par le feu d'artillerie dirigé contre elles, étaient venues, à la faveur de deux chemins creux, prolonger au nord la ligne des combattants de la Berchère, prenant part ainsi à l'attaque de Nuits. Quant à la troisième, conduite par le général de Degenfeld en personne, elle avait abordé Villars-Fontaine et marché de là contre les hauteurs de Chaux. Celles-ci, on l'a vu, étaient tenues par deux bataillons du 32e et trois compagnies de la Gironde. Un bataillon du 32e occupait la lisière de Bois-Poinsot; un second était en réserve à Chaux; les autres troupes garnissaient les crêtes, soutenues par 4 pièces placées en arrière, et par une section installée à la Bergerie; le 1er bataillon de la 2e légion du Rhône arrivait vers ce même point. Quand donc les Badois se portèrent à l'attaque, ils furent accueillis plus rudement qu'ils ne semblaient s'y attendre, et rejetés sur Villars-Fontaine. N'ayant avec eux qu'une seule batterie, ils comprirent bien vite que leurs efforts pour escalader les pentes n'aboutiraient à rien, et, après quelques retours infructueux, ils se décidèrent à battre en retraite. Ils atteignirent ainsi Perrigny, à 5 kilomètres de Dijon, n'ayant même pas pu rétablir, à travers les bois et les fourrés, leur liaison avec le reste de la division badoise[1].

Sur le plateau de Chaux donc, la situation restait intacte. A la nuit, la majeure partie des troupes de Crémer s'y trouvaient réunies, et le général entendait reprendre le lendemain une attaque générale contre la ville, que sa position sous le feu de nos 18 pièces devait rendre intenable à l'ennemi[2]. En attendant, il fit continuer sur elle le tir de ses batteries jusqu'à une heure très avancée de la soirée. Mais, bientôt, il fut avisé que les munitions étaient épuisées. Les corps les plus engagés n'en avaient plus; d'autres, ceux qui

1. *La Guerre franco-allemande,* 2e partie, page 697.
2. « Il songea même un instant à tenter de nuit contre la ville une attaque à la baïonnette avec les corps qui avaient le moins souffert. L'extrême fatigue des hommes le fit renoncer à ce projet qui, en cas d'insuccès, pouvait, avec de jeunes troupes, conduire par une panique à un désastre. » (*Le général Crémer,* page 44.)

avaient montré le moins d'énergie, avaient gaspillé les leurs[1]. Les coffres de l'artillerie étaient vides et il n'existait à la division aucun approvisionnement de réserve. D'autre part, on signalait l'approche d'une colonne allemande, venant de Nuits par Bligny, et le manque de cavalerie empêchait de contrôler cette grave nouvelle[2]. Crémer prit donc la résolution de se replier sur Beaune, et, dès le soir même, il mit ses troupes en marche. Quant au général de Werder, il cantonna les siennes sur place, et poussa ses avant-postes vers Prémeaux au sud, vers Chaux à l'ouest. L'épuisement de ses soldats lui interdisait toute poursuite.

Cette chaude affaire, où les troupes de Crémer avaient en grande majorité déployé un courage remarquable, coûtait aux deux adversaires des pertes sérieuses. Pour les Allemands, celles-ci se montaient à 55 officiers (dont 18 tués) et 853 hommes (dont 201 tués et 23 disparus); pour nous, elles atteignaient 12 ou 1300 hommes hors de combat, et un millier de disparus[3]. Le résultat immédiat était à peu près négatif, car, d'une part, le général Crémer avait dû, pour les raisons que nous avons dites, abandonner la lutte avant son complet dénouement; d'autre part, Werder, ne jugeant pas possible de se maintenir à Nuits, s'était, dès le 19 au matin, replié sur Dijon. Il n'en eût certainement pas été de même, si le corps de Garibaldi avait apporté à la division Crémer le concours efficace que celle-ci lui avait instamment et itérativement demandé; dans ce cas, les Badois, pris entre deux feux, eussent probablement éprouvé un beaucoup plus grave échec. Mais le général italien, sortant trop tard de son inertie, ne s'était décidé que le 18, à la nouvelle de la lutte engagée, à envoyer vers Nuits la brigade Ricciotti Garibaldi, laquelle arriva, à dix heures du soir seulement, à la Doix, à mi-route entre Beaune et Chagny, et ne servit

---

1. « On trouvait dans la ville plusieurs centaines de fusils neufs et une grande quantité de munitions. » (*La Guerre franco-allemande*, 2ᵉ partie, page 697.)
2. *Le général Crémer*, page 48.
3. Il n'a pas été possible de les évaluer exactement, en raison des différences assez sensibles existant dans les documents à consulter.

absolument à rien qu'à encombrer la ville de Beaune, où elle se replia avec les troupes de Crémer.

Là, en effet, refluèrent, pendant la nuit du 18 au 19, plus de 12,000 hommes, encore augmentés de quatre bataillons de Saône-et-Loire, qui avaient été envoyés dans la journée par le général Pélissier, et de deux batteries arrivées de Lyon. C'est avec aussi peu de précision qu'étaient expédiés les renforts. Crémer ne savait comment loger et nourrir tout ce monde; il en envoya la plus grande partie à Chagny, fit rétrograder sur leur point de départ les secours dont il n'avait que faire maintenant, et, ne laissant à Beaune que le 57ᵉ de marche avec deux batteries, il se rendit lui-même à Chagny. Pendant ce temps, Ricciotti regagnait Autun. L'intention du général Crémer était de reprendre, aussitôt que possible, l'offensive avec le concours de 6,000 hommes environ (1 brigade et 3 batteries), qui venaient d'arriver à Chagny, venant de Lyon; il fit, dans ce but, organiser solidement Beaune, destiné à devenir son point d'appui sérieux, et remplaça dans sa 2ᵉ brigade, les deux légions de mobilisés du Rhône par les deux régiments de mobiles (83ᵉ et 86ᵉ) qu'il avait trouvés à Chagny. Mais d'autres projets, dont nous verrons bientôt le développement, avaient été formés par le gouvernement, et la division Crémer appelée à prendre part à leur exécution, reçut l'ordre de rester à Beaune jusqu'à nouvel avis.

Pendant ce temps, le général de Werder, que la vigoureuse résistance de cette division avait arrêté net dans son offensive, s'était, comme on l'a vu plus haut, replié sur ses cantonnements de Dijon. A sa gauche, la 4ᵉ division de réserve, échelonnée jusqu'à Vesoul, contenait les incursions des garnisons de Besançon et de Dôle et, depuis quelques jours déjà, était amenée à s'engager assez sérieusement avec les troupes avancées de ces deux places. C'est ainsi que, le 17, une colonne mixte (7 compagnies, un escadron et une batterie), envoyée de Gray sur Pesmes, eut affaire à une soixantaine de mobilisés du Jura, en reconnaissance de ce côté. Elle les dispersa, en sabra une partie, et prit le reste, puis alla couper le pont de la Forge. Mais, dès le lendemain, elle était attaquée par la garnison de Dôle, et refoulée vers le nord. Nos mobilisés n'étaient malheureusement pas assez solides pour profiter de leur succès; ils rentrèrent à Dôle, et l'ennemi put procéder à la destruction du pont de Pesmes sans être sérieusement inquiété. Les quelques francs-tireurs qui, devant lui, battaient encore la campagne ne pouvaient guère le gêner. Quant à Garibaldi, il continuait à ne pas bouger d'Autun. Vainement M. de Freycinet cherchait-il à le tirer de son inaction inexplicable, en lui indiquant son rôle dans la grosse partie qui allait être entamée. Vainement essayait-il de lui faire sentir la nécessité de se rapprocher de Dijon[1]. Comme il n'osait pas lui donner d'ordres fermes, sachant probablement que ceux-ci ne seraient pas obéis ; comme d'autre part Gambetta jugeait impossible toute subordination hiérarchique chez un homme dont la vie tout entière n'avait guère été qu'une perpétuelle révolte[2], les invitations pourtant si nettes du gouvernement venaient à Autun se briser contre une force d'inertie absolument irréductible. Par suite, c'est au milieu d'une période d'atonie presque générale dans la région de l'Est, où, sauf devant Belfort, la lutte se bornait à la conservation des positions acquises, que débuta l'opération considérable confiée au général Bourbaki, sur laquelle étaient fondés tant de rêves nuageux qu'un avenir très prochain devait, hélas! si complètement et si brutalement dissiper.

1. « *Il serait très utile que vous ne restiez pas enfermé dans Autun.* Vous pourriez nous rendre de grands services en ce moment, *en faisant des démonstrations dans différentes directions de manière à inquiéter l'ennemi et à le retenir dans le territoire environnant.* Je crois que vous feriez bien de transporter votre quartier général à Bligny. Vous examineriez ensuite, avec M. de Serres, si vous ne devez pas avancer davantage vers le nord. *J'aurais toujours compris, quant à moi, que votre mission était d'occuper Dijon.* » (*Guerre à Garibaldi,* 18 décembre.)

2. « Il est impossible, tout en initiant Garibaldi et en l'y faisant coopérer (à l'opération de Bourbaki), de le placer sous un commandement quelconque. Je suis sûr, d'ailleurs, que, pour Bourbaki comme pour Garibaldi, c'est la plus utile combinaison. » (*Dépêche de Gambetta à M. de Freycinet,* datée de Lyon, le 21 décembre.)

APPENDICE

Pièce n° 1.

COMPOSITION DES FORCES DU NORD A LA BATAILLE D'AMIENS

Commandant : Général de brigade FARRE.
Chef d'Etat-major : Lieutenant-colonel du génie Cosseron de Villenoisy.
Commandant l'artillerie : Chef d'escadron Charron
Commandant le génie : N...
Intendant : Intendant Richard.

1re Brigade : Col Lecointe.

2e bat.on de marche de chasseurs : Comm.t Giovaninelli.
Bat.on de marche (du 65e) : Comm.t Enduran.
Bat.on de marche (du 75e) : Comm.t Tramond.
Bat.on de marche (du 91e) ; Lt-Col De Gislain et Ct Cottin.
45e mobiles (Nord) : Lt-Col Saint-Martin.

2e Brigade : Col Derroja.

1er bat.on de marche de chasseurs : Comm.t Jan.
Rég.t de marche n° X : Lt-Col Pittié.
46e mobiles (Nord) : Lt-Col Galtier.

3e Brigade : Col Dufaure du Bessol.

20e bat.on de marche de chasseurs : Comm.t Hecquet.
Rég.t de marche (2 bat.ons d'inf.ie de ligne et 1 d'inf.ie de marine) : Lt-Col X...
47e mobiles (Nord) : Lt-Col Duhamel.

Aux deux premières brigades étaient affectées deux batteries, à la troisième trois batteries.
Restaient, en outre, au quartier général : Deux escadrons de gendarmerie. — Deux escadrons de marche de dragons. — Deux compagnies du génie. — Un détachement de train des équipages.

Pièce n° 2.

ORDRE DE BATAILLE DE L'ARMÉE DU NORD EN DÉCEMBRE 1870

Commandant en chef : Général de division FAIDHERBE.
Major général : Général de division FARRE.
Aide-major général : Colonel du génie COSSERON DE VILLENOISY
Commandant de l'artillerie : Lieutenant-Colonel CHARRON.
Commandant de la cavalerie : Lieutenant-colonel BARBAUT DE LA-MOTHE, du 7ᵉ dragons.
Commandant du génie : Colonel MILLIROUX.

Troupes du quartier général.

Deux escadrons de dragons : Lᵗ-Cᵒˡ BEAUSSIN.
Deux escadrons de gendarmerie : Commᵗ DE COURCHAMP.
Deux batteries de 12.
Une batterie de mobiles de la Seine-Inférieure.

Trois batteries de 4.
Deux compagnies de sapeurs.
Un détachement de sapeurs-conducteurs.
Une compagnie du train des équipages.

22ᵉ CORPS D'ARMÉE

Général de division LECOINTE.
Chef d'État-major : Capitaine du génie FARJON.

1ʳᵉ Division : Général de brigade DERROJA.

1ʳᵉ *Brigade* : Lᵗ-Cᵒˡ AYNÈS.
2ᵉ batᵒⁿ de chasseurs de marche : Commᵗ BOSCHIS.
67ᵉ régᵗ de marche : Lᵗ-Cᵒˡ FRADIN DE LINIÈRES.
Mobiles du Pas-de-Calais : Lᵗ-Cᵒˡ FOVEL [1].

2ᵉ *Brigade* : Cᵒˡ PITTIÉ.
17ᵉ batᵒⁿ de chasseurs de marche Commᵗ MOYNIER.
68ᵉ régᵗ de marche : Lᵗ-Cᵒˡ COTTIN.
Mobiles du Nord : Lᵗ-Cᵒˡ DE LALÈNE-LAPRADE.

Deux batteries de 4. — Une batterie de 8. — Une compagnie du génie.

2ᵉ Division : Général de brigade DUFAURE DU BESSOL.

1ʳᵉ *Brigade* : Lᵗ-Cᵒˡ FŒRSTER.
20ᵉ batᵒⁿ de chasseurs de marche : Commᵗ HECQUET.
69ᵉ régᵗ de marche : Lᵗ-Cᵒˡ DE BROUE [2].
Mobiles du Gard : Lᵗ-Cᵒˡ LEMAIRE.

2ᵉ *Brigade* : Lᵗ-Cᵒˡ DE GISLAIN.
18ᵉ batᵒⁿ de chasseurs de marche : Cᵗ DE POUSSARGUE.
70ᵉ régᵗ de marche : Lᵗ-Cᵒˡ DELPECH.
Mobiles de Somme et Marne (101ᵉ) : Lᵗ-Cᵒˡ BROUARD.

Trois batteries de 4. — Une compagnie du génie.

---

1. Capitaine au 33ᵉ régiment d'infanterie.
2. De l'infanterie de marine.

23ᵉ CORPS D'ARMÉE

Général de division PAULZE D'IVOY.
Chef d'État-major : Lieutenant-colonel Marchand.

1ʳᵉ Division : Contre-amiral Moulac, puis Capitaine de vaisseau Payen.

1ʳᵉ *Brigade :* Lᵗ-Cᵒˡ Michelet.	2ᵉ *Brigade :* Capitaine de vaisseau Delagrange.
10ᵉ batⁿ de chasseurs de marche : Commᵗ Wasmer.	24ᵉ batⁿ de chasseurs de marche : Commᵗ de Négrier.
Régᵗ de fusiliers marins : Commᵗ Delagrange[1].	72ᵉ régᵗ de marche : Lᵗ-Cᵒˡ Jacob, puis Rameaux.
Mobiles du Nord : Lᵗ-Cᵒˡ Degoutin[2].	Mobiles du Nord : Lᵗ-Cᵒˡ Lebel[3].

Trois batteries de 4. — Une compagnie du génie.

2ᵉ Division (mobilisés du Nord) : Général de division Robin (auxiliaire).

1ʳᵉ *Brigade :* Cᵒˡ Brusley[4].	2ᵉ *Brigade :* Cᵒˡ Amos[5].
7 bataillons.	8 bataillons.

Un demi-escadron des éclaireurs du Nord.

Artillerie : Trois batteries de montagne de la mobile.

BRIGADES DÉTACHÉES

Brigade Isnard.	*Brigade Pauly.*
1 batⁿ de marche du 24ᵉ d'infⁱᵉ : Commᵗ Morlet.	Batⁿ de chasseurs mobilisés d'Arras : Cᵗ Garreau.
73ᵉ régᵗ de marche : Lᵗ-Cᵒˡ Castaigne.	1ᵉʳ régᵗ de mobilisés du Pas-de-Calais : Lᵗ-Cᵒˡ Poupard.
2 batⁿˢ de mobiles (Ardennes) : Lᵗ-Cᵒˡ Giovaninelli.	2ᵉ régᵗ de mobilisés du Pas-de-Calais : Lᵗ-Cᵒˡ Choquet.
43ᵉ régᵗ provisoire (douaniers, mobiles et zouaves) : Lᵗ-Cᵒˡ Vintimille.	Une batterie de 4 pièces (Armstrong).
Deux obusiers lisses du 15ᵉ, 8 pièces de 4 de montagne.	

1. Remplacé successivement par les capitaines de frégate Sibour et Granger.
2. Capitaine au 75ᵉ régiment d'infanterie.
3. Capitaine au 69ᵉ régiment d'infanterie.
4. Capitaine d'infanterie, évadé de Metz.
5. Capitaine d'infanterie, évadé de Metz.

Pièce n° 3.

A propos de l'entrée des Allemands à Colmar, nous croyons intéressant de donner l'extrait suivant d'une lettre à nous adressée par un habitant de la ville, qui s'y trouvait déjà en 1870. On y verra le peu de sympathie que témoignaient les populations alsaciennes à leurs maîtres futurs.

« Le 14 septembre 1870, un détachement badois se présenta pour occuper Colmar, où se trouvaient 80 francs-tireurs de Saint-Denis, 120 de Lyon et 150 gardes nationaux armés de fusils lisses et dépourvus de munitions. Ces derniers avaient défoncé des barils de poudre abandonnés au quartier et en avaient rempli leurs poches ; pour pouvoir tirer, ils achetèrent chez les armuriers des balles et des capsules de fusils de chasse. Tous se rendirent ensuite au pont de Horburg où ils s'installèrent défensivement ; mais attaqués de front par des forces supérieures appuyées d'artillerie, débordés sur les deux flancs par de la cavalerie, ils durent se replier par les vignes. Ils avaient perdu le caporal de Saint-Denis et deux gardes nationaux ; quelques francs-tireurs blessés furent recueillis et soignés par les habitants ; une dizaine, faits prisonniers, furent relâchés le lendemain.

« Cependant deux gardes nationaux, les nommés W... et J..., qui ne pouvaient se faire à l'idée de voir leur ville natale aux mains de l'ennemi, voulurent tirer vengeance de leur échec. Prenant leurs fusils, ils allèrent pendant la nuit se mettre en embuscade en pleine forêt. Ils avaient avec eux leurs chiens, habitués à la chasse dans ces parages, et dont les joyeux aboiements pouvaient donner l'éveil ; après les avoir fait taire avec beaucoup de peine, ils se postèrent le long de la route sur laquelle les avant-postes badois avaient leurs postes de communication. Une heure ne s'était pas écoulée que deux cavaliers paraissaient, s'avançant au pas ; l'un d'eux, frappé aussitôt de deux balles, tomba à terre de telle façon que la pointe de son casque s'enfonçant en terre, le corps demeura arc-bouté. L'autre tourna bride et courut prévenir son escadron, qui envoya sans délai à la poursuite des deux chasseurs. On les traqua jusqu'à la ville, et ils allaient être pris au moment où ils atteignirent la maison de l'un d'eux, qui, par bonheur, avait une double issue. Grâce à cette circonstance, ils purent s'échapper sains et saufs.

« Quelques jours plus tard, le 4 octobre, Colmar était occupée pour la deuxième fois par un détachement de la 4ᵉ division de réserve, lequel cantonna dans l'ancienne caserne de l'infanterie française. Dans la journée, comme un officier passait devant la porte, à quelque distance des deux sentinelles de faction, le nommé B..., boucher, âgé de 40 ans, ne pouvant supporter la vue des uniformes ennemis, se précipita sur lui dans un moment de généreuse folie, et le blessa légèrement d'un coup de coutelas.

Les sentinelles accoururent, et reçurent elles-mêmes quelques égratignures. Alors, le poste accourut tout entier, et, à coups de sabre, trancha littéralement la tête du malheureux boucher. Je vois encore ce cadavre étendu sur le dos, la main gauche ensanglantée, et la droite présentant la pâleur de la mort. A quelques pas de là, dans un ruisseau gisait la tête... »

Pièce n° 4.

COMPOSITION DE LA 4ᵉ DIVISION DE RÉSERVE

Général commandant : Général-major DE SCHMELING.
Chef d'État-major : Major DE KRETSCHMANN.

I. — Brigade combinée d'infanterie : Colonel KNAPPE DE KNAPPSTÆDT.

1ᵉʳ régᵗ d'infanterie rhénane n° 25 (3 bataillons).	2ᵉ régᵗ combiné de landwehr de la Prusse orientale (4 bataillons).

II. — Brigade de landwehr de la Prusse orientale : Colonel DE ZIMMERMANN.

1ᵉʳ régiment combiné de landwehr de la Prusse orientale (4 bataillons).
3ᵉ régiment combiné de landwehr de la Prusse orientale (4 bataillons).

III. — Brigade de cavalerie de réserve : Général-major DE TRESCKOW II.

1ᵉʳ régiment de uhlans de réserve. | 3ᵉ régiment de uhlans de réserve.

IV. — Groupe combiné d'artillerie : Major DE SCHAPER.

4 batteries légères et deux batteries lourdes de la réserve des IVᵉ et VIᵉ corps.

V. — 2ᵉ compagnie des pionniers de place du VIIᵉ corps.

Pièce n° 5.

ORDRE DE BATAILLE DU XIV° CORPS D'ARMÉE

Commandant : Général de l'infanterie baron DE WERDER.
Chef d'Etat-major : Lieutenant-colonel DE LESZCZINSKI (état-major badois).
Commandant de l'artillerie : Général-major DE SPONECK (badois).
Commandant du génie (faisant fonctions) : Major ALBRECHT (prussien).

I. — Division badoise : Lieutenant-général DE GLÜMER.

Chef d'État-major : Major TAETS D'AMERONGEN.

1re *Brigade* : L^t-G^{al} DU JARRYS, baron DE LA ROCHE.	3° *Brigade* : G^{al}-maj^{or} KELLER.
1er rég^t de grenadiers (du corps).	5e rég^t d'infanterie.
2° rég^t de grenadiers (roi de Prusse).	6° rég^t d'infanterie.
2° *Brigade* : G^{al}-maj^{or} DE DEGENFELD.	*Brigade de cavalerie* : G^{al}-maj^{or} baron DE LA ROCHE-STARKENFELS.
3° rég^t d'infanterie.	1er rég^t de dragons (du corps).
4° rég^t d'infanterie.	2° rég^t de dragons (margrave Maximilien).
	3° rég^t de dragons (prince Charles).

ARTILLERIE : Divisionnaire, 4 batteries. — De corps, 4 batteries.

II. — Brigade combinée d'infanterie prussienne : Général-major DE BOSWELL, puis VON DER GOLTZ.

4° régiment d'infanterie rhénane n° 30.	Régiment de fusiliers de Poméranie n° 34.

III. — Brigade combinée de cavalerie prussienne : Général-major KRUGG DE NIDDA, puis major DE WALTHER et major DE DOHNA.

2° régiment de dragons de réserve. | 2° régiment de hussards de réserve.

IV. — Abtheilung d'artillerie prussienne : Trois batteries de réserve des Ier et III° corps.

APPENDICE

Pièce n° 6.

COMPOSITION DU 20ᵉ CORPS D'ARMÉE (AU 21 OCTOBRE 1870.)

Commandant en chef : Général de division CAMBRIELS.
Chef d'Etat-major : Lieutenant-colonel VARAIGNE.
Commandant de l'artillerie : N...
Commandant du génie : Général auxiliaire THOYOT.
Intendant du corps d'armée : Intendant militaire CROUZET.

1ʳᵉ Division : Général CROUZAT.

| 1ʳᵉ *Brigade* : Gᵃˡ DE POLIGNAC (auxiliaire). 85ᵉ de marche. Deux batᵒⁿˢ de mobiles de la Loire. Deux batᵒⁿˢ de mobiles du Jura. | 2ᵉ *Brigade* : Gᵃˡ DE PALÉSY. 16ᵉ batᵒⁿ de chasseurs de marche. Trois batᵒⁿˢ de mobiles de la Haute-Garonne. Un batᵒⁿ de mobiles de Saône-et-Loire. Un batᵒⁿ de mobiles des Pyrénées-Orientales. |

Deux batteries de 4. — Un régiment de lanciers (rejoignit un peu plus tard).

2ᵉ Division : Général THORNTON.

| 1ʳᵉ *Brigade* : Lᵗ-Cᵉˡ BOISSON. 3ᵉ zouaves de marche (2 batᵒⁿˢ). Deux batᵒⁿˢ de mobiles du Haut-Rhin. | 2ᵉ *Brigade* : Capitaine de vaisseau AUBE. 32ᵉ de marche. Régᵗ de mobiles des Deux-Sèvres. |

Deux escadrons de chasseurs.

ARTILLERIE : Deux batteries de 4.

Colonne mobile des Vosges : Lieutenant-colonel PERRIN.

Trois bataillons de mobiles des Vosges. — Deux bataillons de mobiles de la Corse.

Réserve : Lieutenant-colonel SÉGARD.

Légion d'Antibes. — Un bataillon de mobiles de la Meurthe. — Deux batteries de 4.

Pièce n° 7.

COMPOSITION DE L'ARMÉE DITE « DES VOSGES », OU CORPS DE GARIBALDI, AU 1er DÉCEMBRE 1870

(D'APRÈS L'*Annuaire de la Guerre* DE M. JULES RICHARD).

Commandant : Général GIUSEPPE GARIBALDI.
Chef d'État-major : Général BORDONE (auxiliaire).
Commandant l'artillerie : Colonel OLLIVIER (auxiliaire).
Commandant le génie : Lieutenant-colonel GAUCKLER (auxiliaire).
Commandant le quartier général : Chef d'escadron CANZIO (auxiliaire).

1re Brigade : Général BOSSAK-HAUCKE [1].

Éclaireurs de Gray : Ct NEVEUX (1 baton).
Éclaireurs de Philippeville : Ct GOUT (1 baton).
Francs-tireurs volontaires du Rhône : Capitaine TAINTURIER (1 compagnie).
Compagnie de tirailleurs : Capitaine PASANISI.
Compagnie espagnole : Capitaine GARCIA.
Garibaldiens d'Alger : Capitaine DUBIEZ.
Garibaldiens génois : Capitaine PANAZZI.
1er baton de mobiles des Alpes-Maritimes : Ct BRUNEAU.
Légion de Marsala : Ct ORENSE.
Chasseurs égyptiens : Ct PENNAZZI.
42e mobiles (Aveyron) : Lt-Col WILLAME.
1re légion de mobilisés de l'Isère : Lt-Col BLETON.

2e Brigade : Gal DELPECH (auxiliaire), puis LOBBIA [2].

Deux batons de l'Égalité (de Marseille) : Cts GAUTHIER et RAYMOND.
Guérillas de Marseille : Ct BOUSQUET.
Tirailleurs garibaldiens du Var : Capitaine DANILO.
Francs-tireurs de l'Atlas : Ct GALLIEN.
Guérillas d'Orient : Ct CHENET, puis DE SAULCY.
Éclaireurs d'Orient : Capitaine CORSO.
Un baton de mobiles du Gard : Ct BRACONNIER.
Une compagnie d'infie de marine : Capitaine GENET.

3e Brigade : Général MENOTTI GARIBALDI.

Un baton de mobiles des Alpes-Maritimes : Ct MONNIÉ.

---

1. Fils du général russe comte Haucke, ancien colonel russe lui-même, était Polonais d'origine. Compromis dans la révolte de 1863, il dut se réfugier en Suisse, où, en 1867, il fit la connaissance de Garibaldi, venu à Genève pour le congrès de la Paix. C'était un officier de mérite, égaré dans cette armée fantaisiste. Il fut tué à Dijon le 21 janvier 1871.

2. Le général Delpech, un moment préfet des Bouches-du-Rhône au 4 septembre, avait été élu colonel de la garde nationale. Il n'avait jamais servi et ne le fit que trop voir.

Un bat⁰ⁿ de mobiles des Hautes-Alpes : Cᵗ Barthélemy.
Un bat⁰ⁿ de mobiles des B⁰⁰⁰-Pyrénées : Cᵗ Borel, puis Hiriart.
Légion des volontaires italiens : Cᵗ Tanara.
3ᵉ légion des mobilisés de l'Isère : Lᵗ-Cᵒˡ Combarieu.
Chasseurs des Alpes : Cᵗ Ravelli.
Francs-tireurs réunis : Cᵗ Loste.
Francs-tireurs d'Oran : Cᵗ Cruchy.
Francs-tireurs de Franche-Comté : Cᵗ Ordinaire.
Compagnie de Vaucluse : Cᵗ Eyraud.

4ᵉ Brigade : Colonel Ricciotti Garibaldi.

Bataillon du commandant Nicolaï.
Francs-tireurs de l'Allier : Cᵗ Prieur.
Chasseurs savoisiens : Cᵗ Michard.
Francs-tireurs de l'Aveyron : Cᵗ Rodat.
Chasseurs du Dauphiné : Cᵗ Rostaing.
Eclaireurs du Doubs : Cᵗ Bégey.

Francs-tireurs de la Côte-d'Or : Cᵗ Godillot.
Chasseurs du Havre : Cᵗ Damone.
Volontaires de Loir-et-Cher : Cᵗ Dambricourt.
Eclaireurs de Caprera : Cᵗ Rolland.
2ᵉ légion des mobilisés de l'Isère : Cᵗ Blache.
Francs-tireurs de Dôle : Cᵗ Habert.
Chasseurs du Mont-Blanc : Cᵗ Tappaz.
Francs-tireurs de la Croix de Nice : Cᵗ Nivon.
Francs-tireurs de Toulouse : Cᵗ Grozowski.
Francs-tireurs des Vosges : Cᵗ Welker.
Compagnie du Gers : Cᵗ Duluc.
Chasseurs républicains de la Loire : Cᵗ Laberge.
Compagnie des francs-tireurs dauphinois : Cᵗ Dunières.
Francs-tireurs du Croissant : Cᵗ Barbot.
Enfants perdus de la montagne · Cᵗ Durrieu.
Bat⁰ⁿ de mobilisés de la Côte-d'Or : Cᵗ Lambert.

Artillerie.

1° *Batteries de 4.*
  2 de la mobile (Charente-Inférieure).
  1 de mobilisés (Maine-et-Loire).
  1 à pied.
  1 du 2ᵉ régiment d'artillerie.
2° *Batteries de 12.*
  1 du 2ᵉ régiment d'artillerie.
  2 de mobiles (Bouches-du-Rhône).
3° *Batteries de 4 de montagne.*
  5 batteries d'artillerie de ligne.
4° 1 batterie de mitrailleuses (volontaires).

Génie.

1 compagnie du 1ᵉʳ régiment.
1 compagnie de génie auxiliaire italien.
Compagnie de pontonniers du Rhône.

Cavalerie.

11ᵉ régᵗ de cavalerie mixte : Lᵗ-Cᵒˡ Renaudot.
1 escadron de hussards.
1 escadron de dragons.
Cavaliers volontaires de Châtillon.
Escadron des guides de Garibaldi.
Escadron d'éclaireurs du Rhône.
Cavaliers d'exploration.
Cavaliers de Chambéry.
Corps espagnol de cavalerie de Perpignan.

Existaient en plus :

1 bat⁰ⁿ des Enfants perdus de Paris.
Francs-tireurs de la Mort.
Compagnie franco-hispanienne.
Compagnie de la Revanche.
Les Ours Nantais, etc., etc.

Pièce n° 8.

a) COMPOSITION DE LA DIVISION CRÉMER (9 DÉCEMBRE 1870).

Général commandant : CRÉMER (auxiliaire).
Chef d'État-major : Colonel POULLET (auxiliaire).

1re Brigade : L^t-C^{ol} GRAZIANI, du 32e de marche.

3e bat^{on} des gardes mobiles de la Gironde : Comm^t DE CARAYON-LATOUR.
32e de marche : L^t-C^{ol} GRAZIANI¹.
57e de marche : L^t-C^{ol} MILLOT.

2e Brigade : C^{ol} CELLER, de la 1re légion du Rhône.

1re légion de mobilisés du Rhône : C^{ol} CELLER.
2e légion de mobilisés du Rhône : C^{ol} CHABERT².
3 compagnies de chasseurs volontaires du Rhône : Comm^t MARENGO.
1 compagnie de volontaires libres du Rhône : Lt JOLY.

Artillerie : Comm^t CAMPO.

1 batterie Armstrong (de 9).
2 batteries de 4 de campagne.

Génie.

2 compagnies (appartenant aux deux légions de mobilisés).

1 peloton d'éclaireurs à cheval (17 hommes). — 40 gendarmes.

---

b) COMPOSITION DE CETTE MÊME DIVISION APRÈS LE COMBAT DE NUITS

Général commandant : CRÉMER.
Chef d'État-major : Colonel POULLET.

1re Brigade : C^{ol} MILLOT.

Bat^{on} des mobiles de la Gironde : C^t DE CARAYON-LATOUR.

32e de marche : L^t-C^{ol} REBOULET.
57e de marche : L^t-C^{ol} CHAMPCOMMUNAL.

---

1. Ce régiment, qui faisait primitivement partie de la brigade Dupré, et avait pris part au combat de la Bourgonce, fut ensuite versé au 20e corps et transporté de Chagny à Gien avec lui. Le 21 novembre, il était renvoyé à Lyon, et, le 10 décembre, affecté à la division Crémer.
   En remplacement du colonel Ferrer, révoqué.

2ᵉ Brigade : Gᵃˡ Carol-Tevis[1], puis Lᵗ-Cᵒˡ Reboulet.	**Artillerie** : Commᵗ Camps.
Francs-tireurs vendéens : Commᵗ Koziell.	Batterie Armstrong. 2 batteries de 4 de campagne. 2 batteries de 4 de montagne.
83ᵉ mobiles : Lᵗ-Cᵒˡ Puech[2], puis Lᵗ-Cᵒˡ Mary.	**Génie et Cavalerie :**
86ᵉ mobiles : Lᵗ-Cᵒˡ Cadot, puis Lᵗ-Cᵒˡ Collavet.	1 compagnie de génie. 1 peloton d'éclaireurs à cheval.

1. Tué à la Lisaine.
2. Tué à la Lisaine.

Note I.

LES DRAGONS DU NORD.

Les ordres de bataille de l'armée du Nord, qui figurent aux pages 359 et 340 du présent volume, limitent à deux escadrons de dragons l'effectif de cavalerie mis à la disposition du général Faidherbe. Mais, bien que reproduisant exactement des documents officiels, ils sont, sous ce rapport, incomplets, ainsi que j'ai pu le constater depuis leur première publication. Il résulte en effet, tant de témoignages irréfutables que de l'existence de certaines pièces administratives établies lors de la constitution des forces françaises du Nord, que l'armée du général Faidherbe a possédé un régiment comptant jusqu'à cinq escadrons et désigné sous le nom de *Dragons du Nord*. (Il est d'ailleurs question de ces cinq escadrons dans la relation de la bataille de Saint-Quentin (page 205, note 2).

Tout d'abord, le général Bourbaki avait, dès le mois de novembre 1870, fait former deux escadrons: 1° avec les quelques détachements et isolés échappés aux catastrophes de Metz et de Sedan, ou évadés de villes de garnison occupées par l'ennemi ; 2° avec environ 80 cavaliers trouvés dans les places du Nord, où, chose assez étrange, ils avaient été laissés, eux et leurs chevaux, pour faire le service de plantons. Ces deux escadrons, sous les ordres du commandant Roché, ont assisté aux batailles d'Amiens et de l'Hallue.

Le 23 décembre, un troisième escadron vint rejoindre l'armée, puis quelques jours après Bapaume, un quatrième. Le régiment eut alors à sa tête le colonel Barbault de Lamotte, et le lieutenant-colonel Beaussin. Enfin, le 19 janvier, veille de la bataille de Saint-Quentin, un cinquième escadron, composé en majeure partie d'engagés volontaires n'ayant que quelques jours de service, arriva à son tour. C'est à lui qu'advint la fâcheuse aventure de Roupy et de l'Epine de Dallon (relatée page 214). Pendant la bataille du 19, les deux premiers escadrons se tinrent à l'aile gauche de l'armée de Faidherbe; le 3e, avec le colonel, resta vers le centre, aux côtés de l'artillerie du général du Bessol; le 4e fut envoyé reconnaître la route de Cambrai.

Tel est, résumé très succinctement, l'historique des *Dragons du Nord*.

NOTE II

AFFAIRES DE DIJON ET D'AUTUN.

Il paraîtrait que l'inaction de Garibaldi pendant le combat de Dijon ne fut pas aussi absolue qu'il est dit page 299, ou que du moins le général italien esquissa une tentative pour aller au secours de Dijon. Voici, en effet, ce que m'a écrit, depuis la première édition du présent ouvrage, un officier français de l'armée des Vosges (brigade Menotti) :

« Le 30 octobre au matin, ma brigade, non encore complètement formée, a quitté Dôle en chemin de fer pour aller à Dijon. Arrivée à Auxonne vers 11 heures du matin, elle y est restée, *en gare*, jusqu'à 4 ou 5 heures du soir, puis est repartie pour Dôle. Des officiers de la place d'Auxonne, avec une compagnie d'infanterie, gardaient la gare pour nous empêcher d'en sortir. Ils nous disaient que Dijon était occupé *depuis midi* par 20,000 Allemands et que nous ne pouvions continuer notre route Mon bataillon (mobiles des Basses-Pyrénées) formait le train de tête ; je n'ai pas vu les autres trains qui devaient suivre à 5 kilomètres (1). »

Ce même officier m'a donné, au sujet de la défense d'Autun, de très intéressants renseignements qui ont le mérite de jeter une certaine clarté sur les débuts de cette affaire, très obscurcie, volontairement ou non, par les différentes relations dues aux principaux intéressés (voir page 325, note 2). Je résume les lettres qu'il a bien voulu m'écrire.

Le 1er décembre au matin, le bataillon de mobiles des Basses-Pyrénées était posté en avant d'Autun, près du chemin de fer et à l'est de la gare, tenant les deux routes de Saint-Fargeau et d'Arnay. Ce bataillon, très éprouvé le 26 novembre, comptait environ

---

1. Ces trains n'ont probablement pas suivi, car le mouvement de la brigade Menotti n'est point mentionné dans les rapports que j'ai eus entre les mains.

800 ou 900 hommes arrivés la veille au soir. Le reste (600 hommes environ) s'était égaré dans la nuit du 26 au 27, et ne rejoignit que peu à peu, en 10 ou 12 jours.

Dès dix heures du matin, il signala l'approche des Badois; mais on lui fit défendre de bouger, sous le prétexte que ce qu'on voyait n'était pas l'ennemi. Une heure plus tard, un officier du bataillon, envoyé en reconnaissance, au nord du chemin de fer entre les deux routes, prévenait qu'il s'agissait bien d'une force ennemie arrivant par la route d'Arnay. On ne tint aucun compte de ses avertissements. Enfin, vers midi, les Allemands installèrent très tranquillement deux pièces sur le passage à niveau de la route d'Arnay et ouvrirent le feu, tant contre les maisons extrêmes des faubourgs, où se tenaient les mobiles des Basses-Pyrénées, que contre le grand-séminaire dont la terrasse dominante était garnie de l'artillerie garibaldienne[1].

Le commandant Borel, chef du bataillon de mobiles[1], fit aussitôt porter deux compagnies en avant. L'une alla s'établir à l'angle du chemin de fer et de la route de Saint-Fargeau; l'autre, suivant la voie, qui est en profonde tranchée, put s'avancer sans être vue jusqu'à moins de 200 mètres des pièces ennemies et les obligea par son feu à se replier rapidement sur le couvent Saint-Martin. (C'est ce couvent qu'aurait dû tenir le lieutenant-colonel Chenet). Mais de là, celles-ci continuèrent à tirer, protégeant ainsi très efficacement leur infanterie, qui atteignit le faubourg et refoula les mobiles, en plein désordre, sur les chantiers de la gare et derrière l'abri des wagons. L'artillerie allemande, voyant cette débâcle, se mit à faire pleuvoir des projectiles sur cet amas d'hommes et de matériel, fort heureusement sans réussir à régler son tir; néanmoins la situation n'aurait pas tardé à devenir très grave, si au bout de près d'une heure d'efforts et en payant vigoureusement de sa personne, le commandant Borel n'avait réussi à reprendre son bataillon en mains et à le ramener sur le faubourg Saint-Martin. Il était une heure et demie; à ce moment seulement retentit le premier coup de canon tiré du grand séminaire, tandis que Menotti, accompagné de trois officiers, arrivait à bride abattue et se mettait à la tête des mobiles. Le faubourg ne tarda pas à être repris, et l'ennemi refoulé au nord du chemin de fer.

A partir de ce moment jusqu'à 6 heures du soir, l'action s'est bornée partout à un combat de pied ferme. Puis, une fois la nuit tombée, les mobilisés d'Autun tentèrent une attaque sur la gauche badoise, vers le couvent de Saint-Martin, mais dans un tel désordre qu'elle ne produisit aucun résultat.

1. « Nous voyons parfaitement cette terrasse, dit mon correspondant, où quatre ou cinq hommes montaient mélancoliquement la garde devant les pièces. Le reste déjeunait ou se promenait en ville ». — La ville d'Autun s'étend en amphithéâtre au sud du chemin de fer et des faubourgs Saint-Jean et Saint-Martin.

2. Le commandant Borel, très vigoureux officier, appartenait à l'armée active. Son uniforme d'infanterie, trop modeste en regard des truculents habits garibaldiens, déplut au fameux Bordone, lequel accabla le malheureux commandant de tracasseries telles que celui-ci, exaspéré, demanda et obtint, vers le 6 décembre, de partir pour l'armée de la Loire.

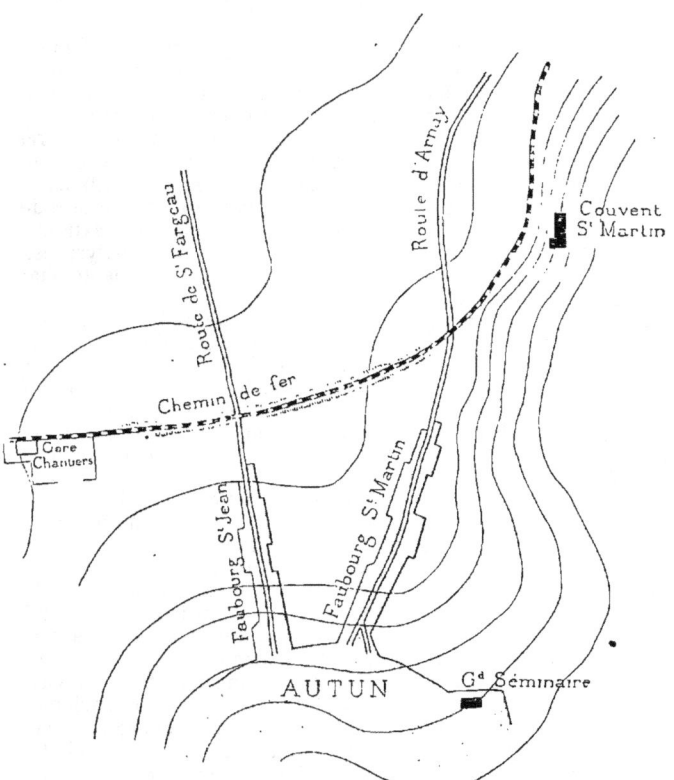

« A 8 heures précises, dit enfin mon correspondant, les Allemands rouvrirent le feu sur Autun ; il ne dura qu'une demi-heure. Le bruit courut alors que l'ennemi se retirait sur Saint-Fargeau, pour reprendre l'attaque de ce côté le lendemain. Le commandant Borel m'envoya en reconnaissance, à 10 heures du soir. J'allai à 4 kilomètres, et un paysan m'ayant confirmé que Saint-Fargeau était occupé, je m'y rendis avec lui, sans armes. Je ne trouvai là qu'une quinzaine d'Allemands complètement ivres qui me demandèrent avec instance de les emmener, ce que je fis. Le lendemain, plus un ennemi n'était en vue. »

TABLE DES MATIÈRES

TROISIÈME PARTIE. — **LES ARMÉES DE PROVINCE**
(*Suite*)

LIVRE III

Campagne du Nord.

CHAPITRE PREMIER. — Amiens.
    I. — La défense locale (Saint-Quentin, Formerie). . . .   **1**
    II. — Marche de la 1re armée allemande sur l'Oise et la Somme **26**
    III. — Bataille d'Amiens. **39**

CHAPITRE II. — Rouen et l'Hallue.
    I. — Marche des Prussiens sur Rouen. — Etrépagny. — Surprise de Ham **61**
    II. — Mouvements de l'armée du Nord vers l'Hallue . .   **89**
    III. — Bataille de l'Hallue (ou de Pont-Noyelles). **99**

CHAPITRE III. — Péronne et Bapaume.
    I. — Opérations jusqu'au 3 janvier **117**
    II. — Bataille de Bapaume. **148**
    III. — Chute de Péronne. **165**

CHAPITRE IV. — Saint-Quentin.
    I. — Opérations sur la basse Seine pendant les premiers jours de janvier **173**
    II. — Opérations sur la Somme, du 9 au 19 janvier. . .   **181**
    III. — Bataille de Saint-Quentin **202**
    IV. — Dernières opérations sur la basse Seine. **237**

LIVRE IV

Première Campagne de l'Est.

Chapitre premier. — La Guerre dans les Vosges. — La Bourgogne. 244
Chapitre II. — La Retraite sur Chagny.
   I. — Opérations autour de Besançon. 277
   II. — Perte de Dijon. 289
Chapitre III. — La Guerre en Bourgogne.
   I. — Autun. 311
   II. — Nuits 333

APPENDICE

Pièce n° 1. — Composition des forces du Nord à la bataille d'Amiens. 349
— 2. — Ordre de bataille de l'armée du Nord en décembre 1870. 350
— 3. — Les Allemands à Colmar. 352
— 4. — Composition de la 4ᵉ division de réserve . . . 353
— 5. — Ordre de bataille du XIVᵉ corps d'armée . . . 354
— 6. — Composition du 20ᵉ corps d'armée (au 21 octobre 1870). 355
— 7. — Composition du corps de Garibaldi au 1ᵉʳ décembre 1870. 356
— 8. — Composition de la division Crémer. 358

Note I. — Les Dragons du Nord. 359
— II. — Affaires de Dijon et d'Autun 360

ÉMILE COLIN — IMPRIMERIE DE LAGNY

www.ingramcontent.com/pod-product-compliance
Lightning Source LLC
Chambersburg PA
CBHW070436170426
43201CB00010B/1109